अनकहा निराला

अनकहा निराला

आचार्य जानकीवल्लभ शास्त्री

वाणी
प्रकाशन

प्रकाशन के उत्कृष्टतम 61 वर्ष

सजिल्द पहला संस्करण : 2024

vaniprakashan.com

वाणी प्रकाशन
4695, 21-ए, दरियागंज, नयी दिल्ली-110 002
फ़ोन : +91 11 23273167, 23275710

शाखाएँ
अशोक राजपथ, पटना-800 004, बिहार
कॉफ़ी हाउस कैम्पस, महात्मा गांधी मार्ग, प्रयागराज-211 001, उत्तर प्रदेश
महात्मा गांधी अन्तरराष्ट्रीय हिन्दी विश्वविद्यालय, वर्धा-442 001, महाराष्ट्र

sales@vaniprakashan.in
vaniprakashan@gmail.com
Ankaha Nirala
by Acharya Janaki Vallabha Shastri

ISBN : 978-93-6287-833-5
Memoir

मूल्य : ₹ 895

जी.एस. ऑफ़सेट द्वारा दिल्ली-110 095 में मुद्रित

वाणी प्रकाशन का लोगो मक़बूल फ़िदा हुसेन की कूची से

अनकहा निराला : समग्र का संधान

कविता का सम्बन्ध 'हृदय की मुक्तावस्था' से है और आलोचना का 'बुद्धि की मुक्तावस्था' से। बिना हृदय के मुक्त हुए बुद्धि भी मुक्त नहीं हो सकती। मनुष्य की मुक्ति भी तब तक कल्पना की ही बात रहेगी। वैसे, कोशिश जारी है, सभ्यता के आरंभ से ही मुक्ति के ये दोनों साधन मनुष्य के सहचर हैं। कहीं कवित्व का पक्ष प्रबल होता है, कहीं आलोचना का। लेकिन कई बार एक ही में दोनों लय हो जाते हैं। भाषा, खास तौर से सर्जनात्मक भाषा कठोर संघर्ष से अर्जित की जाती है। संवाद की उत्कट आकांक्षा में निहित होती है–वाद-विवाद की ललक। प्रयोजन होता है–निरन्तर गतिशील जीवन यथार्थ की समझ, उसका परिष्कार भी। इसीलिए एक कवि को भी गद्य लिखने की अनिवार्यता होती है। गद्य की प्रकृति ही विवेचन-विश्लेषण है जबकि कविता विभेद में अभेद की प्रतीति, विविधता में एकरूपता का संधान। थोड़े अतिरंजित रूप में माना गया है कि आँखें मूँद कर कविता लिखी जा सकती है, गद्य तो आँखें खोलकर ही लिखा जा सकता है। अब सब समय कोई आँख मूँदे कैसे रह सकता है ? आँख खोलकर हम जब देखते हैं तो आर्षवचन भी विवाद से परे नहीं लगते। शब्द का भी एक अपना समय होता है, उस विशेष समय-संदर्भ में ही वह अर्थसघन होता है।

द्वापर के संजय हों या त्रेता के रजक–समय के एक विशेष संदर्भ में उनकी भूमिका आलोचक की हो सकती है। एक धारणा भी बनती है–कमेंटेटर या निन्दक की। निन्दक से कबीर की याद आती है। कबीर ने प्रस्ताव किया था,–'निन्दक नियरे राखिए, आँगन कुटी छवाय।' वह बिना साबुन-पानी के ही स्वभाव की सफाई करता रहेगा। मुक्तिबोध ने आलोचक को मेहतर कहा है और पं० किशोरी दास वाजपेयी ने माँ के मन्दिर में फर्श पर जमी धूल साफ करने वाला। इधर शंभुनाथ ने आलोचक को **'इतिहास का हलवाहा'** कहा है। हलवाहा हो या मेहतर, इससे किसी को क्या इनकार हो सकता है ? रही निन्दक की बात तो कबीर के प्रति गहरे सम्मान के बावजूद, मैं कहना चाहता हूँ कि आँगन कुटी छवाकर वे जिसे आश्रय देना चाहते हैं, वह निन्दक हो सकता है, आलोचक नहीं। आलोचना रचनाकार की तरह के ही एक स्वाधीन मनुष्य का कर्म है, गहरे रचनात्मक स्तर पर किया गया सामाजिक-सांस्कृतिक कर्म और यह व्यक्ति-विवेक के अभाव में संपन्न नहीं किया जा सकता। **एक सच्चा आलोचक उस दाण्ड्यायन की तरह होता है, जो किसी के राज्य में नहीं रहता, किसी के अन्न पर नहीं पलता। वह स्व-राज्य में विचरण करता है और प्रकृति उसकी आवश्यकताएँ पूरी करती है।** वह हृदय और बुद्धि से स्वाधीन रहकर ही सत्ता की सर्वग्रासी संस्कृति को चुनौती देता है या अपने समय के सांस्कृतिक यथास्थितिवाद से टकराता है। इसीलिए मैंने व्यक्ति-विवेक की बात कही है। रेमण्ड विलियम्स के मत में 'आलोचना विकल्प का अवकाश है और आलोचक का धर्म है कि उस विकल्प के अवकाश को, जहाँ वह

है–रेखांकित करे, जैसे भूगोल का आदमी किसी प्राचीन जमीन पर उस जगह को बतलाता है कि वह यहाँ है ।' एक समर्थ आलोचक से उम्मीद की जाती है कि **'चिन्तन के क्षेत्र में देशी या विदेशी शास्त्र और विचारधारा के क्षेत्र में अपने युग की सबसे प्रचलित विचारधारा को वह चुनौती दे ।'** वह यह चुनौती तब तक नहीं दे सकता, जब तक कि स्वयं उसकी बुद्धि मुक्त न हो ।

'अनकहा निराला' एक ऐसे ही मनीषी कवि की आलोचना की किताब है जो निराला से संबद्ध कॉमनसेन्स की अण्डरस्टैंडिंग से टकराता है । अब तक प्रकाशित निराला काव्य से संबद्ध तमाम आलोचना कृतियाँ एक ओर–दूसरी ओर अकेला प्रबन्ध **'अनकहा निराला'** । **'साहित्य-साधना'** से लेकर **'आत्महन्ता आस्था'** तक निराला के व्यक्तित्व और काव्य का खण्ड-सत्य आँकते हैं । उनकी प्रगतिशीलता, यथार्थवादी रुझान या प्रयोगशीलता से एतराज न करते हुए भी शास्त्रीजी ने वास्तविक और समग्र निराला का जो श्रमसाध्य अनुसंधान किया है, उसकी सिर्फ तारीफ कर देने से काम न चलेगा । इससे निराला काव्य के विमर्श की एक व्यवस्थित शुरुआत होगी । इसमें लेखक की भावयित्री के साथ-साथ कारयित्री प्रतिभा पूरे वेग से सक्रिय है–

'एक सूरज, हजार किरणें, अनगिनत नक्काशियाँ । एक निराला, प्रखर प्रतिभा के अनेक उन्नत स्तर, अद्‌भुत अभिव्यक्ति की अनेकानेक प्रतिष्ठित प्रायोगिक विधाएँ ।' (निराला-दर्शन)

'आध्यात्मिक ज्ञान की अतिशयता में एक अवधूत, व्यवहार-विचार में एक निर्विकार संन्यासी, परमहंसों की-सी अनासक्त विचार-आचार-संहिता, रस-समुद्र की द्विधामूल तरंगों–कवित्व और संगीत पर एक-सा लहराता हुआ मन । निराला निराला है ।' (एक असाहित्यिक की डायरी, पृ०-2)

कभी आचार्य नलिन विलोचन शर्मा ने लिखा था,–'यदि निराला जैसा कवि हिन्दी में नहीं लिखता होता, तो हिन्दी राष्ट्रभाषा के सम्मानित पद की अधिकारिणी नहीं हो सकती थी' ।

सन् '35 में नलिन जी घोषित कर रहे थे–'निराला जी जॉनसन की तरह कर्मठ और अध्यवसायी, लार्ड वायरन की तरह उद्‌भट प्रत्यालोचक, कीट्स और टैगोर की तरह सुकवि और टाल्सटाय, ह्यूगो और शॉ की तरह निर्भीक उत्क्रान्तिकारी औपन्यासिक हैं ।' नलिन जी अनेक विदेशी भाषाओं और उनके साहित्य से अभिज्ञ थे । उन्होंने निराला के बारे में जो कुछ कहा, समझ-बूझकर ही कहा होगा । शास्त्री जी की शैली नलिन जी से अलग है । वह संस्मरणात्मक है, समानधर्मा के वक्तव्य-जैसा है । उसमें गहरी आत्मीयता होने से अतिरंजना का निषेध है ।

निराला उनसे मिलने काशी हिन्दू विश्वविद्यालय के रुइया हॉस्टल में आये–यह बाद की बात है । निराला नाम से शास्त्री जी का परिचय सन् '30 में ही हो गया था । तब वह मात्र चौदह साल के थे, गाँव की पाठशाला में । उस समय तक मध्यमा की परीक्षा पास कर लेने के अतिरिक्त शास्त्री जी हिन्दी और संस्कृत में कुछ कविताएँ भी लिख चुके थे । गाँव में ही 'सुधा' (वर्ष–3, अंक–1) में निराला के दो गीत, एक कहानी, एक प्रतिवाद और पाँच

पुस्तकों की समीक्षाएँ शास्त्री जी ने पढ़ीं। इसका एक संश्लिष्ट प्रभाव उन पर पड़ा होगा। अब वे निराला की रचनाएँ ढूँढ़-ढूँढ़ कर पढ़ने लगे। लेकिन जहाँ तक निराला-साहित्य पर विधिवत लेखन की बात है तो यह कार्य शास्त्री जी ने सन् 36-37 के आस-पास शुरू किया। उनका प्रथम प्रबन्धात्मक लेख-'निराला की काव्य कला' 'माधुरी' के तीन अंकों में प्रकाशित हुआ। यह निराला पर लिखा गया किसी भी आलोचक का पहला ही प्रबन्ध-आलेख था। उन पर सबसे पहले कविता भी शास्त्री जी ने ही लिखी थी। जैसे-जैसे जानने-समझने का सिलसिला आगे बढ़ा, निराला के प्रति शास्त्री जी की आत्मीयता में भी वृद्धि होती गई। शुरुआत मुठभेड़ से हुई थी। आगे भी सब कुछ उन्होंने 'जय-जय' के भाव से ही नहीं लिखा। कालिदास को लेकर शास्त्री जी ने कभी समझौता नहीं किया। निराला की प्रतिभा से अभिभूत होने के क्षणों में भी रवीन्द्रनाथ की महत्ता कहीं कम करके नहीं आँकी। अतः अनुभूति की ईमानदारी शास्त्री जी के निराला-सम्बन्धी प्रबन्धों की खास बात है। उनका आलोचनात्मक विमर्श द्वन्द्वात्मक है, उसमें निराला काव्य की अन्तर्दृष्टि को पा लेने की गहरी ललक और बेचैनी है, तथापि रुचि और संस्कार की भिन्नता कृतज्ञता-ज्ञापन में बाधा बनती है।

'अनकहा निराला' के लेखक का अपना व्यक्तित्व है, अपनी विचारधारा है। वह आलोच्य पर आरोपित नहीं है, यह और बात है। जो दिखाया जा रहा है, उसे ही देखते रहने की विवशता नहीं। शास्त्री जी जोर देकर कहते हैं –**'निराला केवल नाम और रूप नहीं, अगम अरूप आत्मा भी हैं।'** लोकमंगल, लौकिकता, भौतिकता, सामाजिक यथार्थ का आग्रह उत्तर छायावाद के दौर में इतना प्रबल हो चला था कि निराला को भी एक ही रंग में देखने की सामूहिक कोशिश हो रही थी। **'मार्क्सवादी आलोचना की कम्युनिस्ट परिणति'** निश्चय ही हास्यास्पद थी। जबकि वस्तुस्थिति कुछ और थी, निराला कम्युनिस्ट नहीं थे। **'अनकहा निराला' इस दृष्टि से प्रचारित झूठ के खिलाफ आत्मिक सत्य का उद्घाटन है।** शास्त्री जी ज्ञान के क्षेत्र में सामान्यीकरण से मुठभेड़ करते हैं। प्रवाह में बह जाना उन्हें कतई स्वीकार्य नहीं रहा। जो सच अनुभूत है, उसके पक्ष में अकेले ही खड़े हो जाना बड़े साहस का कार्य है और यह सुदृढ़ आत्मविश्वास से ही संभव है। **'मूल्यवान है एक भी ऐसे आलोचक का होना जो किसी भी चीज को तब तक अच्छा न कहे, जब तक वह उस निर्णय के लिए अपना सब कुछ दाँव पर लगाने के लिए तैयार न हो।' शास्त्री जी एक ऐसे ही आलोचक हैं।** उन्होंने जोखिम उठाकर सच कहा है और एक तरह से दुधारी तलवार पर चले हैं। **'किसी कमरे में जहाँ साजिश करके सब चुप बैठे हों, सचाई का एक शब्द पिस्तौल दगने जैसी आवाज करता है।'** 'अनकहा निराला' में प्रयुक्त हर शब्द सचाई का शब्द है और वह आत्मानुभूति का सच है। 'समसामयिक वस्तुपरक लोक रुचि की दृष्टि से यह सारा विमर्श चाहे जितना अरोचक, अप्रासंगिक हो, तत्त्व-विश्लेषण के लिए तो यही रोचक और चिर प्रासंगिक है।' निराला शास्त्री जी की दृष्टि में महाप्राण कवि और महामानव हैं। उन्होंने सुकरात, बुद्ध, ईसा, गाँधी की परम्परा का उल्लेख करते हुए, निराला को कबीर, सूर, तुलसी के समान आधुनिक समय का एक कालजयी कवि कहा है। शास्त्री जी के मत में निराला युग-प्रवर्त्तक हैं और उनका 'युग-प्रवर्त्तन या नेतृत्व विशुद्ध साधना का ही महार्घ परिणाम

था । उनके जीवन और साहित्य में सन्त कवियों की-सी आश्चर्यजनक एकरूपता थी । वास्तविक जीवन में आर्थिक और सामाजिक कष्टों को उन्होंने जिस रूप में झेला, उनकी प्रबुद्ध चेतना किताबी या अनुकृत नहीं हो सकती । वह समकालीन (देश-विदेश की) काव्य-प्रवृत्तियों के समानान्तर हिन्दी में समाजवादी विचारों को उछालने की हौंस भर नहीं हो सकती ।' शास्त्री जी निराला की प्रगतिशीलता को कठघरे में खड़ा नहीं करते । वे मात्र उन्हें अन्य प्रगतिशील कवियों से अलग करते हैं । निराला की प्रगतिशीलता एक स्वाभाविक स्थिति है, फैशन नहीं । 'साहित्य पढ़कर निम्नमध्यवर्गीय समाज में उसी धरातल का जीवन जीना फैशन नहीं हो सकता ।' यानी प्रगतिशील आन्दोलन के आवेश से अनुकूलित होकर निराला ने यथार्थवादी साहित्य की रचना नहीं की । उनका साम्य-बोध स्वाभाविक है, स्वानुभूत जीवन से प्रतिकृत है ।

शास्त्री जी लिखते हैं,– **'निराला बैरक में जन्मे और तंग कोठरी में मरे, उनकी सामाजिक चेतना जन्म से ही जागरूक थी ।'** निराला की सामाजिक चेतना मार्क्सवादी सौन्दर्यशास्त्र के प्रशिक्षण से उपार्जित सामाजिक चेतना नहीं थी । एक आलोचक के रूप में शास्त्री जी ने, निराला के बारे में जो कुछ कहा जाता रहा है, कुछ उसकी भी खबर ली है, उनका विखण्डन का सामर्थ्य भी अद्‌भुत-अपूर्व है, लेकिन खास बात यह है कि उन्होंने काफी कुछ ऐसा कहा है जो अनकहा रह गया था । अनकहा यह भी है कि निराला एक भक्त कवि हैं । उनके विश्वजनीन मानवतावाद की गंभीर मीमांसा 'परिमल' से लेकर 'गीत गुंज' तक की कविताओं के संदर्भ में शास्त्री जी पूरे मनोयोग से करते हैं । लेकिन वह इतने से ही संतोष की साँस नहीं लेते ।

शास्त्री जी निराला के भक्त और दार्शनिक स्वरूप पर व्यवस्थित रूप में प्रकाश डालते हैं । उन्होंने लिखा है,– **'व्याख्याता चाहे उन्हें समाजवादी सिद्ध करें या साम्यवादी, पर तर्क और युक्तियाँ उन व्याख्याताओं की निजी छाप लिये हों तो अजब नहीं ।'** निराला-सान्निध्य के अपने तीन दशकों के प्रत्यक्ष अनुभव से, शास्त्री जी दावा करते हैं कि **'निराला नास्तिक न थे, युक्तिवादी आधुनिक दार्शनिक भी न थे । वह आत्मा की अतल गहराइयों में एक भक्त-जैसे थे, अनासक्त ज्ञानी भक्त-जैसे, जिसे त्रिविध तापों की अनुभूति हो और जो उनसे मुक्ति भी प्राप्त करना चाहता हो ।'** शास्त्री जी निराला काव्य में मुक्ति की आकांक्षा को व्यष्टि और समष्टि, लौकिक और आध्यात्मिक के विविध रंगों में देखते-दिखाते हैं । वे उन्हें बुद्ध की तरह दुःखवादी नहीं मानते । 'विपरीत परिस्थितियों में निराला जीवन के उच्चतर तथा श्रेष्ठतर रूपों को पूरी प्राणवत्ता में प्रतिष्ठित न कर सकने के कारण भले असंतुष्ट तथा दुखी दिखलाई देते हों, पर उनकी दूरारूढ़ आस्था मूल में अविचल थी ।' उनकी अवरुद्ध शक्तियाँ भी कुण्ठित न थीं, अनन्त संभावनाओं की मूक-मुखर पुकारें उनकी उन्निद्र चेतना से प्रतिध्वनि-विहीन नहीं लौट पाती थीं ।' निराला काव्य की मूल स्पीरिट का उद्घाटन 'अनकहा निराला' की एक ऐसी विशेषता है जो इसे निराला-संबन्धी समस्त हिन्दी साहित्यालोचन से अलग प्रतिष्ठा देती है । इसके लिए शास्त्री जी ने अपनी मेधा और क्षमता दोनों का प्रयोग किया है । काव्यालोचन के उनके औजार भारतीय काव्य-शास्त्र और जातीय साहित्य के, लोक और वेद के स्वीकृत औजार हैं, समर्थ और सटीक संज्ञान के साथ । कहीं

विचलन नहीं, किन्तु चिन्तन धारा प्रवाह । शास्त्री जी का शास्त्रीय आधार सुदृढ़ है, पर लोक सामान्य भाव-भूमि की उपेक्षा करके नहीं । उन्होंने निराला के बारे मे अनकहा कहा है । अनकहा यह भी है कि निराला काव्य में दर्शन नहीं लिखते, विचारधारा का प्रचार नहीं करते । निकष हो या कसौटी पूर्व निर्मित होने से निराला काव्य के मूल्यांकन में अपर्याप्त प्रतीत होती है । जैसे निराला काव्य का विकास सीधी रेखा में देख पाना मुश्किल है, वैसे ही अनकहा निराला को भी काव्यालोचन संबन्धी रसवाद या रीतिवाद का मुखापेक्षी देख पाना असंभव है । **कुल मिलाकर, कवित्व की नैसर्गिक भूमि पर किया गया यह एक ऐसा विमर्श है जो अपने लालित्य और औचित्य में आख्यान और नाट्य तत्त्वों के योग से उच्च साहित्यिक स्तर पर हुआ है । शुद्धता की आकांक्षा के बिना ही स्वायत्तता का मार्ग-दर्शक विमर्श ।**

कविता की माँग के अनुरूप शास्त्री जी के काव्यालोचन में दर्शन और समाजशास्त्र का प्रवेश वर्जित नहीं है । उन्होंने मनोविज्ञान और पाश्चात्य सौन्दर्यशास्त्र का भी गंभीर अध्ययन किया है । नायिका-भेद और अलंकारशास्त्र की गंभीर समझ के बावजूद शास्त्री जी के काव्यालोचन में सत्याग्रह युग का खुलापन लक्षित किया जा सकता है । अतः जो लोग उन्हें संस्कृत का आदमी समझते रहे हैं, वे खासे चमत्कृत होंगे, जब वे देखेंगे कि उन्होंने एलियट की कविता और आलोचना-प्रतिपत्तियों का सुन्दर सदुपयोग किया है । मार्क्सवाद का उनका विखण्डन अज्ञानजन्य नहीं है, तात्त्विक असहमति है । उसका अभारतीय होना ही पर्याप्त कारण नहीं । वस्तुतः शास्त्री जी के रचना-समय में वह बौद्धिकों के लिए एक फैशन रहा । और, इस तथ्य को रामविलास जी भी स्वीकार करते थे कि स्वयं मार्क्स को भारतीय जीवन और साधना-संस्कृति की कोई व्यवस्थित जानकारी नहीं थी । भारतीय मनुष्यता विश्वजनीन होने पर भी अधार्मिक नहीं है । उसका काम भौतिक और जड़वाद से नहीं चल पाता । फिर भी प्रदर्शन उसका व्यावसायिक पहलू है । भारतीय संस्कृति आत्मवादी है, आत्मा अजर अमर है, इसका सटीक संज्ञान भारतीय मनुष्य को भयमुक्त कर देता है । जहाँ तक वेदान्त का सवाल है तो उसमें आन्तरिक साम्य की स्वीकृति है । निराला अद्वैत वेदान्त को कभी नहीं छोड़ते, बल्कि उनके साम्य-बोध का आधार भी वही है, मार्क्सवाद नहीं । शास्त्री जी ने निराला को कबीर के संदर्भ में सत्य-निष्ठ दिखाया है लेकिन उनकी तुलसी-आसक्ति की शर्त पर नहीं । वह एक अन्य पहलू है । छायावादियों में प्रसाद और महादेवी शिवं का प्रतिनिधित्व करते हैं, पन्त जी सुन्दरं का और निराला सत्य के पक्ष में झुके जान पड़ते हैं । लेकिन ढूँढ़ने पर सबमें सत्यं-शिवं-सुन्दरम् के एकाकार के दर्शन होंगे । यह युग महत्ता की स्थापना का युग था, महागाथाओं और महानायकों का सत्याग्रह युग उसे कहा गया है और ठीक ही कहा गया है ।

बहरहाल, शास्त्री जी का निराला-संबन्धी काव्यालोचन भी निराला है, इसमें अकेले निराला को श्मशान में खड़ा करके चित्रित नहीं किया गया है । निराला के आस-पास, आगे-पीछे के वे तमाम बड़े कवि-कलाकार इस विमर्श की व्यापकता में अनायास ही आ गये हैं । इसमें चार छायावादी भी अपनी विशिष्ट पहचान के साथ जगह बनाते हैं । कालिदास शास्त्री जी के काव्य-चिन्तन की धुरी हैं । उनके साथ ही रवीन्द्रनाथ और अंग्रेजी के शेली कीट्स-वायरन आदि पर दो टूक किन्तु साहित्यिक टिप्पणियाँ इस किताब में मिलेंगी । वैदिक

साहित्य से लेकर अरविन्द विवेकानन्द आदि का दार्शनिक विवेचन शास्त्री जी के चिन्तन-चित्र के विस्तीर्ण कैनवास का पता देता है । ज्ञान-विज्ञान की विविध बातों के साथ रूपंकर कलाओं की आधिकारिक जानकारी इससे मिलेगी । साहित्य-चर्चा काव्य-शास्त्र-विनोद के साथ ही है, किन्तु लीलाभाव से नहीं । इसमें साहित्य चर्चा का स्तर कैसा होना चाहिए, इसका भी आचरण-निदर्शन है ।

भवभूति ने कहा था–**'उत्पत्स्यते च मम कोऽपि समानधर्मा कालोह्ययं निरवधिर्विपुला च पृथ्वी ।'** हर बड़ी प्रतिभा को अपने समानधर्मा भावक की प्रतीक्षा रहती है । निराला तो वैसे भी, जातीय साहित्य के उत्थान का लक्ष्य लेकर चल रहे थे । शास्त्री जी की 'काकली' में उन्होंने अपने तारुण्य की झलक देखी थी । इसलिए यह कहना कि शास्त्री जी को निराला मिले सिक्के का एक पहलू है, दूसरा पहलू यह है कि स्वयं निराला को शास्त्री जी मिले । शास्त्री जी के प्रति उनके व्यवहार-विचार से यह ध्वनित होता है । आत्मीयता दोनों तरफ से है । इसमें शास्त्री का पक्ष दबा रह गया है । कई बार लगता है कि शास्त्री जी खुद की कीमत पर निराला की प्रतिष्ठा में लगे हुए हैं । वह भी तब की स्थिति में जब उनका सार्वत्रिक विरोध हो रहा था । शास्त्री जी के जीवन में जिन दिनों निराला घटित हुए, वे काशी हिन्दू विश्वविद्यालय में संस्कृत की पढ़ाई पूरी करने में लगे थे । वे वहाँ पढ़ रहे थे, 'जहाँ प्रो० सहानी विनोदशंकर व्यास की तुलना मोपासां से करते थे, हरिऔध जी कवि सम्राट् कहलाते थे, आचार्य शुक्ल को डॉ० जानसन कहा जाता था, प्रेमचन्द जी 'जागरण' के प्रसिद्ध वक्ता और लेखक छात्र पं० जनार्दन झा 'द्विज' चरित्र-रेखा लिखने के बहाने निराला के लिए अशिष्ट और आपत्तिजनक शब्दों का बेधड़क प्रयोग करते थे ।' विश्वविद्यालय का सारा वातावरण ही निराला विरोधी था । सन '35 तक निराला का सार्वत्रिक विरोध शास्त्री जी ने अपनी आँखों से देखा था । **'व्यक्तित्व आतंककारी और प्रतिभा प्रताप-तप्त'**–प्रतिक्रियाएँ तो महाकवि निराला की संवर्द्धना के अवसर पर भी व्यक्त की जाती थीं । इस माहौल में निराला की प्रतिभा से शास्त्री जी गहरे रचनात्मक स्तर पर आश्वस्त हुए तो इसके पीछे काव्य साहित्य के स्वाध्याय से निर्मित उनकी अवधारणा भी थी । लोकप्रियता को लेकर शास्त्री जी के मन में शुरू से संशय का भाव था । संस्कृत की संस्कृति का सबक था कि लोकप्रियता कोई कला-मूल्य नहीं, तथापि सामान्यजन की उपेक्षा कर देना श्रेय नहीं है ।

शुरू में ही शास्त्री जी को लग गया कि निराला प्राणों की प्रचण्ड शक्ति से एक सच्चे सर्जक हैं । उनका अनुकरण नहीं किया जा सकता । पन्त का किया जा सकता था, यह जानकर पं० शान्तिप्रिय द्विवेदी शास्त्री जी से नाराज हो गये थे । 'निराला तेज और आलोक के गायक हैं', तो उनके उस तेज और आलोक को प्रगतिशील आलोचक धूल और धुंध भरे परिवेश में स्थापित करके एक अलग तरह का पहाड़ा पढ़ाने में लगे थे । रामविलास जी निराला के सबसे बड़े आलोचक माने जाते हैं, लेकिन जीते जी उन्हें मिथकीय बना डालने में उनका भी कुछ कम योगदान नहीं है । कदाचित् निराला और मार्क्सवाद में कोई एक ही चुनने के लिए उनसे कहा जाता तो वे मार्क्सवाद ही चुनते, विचारधारा ही प्राथमिक होती । शास्त्री जी की दृष्टि साहित्य पर केन्द्रित है, उनके मत में कविता ही मुख्य है, विचारधारा नहीं । रही

विचारधारा की निराला से जुड़ी बात तो शास्त्री जी ने स्पष्ट लिखा है,–**'निराला ने किसी एक विशिष्ट जीवन-दर्शन का आजीवन पीछा नहीं किया, उस वेदान्त और अध्यात्म का भी नहीं, जिसके वह सबसे बड़े कवि हैं । जीवन की उत्कट आस्था ने उन्हें बार-बार आध्यात्मिक शिखर से बौद्धिक स्थण्डिल भूमि पर उतारा, स्वतन्त्र जीवनाभूति का कुछ ऐसा चस्का लगा कि खुलते-खुलते से तीसरे नेत्र पर अपनी बाँह रख दी और बिना हिले-डुले मानवीय चेतना की धड़कनें तेज करने लग गए और निर्धूम अग्नि की भाँति निरभ्र ज्योति की जगह उन्होंने घास-पात-भरी हरी धरती पर पीठ लगे पेट देखने शुरू कर दिये ।'** (निराला की काव्य-कला)

'अनकहा निराला' में एक बड़े कवि की कविताओं के बारे में उसी के समानधर्मा दूसरे बड़े कवि के विचार संकलित हैं । निराला व्यक्ति के प्रति गहरी श्रद्धा और सम्मान के बावजूद कविताओं के संदर्भ में शास्त्री जी का भावक स्वाधीन होने की गवाही देता है । अपनी समस्त ज्ञानेन्द्रियों से सजग होकर वह देख पाता है,–**'सागर के तरंग-गर्जन के साथ उस पर प्रतिबिम्बित सुनहली किरणों की चमक ।'** शास्त्री जी निराला के संघर्ष को विवेकानन्द से जोड़कर देखते हैं । उन्होंने विवेकानन्द को **'मानस-सर का राजकमल'** कहा है और निराला को **'जीवन के कर्दम में खिला हुआ कमल ।'** एकरस उठान और मुड़-मुड़कर छिटकने वाली मुसकान में अन्तरं-महदन्तरं है । तभी विवेकानन्द की वाणी नील गगन में गूँजती है और निराला का दर्द सर्दी से सँवलाई हुई धरती में जम जाता है ।' उनका जिजीविषा और रचना-संबन्धी समग्र आन्यास एक अद्‌भुत आध्यात्मिकता लिये हुए है । वह अपने नैसर्गिक गुणों के अनुसार कर्मानुष्ठान में लगे रहे, परम पद की प्राप्ति का लक्ष्य फिर भी कभी कर्मों के अटे न चढ़ा । आँखें चारों तरफ रहीं–विवशता, विक्षोभ, विद्रोह, प्रतिशोध–कभी कोई भाव, कभी कोई, जब-तब डबडबा भी गया, छठे-छमासे छलका भी; वाह्य उद्वेग, किन्तु आन्तर ऐकान्तिकता पर भरसक हावी नहीं हुआ । वह हर स्थिति जी लिये, उद्‌दाम जिजीविषा ने ही ज्यों अनजानते उन तमाम परस्पर विरोधी और असंबद्ध स्थितियों को स्वतः सुनियंत्रित कर दिया हो ।'

निराला-संबन्धी शास्त्री जी के काव्यालोचन में कहीं किसी स्तर पर अपना निष्कर्ष थोपने की आतुरता नहीं है । रचनाकार के व्यक्ति-वैशिष्ट्य को परिणति के स्तर पर उजागर करने के लिए शास्त्री जी ने श्रम भी कम नहीं किया है । कविता कवि-व्यक्तित्व का प्रकाशन है तो काव्यार्थ-प्रकाश व्यक्तित्व-प्रकाश से अलग कैसे हो सकता है ? वह इकहरा नहीं है, जीवन के आर-पार है । लौकिक अलौकिक, स्वच्छन्द-सहज का एक मेटाफिजिकल कन्सेप्ट है । इसमें एलियट के सिद्धान्त से असहमति दर्ज है । भोगनेवाले व्यक्ति और रचनेवाली मनीषा के पार्थक्य पर निर्वैयक्तिकता सिद्धान्त चाहे जितना बल देता हो । शास्त्री जी की आलोचना के संदर्भ में खास बात यह है कि इसमें निराला के व्यक्तित्व-विकास की परिस्थितियों का भी सुन्दर-सांगोपांग विवेचन है । बाल्य काल से लेकर अवसान तक की परिस्थितियों का जिक्र करते हुए शास्त्री जी ने निराला की प्रतिभा के देशकाल के शर से बिंधे होने का संकेत किया है । प्रतिभा प्रचुर और रुझान आध्यात्मिक होने पर भी सांस्कृतिक नवोत्थान का संवाहक निराला ऐसे ही नहीं बन गये । इसके पीछे उनका कठोर श्रम है, प्रबल धार्मिक संस्कार भी है । जिसे अनदेखा

करके आलोचना फासिस्ट आचरण में तब्दील हो जाती है। 'अनकहा निराला' लोकतान्त्रिक प्रविधि के पक्ष में खुले विमर्श की तरह एक दृष्टि-संपन्न वक्तव्य है।

और, **'वक्तव्य है तो यही कि स्वदेशी भाषा आयात की हुई पारिभाषिक शब्दावली को देवनागरी में लिपिबद्ध भर कर देती है, उसका साधारणीकरण नहीं कर पाती। किस देश-काल की कौन-सी उपलब्धि हमें शिष्ट उपहार के रूप में प्राप्त हो रही है, इसका बोध नहीं हो पाता।** ऐसी स्थिति में हम दबंग स्थापकों के विकट शब्द-बन्ध से आतंकित तो होते हैं, उनके सहयात्री, भावक नहीं बन पाते। कविता आतंक से गले नहीं उतरती। दूसरी ओर निराला की भाषा है, जो प्रत्येक मूल्य आँकने वाले की कसौटी पर कुछ अनचीन्ही रेखाएँ खींच देती है।' (निराला के पत्र) सीमाएँ निराला संबन्धी काव्यालोचन की हैं तो अकारण नहीं हैं। शास्त्री जी व्यंग्य की मुद्रा में लिखते हैं,– **'मूषक वृत्तिवाले महत्त्वाकांक्षी अपने चोखे दाँतों से निराला काव्य को परत दर परत कुतरते रहते हैं, उदासीनों और निष्प्राणों पर से निराला की निरन्तरता और तीव्रता अचानक ही बह जाती है और जो पर्वत की फटती हुई छाती नहीं देख सकते, उन्हें रस के निराले स्त्रोत दिखें भी कैसे ?'**

'अनकहा निराला' के लिए हम कह सकते हैं–मिला तेज से तेज। एक महान प्रकाश के क्रमिक आविर्भाव (Gradual dawning of a great light) का आभास निराला के तरुण तमालवन में है। उस अँधेरे में उनकी उजली मुस्कान किसी की भी आँखें चुँधिया देती है। सँभल-सँभलकर बहुत मुलायमियत से तरल तिमिर में तैरना होगा.........बुदबुदाकर आगाह किये देती है। शास्त्री जी ने यह कठिन कर्म किया है। कैसे इतनी कठिन रागिनी कोमल सुर में गायी ? कोई पूछ सकता है ?

वास्तविक समग्र की खोज इतनी सरल है क्या ? शास्त्री जी ने भी स्वीकार किया है,– **'निराला के जटिल व्यक्तित्व को अन्तर्विरोध के मलवे के नीचे में ढूँढ़ निकालना कोई आसान काम नहीं है, बौखला कर परतों के बाद परतें हटाने पर भी यही पता चलता है कि उनके मानवीय गुणों को गौण बनाकर मुक्ति पिपासा के लिए आध्यात्मिक अन्तःसलिला के किनारे गंगाजली उठाना ठाले के खय़ाल बाँधने से अधिक नहीं है।'** इन मुश्किलों से घबड़ाकर पलायन कर जाना और बात है, लेकिन मुश्किलों को चुनौती के रूप में स्वीकार कर तत्त्वान्वेषण करना सृजनात्मक दायित्व का निर्वाह करना है। शास्त्री ने अनकहा निराला में तत्परता से यही किया है। निराला को शास्त्री जी ने उन परिस्थितियों के बीच लोकेट किया है, जिनमें वे ईश्वरोपासना में निर्द्वन्द्व होकर लीन हो सकते थे। महिषादल की नौकरी से इस्तीफा देकर निराला जब घर पहुँचे तो अनेक परिजनों के बिछोह का संताप उनकी प्रतीक्षा कर रहा था। वे आस्तिक थे, उनके भीतर धर्म-भावना प्रबल थी। बाहर अपने-पराये का घेरा टूट चुका था। जब राग-द्वेष की कोई जगह नहीं बची तब बुद्धि के चल-विचल होने का सवाल ही नहीं पैदा होता। ऐसे में, भक्त एकतान चित्त से भगवान की लौ लगाता है। उसकी अनन्यविषया मति गंगा की धारा की भाँति करुणावरुणालय से मिलकर तदाकार हो जाती है। निराला की न हुई तो प्रज्ञावाद के कारण न हुई, क्योंकि अन्तःप्रज्ञात्मक ज्ञान प्रज्ञावाद से स्वतन्त्र और उन्मुक्त होता है। अन्तःप्राज्ञिक ज्ञान को प्राज्ञिक या बौद्धिक कोटि

में नहीं लाया जा सकता ।' निराला की दार्शनिकता शास्त्री जी के शब्दों में योगभ्रष्ट है, वह दार्शनिकों में इस तरह भले पांक्तेय न हुए हों, कविता का भला ही हुआ है । शास्त्री जी निराला के 'परिमल' के प्रकाशन से पहले के लेखन को उनके दार्शनिक-रूप की परख के लिए अधिक उपयोगी मानते हैं और उसके पाठ की अनिवार्यता पर बल देते हैं । इससे निराला की प्रज्ञा पर अद्वैत वेदान्त के असर का सटीक संज्ञान हो सकता है ।

संक्षेप में, शास्त्री जी के निराला-संबन्धी काव्यालोचन की पहली विशेषता है–**समग्र का संधान** । उन्होंने निराला की जो प्रतिमा गढ़ी है, वह सर्वांगपूर्ण है । इसमें कवि समय पातालीय और भौम ही नहीं, अध्यात्म के आकाश की भी इन्द्रधनुषी छवि-छटा लिये है । यह निराला की एक ऐसी तसवीर है जो मुकम्मल है, रामविलास जी के निराला की तरह मिथकीय नहीं । शास्त्री जी टेक्स्ट की व्यापकता को विचारधारा के भीतर लाने के लिए संकुचित नहीं करते न ही उसका अंग-भंग करते हैं । वे कविता की संवेदना को तो सहानुभूति से समझने की कोशिश करते ही हैं, जगह-जगह भावना की गहराई में तन्मय होकर डूब जाते हैं । उनके निराला-विमर्श की दूसरी विशेषता और भी विलक्षण है । जहाँ अन्य आलोचक निराला को ऊँचा उठाने के लिए पन्त और प्रसाद का कद अनावश्यक रूप से छोटा कर देते हैं, शास्त्री जी संतुलन बनाये रखते हैं । उन्होंने निराला को सत्यं का कवि माना है, लेकिन उनकी सौन्दर्य-दृष्टि को कविता के साक्ष्य पर जितनी तत्परता से शास्त्री जी ने विश्लेषित किया है, उतनी तत्परता से अन्य किसी ने नहीं । सत्यं का पक्ष उनके निराला-विमर्श को हिन्दी काव्यालोचन के विशेष संदर्भ में मार्ग-दर्शक वृत्तान्त में बदल देता है । यह सारा विमर्श व्यावहारिक आलोचना का उत्तम उदाहरण है और इससे यह तथ्य निखरकर सामने आता है कि **'कला के मूल्यांकन में सौन्दर्य की दृष्टि और दृष्टि का सौन्दर्य दोनों ही अपेक्षित हैं ।'**

शास्त्री जी के निराला-संबन्धी काव्यालोचन की तीसरी विशेषता भी पाठ से ही संबद्ध है । ज्ञान-विज्ञान के यथासंभव अर्जित और समावेशी विमर्श के बावजूद वे अपने निष्कर्षों के लिए पाठ का आधार स्वीकार करते हैं । ज्यॉक देरिदा ने कहा है कि 'भाषा एक कारागार है ।' उसमें छिपे मर्म का उद्घाटन पाठ के अधिकतम समीप रहकर ही किया जा सकता है । व्यक्तित्व-संपन्न पाठ का विमर्श भी व्यक्तित्व-संपन्न होने के लिए अभिशप्त है। एक ही कविता के हजार-हजार पाठ हो सकते हैं । शास्त्री जी निराला की आत्मा के अनन्य संगी प्रतीत होते हैं । अतः हम कह सकते हैं कि उनका यह विमर्श एक पथ के पथिक-जैसा सहचर होने का आभास देता है । भाषा-शैली की भिन्नता दिक् और काल की भिन्नता हो सकती है । लेकिन निराला और जानकीवल्लभ शास्त्री को जोड़नेवाला एक सूत्र है भारतीयता । यह वह भारतीयता है जो हिन्दुत्ववादियों की समझ से परे है । जो सोते जागते राष्ट्रीयता के नगाड़े बजाते और सुनते रहते हैं, उनके लिए दोनों ही मुश्किल पाठ हैं ।

'अनकहा निराला' के आलोक में निराला संबन्धी तमाम आलोचनात्मक प्रयास अधकचरे पाठ के सदृश लगेंगे । खासतौर से वे आलोचनात्मक प्रयास जो वेदान्त और संगीत से अपरिचय की कथा कहते हैं । निराला का भाव पक्ष वेदान्त के संस्कार से तराशा हुआ है तो उनकी गेय रचनाओं का सांगीतिक समारोह कदापि अध्यातव्य नहीं है । शास्त्री जी अक्सर

कहते पाये जाते हैं कि जिसने निराला को गाते हुए नहीं सुना, उनके गीतों को ठीक से नहीं समझ सकता। यह भी कि जिसने 'विनय-पत्रिका' नहीं पढ़ी, उसे अर्चना-आराधना के गीत समझ में नहीं आयेंगे। यह जानकर कुछ लोगों को प्रीतिकर आश्चर्य होगा कि शास्त्री जी मुक्त छन्द का कहीं विरोध नहीं करते। अपने समय में कवि-मंचों के केन्द्रीय आकर्षण रहे हैं, एक हद तक लोकप्रिय भी। बावजूद इसके लोकप्रियता उनकी दृष्टि में कला मूल्य नहीं है। 'तुलसीदास' के प्रसंग में उन्होंने कठिन पद बन्ध को अन्तर्वस्तु के अनुरूप देखा है और 'राम की शक्ति-पूजा' को स्वल्प आकार-प्रकार में सर्वश्रेष्ठ महाकाव्य कहा है। संगीत और कविता के अन्तःसम्बन्ध पर विचार करते समय शास्त्री जी की मान्यताएँ रवीन्द्रनाथ के विखण्डन में भी संकोच नहीं करतीं। कवि संगीत का जानकार हो और विभिन्न राग-रागिनियों में गाकर अपनी रचनाएँ प्रस्तुत करे, यह एक अच्छी बात है तथापि तत्त्वान्वेषण यह है कि कवि संगीतकार से श्रेष्ठतर है, सफलता की स्थिति में भी संगीत वह नहीं कर सकता जो काव्य के लिए सहज संभव है।

निराला के बारे में कुछ नया निराधार कहने से अधिक मूल्यवान आलोचना वह हो सकती है, जिसका एक शब्द भी बिना सुदृढ़ साक्ष्य के न कहा गया हो। शास्त्री जी ने निराला का समग्र (प्रकाशित-अप्रकाशित) पढ़ा है, निराला के साथ चलते हुए, गोष्ठियों में लम्बे समय तक उनसे संवाद करते हुए अत्यन्त समीप से उन्हें परखा है। इससे उन्हें निराला की भाव-भूमि, विचार-उत्स, मंतव्य-गंतव्य समझने में सफलता मिली है। अंग्रेजी की रोमाण्टिक कविता हो या संस्कृत-बाँग्ला की समृद्ध भाव-संपदा-निराला का मन जहाँ-जहाँ दौड़ सकता था-शास्त्री जी की गति उस सबके आर-पार है। आवश्यकता पड़ने पर निराला जी शास्त्री जी से मदद लेते थे। यही बात उनके अन्य विमर्शकों के लिए नहीं कही जा सकती। अपने पत्रों में निराला जिस तरह शास्त्री जी से खुलते हैं, उस तरह अन्य के सामने नहीं। रचनाकार के संदर्भ में आलोचक का व्यक्तित्व भी अपना अर्थ रखता है। 'अनकहा निराला' का इस दृष्टि से भी विशेष महत्त्व है। शास्त्री जी का स्वगत है-**'आनेवाली पीढ़ियाँ निराला को आधुनिक हिन्दी साहित्य का सूरज-चाँद या क्या समझेंगी, उनके अभिज्ञान के माध्यम कुछ समकालीनों के राग-द्वेष भरे विष बुझे लेख होंगे या एक मात्र उन्हीं पर लगभग सभी समकालीन सुकवियों और महाकवियों द्वारा लिखी गई शत-शत कविताएँ। मैं क्या सोचूँ? हमारी पीढ़ी का यह सौभाग्य कम है कि हम उनके साक्षात् दर्शन कर सकते हैं!'** दर्शन तो औरों ने भी किये होंगे। लेकिन पैदल चलकर निराला जी मिलने तो आये थे शास्त्री जी से ही।

'अनकहा निराला' की अधिकांश सामग्री उस दौर में लिखी गई थी, जब निराला महारथियों का आक्रमण चक्रव्यूह में निहत्थे अभिमन्यु की तरह अकेला ही झेल रहे थे। तब वे महाप्राण, अपराजेय, महाकवि, महायाज्ञिक प्रतिभा नहीं कहे जाते थे। उन्हें साहित्य-क्षेत्र से खदेड़ देने की साजिश की जा रही थी। **'एक साथ जब शतघात घूर्ण / आते थे मुझ पर तुले तूर्ण / देखता रहा मैं खड़ा अपल / वह शरक्षेप वह रण कौशल'**-निराला ने ही लिखा है। ऐसे उस विपन्न समय में शास्त्री जी ने अपने लेखों से निराला को ताकत दी।

इस तरह उन्होंने एक आलोचक के रूप में ऐतिहासिक दायित्व का निर्वाह किया । यह एक जोखिम भरा कार्य था, अपने साहित्यिक कैरियर को दाँव पर लगाने-जैसा कार्य था। इस किताब को पढ़ते हुए मैं बराबर सोचता रहा कि शास्त्री जी ने 'कालिदास' पर उपन्यास ही क्यों लिखा ? 'नाट्य सम्राट्' में उन्होंने पृथ्वीराज कपूर की प्रतिभा और कला पर विचार करते हुए उन्हें एक महानायक की प्रतिष्ठा दी है । यह और बात है कि खुद वह एक गंभीर नाट्य-विमर्शक और समर्थ फिल्म-समीक्षक के रूप में सामने आते हैं । प्रतिभा की कोई एक जाति, गोत्र या संप्रदाय नहीं होता तो उसकी अभिव्यक्ति भी एक ही विधा की मुखापेक्षी नहीं हो सकती । शास्त्री जी ने फिल्म-समीक्षा भी जिस तत्परता और मनोयोग से की है, वह एक बड़ी चुनौती है । उनकी रिपार्ताज लेखन की क्षमता भी अद्भुत है । डायरी, संस्मरण, पत्र-साहित्य, यात्रा-वृत्त-गद्य की तमाम विधाओं को शास्त्री जी ने अपने विविध रूपात्मक स्तरीय लेखन से समृद्ध किया है । विधा कोई हो, पण्डित लेखक प्राणों के अप्रतिम वेग से उसमें एक खास तरह की चमक भर देता है, ऐसी चमक जो परवर्ती पाठ को आलोकित करे । 'अनकहा निराला' है तो आलोचना की किताब । लेकिन इसे पढ़ते हुए लेखक का कवि-व्यक्तित्व एक पल के लिए भी विस्मृत नहीं होता । अनेक विधाओं में कवि रुचि के संचरण का ही यह लाभ हुआ है कि भाषा में विचारों के संप्रेषण की क्षमता अचूक हुई है । इससे अध्येता का ज्ञान-काण्ड तो प्रशस्त होगा ही, उसकी रुचि भी परिष्कृत होगी ।

अनकही रह गयी एक बात और । इस प्रबन्ध के विस्तार में इन्द्रधनुष सी उग आयी सूक्तियाँ हैं, जिनके उद्धरण-संकलन से एक लेख पूरा हो सकता है । विस्तार में न जाकर शास्त्री जी की इन पंक्तियों से मैं इस चर्चा को विराम देता हूँ–

'आग को धुआँ गन्दा नहीं करता, दिये की लौ को कालिख नहीं लगती, चाँद पर आकाश का रंग नहीं चढ़ता । अपने को निःशेष भाव से दिये बिना और जो हो जाय, निराला नहीं हो सकता ।' (हंस बलाका, पृ०-250)

अन्त का वक्तव्य यह भी है कि **'अपने को निःशेष भाव से दिये बिना 'अनकहा निराला' नहीं लिखा जा सकता ।**

रेवती रमण
22, रीडर्स क्वार्टर
विश्वविद्यालय परिसर
मुजफ्फरपुर-842001

15, जनवरी, 2003

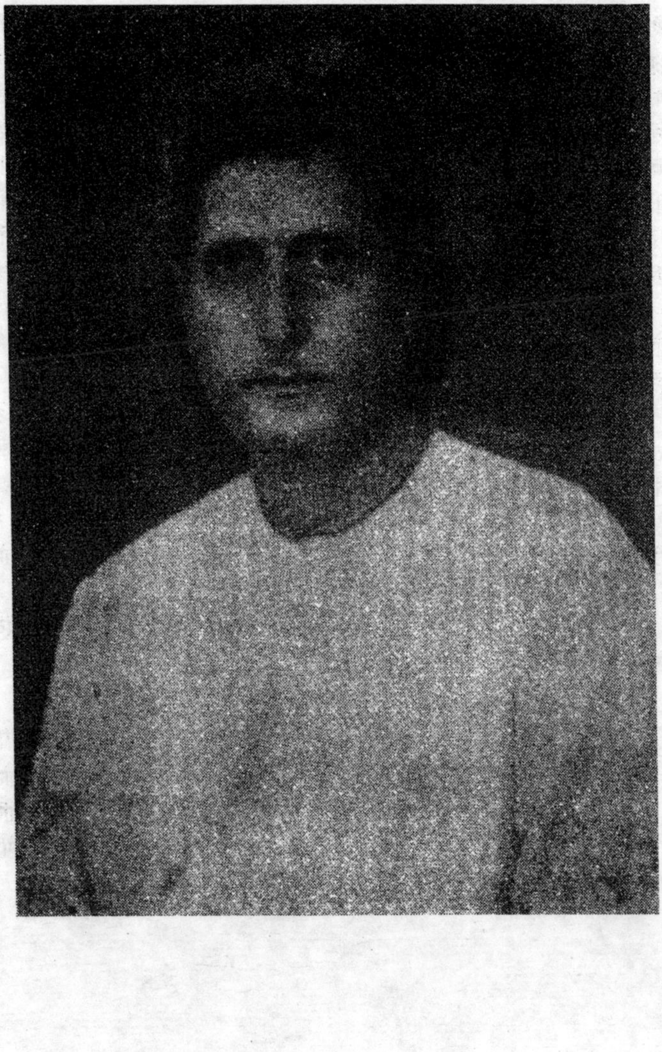

अनुक्रम

'अनकहा निराला'
कौन कहे !

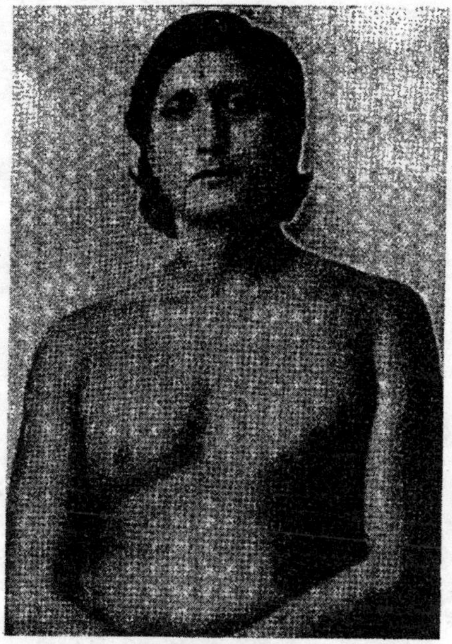

निराला

जानकीवल्लभ

निराला-दर्शन

प्रथम दर्शन

(१)

मैंने जंगल में जन्म लेने के कारण रंगारंग फूलों और कँटीली झाड़ियों से दुहरा हुआ-सा पहाड़ देखा था। एक चट्टान से दूसरी पर 'सुन्दरकाण्डी' छलाँग लगाकर भूरी-काली दरारों और ककरेजे कगारों पर बेशुमार फले पके-अधपके झड़बेर लहूलुहान उँगलियों से तोड़-तोड़ कर खाए थे और झर-झर झरने का, ललाई लिए हुए हलका ऊदा, पानी पिया था और किसी छतनार पेड़ की झीनी-झीनी छाँव में लेटा-लेटा वन के पंख-पंखेरुओं का कलरव सुना था । चिरौंजी और करौंदे के उजले-पीले फूलों की खुशबू से भीनी-भीनी हवाओं के झोंके झेले थे; कंकड़-पत्थरों से फिसल-फिसल कर हौले-हौले बहते इन्द्रनील जल की कल-कल ध्वनि से चिर रीते प्राणों को सहलाया था और उस विराट् के रू-ब-रू खड़ा होकर अपना बौनापन भी मापा था। हाँ, मैंने तुर्श बालपन में ही नर्म-दिल पहाड़ देख लिया था।

किशोर-वयस् के छिछलेपन ने उद्दाम लहरों के करिश्मे नहीं दिखलाए, समुद्र की गहरी हरी आत्मा के दर्शन कराए थे। संकल्प-विकल्पों की उखाड़-पछाड़, कच्ची भावनाओं की बेतरतीब बिछी सख्त सीपियाँ, गीली कल्पनाओं की पथरीली परछाइयाँ, छिपकली की तरह चट्टान की काली गोलाई से चिपकी, सुबह-शाम की ठंडी धूप की सिंकी टुच्ची-खुरची अनुभूतियाँ। मैं लहरे-बेकली की धड़कनें गिनूँ ? स्मृतियों के भँवर में चक्कर काटूँ ? हथेली पर ठोड़ी टिका कर शून्य का संतुलन अस्तित्व निहारूँ ? गले में पत्थर बाँध कर अनमिल अनथाहे में फाँद पड़ूँ ?–सोचते-सोचते आँखें मिंच जातीं, होंठ भिंच जोते; तभी तर पर तैरती हुई हवा गले को गुदगुदाती और जैसे तार-सप्तक पर छलछलाती हुई हँसी बहार के स्वरों में फूट पड़ती और सिकुड़ी शिराओं में कसमसाता-सा आवेश बुद्बुदों में रूपायित होने लगता। हाँ, मैंने किशोर वय में ही, सूखे तन से, समुन्दर में गोते लगा लिए थे।

किन्तु सन् '३५ में जो देखा–वह पहाड़-सा ऊँचा समुद्र और समुद्र-सा गहरा पहाड़, उसके खुरदुरे सपने भी उनींदी पलकों में कभी नहीं आए थे। वह अनेदखा अनगढ़-विराट् निराला था।

वर्ष पर वर्ष बीतते गए। पहाड़ की गहराई थाही न गई; समुद्र की ऊँचाई मापी न जा सकी। मैंने बारहा कोशिश की, मगर मुझे कामयाबी नहीं हासिल हुई।............

तब मैं काशी हिन्दू-विश्वविद्यालय के प्राच्य-विद्या-विभाग का विद्यार्थी था। बिहार-उड़ीसा भर में सर्वप्रथम होकर स्वर्णपदक के साथ साहित्याचार्य की उपाधि प्राप्त कर चुका था। अवस्था अट्ठारह-उन्नीस की। दुबला-पतला श्री-हीन तन (तब पसली-उभार

दुर्बलता फैशन में न थी) उलटी पट्टी पढ़ता हुआ मौजी मन; सुई की नाक में ऊँट समोनेवाला, सर-ब-सर अपने ही अँधेरे में डूबा-खोया 'काकली' का कवि !

रुइया होस्टल के चार सीटोंवाले एक कमरे में चौकी पर चटाई डाल अधलेटा सूखे चने चबा रहा था। बाई ओर एक बुझा-सा शीशा और दाहिनी तरफ ताजा खरीदा-रसगंगाधर।' उन दिनों ये ही मेरे तन और मन के आईने थे जिन्हें अक्सर सामने रख कर मैं अपने को लिखा करता था, तभी चने चबाने पड़ते थे-सूखे चने। अब भी वही बेढंगी रफ्तार है, क्योंकि लिखने का ढंग अब भी नहीं बदला। तो अभी मैं चने चबा कर चुका ही था कि दो विशिष्ट अपरिचितों ने एक साथ कमरे में प्रवेश किया।

कमरे में चार चौकियाँ थीं। एक सज्जन जो झटपट उत्तर की ओर एक चौकी पर बैठ गए, मझोले कद और गठीले बदन के, कुन्दन के समान वर्णवाले थे। उनकी घनी काली भवें और बड़ी-बड़ी चमकीली आँखें अपरिचितों के मन में भी सहज ही प्रभाव उत्पन्न करती थीं। अंग-रंग से मिलते-जुलते रेशमी कुर्ते के हिरण्मय आभरण-जैसे आवरण से उनके सत्य का मुँह नहीं ढंकता था। प्रतिभा-प्रदीप्त चौड़े ललाट पर चिन्तन की ही दो बहुत बारीक लकीरें थीं। गुलाबी होंठों में पान की लाली रची हुई थी। यह था, मगर इसकी लौ बढ़ानेवाले सोज की कमी भी थी, जिससे पलक झपकते ही मैंने समझ लिया था : कवि नहीं हैं।

इसी समय किसी ने कान में कहा-आचार्य्य नन्ददुलारे वाजपेयी। मैं चकित-चमत्कृत होकर छायावाद के प्रथम समर्थक और समर्थ समीक्षक को आचूल-मूल निहारने लगा। तब तक मैंने 'माधुरी', 'समालोचक' और 'भारत' में उनके कितने ही लेख पढ़ डाले थे और उनका 'साहित्य और जीवन' नामक निबन्ध तो पाठ्य-क्रम में भी था।

तभी दूसरे खड़े किमाकार व्यक्तित्व की प्रथम रश्मि ने सहसा अपनी ओर आकृष्ट कर लिया। पथरीली छत, जो उनके शिखर-सरीखे सिर से कुछ ही ऊँची थी, से टकरा कर उनकी नजर मेरी फटी चटाई और उससे सटी मेरी दुर्बलता पर पड़ी। मैं जैसे कमरे में चकराई हवा को पकड़ने की कोशिश कर रहा था। मेरी चेतना अनचीते भावातिरेक की लहरों में खो-सी गई थी। उस डोलते हुए पहाड़ और निस्तरंग सागर से अँग्रेजी में आवाज आई कि क्या मैं ही आचार्य्य जानकीवल्लभ शास्त्री हूँ ! मैंने थूक घोंट कर हामी भरी तो दूसरा पुण्य-प्रश्न झरा कि अभी मैं क्या कर रहा था !

मैंने सिटपिटा कर मुटुर-मुटुर ताकते हुए कहा-'जलपान' !

और अभी जो चापुड़-चापुड़ चने खा-फाँक गया था, उसकी सुधि से मसूड़ों में फँसे हुए कण फूल-फूल गए।

"जलपान ! जलपान क्या ? सत्तू घोला होगा ?"-बाँस की खपचियों की तरह मेरी छाती की हड्डियों में छेद कर सनसनाती हुई निराली गोली निकल गई। मैंने फटी आँखों से पहाड़ के हरहराते शिखर को देखा : "आप कहीं निराला तो नहीं हैं ?"

वाजपेयी जी ने अनुरूप संकेत दिया। मैं मुँह-ही-मुँह बड़बड़ाया-"तभी !"

और होठों पर हथेली रख कर खून सुखानेवाली चीख रोक ली। नीत्शे पढ़ा था।

What is great in man is that he is a bridge and not a goal;

What is lovable in man is that he is an over-going and a down-going;

I love those that know not how to live except as down-goers, for they are the over-goers.

यह अनहोनी क्यों कर हुई ? आधुनिक हिन्दी कविता का प्रतीक-पुरुष खुद चल कर मुझसे मिलने आया है ? वह, जो दकियानूसी की आँख की किरकिरी है; जिसका काव्यामृत उन्हें जहर से भी ज्यादा तीखा लगता है; जिसकी गहरी, तेज और जिन्दा नजर का कायल नया अदब, नया जमाना है, वह इस छोटे-से कमरे में, इस नाचीज के पास ? और, हाय रे, 'आज ही घर में बोरिया न हुआ।'

मैं हड़बड़ा कर उठ खड़ा हुआ। झुककर युग-स्रष्टा के चरणों की धूल लेनी चाही, किन्तु मेरी अञ्जलि उनकी 'दिङनागी' भुजाओं से टकराकर अधबीच में ही बिखर गई।

सीट पर बिछी चटाई के अलावा वहाँ महज एक लोहे की कमजोर कुर्सी थी, जिस पर मेरा जी रखने के लिए भी वह नहीं बैठ सकते थे। खड़े रहे।

मेरी चेष्टाएँ जड़ हो गई थीं। समग्र चेतना जैसे मोरपंखी लोचनों में चमक रही थी। पुरवा के झोंके रोके नहीं रुकते थे; किन्तु निराला के रूखे-सूखे केशों में की कहीं चंचलता देखी जा सकती थी।

भर्राए कण्ठ से गीला स्वर निकला :

"क्षण भर रुकने की कृपा करते तो मैं जल्दी-से-जल्दी चाय-पान ले आता !"

"नहीं"–निराला ने कहा–हम अभी डा० पीताम्बर दत्त बड़थ्वाल के बँगले जाएँगे। कोई अड़चन न हो तो आप भी चलिए।"

मैं तुर्त-फुर्त अपना एकमात्र कुर्त्ता पहनने लगा। निराला 'रस गंगाधर' के पेज उलटने लगे।

अकिञ्चनता की छलनी से छनने-छनते कहीं कोई कंचन-कण कढ़ आए, इसी ललक से अपनी उपलब्धि का सारा बल दाँव पर लगाकर बोला, ऐसा, जैसे कोई घास का तिनका बड़ी मौज से टक्कर ले रहा हो !

"आपने तो यह महान् ग्रन्थ देखा ही होगा ?"

"नहीं, यह नौसिखुओं के लिए है।"

उनका बेतकल्लुफाना अंदाज काबिलेदाद था। उस अनसुनी आवाज ने मेरी चुँधिआई चेतना को बुरी तरह कोंचा; वह स्वर-लहरी मेरी आस्था की आँकी-बाँकी लकीरों पर घहराने लगी :

"नहीं, ऐसा नहीं, इसके पढ़ने-पढ़ानेवाले तो अनामिका की पोरों पर, ताल की मात्राओं की तरह, गिने जा सकते हैं।" गिटकरी लेकर, दिमाग का अर्क निचोड़ कर, बोलने को बोल तो गया, पर जैसे दिल धड़ककर डूबने लगा।

मेरी वक्र भृकुटि उनकी सरल दृष्टि से सहम कर टूट गई ! मेरा कँटीला मृणाल

जैसे जम्बाल-जाल में उलझ कर रह गया !! उनके उत्फुल्ल सहस्रदल पर शिशु की-सी शबनमी मुस्कान सज गई !!!

(2)

'सुधा' के सम्पादकीय में कालिदास की कला पर एक टिप्पणी प्रकाशित हुई थी। उसकी भाषा में लालित्य था तो उक्तियों में तीखापन भी। मैंने तिलमला कर उसका प्रतिवाद लिख भेजा था। निराला ने पहली बार उसी दर्प-डँसे लेख में मेरा अनछपा नाम देखा होगा। टिप्पणी उन्हीं की थी, मालूम होने पर जैसे मेरी विद्या की किश्ती ढलान पर आकर टेढ़ी हो गई; तर्कों के झाईदार झाग के गिर्द रुक गई।

'काकली' छपी तो उसकी एक प्रति साहस पूर्वक मैंने महाकवि के पास भेज दी, फिर प्रकाश अन्तरिक्ष और पारावार के दिवा-स्वप्नों में खो गया। लहरों के थपेड़ों में बात आई-गई हो गई।

कंकड़ियों पर फिसलते जल की कलध्वनि, सरपत के खनकते पौदों के रन्ध्र से बहती हवा, किरण की तूलिका से आकाश के कन्वास पर अंकित कोमल और गहरी दृष्टि—सबकी सार्थकता संशय में डूब रही थी कि अचानक एक पत्र आया,—निराला का पहला पत्र :

१३-७-३५

प्रिय बाल पिक,

तुम्हारी 'काकली' नकल नहीं। तुम्हारे जातीय सत्य से पूर्ण, आकाश और पृथ्वी को मिला रही है। इसमें मैं अपने तारुण्य की नयी पहचान पाकर चकित हो गया; देर तक मुग्ध होकर सुनता रहा।

मैं अन्यत्र, किसी पत्रिका में इसकी चर्चा करूँगा।

तुम्हारा
"निराला"

फिर-फिर घिर-घिर आते तिमिर-पट पर एक स्वर्ण छवि-सी विच्छुरित हुई। मन के काँपते मिजराब ने नील गगन के तारों में एक अनसुनी झंकार उठाई :-

आएगा, आएगा, वह समय भी आएगा; पहिए के घूमते हुए अरे धुरी-हीन नहीं हैं! मेरे मन का रथ मनोमय दिशा से भटका नहीं है !! यह निरवधि काल मेरे अस्तित्व की आन्तरिकता खोकर आगे न बढ़ेगा !!!

[दूसरा पत्र]

५८, नारियलवाली गली,
लखनऊ
३०-७-३५

प्रिय बाल कवि,

आपकी रचनाएँ स्वाभाविक उच्छ्वास तथा प्रेरणा के अनुसार हुई हैं, इसका साक्ष्य उन्हीं से मिलता है। भावना जैसी पुष्ट है, गति भी वैसी ही सुघर। मुझे आशा है आपकी प्रतिभा अच्छे-अच्छे चमत्कार प्रदर्शित करेगी।

मैं कई कारणों से खिन्न रहता हूँ। कुछ-कुछ काम करता जाता हूँ, पर जैसे थक गया हूँ। क्या इधर दो साल तक बाकायदा आपने 'सुधा' देखी है ? शायद अब इस नये वर्ष से मुझे विशेष रूप से लिखने का मौका न मिले। कारण, दुलारेलालजी की बहुत-सी बातें मुझे पसन्द नहीं। विशेषांक के लेखकों में उन्होंने मेरा नाम नहीं दिया, यह मुझे आपसे मालूम हुआ। कल उसके सम्पादक चतुरसेन जी टहलते हुए मिले, यह भी पूछ रहे थे कि आपका नाम क्यों नहीं है, आप विशेषांक के लिए क्यों नहीं लिख रहे हैं। पर सत्य यह है कि दुलारेलालजी के माँगने पर बहुत पहले ही 'मित्र के प्रति'-शीर्षक मैं अपनी एक १२० पंक्तियों की (पच्चीस रोज पहले) दे चुका हूँ। फिर भी उन्होंने ऐसा किया। इसके कारण हैं। पर देखा जाएगा। मैंने कल उन्हें सूचना दी है कि मेरी कविता वह न छापें।

मैंने 'प्रभावती' एक नया, अविज्ञापित उपन्यास लिखा है, ऐतिहासिक रोमांच के रूप में। यहाँ के 'सरस्वती-पुस्तक-भण्डार' से प्रकाशित होगा और जिनके लिए आपने लिखा है, पूरा करने की कोशिश करूँगा। कारणों से नहीं पूरा कर पाया ।

इस महीने एक लेख मेरा 'माधुरी' के विशेषांक में छप रहा है-'स्वकीया।' 'सरस्वती' को श्री सुमित्रानन्दन पन्त' लिख कर भेजा है। 'सुधा' को जो कुछ दिया था, वह वापस ले लिया।

आशा है, आप प्रसन्न हैं। उपदेश के रूप में तो मैं कुछ कह नहीं सकता। उपदेश आपको अपने भीतर से मिलेंगे, मैं आपको केवल प्रसन्न वदन देखने की इच्छा रखता हूँ।

सस्नेह

निराला

एक लहर मन की सतह पर उभरी और कुछ लकीरों में ही न बिखर कर अन्तर्मन में स्थिर स्मृति बन बैठी। ममत्व-भरा भाव किसी हिमाद्रि, किसी समुद्र के प्रति ! मेरे लिए रहस्य कोई उलझन नहीं, अमरवल्ली नहीं, मदहोशी या खुमार नहीं है।

मगर यह तो आज की बात है। इसे उस दिन के मत्थे मढ़ना असत्य के लिए सत्याग्रह करना होगा। उन दिनों निर्मल नील झील में झिर-झिर तिरती तरी-सी जिन्दगी थी जिसे कहीं पहुँचने की जल्दी न थी। उसके लिए एकान्त-संगीत अरण्य रोदन न था। वह शुष्क सिद्धान्तों के लिए माथा पच्ची करने के बजाय अर्थहीन सरस को तरसती थी।

जैसे 'पैराडाइज लॉस्ट' के कथानक का बहुलांश एक आधिदैविक व्यक्ति ने आदम को सुनाया है, उसी प्रकार कोई एक अनचीन्हा स्वर मेरी अप्रबुद्ध वाणी में उलझ रहा था, और जैसे उस समग्र महाकाव्य में बेचारे सैटन की हार पूर्व-निर्धारित-सी है वैसे ही मेरी अर्द्ध-बुद्ध चेतना उस उत्कट नये के ओप-चढ़े आक्षेप से हार-हार जाती थी।

मेरा किशोर मन लोल हिलोरों में प्रवाहित प्रदीप की भाँति झिलमिलाता रहता। सूने पल दुर्वह भार-से होते; जैसे जुगनू अश्वत्थ की फुनगी छू-छू कर धरती पर गिर-गिर पड़े; जैसे मध्य सप्तक का निषाद एक ही सांस में मन्द्र सप्तक के निषाद पर उतर आए !

एक-एक परत उधेड़ती-सी हवा बहती; गाँठ-गाँठ ढीली पड़ जाती। तभी अन्तरिक्ष

और क्षितिज छूती हुई कोई अछूती गूँज सुन पड़ती और मेरे मन का मृग-छौना गन्ध-भरी कुलांच लेता निस्पन्द हो जाता–

"उलटि पाछिलौ पैंड़ा पकड़ो, पसरा मना बटोर,
कहैं कबीर, सुनो भाई साधो, तब पैहो निज ठौर।

जैसे किसी भी चटक-सुर्ख तसवीर में उगाया हुआ बिरवा न बढ़ता है, न हवा-पानी बदल जाने पर एक नई कोंपल उगाता या कोई कली चटकाता है, कुछ ऐसे ही मेरे अपरिवर्तित दिन पर दिन बीतते जाते थे। विद्रुम प्रभात या कुंकुमी सन्ध्या का चञ्चा पुरुष पर रंच भर भी प्रभाव नहीं लक्षित होता। कोई छवि नहीं खिंचती, यों पट अँका-टँका होता।

[तीसरा पत्र]

५८, नारियलवाली गली
लखनऊ
१४-८-'३५

प्रिय कवि,

मैं बहुत दिनों तक नहीं लिख सका, मेरी कन्या का सत्रह साल की उम्र में, उसी समय देहान्त हुआ था।*

आपका विद्यार्थी-जीवन जैसा चमकीला रहा है, मुझे विश्वास है, आपका कवि-जीवन भी वैसा ही होगा। प्रसिद्धि से मनुष्य नहीं, मनुष्य से प्रसिद्धि है।

संस्कृत में आपने जैसा दखल पाया है, हिन्दी में पाने के लिए भी प्रयत्न-पर रहिये, श्रम निश्चय सार्थक होगा।

इस समय अनेक प्रकार की उलझनों में हूँ। यहाँ पं० रूपनारायण जी पाण्डेय, सम्पादक–'माधुरी' संस्कृत जानते हैं। आप यदा-कदा अपने विचार हिन्दी में प्रकट किया कीजिए। 'माधुरी' आपको जगह देगी। दूसरे पत्र भी देंगे। आप विषय की तह तक पहुँचने की कोशिश करते हैं, वही आपको ऊँचाई तक उठायेगी।

कालिदास और श्रीहर्ष के सम्बन्ध में आपने ठीक लिखा है। कभी मैंने भी इन्हें कुछ-कुछ पढ़ा था। समय नहीं कि दोनों की सौन्दर्य-दृष्टि पर लिखूँ। दोनों महान् हैं। पर श्री हर्ष का प्रभाव अधिक स्थायी होता है; फिर भी कला की जानकारी कालिदास को अधिक है;

*** फेर दिनों का, कन्या का देहान्त।**

अभी तो दूध के भी दाँत नहीं टूटे थे, वह कैसे इतनी दूर पहुँच गई ! जानता हूँ, तुम निराला हो, बनारसीदास चतुर्वेदी के साहित्यिक सन्निपात से उड़ जानेवाले रुई के पहाड़ नहीं; किन्तु तुम्हारे सात्त्विक संघर्ष की जोत सरोज को तो फैज न पहुँचा सकी !

मेरी बाँस की छड़ी से समुद्र के तल में खोंच न आएगी ! पूछता हूँ, तुम किसे 'वर्तमान धर्म' समझा रहे थे-आजाद के हत्यारों को या भगत सिंह को खंगाल डालनेवाले को ?

हमारा देश धर्म कमाता है; धर्म बिगाड़ता है। धर्म समझता नहीं है।

अगर कुछ गहन होते।

हाँ, 'प्रभावती' कुछ बाकी है। नहीं कह सकता, पूरी खूबसूरत उतार दूँगा। 'अप्सरा' से 'अलका' जैसे भिन्न है, वैसे ही यह दोनों से। आपको शायद 'अप्सरा' अधिक पसंद है, श्रम 'अलका' ने अधिक लिया।

–निराला

मेरा मन वनजारा न था; अपने लिए मैंने कोई घोंसला भी नहीं बनाया था। टिमटिमाते चिराग की लौ अपने ही दायरे में घटती बढ़ती थी। 'अहं' की कैद किसी फंदे या पिंजरे की कैद से कम नहीं।

रीतेपन और पूरेपन के भाव जब-तब झटका देकर चौंकाते, भटकाकर धुँधलेपन में या जोराजोरी जगमगाहट में ले आनेवाला कौन था ?

जैसे कल्याण थाट से केदार राग निकाल रहे हों, निराला ने मेरे अबोध अस्तित्व को प्रबुद्ध आत्मीयता दी थी। यों मैं दूसरे रास्ते यात्रा पर अकेला निकल पड़ा था–कालिदास, भवभूति की बारीकियाँ परखता हुआ; शेक्सपियर, रवीन्द्रनाथ के दरवाजे खटखटाता हुआ।

निराला ने पुष्पित पत्र पाकर अमृत आह्लाद जाने किस सविष विषाद की अन्ध गुफा से फूटकर फैल जाता था। किन्हीं अनलखी गहराइयों में कोई ऐसी लीक को चीरता--स्पन्दित और गुञ्जरित करता हुआ एक-एक पत्र आता था !!

शोध की क्या बात, तब मैं मन के गहन स्तरों की कुछ लचीली सतहें ही समझ सकता था जिन पर चाहे हवा खुशबू की तस्वीर आँक दे, चाहे कोई दूर-सुदूर की धुँधली-सी गूँज लरजते सुरों की दर्दीली पुकार बन जाए।

एक दिन प्रत्यभिज्ञा-सी हुई–बिम्ब–प्रतिबिम्ब अथवा चित्र, चित्रपट और चित्रकार को अभिन्न माननेवाली शास्त्रीय प्रत्यभिज्ञा नहीं, निरी बचकानी कि गुरुजनों के गद्‌गद स्नेह में आशीर्वाद ही आशीर्वाद रहता है; नजदीकियों में कोई मेरी छिटफुट किरणों को बादल की झालर की तरह बिन छुए दुलरा देता है; कोई सख्त पपड़ियाँ तोड़ कर सिर उठाए हुए मेरे सुनहले अंकुर में, परिवेश में संभावित 'पीलिया' के सूक्ष्म कीटाणुओं का आभास पा सन्तोष की साँस लेता है। यह अकेले निराला ही हैं जो मुझे जन्मजात वयस्क मानते और लय देख कर उसी से बँधे सुरों में बोलते हैं।

वस्तुतः मेरा बाल मन बालपन की वास्तविकता से प्रसन्न न हो, कल्पित वयस्कता का अतिरञ्जित प्रमाण-पत्र पाकर फूला न समाता था। लेन-देन का लेखा-जोखा रखनेवाले और डंडी मारकर सौदा बेचनेवाले खुद मान-प्रमाण पत्र बटोरते फिरते थे, वे मुझे क्या देते ! इस तरह जब दिमाग आसमान पर चढ़ा होता, तब ऐसा नहीं महसूस होता कि मैं किसी के पाँव-तले की चींटी हूँ।

मेरा बचपन फूलों से नहीं तुला, उलटे काँटों में घिसटा; अब जब ऊँच-नीच सूझने-समझने की उमर आई, चूलें ढीली होने लगीं। मेरी स्थिति पर किसी मगरमच्छ की पलकें पसीजतीं तो मेरा मुँह फक् हो जाता। निराला बिसात उलट कर खेल की शुरुआत नहीं

चाहते थे, चलती चाल को शह भर दे देते थे। यह जो चलते चलने में कुछ होते चलने का अकल्पित आनन्द था, मेरे मचलते अरमानों को निराला का वही निजी दान था।............

पत्र की आन्तरिकता ने मन को मोम की तरह गला दिया। मैं स्वगत बोल उठा :

अरी ओ सुरभारती, साध और साधना के सन्धिरन्ध्र से फूटती हुई ये अनसुनी ध्वनियाँ सुनीं ? एक अनगढ़ पत्थर को शालिग्राम बनाने के क्रम में हरहराती हुई प्रखर जलधार तुंग हिमालय शृंगों से उतरी है, अनिल में धुली हुई निर्मलता ने कुछ अश्रु-स्नात तुषार-कण तेरे चरणों में अरपे ?

मैं शूलों-बिंधे तलवों से धरती की धूल झाड़ता हुआ वीरान पगडंडियों पर तनहा चलता रहा हूँ, आज किसी देवदूत के आकाशवासी चरण उन पर सहसा अंकित हो गए हैं। ओ दरबारियों की रसवंती, अपनी वीणा के निन्दित तार उतार दे, क्षण भर 'प्रिय स्वतन्त्र रव अमृत मन्त्र नव' (नि नि सा म, ग रे सा ‾ प नि सां नि, ध प म प) झंकृत होने दे !

(३)

मेरी अनबटी प्रेरणा कभी तीर-घाट होती, कभी मीर-घाट। ऊँट किसी और ही करवट बैठना चाहता था। यों–

घर हमारा जो न रोते भी तो बीरां होता,
बह्र गर बह्र न होता तो बयाबाँ होता।

दरअसल तब मेरी अभिव्यक्ति का माध्यम संस्कृत थी। मगर मेरी रूह संस्कृत के दायरे के बाहर भी भटका करती थी। अब इससे बड़ा मजाक और क्या होगा कि तब मैंने अँग्रेजी, बंगला और उर्दू में भी कविताएँ लिखने की कोशिश की थी। अँग्रेजी में निराला पर एक कविता अपनी ही दयनीय स्थिति की ओर संकेत करते हुए लिखी थी :

You have covered the pond over with a host of golden lilies, that is why its water is growing muddier and mossier day by day.

You have covered the guitar over with a over-flowing stream, of heavenly music, that is why its own tame tune is craving for a fine spontaneous flow day by day.

बचपन बचपना ही है। कोई अट्ठारह-उन्नीस की उम्र में सात-सात भाषाओं में तथाकथित 'कविताएँ' लिखकर 'सप्तपर्ण' नाम से प्रकाशित करने का स्वप्न देखे तो उस हवा में गाँठ बाँधनेवाले को पागल करार देने वाले अनगिनत मिल जायँगे, दुर्बलता को दुलारनेवाले अकेले निराला थे। यों मेरा संस्कृत का स्वर ही तार-सप्तक में था जिस कारण जब कवीन्द्र रवीन्द्र के प्रथम दर्शन हुए थे, तब मुँह से उन्हीं की वाणी नहीं फूटी थी :

"आजि ए प्रभाते रविर कर
केमने पशिल प्राणेर पर ?"

बल्कि विद्यापति के एक छन्द के ढाँचे को तोड़-बिगाड़ कर–जयदेव के उत्स की ओर उन्मुख कर मैंने संस्कृत में ही अपनी गहन गुफा के भराए भावों को स्वरित किया था।

उन दिनों में जो लिखता था, वह लगभग अनुकृति की विकृति मात्र होती थी। मेरे हृदय की शिरा-शिरा को खींच, उमेठ, उखाड़ कर जो नहीं कढ़ा, उसे मौलिक कहने की व्यथा कौन झेलता ?

उस दिन घिर-घुमड़ कर मेघ छँट गए थे। नील वक्ष में तड़ित् की कौंध बुझ चुकी थी। ऊँचाइयों पर हहराती हवाएँ धरती की सब्ज साँसों में समा गई थीं। मैं होस्टल की सीध में खड़े विशाल बरगद के साए में उदास-खामोश बैठा था। इतने में बूढ़े-बहरे सुन्दरलाल (डाकिए) की चिर-परिचित पगध्वनि सुनाई पड़ी। आज उसकी आड़े-चौताले की चाल ठौर-ठौर थम रही थी। पर इस करीर को पत्र की क्या आस ? आक-जवासों को जला डालनेवाले मेघ, बता न, मेरा गोधूलि का अन्तर खुली आँखों के जुगनुओं-जैसे झिलमिलाते सपनों से ही क्यों जलता-बुझता रहता है ?

सुन्दर मेरे कमरे के पास ठिठका, कनखियों से इशारा किया और मेरी खुली हथेली पर एक बंद लिफाफा रखकर परे सरक गया।

वही लिखावट; वही सुडौल, खिले अक्षर दूर से चलकर आने पर भी गजब की ताजगी।

असीम हर्ष को जैसे सीमाओं ने घेर लिया।

[चौथा पत्र]

५-९-३५
५८, नारियलवाली गली
लखनऊ।

प्रिय बाल कवि,

आपको देर से लिख रहा हूँ। आपकी कविता इसी बार 'माधुरी' में निकलगी, मुझे पाण्डेय जी ने ऐसा ही कहा था। उसे प्रथम पृष्ठ पर देते, पर कुछ बड़ी है, इसलिए अन्यत्र देंगे। आपकी कविता मुझे पसन्द आई। लेख भी अच्छा है। आप बहुत सुन्दर लेख लिखते हैं। आपको हिन्दी में भी नाम करना होगा। क्योंकि यहाँ गुन्जाइश ज्यादा है। आपको सिद्धि भी हो सकती है, मुझे ऐसा विश्वास हुआ।

मैं ६-७ रोज के अन्दर एक बार काशी जाने वाला हूँ। गया तो आपसे मिलूँगा। मैंने रायकृष्ण दास जी के भारती-भण्डार को 'गीतिका' दे दी है। उसी के सम्बन्ध में प्रयाग तथा काशी जानेवाला हूँ। पाण्डेय जी का पत्र आपको मिला होगा। इसी बारह तारीख के बाद मैं यह मकान छोड़ दूँगा।

आपका
'निराला'

'आपसे मिलूँगा !' पर मिलने के योग्य आयोजन कहाँ है ? अस्फुट कल्पनाएं पत्रपुटों में भरा कीं, अकारण झर पड़नेवाले आँसुओं के फूल तो नृम्ण और तेज के काव्य-पुरुष के सम्मुख कोरों में ही कुम्हला जायँगे।

पत्र की आवृत्ति ने शिशिर-भीरू मन को सहसा अनन्त वसन्त-वन में बदल दिया। आशंका की गोधूलि अक्षर नक्षत्रों से सज गई। आँखों के पर्दे में हिमालय के स्वर्णाभ शृंग उभर आए। सागर का फेनिल नील वक्ष उच्छल हो उठा।

और अभी ९-९-३५ को अकस्मात् वही कवि सम्राट् एक अज्ञात बालकवि से मिलने के लिए स्वयं चलकर छात्रावास के प्रकोष्ठ में आ गया है।

जीवन के अनन्त अभावों के एकीभूत भाव का यह घनाघात ! ये चीख-सी तीखी अवाक् किलकारियाँ !!

काल, पल भर अपना प्रखर प्रवाह निविड़ आनन्द के कगारों से बँध जाने दे ! देश, अपना अखण्ड प्रसार इस पथरीली छत के नीचे के आकाश में क्षण भर सिमट जाने दे !!

मैं अपने उन्मत्त हृदय की यह अननुभूत वेदना तेरे हवाले न करूँगा ! आनन्द के इस नील नभ लोहित किरण की तीक्ष्णता मैं हवा को न चुराने दूँगा !!

अरी ओ आकाश, तेरी नीरवता की शपथ, मैं इस क्षण की सघन समग्रता को युगों तक सँजों-जुगो कर रखूँगा।

यह अनाघ्रात वेदना किन्हीं गीत-स्वरों का व्यञ्जन बनेगी। यह अनास्वादित आनन्द किन्हीं छवियों का बन्दी बनेगा !!

अन्तिम दर्शन

(१)

ऊँची-ऊँची लाल-हरी फुनगियों पर पिछले पहर का सूरज हल्के पाँवों उतर रहा था। पत्तियों के गुच्छों में डूबी हुई कोई-कोई किरण दीये की झिलमिलाती लौ की तरह रह-रह कर लहक उठती थी। कोई एक फुनगी से दूसरी तक फैल कर फूल-फूल जाती तो कोई एक नए ही साँचे में पिघल कर ढल जाती थी।

एक सूरज, हजार किरणें, अनगिनत नक्काशियाँ ! एक निराला, प्रखर प्रतिभा के अनेक उन्नत स्तर, अद्भुत अभिव्यक्ति की अनेकानेक प्रतिष्ठित-प्रायोगिक विधाएँ !

बाईस अप्रैल, उन्नीस सौ इकसठ : दिन के तीसरे पहर मुजफ्फरपुर से इलाहाबाद जाने के लिए बनारस पैसेंजर में बैठा था। तेईस को रात साढ़े नौ बजे रेडियो-कवि सम्मेलन था। इधर बहुत दिनों से इलाहाबाद नहीं गया था; निराला के दर्शन नहीं हुए थे।

आनेवाली पीढ़ियाँ निराला को आधुनिक हिन्दी साहित्य का सूरज-चाँद या क्या समझेंगी; उनके अभिज्ञान के माध्यम कुछ समकालीनों के राग-द्वेष भरे विष-बुझे लेख होंगे या एकमात्र उन्हीं पर लगभग सभी समकालीन सुकवियों और महाकवियों द्वारा लिखी गई शत-शत कविताएँ ! मैं क्या सोचूँ ? हमारी पीढ़ी का क्या यह सौभाग्य कम है कि हम उनके साक्षात् दर्शन कर सकते हैं !

बादल-राग के दर्शन; करुण-कोमल, दुर्वार जलधार बरसाते हुए; इन्द्रधनु की भावभीनी रंगीनियों से तरंगित; प्रशान्त-प्रतप्त हृदय के शोणित में वज्र-गर्जन और विद्युत-वह्नि सँजोए हुए; बादल-राग के दर्शन !

बिच्छू की पूँछ-सी आधुनिक सभ्यता, विषधर की चाल चलनेवाली राजनीति, हाथी-दाँत को सोने से मढ़वानेवाला समाज और अकेला डंक-फुफकार झेलता, सोने का जहर पीता हुआ दिगम्बर निराला !

इधर धनी पत्रों में निराला के भग्न-विपन्न चित्र प्रकाशित होते, उन्हें देखता और मचल-तड़प कर रह जाता।..................

काशी में निराला की स्वर्ण-जयन्ती आयेजित हुई थी। आचार्य नन्ददुलारे वाजपेयी संयोजकों में थे। मैं दोनों ओर से आमन्त्रित था। गया। समारोह में शाब्दिक पक्ष प्रबल रहा और आर्थिक दुर्बल, तो ऐसा होना स्वाभाविक ही था।

आचार्य नरेन्द्रदेव का उद्‌घाटन-भाषण मार्मिक और चिरस्मरणीय था। श्रीमती सुभद्रा कुमारी चौहान का आन्तरिक उल्लास छलका पड़ता था। यह सब था; किन्तु निराला को न पूर्व -विज्ञापित थैली भेंट की गई थी और न अभिनन्दन-ग्रन्थ ही अर्पित किया गया था। मुजफ्फरपुर लौट आया, पर यह दुःखद व्यंग हर घड़ी आँखों में फिरने लगा। हवा में जैसे कुछ होठों में कहता, फिर अपनी बेबसी में ऐंठ-ऐंठ कर रह जाना पड़ता।

वे दिन मेरे कठिन संघर्ष के थे। अन्धे महीनों में कभी-कभी कोई सूर्योदयी दिन निकल आता था। इस बार जब ओस के मोती चमके, मैंने भावाभिभूत होकर स्वयं हजार पृष्ठों का एक विशाल समीक्षात्मक ग्रन्थ सम्पादित और प्रकाशित करने का सजल संकल्प कर लिया। प्रकाशन के लिए कलकत्ते के आचार्य परमानंद शर्मा ने पाँच-छह सौ रुपयों की अपनी सारी की सारी जमा-पूँजी दे दी; कुछ कॉलेजों में भाषण-प्रवचन कर सौ-दो-सौ रुपये मैंने भी इकट्ठे किए; श्री रत्लेश्वर चौधरी 'रत्लेश' और 'दिवाकर' साहित्याचार्य ने कुछ रुपए एकत्र कर मेरा उत्साह बढ़ाया। उन दिनों फेयर मार्केट में कहीं कागज नहीं मिलता था, दूने-तिगुने दाम देकर पूरे बारह सौ रु० का कागज खरीदा और जोर-शोर से छपाई का काम शुरू हो गया। महापण्डित राहुल सांकृत्यायन, आचार्य हजारी प्रसाद द्विवेदी से लेकर पण्डित जगन्नाथ प्रसाद मिश्र तक हिन्दी के सभी श्रेष्ठ समीक्षकों से निबन्ध लिखवाए थे। संचित पैसे तो कागज पर खर्च हो चुके थे, पर प्रेस से ठहरी थी, मैं प्रतियाँ बेच-बेच कर आहिस्ता-आहिस्ता छपाई-बँधाई के कुल पैसे चुका दूँगा।

मगर सारे अरमान मन मे ही मचल कर ठंढे हो गए। घर से शैल की माँ-देवी चन्द्रकला के (चेचक से) आकस्मिक स्वर्गवास का तार आया और यहाँ प्रेस के मालिक गुजर गए।

फिर क्या, मेरी अर्थहीन साधना जलकर खाक हो गई, क्योंकि छापाखाने के नए मालिक ने पूरे पैसे लिए बिना अब और एक फर्मा छापने से भी इन्कार कर दिया था, छपे फर्मों की छपाई के पैसे तुरत माँगे थे और न दे सकने पर मुझे इजलास में खड़ा कराने की धमकी दी थी।..................

गाड़ी हाजीपुर का लम्बा पुल मद्धम रफ्तार से पार कर रही थी। सारी देह पहले ही गर्द-बर्द हो चुकी थी। इस घड़ी दुहरी ध्वनि-प्रतिध्वनियों से कान के पर्दे फट रहे थे।

कान के पर्दे फटा किए; देह गर्द-बर्द हुआ की; और जिंदगी की गाड़ी पन्द्रह वर्षों तक पुल-पर-पुल पार करती रही।

आचार्य शिवपूजन सहाय ने 'हिमालय' से 'साहित्य' तक में उसके सम्बन्ध में बहुत-कुछ लिखा। आचार्य नलिन विलोचन शर्मा ने पटना के दो-एक प्रकाशकों से बातचीत भी की, मगर नतीजा कुछ न निकला। मेरी सात्त्विक साधना की होली जल गई। प्रेस ने शेष पाण्डुलिपियों-समेत सारे छपे फर्मे नष्ट कर दिए।

दास्तां उनकी अदाओं की है रंगीं, लेकिन–
उसमें कुछ खूनेतमन्ना भी है शामिल आपकी !

(2)

ललौंही स्याही और मटमैली सफेदी में शाम ढल गई और अपने पीछे एक दर्दीला आनन्द छोड़ गई। गाड़ी की रफ्तार में उड़ता-उड़ता-सा सप्तमी का चाँद जैसे अधखुली खिड़कियों के सबब आधा-आधा दिखता था। कल्पना का कलरव धँसी पड़ती जनता के भैरव-रव में डूब गया। छपरा आ गया था।

अपने ही ठाँव बैठा-बैठा मैं न जाने किस अनजाने देश में भटकता रहता हूँ। चिर-निरानन्द मुख पर सुख-दुख की रेखाएँ खिंचती-पुँछती रहती हैं। मन जैसे मुलायम रेत और खुरदुरे पत्थर के नुकीले टुकड़ों से गुजरा हो; हिम-डूबे शिखरों और धुन्ध-भरी घाटियों की शैर कर आया हो; डूब-उतरा कर किनारे लगा हो।

पेड़ों की सर्द सायँ-सायँ को गर्म धुएँ की धार से टुकड़े-टुकड़े करती हुई गाड़ी भागी जा रही थी। देखते-ही-देखते पूरब की क्यारी में बादलों के बहुरंगे फूल खिलने लगे। जमी-सी चेतना पहले पिघली, फिर उबलने लगी। वाल्ट ह्विटमैन की एक लम्बी कविता–Song of myself ने रात की चन्द्र-तारकित परम्परा को धो डाला। मैंने धूल-पसीना झाड़-पोंछकर मुँह साफ किया, अँगड़ाई लेता हुआ उठ खड़ा हुआ : वाराणसी !

प्रयाग पहुँचते-पहुँचते लगभग बारह बज गए। बैशाख का महीना, फिर रविवार। दुपहर का सूरज नील निर्जल ताल में स्वर्ण नीरज-सा खिला हुआ। आकाश-पाताल में भावात्मक एकता-सी स्थापित करती हुई धूल कि जिसमें उक्त रक्त-कमल का राग-पराग मिला हुआ।

"मैं समझता हूँ, कलाकार की मौलिक प्रतिभा से प्रेरित समीक्षा तो रचनात्मक हो सकती है, परन्तु परम्परित समीक्षा-पद्धति से प्रेरित प्रतिभा अपनी मौलिकता पर कम ही कायम रह पाती है।

आचार्य शुक्ल को पाने के लिए कितनों को अपनी-अपनी कृति की प्रकृति के सर्वथा विपरीत प्रकृति-वर्णन में प्रवृत्त होते देखा था; नंगी आत्मनिष्ठता को लोकमंगल के आदर्श पर श्वेताम्बरी प्रवचन करते सुना था। बला से ईमान के कान कट गए, उनके नाम तो इतिहास में दर्ज हो गये।

"मैं कहता हूँ, आलोचक हँसता रहे और वर्ड्सवर्थ लूसी की हिम-समाधि में विलीन हो जाए तो कैसा हो !

''कलाकार के लिए समकालीन समीक्षा सर्वथा श्रेयस्कर ही नहीं होती। उन सौभाग्यशालियों को तो अपवाद समझना चाहिए जो अपनी सुरक्षा के लिए एक नया इतिहास लिख-लिखा ले सकते हैं।

''मैं नहीं जानता, निराला अपने किसी आलोचक की एप्रोच के कायल रहे। ऐसा होता तो उन्हें अपनी कला पर आप क्यों लिखना पड़ता ? यह भी नहीं कहा जा सकता कि उनका लिखा हुआ किसी आलोचक की दृष्टि में कोई अर्थ रखता था। रखता होता तो उन्हें उनका प्राप्य क्यों नहीं मिलता ? क्यों इतिहास दरबारी-सरकारी तुक्कड़-भाटों तक के गुण गाता और अपने युग-प्रतीक काव्य-पुरुष को अनायास छोड़ देता ?

''महान् काव्य-स्रष्टा निराला ही क्यों, नए गद्य के असामान्य प्रयोक्ता जैनेन्द्र और अज्ञेय को भी तो एकदम कम प्रतीक्षा नहीं करनी पड़ी थी ! तो क्या कोरी आवृत्ति न कर, सृष्टि करने के लिए नए दायित्वों से प्रेरित प्रत्येक प्रतिभाशाली कलाकार को पर्याप्त समय तक सामान्यों (mediocres) के दल-बद्ध दण्डकारण्य में निर्वासित रहना पड़ता है ?

''अच्छा कोई निराला या अज्ञेय की तरह इस हद तक मौलिक स्रष्टा होने का जोखिम उठाता ही क्यों है ? अजनबी और अटपटा न लगने के लिए वह सपाट क्यों नहीं लिखता ? नए तथ्य को नई रागात्मकता देकर परम्परित संवेदनाओं को उलझाने-सुलझाने में वह क्यों अपना जीवन खपा देता है ? यह रक्त-गत मौलिकता साहित्यिक पत्रकारिता को विरक्त बनाती है ! एक-एक परत में नए-नए अंकुर सँजोए हुए स्रष्टा-मस्तिष्क को विक्षिप्त कहा जाता है !.................''

लू से लिपटी हवा झंझा के पंजे मरोड़ रही थी। मेरा रिक्शा बेतहाशा दारागंज की ओर भागा जा रहा था। अधूरे, अतृप्त और विशृंखल विचारों का बवंडर-सा उठ रहा था मन में :

''निराला ने अतीत से विद्रोह किया; अपनी रुचि का नया वर्तमान गढ़ना चाहा; क्षमता की भट्ठी में प्रतिभा को पिघलाया; नित नए साँचों में ढाला; पर नतीजा क्या निकला ? रचना के कुछ गुलाब खिले और जिंदगी की डाल काँटों से लद गई। माना, कला छिछली न रही, पर जीवन के प्रवाह में तो भँवर बन गई।

''निराला ने दर्प से दर्द सहा; शून्य को शक्ति बना डाला। कला उनकी वेदना के निगूढ़ दंशन से निशशब्द अर्थवती हो गई है। **निश्शब्द अर्थवत्ता ही निराला की कला है।**

''लिखनेवाले ऐसा भी लिखते हैं कि बुनियादी तालीम भारी पड़े और कुछ ऐसे भी लिखनेवाले होते हैं जिन्हें पढ़ते वक्त वर्षों का अध्ययन-मनन अत्यन्त अपर्याप्त प्रतीत होता है। 'वेस्टलैण्ड' कैसा है ? फिर संस्कार की समस्या सामने आती है। अध्येता के बौद्धिक परिवेश का सर्वे कर लेने पर गलत एप्रोच की बात पहेली नहीं रह जाती। मछुए और कलाकार एक ही दृष्टि से समुद्र को नहीं देखते।

''चाँद में धब्बा है, मगर हर धब्बेदार को तो चाँद नहीं कहते।''

लू के झोंकों से आँखें चुँधिया गई थीं। बदन पर धूल की परतें बिछी हुई थीं। देखी

तो झाड़ दी। आँखों में जरूर रह गई होगी, कितनों ने झोंकी है, यों धो-पोंछकर मैंने वह सारी धूल मिट्टी कर दी है।

रिक्शे से परिवेश की निस्तब्धता पढ़ता हुआ वह अनचीन्हा फासला तय किया जो इस गली के ताजा अँधेरे और जर्जर प्रकाश ने सिरजा था।

निराला समाधि में थे;—योग ने समाधि को बुद्धि का एक स्वाभाविक धर्म माना है। बुद्धि किस भूमिका में थी,—क्षिप्त, मूढ़, विक्षिप्त, एकाग्र या निरुद्ध,—कौन कहे ?

अधखिली मुस्कान रेखाओं में उलझी थी, संभव है, वह आनन्दानुगत समाधि में कह रहे हों :-

अट नहीं रही है !
आभा फागुन की तन
सट नहीं रही है !!

मगर मेरा मिथ्याज्ञान आत्मा में शरीर, इन्द्रिय आदि का अध्यास कर रहा था :

मैं न रहूँगा जब, सूना होगा जग,
जानोगे तब, यह मंगल कलरव सब-
था मेरे ही स्वर से सुन्दर, जगमग,
चला गया सब साथ !
याद रखना इतनी ही बात !!

गिरि-निर्झर की खोज में लू और बवंडर को पार कर पहुँची हुई पलकों को कहीं ठंडक नही मिली। यहाँ तो जैसे समस्त एषणाओं की चिता चुन दी गई थी। अब धधकते हुए अंगारों पर झीना-सा धुआँ फैला हुआ था। जिसके गिर्द पर परिणत शिशु के खिलौने टूट-फूट कर बिखर गए थे।

निराला सिद्धि के विषम पथ के काँटों से बिंधे हुए बदन को कपायित साधना से ढके हुए सिद्ध पुरुष-से प्रतीत हो रहे थे।

वह एक ऐसे अटूट विश्वास के समान जान पड़ते थे जो किसी अपरिचित वाणी के माध्यम से ठीक-ठीक प्रकाश में न आ सका हो।

कालिदास कहते :

यूथानि संचार्य रवि-प्रतप्तः
शीतं गुहास्थानमिव द्विपेन्द्रः।

कि अपने झुण्ड के साथियों को आगे बढ़ाकर चिलचिलाती धूप के सबब कोई गजराज ठंडी गुफा में सुस्ता रहा है !

किन्तु मुझे निराला एक ऐसे आश्रम-मृग के रूप में दिखलाई दे रहे थे जो अपने यूथ से बिछुड़कर किसी सरकारी चिड़ियाखाने के भोले-भाले भेड़ियों से घिर गया है।

कौन जाने, निराला मेरा अनुमान जानकर यह कहते : जाहिद के खयाल मे मैं मस्त हूँ, और काफिर के ख्याल में खुदापरस्त। इस तरह बैठे-बिठाए कुछ समझदार आदमियों की

गलतफहमियों का शिकार हो गया हूँ। काश, किसी ने मुझे सही समझा होता।

मगर ऐसा हो सकता था तो वह नुमायश के बाजार में सजते क्यों नहीं ? उनके साथ वह सलूक क्यों होता, जो आए दिन होता रहा ? क्या कभी उनके दिल में नुमायाँ होकर निकलने का चाव न रहा होगा ? नहीं तो वह दहकती हुई आग में क्योंकर कूदे ?

निराला ने करवट बदली। दरअसल वह कभी भी एक करवट नहीं सोए। दुर्घट घाटियों में भटकती हुई रूह को कभी गुलगुला गलीचा मिला ही नहीं। "परस्परं भावयन्तः" का व्यावहारिक दर्शन भूल जाने के कारण हेमलेट वाली मुक्ति उन्हें न मिली। न कभी विश्वविद्यालयों में घूमे, न घटक निहोरे, न अकादमी का मुँह जोहा। जो किसी की नहीं सुनता, कोई उसकी क्यों सुने ? यहाँ कोई फिफ्टी-फिफ्टी पर लूट-खसोट का सौदा करे तो मालामाल हो।

देखा, जिस चेहरे पर कभी सुर्खी बिछलती थी, वह वनफूल-सा डंठल पर ही मुरझ गया था। रंग उड़ गए थे, एक धुँधला-सा खाका बच रहा था। मगर जिसके सारे मनसूबे मिट्टी में मिल गए, उसके मुख की एक-एक रेखा में ऐसी सजीव शान्ति कैसे विराज रही थी ?

दाह नहीं, मोह नहीं, श्रम नहीं, क्लम नहीं, ग्लानि नही :-

अरे यह तो रण-यज्ञ-विरत गांगेय की उदात्त शान्ति है ! जैसे प्राण पावक-शिखा के समान मूलाधार से स्वाधिष्ठान, मणिपुर से अनाहत, विशुद्ध से आज्ञा और फिर उससे भी सहस्त्रार की ओर क्रमशः उठते जा रहे हों !

जैसे एकायन में लीन, स्थूल से सूक्ष्म और सूक्ष्म से सूक्ष्मतर भावों को प्राप्त करने के क्रम में पिछले सोपानों को चुपचाप छोड़ते आ रहे हों !

यह शान्ति किसी ऐसे की नहीं है जिसे योग के सिद्ध न होने पर कर्म और ब्रह्म-दोनों से च्युत होने का भय हो, न किसी ऐसे की है जिसे इसका शीतल अनुताप हो कि कैसी कृच्छ साधना की कैसी छूँछी सिद्धि।

ऐसा प्रतीत होता था कि यह अमर गन्धर्व इस समय सुरों की समर-भूमि में अलक्ष्य को लक्ष्य कर अपने अन्तर्दीप्त प्राणों के बाण छोड़ रहा है :

पत्रोकण्ठित जीवन का विष बुझा हुआ है,
आशा का प्रदीप जलता है हृदय-कुंज में,
अन्धकार-पथ एक रश्मि से सुझा हुआ है,
दिङनिर्णय-ध्रुव से जैसे नक्षत्र-पुंज में !

लीला का संवरण-समय फूलों का जैसा-
फलों फले या झरे अफल पातों के ऊपर !
सिद्ध योगियों-जैसे या साधारण मानव
ताक रहा है भीष्म शरों की कठिन सेज पर !

स्निग्ध हो चुका है निदाघ, वर्षा भी कर्षित,

कल शारद कल्य की, हैम लोमों आच्छादित,
शिशिर भिद्य, बौरा वसन्त आमों आमोदित,
बीत चुका है दिक्‌चुम्बित चतुरंग काव्य, गति-
यतिवाला, ध्वनि, अलंकार, रस, राग बन्ध के
वाद्य छन्द के। रणित गणित छुट चुके हाथ से-
क्रीड़ाएँ व्रीड़ा में परिणत। मल्ल मल्ल की
मारें मूर्च्छित हुईं। निशाने चूक गए हैं।
झूल चुकी है खाल, ढाल की तरह तनी थी।
पुनः सवेरा, एक और फेरा है जी का।*

पाप-पुण्य से परे, विमन-वितृष्ण यह अलिप्त-अपरिग्रही आत्मा।–जरूर इस अश्वत्थ की जड़ आसमान के ऊपर और शाखें जमीन के अन्दर हैं। आनन्द का कोई एक अदृश्य उद्‌गम भी अवश्य है, रक्त, स्वेद, अश्रु-जैसा चिर-परिचित भर नहीं; शान्ति का कोई एक अलक्ष्य स्रोत भी अवश्य है, अपनी जीत और पराई हार-जैसा तीव्र और तात्कालिक मात्र नहीं।

मैं विषण्ण-प्रसन्न, विस्मित-सस्मित मुद्राओं में पल भर उन्हें निहारता रहा। देवासुर-संग्राम में ऊँचे उत्साह और अचिन्त्य शक्ति से सीना ताने खड़े योद्धा का यह विरल विश्राम कैसा शान्त-पावन था।

यों निराला बिकाऊ बैल की तरह खरीदार की खोज में कभी सरेबाजार खड़े न रहे। भटकी भेड़ों को झटपट अपने रेवड़ में मिला लेनेवाले किसी गड़ेरिए ने कभी उनकी तरफ ताकने की भी हिमाकत नहीं की। किसी राममूर्ति ने भी उन्हें झटके से टूट जानेवाला धागा न समझा। जरखेज जमीन में ठोसपन के बीज डालनेवाले किसी बागी बागवान ने भी उन्हें छुईमुई का पौदा न माना। बेठिकानों को ठिकाने लगानेवाला कोई कुशल व्यवसायी भी उन्हें अपने सरकारी सहायता प्राप्त अनाथ-साहित्याश्रम के लिए फुसलाकर न फाँस सका। किसी वक्त वह किस्मत आजमाई करने तनहा निकले थे, आज भी अकेले ही 'सोनार तरी' की प्रतीक्षा में औघट घाट पर बैठे हैं। जिन्दगी की तमाम खुशियाँ लुट जाने दीं, पर अपने निराला नाम को बट्टा न लगाया।

निराला आकाश-खण्ड-सी विशाल आँखें मलते हुए उठ बैठे। हिन्दी से कतरा रहे थे। कभी संस्कृत, कभी अँग्रेजी और कभी उर्दू में बोल रहे थे। अतिरिक्त प्रसन्नता छलकी पड़ती थी। मैं निर्वाक् था–क्या यही निराला अस्वस्थ और असन्तुलित हैं ?

काफी देर तक तरह-तरह की बातें करने के बाद ठीक उसी टोन में, जिसमें वर्षों पहले बनारस या लखनऊ में बोलते थे, बोले–'चलो, तुम्हें घुमा लाएँ।'

अरे, पत्रों में पढ़ा था, निराला चल-फिर नहीं सकते, फिर यह क्या ? –मैं उधेड़बुन में था, निराला छड़ी लेकर आगे-आगे चलने लगे। चक्करदार गलियों का व्यूह पार कर अपने

* महाकवि निराला की अन्तिम कविता।

चिरंजीव श्री रामकृष्ण त्रिपाठी के वहाँ पहुँचे। बाजा निकलवाया। दरबारी कान्हड़ा, केदारा, इमन कल्याण, तिलक कामोद, दुर्गा, शंकरा, आदि में अपने कितने ही नए-पुराने गीत गाए, फिर रवीन्द्रनाथ के गीतों से पूर्णाहुति की। लौटे तो रैक से किताबें निकाल कर कभी मिल्टन और कभी कालिदास की कविताएँ सुनाते रहे। मैं जैसे भावातिरेक में गल रहा था : कविता, कविता और फिर कविता ! कविता के प्रति यह अनन्य निष्ठा, यह सम्पूर्ण समर्पण, यह आत्मविलयन!

क्या यही "लैहों मैं करवट कासी" है ?

जिसने व्यक्ति को जलाकर व्यक्तित्व निखारा; कवि को मार कर कवित्व का स्तर ऊँचा किया, उसे उसके किए का भरपूर फल मिल गया। फलसफा बदल गया है, अब कवित्व पीछे रहता है, कवि आगे; व्यक्तित्व जहन्नुम के पुरपेंच अँधेरों में भटकता है, व्यक्ति बहिश्त के मजे लूटता है।

मैं जाने को हुआ तो निराला ने रोक लिया; सेतु टूट रहा है, कौन जाने, प्रवाह किस भटके क्षण में से चुपचाप बह निकले।............

............जो फूल तोड़े नहीं जाते, वे भी टूट जाते हैं।............

............बहुत के चक्कर में न रहो, जो हो, ठीक हो।............

............आग जब जल मरती है, किसी से कफन नहीं माँगती, उसकी अपनी ही राख कफन बन जाती है।...............

निशा-विहंगिनी के डैनों की फड़फड़ाहट सन्नाटे को चीरती रही; नक्षत्रों का करुण आलोक अन्धकार की अधमुँदी पलकें टटोलता रहा। फिर अर्थ-हीन पार्थिव कोलाहल से अन्तरिक्ष का पूर्वी द्वार खुल गया। किरणवीणा से टोड़ी की धुन छन-छन कर आने लगी।

ओस-कणों से भीगी कहीं दूर खिले फूलों की गन्ध लिए हवा उड़ती-उड़ती आ गई।

निराला जग गए थे : रात जल्दी ढल गई। मुझे तैयार देखकर बोले : अच्छा, देखो, अब कब..........

आज पहली बार चरण छू सका। अन्तिम बार प्रत्युत्तर में वही सहज स्वर सुना :

"नमोनमः !"

कुछ दिनों बाद व्यथित पृथ्वी और मथित आकाश ने वही स्वर भारी गले से बारंबार दुहराया।

सितम्बर '६८

●

निराला के पत्र

और जिस दिन (९-९-१९३५ ई० को) लौकिक और अलौकिक के श्वेत-केतु सेतुबन्ध-से मनीषी महाकवि निराला के दर्शन हुए, मैंने अपने भावोद्रेक को चिन्तन के स्पन्दन से न ढक सका, न ढंग पर ला सका, हर जगह डंका जरूर बजाने लगा :

'कि खुदा नहीं तो खुदी नहीं, जो खुदी नहीं तो खुदा नहीं !'

आधुनिक हिन्दी कविता को अभी निराला से बड़ा कोई कवि नहीं मिला है। मुक्तिबोध के 'अँधेरे में' डा० नामवर सिंह को निराला-जैसी प्रकाश भाषा की 'तेजस्क्रियता' दिखती है। यही नहीं, 'अन्धकार की गहरी पटभूमि पर एक आलोक-रेखा खींचकर कालजयी काव्य-कृतित्व का जो प्रतिमान किसी समय निराला की 'राम की शक्ति पूजा' ने उपस्थित किया था, डा० नामवर सिंह के अनुसार 'अँधेरे में' के द्वारा मुक्तिबोध ने उसी तरह की दूसरी काव्य-कृति, जिसे नई कविता की चरम उपलब्धि भी कहा जाय तो अत्युक्ति न होगी, प्रस्तुत की। नागार्जुन के पैने व्यंग्यों में आलोचकों को निराला के ओज और तेज की झलक मिलती है। डा० रामविलास शर्मा के अक्खड़पन और दो टूक कहने की प्रवृत्ति में लोगों को निराला का फक्कड़पन दिखाई देता है। और आचार्य नन्ददुलारे वाजपेयी तथा विष्णुचन्द्र शर्मा ने तो हिमायत की हद कर दी कि उन्हें मेरी संगीत कविताओं में (मेरी एक अकेली महाकाव्यात्मक कृति 'राधा'-तो अभी अनदेखी ही है।) निराला के उदात्त गीतों का आभास मिलता है। तात्पर्य यह कि किसी की प्रशस्ति में निराला से आंशिक समता प्रदर्शित कर देने पर फिर जेहन लड़ाकर एक शब्द जोड़ने की भी जरूरत नहीं रह जाती। कुल मिलाकर, निराला ही आधुनिक हिन्दी कविता के अप्रतिम प्रतिमान हैं।

अप्रतिम इसलिए कि डा० रामविलास के अक्खड़पन में द्रष्टा निराला की फकीराना मस्ती–

'बना कर फकीरों का हम भेस गालिब
तमाशाए अहले करम देखते हैं !'

नहीं है; नागार्जुन के जनवादी सपाट व्यंग्यों में 'रानी और कानी' जैसी सहज मार्मिक अभिव्यंजना नहीं है; मुक्तिबोध में भाषा और भावों की कहीं विविधता नहीं है; और पत्थर को जोंक लगती हो तभी मेरे–

'ज्योति-प्रपात झरो हे तम-संघात पर,
आत्मा की शुचिता कलुषित चित, गात पर !
पाटल की सुधि बिंधी हुई है शूल से,

ढका हुआ है क्षितिज मार्ग की धूल से,
बँधा हुआ है श्रेय-शिखर मन-मूल से,
स्वर्ण-भ्रमर गूँजे कज्जल-जलजात पर-
ज्योति-प्रपात झरो हे तम-संघात पर !'

अथवा

'आग जलती जो अतल में, हृदय-तल में,
वह धुआँती ही नहीं, क्या देखते हो ?
घेर अन्तर्भूमि पारावार निश्चल;
लहर लहराती नहीं; क्या देखते हो ?

–ऐसे निष्कल गीतों से निराला की उदात्त और ललित गीत-कला की प्रत्यभिज्ञा सम्भव है। सान्निध्य और सारूप्य का अन्तर 'अन्तरं महदन्तरम्' है। यह न हो तो हर साँढ नन्दी कहलाए; हर दिगम्बर को शंकर की प्रतिष्ठा प्राप्त हो। सचाई के सुनहले तेज अक्सों के धुँधलके में.........कैद कर लाया गया 'ईमान'–भी 'मुक्ति हूँ मैं, मृत्यु में आई हुई, न डरो'–बन जाए।

जो होए एक मुझे अपनी नींद सोने की छूट मिले; अपनी खाल में मस्त रहने दिया जाय तो मैं कहूँ : बेशक वे (डॉ० रामविलास, नागार्जुन, मुक्तिबोध आदि) इसी शृंखला की अगली खनखनाती कड़ियाँ हैं। फिर भी निराला के ही शब्दों में–

'अब तक धुन की
नहीं उठी लौ,
उनके आसमान की
अब तक नहीं फटी पौ !

अथवा 'मुक्तिबोध' की आवाज में–पहाड़ों, पठारों समुन्दरों में खोई हुई 'परम अभिव्यक्ति अनिवार आत्मसम्भवा' की खोज अभी जारी ही है।

निराला तन, मन और आत्मा–तीनों के भिन्न-भिन्न स्तरों पर कभी एक साथ कभी बारी-बारी से जीते थे। जैसे 'धूत कहौ अवधूत कहौ' के बाल का कम्बल बनाने वाले–

'अव्यक्त-मूलमनादि तरु त्वच चारि निगमागम भने
षट कन्ध शाखा पञ्च बीस अनेक पर्न सुमन घने
फल युगल विधि कटु मधुर वेलि अकेलि जेहि आश्रित रहे
पल्लवत फूलत नवल नित संसार विटप नमामहे।'

के 'तुलसी' के बिरवे को कुचल कर सहोर के पेड़ लगाना चाहते हैं; जैसे–

'बिनु गुरु होई कि ज्ञान, ज्ञान कि होइ बिराग बिनु ?
गावहिं वेद पुराण, सुख कि लहिय हरि-भगति बिनु ?

को हँसकर उड़ा देना चाहते हैं; और जैसे–

'मंगल-मृद-सिद्धि-सदनि,

पर्व-शर्वरीश-वदनि,
ताप-तिमिर-तरुण-तरणि-किरण-मालिका !'

–की टकसाली बात फेर कर इमली के चियें चलाना चाहते हैं, कहंना न होगा, ऐसे ही वे छायावाद-रहस्यवाद की ऐसी पच्चर ठोंकते हैं कि पजावे का पजावा खंखड़ हो जाता है। निराला का विराट व्यक्तित्व दुपहर की छाँह-सा छोटा पड़ जाता है। कुकुरमुत्ते का कलिया पका-खाकर–

'होगा फिर से दुर्धर्ष समर
जड़ से चेतन का निशिवासर;
कवि का प्रति छवि से जीवनहर, जीवनभर,
भारती इधर, हैं उधर सकल-
जड़ जीवन के संचित कौशल;
जय, इधर ईश, हैं उधर सबल माया-कर। '

–'तुलसीदास'

–यदि चेतन जड़ से टक्कर ले सकता हो तो ले, मैं जानता हूँ, नहीं ले सकता; जड़ जड़ ठहरा, आन-बान-शानवाला, कान पकड़ कर निकाल देगा चेतन को धर्मक्षेत्र-कुरुक्षेत्र से !

यही कारण है कि The knowing subject is itself unknown.

किन्तु यदि तीनों स्तरों के स्वर-सम्भार को तीन सप्तकों की-सी अन्विति मिले तो निराला औड़व-षाडव जाति के नहीं, सम्पूर्ण राग के पूर्ण प्रतीक सिद्ध होंगे । शक्ति, शील और सौन्दर्य का उनका स्वर-झरना अमिय-गरल-शशि-शीकर-रविकर झरता हुआ 'श्यामली-सोनाली' को ही नहीं मुखर करता, अपितु जीवन की सम-विषम तलहटियों को समवेदना से परिप्लावित करता हुआ अखिल असीम में विलीन होने के आन्तरिक आग्रह से उल्लसित प्रतीत होता है: जैसे तमतमाया हुआ सूरज चाहे जितना पानी सोख ले, समुद्र लहराएगा, बादल की एक-एक बूँद रिस जाय, वह आसमान में गरजेगा ही :

'मूँदी जब जग ने आँखें,
खोलीं री इनने पाँखें,
उड़ने को नभ को ताकें–
उपवन की परियाँ आली !'

–'गीतिका'

'देश-काल के शर से बिंध कर
यह जागा कवि अशेष-छवि-धर
इसका स्वर भर भारती मुखर होएँगी !

–'तुलसीदास'

निराला ने पृथ्वी-स्थानीय (Terrestrial), अन्तरिक्ष स्थानीय (Aerial) तथा

द्यु-स्थानीय (Celestial) जीवानानुभूतियों को अपने काव्य-माल्य में समान कौशल से गुम्फित किया है जिन्हें मिट्टी में मिला कर प्रगतिशील समीक्षा की खाद तो तैयार की जा सकती है, किन्तु उससे प्राणों के सब रंग नहीं उगाए जा सकते। यों निराला की हिरण्मय कला में घास-पात की हरियाली वर्जित नहीं है।

प्रकाशित प्रपंच में स्वप्न, सुषुप्ति को छोड़कर जागरण का महत्व नहीं उजाला जा सकता। निराला की व्याप्ति तीनों में है, इन्हीं अच्छेद्य बन्धनों में निराला का मुक्त रूप देखा जाना चाहिए, अन्यथा–

'तुम प्रेम और मैं शान्ति !'
ज्यों-त्यों गले के नीचे उतर भी जाय,
'तुम सुरा-पान धन-अन्धकार,
मैं हूँ मतवाली भ्रान्ति !'

का पल्ले पड़ना मुश्किल है।

उन्हें धर्म-अधर्म, कृत-अकृत से जोड़कर छोटा तो बनाया जा सकता है, किन्तु तब उन्हें-'ज्योति में न लगती रे रेणु' को-व्यापक और विराट् बताना दम्भ मात्र होगा।

द्रव पदार्थ को जैसा साँचा मिलता है, वैसी ही आकृति उभर आती है; जितनी व्यापक परिधि होती है उतनी ही दूर में उसका प्रसार देखा जाता है; निराला की काव्य-प्रतिभा गलाए हुए सोने के समान ही थी। कोई उसे सागर का विस्तार देता है; कोई नाव का आकार।

व्यक्ति के रूप में वह जैसे बैसवाड़े कि किसान भी थे और बंगाल के 'भद्र लोक' भी, उसी प्रकार कवि के रूप में वह–

'और अपने से उगा मैं
बिना दाने का चुगा मैं
कलम मेरा नहीं लगता
मेरा जीवन आप जगता'

–कुकुरमुत्ता भी थे, और

'जानता हूँ, नदी-झरने,–
जो मुझे थे पार करने,–
कर चुका हूँ, हँस रहा यह देख कोई नहीं भेला'

–स्थितप्रज्ञ दार्शनिक भी। ऐसे उनके व्यक्ति और कवि के कितने ही रूप थे। किसी एक का केन्द्रीकरण छायाचन्द्र को अपने ही प्याले में प्रतिष्ठित समझने-जैसा है।

अवश्य दर्शन का उद्देश्य खण्डों में अखण्ड, विभक्तों में समग्र, विरोधों में सामञ्जस्य, विशिष्टों में सामान्य एवं बहुत्व में एकत्व की प्रतिष्ठा है; किन्तु खण्डों, विभक्तों , विरोधों और विशिष्टों की उपेक्षा से यह समग्रता का बोध नहीं फूटता । अन्विति का अर्थ लीपापोती नहीं है।

निराला सौन्दर्य-स्रष्टा भी थे, आत्म-द्रष्टा भी। वह संश्लिष्ट संवेदनशीलता के प्रतीक थे, तो–

सुखदुःखे समे कृत्वा लाभालाभौ जयाजयौ
ततो युद्धाय युज्यस्व नैवं पापमवाप्स्यसि'

–के निष्पाप परमहंसी प्रतिमान भी। उनके इन्द्रधनुषी काव्य-कलाप में बहुरंगी किरणों की विस्मित-विमुग्ध-कारिणी छवि-छटा है। परम्परा और मौलिक प्रतिभा की ऐसी अन्विति निराला के पूर्व केवल गोस्वामी तुलसीदास में ही पाई जाती है।

'जिस्म महदूद, रुहे लामहदूद, फिर ये इक रब्तेबाहमी क्या है ?'

दूर और पास का देश-गत भेद, आगे और पीछे का काल-गत भेद, कार्य और कारण का नैमित्तिक भेद निराला की प्रतिभा की व्यापक परिधि में अपनी अहमियत खो देते हैं। त्रिपुटी नहीं, ज्ञान, ज्ञेय और ज्ञाता तीनों यहाँ एकायन हो गए हैं।

उनकी अकड़-मकड़ किन्हीं पंगु सम्भावनाओं की प्रतिच्छवि नहीं; उनकी दहक-महक खीस या बख्शिश की देन नहीं; उनके नितान्त निस्संग जीवन में मौत की निस्तब्धता न थी; उनकी गन्धवाहिनी मृत्यु जीवन के घनीभूत शून्य में, गन्धकोष बिखेरने के अपराध में, निर्वासित नहीं हुई थी।

उनका आमूल रचनात्मक विकास जैसे उनके ही अनाम तेज के अनुरूप नए-नए साँचे तोड़ने और गढ़ने का अक्रम इतिहास है। ऊँचे-से-ऊँचे उड़ने के लिए जटिल-से-जटिल प्रयास-यही निराला की सतत साधना अलंघ्य शक्तिमत्ता है।

सांख्यिकी दृष्टि उनके कार्य-कलापों, सम-विषम प्रवृत्तियों, लक्ष्यों और सम्भावनओं की विभिन्नता का आकलन कर उनके अधिभूत और अध्यात्म (Cosmic and Psychic) तत्त्वों को छाँटती नहीं है, उनके अनिवार्य और All-Prevading –सर्वानुस्यूत प्रकाश और प्रभाव के कुछ छिटफुट कण बाँटती ही है।

छिटफुट कणों का प्रकाश-पुंज मानकर चुँधिआई आँखों विराट्-दर्शन की प्रतिक्रियाएँ प्रकट की जा सकती हैं, किन्तु उन्हें सीमान्त मान लेना नितान्त अनुचित है, क्योंकि–
'सितारों के आगे जहाँ और भी हैं !'

'Since I can not Prove a lover
I am determined to Prove a villain.'

–ऐसा विकलांग दुराग्रह उत्तप्त और उत्तेजित आलोचना में ही उपलब्ध होता है। 'अपरा' के उद्गाता की 'परा' शक्ति की विविधता सदा सन्धेय हैं–

पराऽस्य शक्तिर्विविधैव श्रूयते !'

आत्मा और अनात्मा का विभाजन विवेकमूलक भी हो सकता है, अविवेकमूलक भी। जैसे प्रकाश और उसके आश्रय–सूर्य में वास्तविक भेद न होने पर भी व्यवहार में भेद माना जाता है, ऐसे ही शक्ति की विविधता भी समझी जा सकती है। यों जड़ और चेतन दोनों प्रकृतियों से निराला ऊपर उठे प्रतीत होते हैं। जीवन की जय-पराजय को जड़ मन और चेतन तन ने अनुलोम-विलोम भाव से कुछ यों झेला कि वासना की सरिता शुभ और अशुभ मार्गों से, दो धाराओं में बहना भूल गई :

हार गया,
ज्यों मैं उस पार गया !
जाना था नहीं, वह रहस्य क्या,
वहाँ कहीं अपना भी वश्य क्या,
भोजन को भूमि कहाँ, शस्य क्या ?
कोई मुझको यहाँ उबार गया—
मार गया,
हार गया ! —'आराधना'

जिसने मारा, वह हारा। मरने वाला तो उबर गया। गोड्से मरा, गाँधी अमर हो गया।

'अपनी विभूति को राख यदि कर सके,
भव-विभव तर सके, उत्तम सँवर सके,
जीवन-अरण्य में निर्भय विचर सके,
हर सके शोक, इतरों को उतारिए !'
—'आराधना'

गीध-गणिका-अजामिल की भाँति अपने ही उद्धार के लिए प्रार्थना करने वाले भक्तों-जैसे निराला कहाँ हैं ? न वह चाहते हैं कि दूसरे वैसे बनें। उन्हें तो तप और त्याग का मार्ग ही मालूम है वह अधिक-से-अधिक यही कह सकते हैं कि यदि तुम स्थित-प्रज्ञ हो तो दूसरों को भी उसका अता-पता बता दो।

प्रार्थना निराला की—

'बहुत तुम्हारे मारे मारे
फिरते हैं हारे बेचारे,
चेतन मधु-गन्ध के सहारे
उन्हें प्राण दो, मुझे हरो हे !'

और कहाँ सुनी गई ?

'ठग को जग-जीवन-दान करो,
तुम अन्य प्रदान करो न करो !'

—इस युग में और कौन कह सका ? तभी कितनों ने जोर मारा, मगर जिसे आन्तरिक उपलब्धि के रूप में पाना था, वह बाहरी अभिज्ञता के हाथ न लगा; वैज्ञानिक विश्लेषण छन्द-बन्द बाँधता रह गया, निराला की काव्यात्मा चुपचाप कतराकर आगे निकल गई।

प्रक्षालनाद्धि पंकस्य, दूरा दस्पर्शनं वरम्

उस महत्तम एकान्तपरायण को द्वन्द्वात्मक अगाध बोध बाहर से घेरता है। घिरने पर सदा शिव विश्लिष्ट शव हो जाता है ।

ऋग्वेद के एक मन्त्र में बताया गया है कि अग्नि द्वारा संरक्षित यज्ञ देवताओं को

तृप्ति प्रदान करता है। आहवनीय अग्नि पूर्व से, गार्हपत्य पश्चिम से, मार्जालीय दक्षिण से और आग्नीध्रीय उत्तर से संरक्षण न दें तो यज्ञ पूर्णता न प्राप्त करे।

निराला की प्रतिभा व्यक्ति और समाज, भक्ति और मुक्ति के चतुरस्र स्वरों से मुखर है। किसी एक ओर से घेरा डालने पर बहुत चतुराई छाँटने के बाद भी बात नहीं बनती। निराला के अन्तर्विरोधों के अनुसन्धान से अपना ठिकाना करना हो तो, निराला का ठिकाना लगता नहीं नजर आता। वह तो प्रशस्ति और शवपरीक्षा से परे हैं :-

''सभी उहार उतार दिए थे
फिर से पट्टे श्वेत सिए थे
तीन-तीन के एक किए थे,
किसी एक अपवर्ग मढ़ा था !''

—'अर्चना'

आकाश, वायु, तेज, जल और पृथ्वी अपने साक्षात् एवं परम्परित गुणों के कारण गत्यात्मक अत: चेतन प्रतीत होते हैं। प्रकृति के तीनों गुण सभी कार्यों के कारण हैं। तत्त्वों का पिण्ड ही तो ब्रह्माण्ड है। ये द्वीप-द्वीपान्तर, वन-पर्वत, सर-सरि-सागर, सूर्य-चन्द्र-तारे, नक्षत्र-ग्रह-उपग्रह—इस विश्व-ब्रह्माण्ड के सभी दृश्य-अदृश्य स्थूल-सूक्ष्म पदार्थ—उक्त तत्त्वों के पिण्ड ही तो हैं। किन्तु इतने पर भी ये सारे पदार्थ जड़ हैं। चैतन्य का नामोनिशां तक नहीं है इनमें। ये इकट्ठे होकर भी स्वयं योजनपूर्वक कोई काम नहीं कर सकते।

आग और पानी के संयोग से भाप बन जाती है। भाप से कितने ही यन्त्रों में गति देखी जाती है; किन्तु गति को चेतना मानना महाभ्रम है। हवा लगने पर सूखे खनखनाते पत्ते भी उड़ने लगते हैं। पैरवी के जोर से जड़मति को सुजान, अवसरवादी-चाटुकार की बिखरी-बिखरी खुशी को 'घनानन्द' कहा जाता है। उड़ते पत्तों में चेतना और धुएँ-सी सर पर छाई पद-पदवियों में चेतना का विकास ढूँढ़ना गति-प्रगति को चैतन्य मानने के भ्रम का ही परिणाम हो सकता है।

निराला के दुस्तर तिमिर मायावरण भेदकर प्रतिपद पराजित होने पर भी अप्रतिहत बढ़ते रहकर लक्ष्य पर पहुँचने की बात, जड़ गति को—इंजन के दौड़ने, सूखे पत्तों के उड़ने को—चैतन्य-चालित माननेवाले के लिए रहस्यात्मक प्रलापमात्र है। अपने विस्तार-भूमा में अहंकार के—प्रकृति के विकार महत् और महत् के विकार अहंकार के,—मन के एक सूक्ष्म भेद 'कर्ताऽहमिति मन्यते'—अहंकार के डूब जाने का, अपने रूप में स्थित होने (तदा द्रष्टुः स्वरूपेऽवस्थानम्)—कैवल्य अवस्था को प्राप्त होने के आनन्द का अनुभव वाग्जाल मात्र प्रतीत होगा। जो 'विनय-पत्रिका' नहीं समझता, वह 'अर्चना'-'आराधना' के गीत भी नहीं समझ सकता। **वाग्जाल तो वह समझता ही है, संस्कार के बिना तत्त्व नहीं समझ पाता।**

निराला की—

'किससे मैं कहूँ व्यथा-
अपनी जित-विजित कथा ?'

—यह गहरी वेदना 'निर्गुनिया रहस्यवाद' नहीं, जड़ तत्त्वों से जूझते हुए चेतन की, मानवीय संवेदनाओं-भरे जीवन की हार-जीत की ही कहानी है।

आदर्शों और शाश्वत मूल्यों की डाली लगा कर बाजारू सुख-सुविधाओं की दुकानें सजानेवालों से कवि अपने तिल-तिल जलकर उजलते प्राणों की व्यथा कैसे कहे ?

वड्सवर्थ ने यों ही नहीं लिखा होगा :

We Poets in our youth begin in gladness.

But there of comes in the end despondency and madness.

क्यों वह आरम्भिक आनन्द निराशा और उन्माद में विपरिणत हो जाता है और ईलियट जैसे जागरुक कवि को कहना पड़ता है : Be still, and wait without hope. यह सतत सन्धेय है।

अनुभूति को किसी अनुभूति प्राप्त करने वाले की अपेक्षा होती है या नहीं ? चिन्तन अनुभूति नहीं है। वह बुद्धि में वही आता है, जो पहले इन्द्रियों में होता है। हम जो कुछ जानते हैं, वह बाहर से ही तो आता है। स्मृति भी बाहर से प्राप्त ज्ञान की ही होती है। जो प्रत्यक्ष नहीं होता, स्मृति उसके सजीव चित्र खड़े कर देती है। इस प्रकार ज्ञान-प्रवाह स्मृति-चित्रों से उपवृंहित होता रहता है। कल्पना भी प्रत्यक्ष और स्मृति की भाँति ज्ञान का एक अक्षय स्रोत है, यद्यपि वह सम्भावनाओं के क्षेत्र को अधिक उजागर करती है, वास्तविकता की भूमि को कम। **यों कहें, जो वास्तविकता में दुर्लभ है, उसे ही वह सम्भावनाओं में सर्व-सुलभ बनाती है।**

ह्यूम के अनुसार प्रत्यक्ष, स्मृति या कल्पना विशेष के बोधक हैं-विशेष वस्तु, विशेष रूप, विशेष भाव को प्रकाशित करने की शक्ति ही है उनमें, सामान्य को प्रकाशित करने की नहीं। सामान्य की अनुभूति तो होती है; किन्तु उसका वास्तविक अस्तित्व क्या कुछ हो सकता है ? सत्ता अनुभूतियों की ही होती है, अनुभावक की नहीं। चिन्तक अनुभावक नहीं होता।

हम जिसे आत्मा, ब्रह्म, विभु आदि अभिधानों से जानते हैं, वह एक विराट् अनुभूति ही तो है। प्रत्यक्ष, स्मृति या कल्पना घूम-फिर कर वाह्य की ही परिक्रमा में लीन हैं। आत्मा आभ्यन्तर अनुभूति है। प्रत्यक्षानुभूति न कहकर शंकराचार्य ने अपरोक्षानुभूति शब्द का प्रयोग किया है। यह परोक्ष नहीं है इसलिए प्रत्यक्ष है, यही बात नहीं है। अपरोक्षानुभूति का प्रयोग 'नेति-नेति'-जैसा, इयत्ता का निषेधक है। परमहंस देव विवेकानन्द को बता सकते थे कि वह ईश्वर को विवेकानन्द (के रूप) से भी अधिक स्पष्टता से आमने-सामने देख रहे हैं, हम नहीं बता सकते। वैदेह जनक ने कुरु ओर पाञ्चाल से यज्ञ में आए हुए अनेकानेक वेदविद् ब्राह्मणों से कहा-'विद्वद्वृन्द, आप में जो कोई ब्रह्म-निष्ठ हों, वह सोने से मढ़े हुए सींगोंवाली मेरी एक हजार गौएँ ले जाएँ।'

किसी को साहस नहीं हुआ। याज्ञवल्क्य अपने शिष्य से बोले : 'तू इन्हें ले जा।'

तात्पर्य यह कि जिसे आत्मानुभूति होती है, उसे अपरोक्ष अनुभूति ही होती है। निराला को हुई थी।

परिमल-काल की परम्परोत्तर प्रार्थना में भी भूमा का अपरोक्ष संस्पर्श है :

'मेरे गगन-मगन मन में
अयि किरणमयी, उतरो !'

मन गगन-मगन होकर किरणमयी के अवतरण का प्रार्थी है। गगन व्यापकता में अद्वितीय है तो-

'तुम मेरे पास होते हो गोया
जब कोई दूसरा नही होता !'

का अनन्यनिष्ठ एकान्त भी। अवश्य यह आत्मानुभूति अनुभावक से निरपेक्ष नहीं है। एकायन हो गई है,-यह कहा जा सकता है।

मैं समझता हूँ, इससे सत्ता की महत्ता खण्डित नहीं होती। कारण, 'जानत तुमहिं तुमहिं ह्वै जाई' की अनछुई ऊँचाई का राष्ट्रीयकरण सम्भव नहीं है। अनुभावक अनुभूति से पृथक् नहीं होता। तन-मन आत्मा से पृथक् नहीं होते। ऐसे ही अनुभूति की सार्वभौमिकता अक्षुण्ण रहती है।

चिन्तन और अनुभूति का अन्तर समझने में महादेवी के कुछ बहुत सावधानी से चुने हुए गीतों से निराला के किन्हीं अत्यन्त अनगढ़ गीतों की तुलना सहायक सिद्ध होगी। महादेवी की-

'माँगने पतझार से हिमविन्दु तब मधुमास आया !'

-एक नितान्त काल्पनिक चित्र है, जिसमें अनुभूति की आर्द्रता को छोड़कर और सब कुछ है। किन्तु निराला के-

'सुमन भर न लिए, सखि, वसन्त गया !'

में और चाहे कुछ न हो, एक ऐसी तरल संवेदनीयता है जो अनुभूति के स्रोत से सद्यः स्नात बाहर आई है।

अनुभूति और अभिव्यक्ति का विस्तृत विवेचन यहाँ अनावश्यक है। इनकी अनुरूपता क्या, एकरूपता में आत्मा का अधिवास है। **याज्ञवल्क्य की परम्परा में निराला भी आत्मा का स्वरूप निरूपित कर गए हैं। काव्य का माध्यम प्रवचन को पी गया है, उपलब्धि की ज्योति सर्वत्र जगमगा रही है।**

परमहंस देव, विवेकानन्द, रामतीर्थ आदि में निर्मल बोध मात्र नहीं है। बौद्धिक कभी हार्दिक नहीं होता। साक्षी, चेतन, केवल की मुक्तावस्था की निष्क्रियता इनमें से किसी में भी न थी-

'गन्धवह है धूप मेरी
हो तुम्हारी प्रिय चितेरी,
आरती की सहज फेरी
रवि, न कम कर दे कहीं कर !'

-**'अणिमा'**

+ + +

'कैसी ज्योति छाँह से छलकी
दुर्बल ने हद कर दी बल की !'

-'गीतगुञ्ज'

+ + +

नयनों की नाव चढ़ा कोई,
यह खाली पाँव बढ़ा कोई,
मोती के माल कढ़ा कोई,
सागर से भँवर उतर आई !
ये भय या परिणय से फूटे,
आँखों से जो आँसू टूटे ?
पूछें किससे, संशय छूटे :
ये हर लाई या हर आई ! -'गीतगुञ्ज'

अनुभूति का यह प्रत्यक्ष, निकटतम रूप एक से अलग एक होकर भी संश्लिष्ट प्रतीत होता है। अभिव्यक्ति ने एक से एक को जोड़ दिया है। सम्बद्ध न होने पर भी यह असम्बद्ध नहीं है। हमारी अनुभूति सीमित न होती तो हम यह प्रार्थना न करते-

'देवीं वाचमजनयन्त देवा
स्तां विश्वरूपाः पशवो वदन्ति
सा नो मन्द्रेपमूर्ज दुहाना
धेनुर्वागस्मानुप सुष्टुतैति।'

प्राणों में रहने वाले देवताओं ने बैखरी वाणी का आविष्कार किया। हम उसे भिन्न-भिन प्रकार से बोलते हैं। वह कामधेनु के समान अर्थ का अमृत पिला कर हमें पुष्ट, तुष्ट तथा आनन्दी बनाती है।

जो अज्ञेय है, अनन्त है, अलक्ष्य है, अजन्मा और एकाकी है, उसे वाग्देवता के अतिरिक्त और कौन वाणी दे सकता है ?

मारण, मोहन, वशीकरण, उच्चाटन को शब्द से जानने में अनर्थ की आशंका है, अर्थ से जानना ही ज्ञान है। मारण काम-क्रोध का, मोहन आराध्य का, वशीकरण मन का, स्तम्भन विषय-वासना का, उच्चाटन विश्व की नश्वरता के मनन से सुख-भोग का। निराला के गीत भी जन-मन-रंजन के लिए नहीं हैं। मन का उन्नयन, आत्मा की उपलब्धि ही उनका लक्ष्य है।

क्षण-क्षण की अनुभूतियाँ आत्मा को एक तथा स्थिर नहीं प्रतीत होने देतीं। सुख-दुख से लिपटी होने के कारण अनुभूतियाँ द्वैतभाव सिरजती हैं; किन्तु शूल-फूल, तेज-तिमिर का द्वन्द्व ओढ़ा नहीं जाता, वह तो जीवन के साथ मरण की भांति अपने आप परछाईं बना डोलता है। विद्या की बात छिड़ते ही अविद्या आ धमकती है; ब्रह्म का प्रसंग आते ही माया घेरा डाल कर बैठ जाती है। कभी दूसरा गजब टूट पड़ता है :

"धूम एवाग्नेर्दिवा ददृशे नार्चिस्तस्मादर्चिरेवाग्नेर्नक्तं ददृशे न धूमः (तैत्तरेय ब्राह्मण)।

-कि दिन में आग का धुआँ ही दिखाई दिया, धधक नहीं, और रात में धधक ही दिखाई दी, धुआँ नहीं । डा० रामविलास शर्मा ने दिन दहाड़े निराला की आग का धुआँ देखा-दिखाया, तभी रात के धुआँते हुए कुहरीले अँधेरे में धधकती हुई आग की लपटें अनदेखी रह गईं।

आलम्बन की अनुभूति आश्रय की अनुभूति न हो सकी। भूमि एक ही आयाम है, किन्तु भूमा तो बीरबल की वह लकीर है जिसके समानान्तर खिंची भूमि की लकीर अपने-आप छोटी पड़ जाती है। जिसके चरण-स्पर्श की आकाँक्षा से कवि के हृदय-कमल के सारे दल खुले थे; जिसकी मौन-प्रार्थना उसके प्यासे प्राणों में गूँजती थी, वह माटी की मूरतों में नहीं ढूँढ़ा जा सकता, वह मन की 'विदेह-धारणा' है।

रुपयों के अभाव में सरोज की सामान्य चिकित्सा भी न हो सकी, प्रयत्नों के बाद भी दुलारेलाल भार्गव से निराला को दस रुपये न मिल सके और वह बीराने मे दम तोड़ती हुई अपनी इकलौती लाड़ली बेटी से अन्तिम भेंट भी न कर सके,-यह कसक वर्तमान पूँजीवादी व्यवस्था में आग लगाकर मार्क्सवाद की दुन्दुभी बन जाती तो निराला को बिरज की बुलन्दी से मिट्टी में घसीट लाना क्या बुरा होता; किन्तु-

'गीते मेरी, तज रूप-नाम
वर लिया अजर शाश्वत विराम
पूरे कर शुचितर सपर्याय
जीवन के अष्टादशाध्याय
चढ़ मृत्यु-तरणि पर तूर्ण-चरण,
कह : पितः पूर्ण आलोक-वरण,
करती हूँ मैं, यह नहीं मरण,
सरोज का ज्योतशशरण तरण !' -सरोज-स्मृति

लिखने वाले की दमदार पीड़ा सतही नारेबाजी या दम-दिलासे की नहीं हो सकती;

'दे, मैं करूँ वरण
जननि, दुख-हरण, पद-
राग-रञ्जित मरण !'

कोई मुमूर्ष नहीं लिख सकता;

'मुक्ति हूँ मैं, मृत्यु में
आई हुई, न डरो !'

मृत्यु की विभीषिका से काँपती हुई वाणी नहीं है। यह -आई तो रोजी, नहीं तो रोजा' भी नहीं है। यह तो उसी (नायमात्मा बलहीनेन लभ्यः) आत्म-तत्त्व की उदात्त अभिव्यक्ति है जिसके अद्वितीय व्याख्याता स्वामी विवेकानन्द थे। मानवता को आत्मा की महिमा से मण्डित करने का बीड़ा उठाया था स्वामी जी ने। वह प्रेम-प्रकाश से हृदय-हृदय के बीच की खाइयाँ पाटना

चाहते थे। आत्मोद्धार उनका लक्ष्य था, जब भी दरिद्रनारायण की सेवा के वह प्रथम प्रेरक थे। अशिक्षा अस्वास्थ्य और अकिंचनता को समूल नष्ट किये बिना आत्मा का उद्धार नहीं हो सकता, इसे उनसे अधिक, और कौन जानता था ?

यहाँ माध्यम के भिन्न होने पर भी निराला विवेकानन्द से अभिन्न थे। रवीन्द्रनाथ की निविड़ हार्दिकता और विवेकानन्द की अनुभूत आध्यात्मिकता को जोड़ने वाली कड़ी के रूप में ही निराला की कविता को परखना चाहिए।

रवीन्द्रनाथ का विलास भी वैराग्य का बाना बनाए फिरता था। निराला का वैराग्य जहाँ विलास का बाना बनता था वहाँ वह रवीन्द्रनाथ के स्तर के कवि दिखलाई देते, जहाँ वह विशुद्ध रूप में प्रकाशित होता, वहाँ विवेकानन्द के स्तर के। द्विवेदी-युग की गद्यात्मकता निराला में ढूढ़ी गई है, विवेकानन्द की कविताओं के अध्येता को वह रुक्ष आलोक, चटक चाँदनी से भिन्न, रोमैण्टिक प्रभाव से शून्य, अपनी निर्विशेषता में विशिष्ट दिखेगा; वह गद्यात्मक नहीं है।

ऐसे ही निराला को 'स्वेच्छाचारी' कहने भर से काम न चलेगा, उन्हें 'मुक्त पुरुष' मानना ही होगा। अन्ततः वह 'विमल-हृदय-उच्छ्वास' ही है जिसे (सूर्य-) 'कान्त-कामिनी कविता' समझ कर नायिका-भेदी आलोचकों ने दुर्योधन-दुश्शासन को भी नीचा दिखाने वाले पौरुष का प्रदर्शन किया था। निस्सन्देह तब भी 'कविता-कामिनी-कान्त' दूसरे थे, यहाँ तो बस सूर्य के ज्योति-तप्त तारुण्य के स्पर्श से ज्ञानाश्रयी जड़ता की हिमशिला पिघल कर 'कान्त-कामिनी' कविता बन गई थी। ज्ञान की कविता को कविता का ज्ञान परास्त न कर सका, बेशक थोड़ी आफत पीछे लगा दी। साहित्य के ग्रह-गणक ज्योतिषी बनारसी तरंग में शोर मचाने लगे; कविता निराला को छोड़ गई; किसी मधुशाला में छिप गई; बापू के छौनों की देख-रेख में 'सन्निपात' का इलाज कराने का इरादा था उसका; सो कलकत्ते का टिकट कटा कर 'विशाल' मल्लों के अखाड़े में निरर्थ शब्द और निःशब्द अर्थ का द्वन्द्व देखने चली गई।

निराला ने पेट मसोस कर अध्यात्म पाला था। गिटपिट करने वालों को वह अपने बूते धता बताते थे। ककड़ी के चोर को कटारी से मारने वाले के घर हरदम कचहरी लगी रहती थी। इधर कोई भी कवि उनका समर्थक न था। एक भी आलोचक अपने सब अरमान निकाले बगैर न रहा। कोई राजशेखर को ढाल बनाकर जंग-आलूदा तलवार निकालता; कोई रास पंचाध्यायी का पाठ पढ़ा कर 'जुही की कली' और 'शेफाली' में रसाभाव का इजहार करता। देश-विदेश के साहित्य-बैंकों से राष्ट्रीय मुद्राएँ निकालने वालों की तिरंगी मौलिकता अलग, अपनी ही बहाई हुई हवा में, फहराती। वह कहते : कबीर हुए बिना कोई आध्यात्मिकता क्या जाने ! राष्ट्रीयता अलबत्ता मिलावट से सबल बनती है ! कोई भी लफ्फाज गद्दार गद्दीनशीन देशभक्त हो सकता है !

आधुनिक युग में गाँधी न होते तो बुद्ध और ईसा का पुनर्जन्म न होता; निराला न होते तो काया-माया के प्रदर्शनियों में पुरस्कृत कागजी कसीदे को ही आध्यात्मिक कविता

कहा जाता। तपोनिधि निराला ने अतीत के सिद्ध, साधक, सन्त कवियों को ही अपनी आजीवन कृच्छ्र साधना से इस युग में भी प्रीति-प्रतीति के योग्य बनाया है।

जो जीवन भर उपेक्षा, निन्दा और प्रवंचना सहता रहा, जब मुँह खोला, यही बोला:

'वारित करो भ्रमित मानव-मन,
स्थिर जैसे सुगन्धवासित तन,
तुम्हीं रहो, बहते रहते कण,
तरे विश्व इस तरह तरो हे !'

-उसकी आध्यात्मिक उपलब्धि का लेखा-जोखा पेटू और घूसखोर गवाह लें, इससे बड़ा व्यंग्य और क्या हो सकता है ? काश कि दलालों द्वरारा पुरस्कार पटाने वाले कभी उस अपुरस्कृत विश्वास की भी पुकार सुनते :

'सीधी राह मुझे चलने दो !
अपने ही जीवन फलने दो !!

अलौकिक नि:स्वार्थता से पृथक् कर देने पर उसकी निरंकुश उदारता का, पागलपन नहीं, तो और क्या अर्थ होता ? उसका उदासीन दर्शन भक्ति-विहीन न था; उसकी उच्चतम आत्मा निर्गन्ध देह की भाँति संज्ञा-शून्य न थी। 'एतावानस्य महिमा ततो ज्यायंश्च पूरुष:'।

यहाँ असाहित्यिक, वैज्ञानिक आलोचकों का रोना याद आता है कि (मुझ-जैसों की) अन्ध-भक्ति के कारण निराला के व्यक्तित्व और कर्तृत्व का वास्तविक (?) मूल्यांकन न हो सका। जहाँ वेद-पुराणों के 'नेति-नेति' चिल्लाने पर भी चाँद-तारों का पूनर्मूल्यांकन जारी है, वहाँ मुझ जैसों के रोके रुक जायगा ऐतिहासिक चेतना-सम्पन्न नव जागरण के अग्रदूत का पुनर्मूल्य-निर्धारण-कार्य ? कोई मान लेगा कि दारू-ताड़ी, मुर्गा-मुर्गी निराला नहीं, वह परमहंस थे ?

वक्तव्य है तो यही कि स्वदेशी भाषा आयात की हुई पारिभाषिक शब्दावली को देवनागरी में लिपि-बद्ध भर कर देती है, उसका साधारणीकरण नहीं कर पाती। किस देश-काल की कौन सी उपलब्धि हमें शिष्ट उपहार के रूप में प्राप्त हो रही है, इसका बोध नहीं हो पाता। ऐसी स्थिति में हम दबंग स्थापकों के विकट शब्द-बन्ध से आतंकित तो होते हैं, उनके सहयात्री, भावक नहीं बन पाते। कविता आतंक से गले के नीचे नहीं उतरती। दूसरी ओर निराला की भाषा है, जो प्रत्येक मूल्य आँकने वाले की कसौटी पर कुछ अनचीन्ही रेखाएँ खींच देती है :

कल्मषोत्सार कवि के दुर्दम
चेतनोर्मियों के प्राण प्रथम - 'तुलसीदास'

\+ +

बह-बह कुछ कह-कह आपस में,
रह-रह आती हैं रस-बस में,-
कितनी ही तरुण-अरुण किरणें,-
देख रहा हूँ अजान दूर ज्योति-यान द्वार ! -'परिमल'

वैज्ञानिक आलोचनापीठ के संस्थापकों का सात समन्दर पार का ज्ञान-

करना होगा यह तिमिर पार
देखना सत्य का मिहिर द्वार !'

की अनुभूति में अधिक सहायक नहीं सिद्ध होता। रस्किन, टाल्सटाय, रोलां होते ही कितने हैं! बिम्ब-प्रतीक योजना के चक्रव्यूह से निराला की साधना का सार-तत्त्व अक्षत नहीं कढ़ पाता। बात नए-से-नए ढंग की अभिव्यक्ति की नहीं, मूल आलोक, व्यापक संस्कृति की है।

जहाँ तुलसी-दल और विल्वपत्र तोड़ने के लिए भी पौदे और पेड़ से प्रार्थना की जाती हो :-

तुलस्यमृतनामासि सदा त्वं केशव-प्रिया
केशवार्थ चिनोमि त्वां वरदा भव शोभने !

X X X

पुण्यवृक्ष महाभाग मालूर श्रीफल प्रभो
महेशपूजनार्थाय त्वत्पत्राणि चिनोम्यहम् !

कि ओ अमृत तुलसी, तू तो विष्णु की चिर-प्रिया है, मैं जो तेरी ये थोड़ी-सी पत्तियाँ खुटक रहा हूँ, इन्हें उन्ही को अर्पित करूँगा। अपने लिए ऐसी ढिठाई मैं कैसे कर सकता हूँ ? मुझ पर प्रसन्न हो; मेरा मनोरथ पूरा कर !

X X X

ओ पवित्र भाग्यशाली बेलवृक्ष, मुझे क्षमा करना, मैं तेरे पत्र भगवान शंकर की पूजा के लिए चुन रहा हूँ ! वहाँ निराला का यह विवर्त-गीत :-

नाचो हे, रूद्रताल !
आँचो जग ऋजु-अराल !
झरे जीव जीर्ण-शीर्ण,
उद्‌भव हो नव प्रकीर्ण,
करने को पुनः तीर्ण,-
हों गहरे अन्तराल !
फिर नूतन तन लहरे,
मुकुल-गन्ध वन छहरे,
उर तरु-तरु का हहरे,
नव मन सायं-सकाल ! -आराधना

प्रय: सम-शब्द-गन्धी होने पर भी पन्त के संवर्त-गीत[1] से सम्पूर्ण भिन्न भाव-भूमि पर स्थित है। निराला को अनित्य, अपवित्र, दुःख और अनात्म में नित्य, पवित्र, सुख और आत्मभाव की अनुभूति नहीं होती। वह 'अविद्या' से आक्रान्त नहीं हैं, 'विद्या' के सीमान्त प्रहरी हैं।

द्रष्टा चेतन है, बुद्धि जड़। निराला परा-अपरा की भाँति जड़-चेतन के प्रबुद्ध

१. द्रुत झरो जगत के जीर्ण पत्र-युगान्त

विवेकी हैं। उन्हें 'अस्मिता' क्लिष्ट नहीं करती :

अशब्द अधरों का सुना भाष,
मैं कवि हूँ, पाया है प्रकाश-
मैंने कुछ, अहरह रह निर्भर-
ज्योतिस्तरणा के चरणों पर ! -सरोज-स्मृति

x x x

तुम्हीं गाती हो अपना गान,
व्यर्थ मैं पाता हूँ सम्मान ! -गीतिका

अतीन्द्रिय की अनुभूति के लिए निराला के काव्य में आरम्भ से अन्त तक सतत संघर्ष देखा जा सकता है। मन की जाग्रत और स्वप्न अवस्थाओं से ऊँचे चढ़कर जिस आध्यात्मिक अन्तःस्फुरण की अनुभूति निराला को हुई थी उसके अक्षर प्रमाण उनके काव्य में भरे पड़े हैं। अतीन्द्रियावस्था की वे ज्योतिर्मयी अनुभूतियाँ प्रसाद और महादेवी के बौद्धिक चिन्तन में कहीं नहीं हैं।

यह ठीक है कि मन हर घड़ी उसी स्तर पर स्थिर नहीं रहता। जब कभी ही वह दुर्लभ क्षण प्राप्त होता है जो उसे इन्द्रियों की सीमाओं और बुद्धि की क्षमता के परे पहुँचा देता है। ऐन्द्रिय एवं बौद्धिक का अतिक्रमण मन न कर सकता तो-

नायमात्मा बलहीनेन लभ्यो,
न मेधया न बहुना श्रुतेन,
यमेवैष वृणुते तेन लभ्यः
तस्यैष आत्मा विवृणुते तनूँ स्वाम् !

की अनुभूति मनुष्य को कदापि न होती।

सीधी बात यह कि भौतिक स्तर पर असीम की अभिव्यक्ति नहीं हो सकती। अपने व्यक्तित्व का परिहार किए बिना 'समग्र' पकड़ में नहीं आता। असीम आनन्द अहन्ता के उन्मूलन में से फूटता है। इन्द्रियाँ 'अहम्' को आगे रखने कहती हैं, मन को उससे निबटना होगा; 'अहम्' को सबके आगे खदेड़ कर सबसे पीछे खड़ा करना होगा :-

तुम्हीं गाती हो अपना गान
व्यर्थ मैं पाता हूँ सम्मान !

क्योंकि अहन्ता अन्धकार है, उसकी शोभा पीछे ही रहने में है, ऐसे ज्ञान का आलोक निखर कर उसे व्यर्थ होने से बचा लेता है :-

मेरा दुख अरण्य, किसलय-दल ज्वाल,
जली काली तुम कोयल,
दैन्य-डाल पर बैठी प्रतिपल
सुना रही हो तान !
व्यर्थ मैं पाता हूँ सम्मान !!

तुलसीदास जी कहते हैं: पोले बाँस को शिकायत है कि उसमें चन्दन-जैसी गन्ध नहीं भरी गई; करीर का आक्रोश ऊपर का दम भरता है: होगा वसन्त अपने घर का राजा ! उसके आगमन से मेरा तन क्यों रोमांचित होने लगा ? उसे देखकर खिलने-खिलखिलाने वाले कोई दूसरे ही होंगे !

अथर्व वेद के एक सूक्त में कहा गया है कि प्रेय चाहने वाले को श्रेय की कामना करनी चाहिए। बृहस्पति उसका मार्ग-दर्शन करेंगे। (का० ७, अ० १, सू० ९)

'बृहस्पति' बड़े-बड़ों में सबसे बड़े जो हैं ! वही भूमि की सीमा से उबारकर भूमा की असीमता के दर्शन करा सकते हैं।

विरोधाभास की विनोद-भरी वाणी में राजा भोज ने क्या ठीक कहा है कि प्रकृति और पुरुष का वियोग ही तो योग कहा जाता है !

हिन्दी में आज भी इसके जोड़ का कोई आध्यात्मिक प्रणय-गीत ढूँढ़े न मिलेगा :

बैठ लें कुछ देर
आओ, एक पथ के पथिक से,
प्रिय अन्त और अनन्त के,
तम-गहन जीवन घेर !
मौन मधु हो जाय
भाषा मूकता की आड़ में,
मन सरलता की बाढ़ में-
जल-बिन्दु-सा बह जाय !
सरल अति स्वच्छन्द
जीवन, प्रात के लघु-पात से
उत्थान-पतनाघात से
रह जाय चुप, निर्द्वन्द्व ! - परिमल

यह 'परिमल' की पहली रचना है,-एक युगान्तर लानेवाली काव्य-कृति की प्रणवमातृका। शिल्प की पूर्णता के अतिरिक्त इसके कथ्य की सरल गहनता रागात्मक मौन को जिस स्तर पर स्वरित करती है, वह क्या सतही प्रणय-निवेदन का है ? जिस कवि का तारुण्य जीवन्मृत तरु-तृण-गुल्मों की धरती पर नव-जीवन प्रदायिनी ज्योतिर्मयी वाणी का प्रार्थी रहा, उसी की सन्ध्या ऐसी टेर से वातावरण को गुंजा सकती है :

जी में न लगी जो विकल प्यास,
आँखों न देखने आना तुम !
भरकर न रही जो छवि उदास,
तो कभी न उस घर जाना तुम !!
कहते कहते जग हार जाय,
रहते रहते मन मार जाय,

जो उड़े न अम्बर हरे वास,
तो अपने भाव न लाना तुम !
कलियों के हारों बहु प्रकार,
उर लहरे गन्ध, बहे बयार,
यदि मिला न तुमसे हृदय-छन्द,
तो एक गीत मत गाना तुम ! - गीतगुंज

तेज और आलोक के इस महान् गायक को धूल-धुन्ध-भरे परिवेश में स्थापित कर कुहा, कुहरा, कुहेलिका-विरोधी पहाड़ा पढ़ा गया; 'हल्ला-गुल्ला' को इसकी आत्मा की ज्योति से जगमगाते हुए छन्दों पर तरजीह दी गई; नारे को नगमा कहा गया।

जिस पौदे का फूल आकाश में सुवास बिखेरता है उसकी जड़ मिट्टी से अलग नहीं होती। अमरवल्लरी तो वह उधार ली हुई विचारधारा है जो पश्चिमी हवा में उड़कर पूरब के किसी बेल-बबूल पर टँग जाती है। ईलियट की निर्वैयक्तिकता मीरा की गीत-माधुरी को खट्टा नहीं कर सकती।

कविता के विचारकों के लिए चिन्त्य है तो यह कि ईलियट 'वेस्ट लैंड' से -फोर क्वार्टेट्स की ओर बढ़ जाता है ! श्रीअरविन्द की भाँति विप्लवी 'नवीन' अध्यात्म की स्वर्णदी में डुबकियाँ लगाने लगते हैं !! प्रगतिशील नरेन्द्र शर्मा का प्रयोगी कवि योगी हुआ चाहता है !!!

निराला में असंगतियों और अन्तर्विरोधों के छिद्रान्वेषियों को तुलसीदास जी के शुक्ल-समर्थित सर्वोच्च साहित्य के अध्ययन से समाधान मिल जायगा, बशर्ते कि अध्ययन समाधान-प्राप्ति के ही अभिप्राय से किया जाय, anticorruption विभाग खोलकर corruption को बढ़ावा देने के लिए नहीं।

(2)

दिग्देश-कालजयी निराला को सन्दर्भ में एक विश्वस्त परिधि में बाँधना होगा, इससे उनकी कँचाई कदापि कम न होगी, क्योंकि गुणात्मक मूल्यांकन की कसौटी उन्हें उस ऊँचाई पर बहुत पहले से पहुँचा हुआ पाती है जिस पर दुनिया के कुछ इने-गिने कवि ही पहुँच पाए हैं।

प्रतिभा का समविभाजन संभव नहीं है। खड़ी बोली के अति संक्षिप्त काव्येतिहास में अभी निराला-सा विशेष प्रतिभाशाली कोई दूसरा कवि नहीं दिखाई दिया। अन्तिम श्वास तक उनकी प्रतिभा भावात्मक रही। निषेधात्मक होती तो उनकी अमित तेजस्विता कुछ परवर्तियों की-सी तार्किक कर्कशता में, श्रीहीन शून्यता में बदल जाती।

'छायावाद' जिसके कारण इतिहास में अमर हुआ, निराला और पन्त-प्रसाद उनमें प्रमुख हैं। निम्नगामी प्रवृत्तियों के उद्गाता उरा युग में भी गौण थे, बाद में तो उनका कोई नामलेवा ही न रहा। उन्होंने गुप्त-साम्राज्य के ऐश्वर्य-दीप्त स्वर्ण-युग को काव्य और कला में पुनरुज्जीवित करने वाले एक सम्पन्न और समृद्ध युग-विशेष को अपनी सपाट अभिव्यंजनाओं

और पतनोन्मुख, रुग्ण भावनाओं से भरकर धराशायी भर कर दिया। कथ्य और शिल्प में विश्वजनीन, क्षुद्रताओं और रूढ़ सीमाओं से किरण और पवन की तरह ऊपर उठे, आगे बढ़े हुए युग को राष्ट्र, समाज, आदर्श और रूढ़ियों के ठेकेदारों ने मटियामेट कर भदई और रब्बी फसल उगाने के लायक चौरस और चौकोर कर लिया। छायावाद विदेशी था, राष्ट्रीयता खालिस स्वदेशी, समाजवाद खास भारतमाता की कुक्षि से जन्मा हुआ; प्रयोगवाद राँची और आगरे के, भारतीय संस्कृति के अपने दिमागी अस्पतालों से स्वास्थ्य और सन्तुलन के प्रमाणपत्र प्राप्त किया हुआ !

छायावाद का सम्भ्रान्त ऐश्वर्य्य-प्रकाश सघन घन-घटाओं में छिप गया; 'राम की शक्ति पूजा' रह गई; 'कामायनी' और 'पल्लव' और 'ग्राम्या' के रूप, रस, गन्ध, स्पर्श काव्य-कला के सुरभित उच्छ्वास के रूप में शाश्वत हो गए :-

हीरा-मुक्ता-माणिक्येर घटा
येन शून्य दिगन्तेर इन्द्रजाल इन्द्रधनुच्छटा
याय यदि लुप्त हये चाक,
शुधु थाक्
एक बिन्दु नयनेर जल
कालेर कपोलतले शुभ्र समुज्ज्वल
ए ताजमहल !

'निराला' नाम से मेरा प्रथम परिचय फरवरी, सन् १९३० में हुआ था। तब मैं चौदह साल का, गाँव की पाठशाला में पढ़नेवाला एक 'नवयुवक' था। नवयुवक इसलिए कि सन् '२८ में ही मेरा विवाह हो चुका था और सन् '२९ में मैं साहित्य और व्याकरण की मध्यमा परीक्षा पास कर चुका था। हिन्दी और संस्कृत में दो-चार 'कविताएँ' भी लिख चुका था।

मेरा जन्म माघ में हुआ था, निराला नाम से मेरा परिचय भी माघ में ही हुआ। और फिर तो योगायोग इस हद तक सक्रिय हुआ कि कुछ वर्षों बाद मालूम हो गया, निराला का आविर्भाव भी माघ में ही हुआ था।

गाँव में 'सुधा' (वर्ष तीन, संख्या एक) पहली-पहल बार देखने को मिली थी। यह अंक निरालामय था। इसमें दो गीत ('दृगों की कलियाँ नवल खुलीं' और 'मेरे प्राणों में आओ'), 'पद्मा और लिली' एक कहानी, 'मनसुखा को उत्तर' एक प्रतिवाद, पाँच पुस्तकों की संक्षिप्त समालोचनाएँ सम्पादकीय टिप्पणियाँ आदि-इतनी सारी रचनात्मक और विवेचनात्मक कृतियाँ थीं कि उनके संश्लिष्ट प्रभाव ने मुझे इस चौंका देने वाले नए नाम का, अज्ञान में ही आग्रही बना दिया। फिर तो मैं ढूँढ़-ढूँढ़ कर निराला की नई-पुरानी रचनाएँ पढ़ने लगा और 'यन्नवे भाजने लग्नः संस्कारो नान्यथा भवेत्' का फल भी क्रमशः प्रत्यक्ष होने लगा।

सन् '३२ में मैंने 'शास्त्री' होकर गाँव छोड़ दिया और काशी हिन्दू विश्वविद्यालय के प्राच्य-विद्या-विभाग में 'अमूल्य' उच्चत्तर शिक्षा प्राप्त करने के लिए दाखिला ले लिया। इस बीच हिन्दी-संस्कृत की पत्र-पत्रिकाओं में मेरी कुछ रचनाएँ छप चुकी थीं-हिन्दी की

'शिक्षा' और 'सुकवि' (तब महामहोपाध्याय पं० सकलनारायण शर्मा 'शिक्षा' के सम्पादक थे और पं० गया प्रसाद शुक्ल 'सनेही' सुकवि के।) में; संस्कृत की 'संस्कृतम्' 'सुप्रभातम्' और सूर्योदय: में।

सन् '३१ में मैंने पहले-पहल हिन्दी के एक कवि को गया की मन्नूलाल लाइब्रेरी में देखा था। वह थे पं० मोहनलाल 'वियोगी'। बचपन से उनकी सर्वतोमुखी प्रतिभा के बारे में सुनता आया था। ऊँच-नीच समझने या सोचने की तमीज तो न तब थी, न अब है। प्रतिभा-प्रदीप्त ललाट, काले मोटे फ्रेम के चश्मे के भीतर से चमकती हुई बड़ी-बड़ी आँखें, कुन्दन कान्ति, चढ़े-मोढ़े का कसरती गठीला वदन, राजहंस के डैनों-से सफेद विशुद्ध खादी के कपड़े और भव्य ललाट में रोली का एक बड़ा-सा गोल टीका-उनकी दिव्य आकृति ने पहली ही झलक में मुझे अभिभूत कर लिया था। सन् '३६ में "वियोगी होगा पहला कवि" शीर्षक एक संस्मरणात्मक निबन्ध में मैंने इस दर्शन का सविस्तार वर्णन किया था।

काशी में सन् '३२-३३ में सर्व-प्रथम जिन चार हिन्दी-कवियों को देखा और सुना था, वे थे सर्वश्री जयशंकर प्रसाद, महादेवी वर्मा, रामकुमार वर्मा और भगवतीचरण वर्मा। प्रसाद जी को रत्नाकर जी की शोक-सभा में - टाऊन हॉल में देखा और सुना था और वर्मा-त्रयी को हिन्दू युनिवर्सिटी के आर्ट्स कालेज हॉल में। नीहार-रश्मि-युग की वह दुबली-पतनी लज्जा और संकोच से अपनी ही छाया में छिपती-छिपती-सी महादेवी जी कोई और थीं। वह जिस स्वर में सुना गई, एक भी शब्द नहीं सुनाई पड़ा था। भगवती बाबू ने 'नूरजहाँ की कब्र पर' नामक एक लम्बी-सी कविता को बड़े ही ओजस्वी ढंग से, और रामकुमार वर्मा जी ने 'ये गजरे तारों वाले' को करुण मधुर स्वर में गाकर सभी श्रोताओं का मन मोह लिया था।

मेरे संस्कृत के नील निरभ्र आकाश में जैसे हिन्दी के चार तारे उग आए। यों साधन के अभाव में काँकरी चुनते हुए दिन गुजर रहे थे। वाचनालय में सामयिक, और बड़ौदा वाली लाइब्रेरी में प्राचीन साहित्य का पारायण करता, पर ऐसे काँटा निकलता नजर नहीं आता था।

हिन्दी कविता की सुगन्ध-भरी साँस अभी मेरे तन को छूकर तरंगित नहीं करती थी; मन में मधुर स्मृति बनकर बसती न थी। 'तोमा पाने धाय तार शेष अर्थखानि' का ही सहारा था।

संस्कृत पढ़ते बारह बरस बीत चुके थे। सुखी से मैत्री, दुःखी से संवेदना, पुण्यात्मा के प्रति प्रसन्नता और पापात्मा की उपेक्षा से चित्त की निर्मलता की शिक्षा मिल चुकी थी। किन्तु कालिदास ने कुछ और ही सिखाया था :-

न केवलं यो महतोऽपभाषते
शृणोति तस्मादपि यः स पापभाक् !

कि जो महान पुरुषों के लिए अशिष्ट शब्दों का प्रयोग करता है, केवल वही पाप का भागी नहीं होता, वह भी होता है, जो चुपचाप सुन लेता है ! "पूर्ण प्राणे चावार याहा, रिक्त हाते

चासूने तारे, सिक्त चोखे यासने द्वारे'' पढ़ा था, खाली हाथ निराला के सामने कैसे खड़ा होता ? एक दिन 'सुधा' का जुलाई १९३३ का, अंक देखने को मिला। यह भी फरवरी, १९३० वाले अंक के समान ही निरालामय था। निराला की अनेक रचनाओं के अतिरिक्त इसमें नलिन विलोचन शर्मा का वह समीक्षात्मक लेख भी था- 'निराला' की 'अप्सरा', जिसे पढ़कर प्रेमचन्द के प्रशंसकों के दल में खलबली मच गई थी; 'हंस' में निराला के विरुद्ध जहर उगला गया था।

इसके सम्पादकीय में 'हिन्दी में आलोचना' शीर्षक एक विचारोत्तेजक टिप्पणी थी, शैली से मैंने जिसे निराला-लिखित समझा था, वर्षों बाद मालूम हुआ, वह सचमुच उन्हीं की लिखी हुई थी। उस टिप्पणी में कालिदास के एक श्लोक (हस्ते लीलाकमलम्) के कला-पक्ष की बड़ाई की गई थी, साथ ही, -ठोकर लगी 'पहाड़ की तोड़े घर की सिल'-कहावत को चरितार्थ करते हुए 'ह्निन्दी आलोचना' में संस्कृत के बड़े-बड़े पण्डितों की आलोचना-शक्ति की कमी पर व्यंग्य भी किया गया था। मैं तब इस चुनौती के लायक हर्गिज न था, मगर मुझसे जबाब दिए बगैर न रहा गया।

चकोर एकटक हेरता है इसलिए वह चाँद में है; मोर निहार कर नाचने लगता है इसलिए वह सजल जलद में है; पपीहा रट लगाए रहता है इसलिए वह स्वाती में है; झुण्ड के झुण्ड भौंरे भागे आते हैं, इसलिए वह फूल में है।

तब तक जो दो-एक अनुवाद मेघदूत के 'यामा' और 'दीपशिखा' की-सी सज्जा के साथ छपे थे, वह छन्द और भाषा की भागदौड़ में ही अनुवादक की स्वेद-सिक्त शक्ति के परिचायक थे। कालिदास की आत्मा उस मरु-भूमि में एक बूँद रस भी न छिड़क सकी थी। यों अब भी कोई अन्तर नहीं आया है। दावे बेशक हास्यास्पदता की स्थिति तक मुखर हुए हैं।

यद्यपि निराला ने 'संस्कृत' के बड़े-बड़े पण्डितों की सुस्पष्ट चर्चा नहीं की थी; किन्तु तब आचार्य्य पं० महावीर प्रसाद द्विवेदी या आचार्य्य पं० रामचन्द्र शुक्ल के अलावा 'हिन्दी में' और कौन-कौन से बड़े-बड़े 'पण्डित' थे, मैं नहीं जानता था। अत: 'बड़े-बड़े पण्डितों' का अर्थ मैंने संस्कृत के बड़े-बड़े पण्डित ही समझा था।

संस्कृत में पल्लवग्राही अल्पज्ञ को कभी बड़ा पण्डित नहीं कहा गया। प्राचीन काल के ऐतिहासिक ख्याति के पण्डितों का प्रसंग छोड़ देने पर भी उन्नीसवीं-बीसवीं शताब्दी में, बाल शास्त्री, शिवकुमार शास्त्री, गंगाधर शास्त्री, रामावतार शर्मा, दामोदर गोस्वामी, बालकृष्ण मिश्र, बच्चा झा, महादेव शास्त्री-ऐसे प्रकाण्ड पण्डितों की एक विशाल परम्परा कालिदास की कविता की मर्मज्ञ रही है।

मैंने निराला के इस अतिरञ्जित आरोप का युक्तियों-समेत खण्डन किया और चित्त से हीनता का विचार झाड़कर उसे प्रतिवाद के रूप में प्रकाशित करने के लिए भेज दिया। उन दिनों निराला ही मुख्यत: 'सुधा' का सम्पादकीय लिखते थे। उन्होंने एक अज्ञात-कुलशील लेखक के ठेठ बिहारी हिन्दी में लिखे हुए उस अधकचरे लेख को पढ़ा, और भरसक विस्मृति के अँधेरे में डाल दिया।

दो वर्षों बाद जब निराला मुझसे मिलने आए, प्रसादजी के पास अचानक उसी का प्रसंग छेड़ बैठे कि जिसकी चर्चा मैंने प्रसाद की याद में की है।

निराला में आकस्मिक जैसे कुछ भी नहीं, जन्म-जन्मान्तर से अन्तर्मन में जमी हुई प्रज्ञा ही उत्ताप के अनुपात से पिघलती रही है।

मान्य-अमान्य होने का सवाल एक ओर, और संस्कृत के इस गहनतम काव्य शिल्प का निराला द्वारा मौलिक विश्लेषण एक ओर।

इस बीच मैं निराला को पढ़ता रहा था। पढ़ना मेरी जनमघूँटी में पड़ा है, इसलिए लोगों के लाख खाका उड़ाने पर भी पढ़ता रहा था। बात यह है कि तब निराला महाकवि, महामानव, महाप्राण नहीं कहे जाते थे। मैं संस्कृत में कुछ ऐसा लिखने लगा था कि मेरी साहित्यिक चेतना को एकबारगी नकारना कठिन था, मगर उस चन्दन-चोटीवाले सु-संस्कृत वातावरण में लंबे बाल रखना और कविता लिखना ही दुश्चरित्रता का प्रत्यक्ष प्रमाण था (यद्यपि श्री शिवप्रसाद गुप्त के घाट पर गंगा नहाने, चार मील पैदल चलकर विश्वनाथ-दर्शन करने में भी कम ही छात्र मेरे प्रतिस्पर्द्धी हो सकते थे), फिर निराला का स्मरण, नामोच्चारण और गुण-कीर्तन तो शेष तीनों (अनुमान, उपमान और शब्द) प्रमाणों को भी इकट्ठा कर अपनी खाक का खाका उड़ाना ही हो सकता था। वे दिन भी क्या थे ! जिस घड़ी आचार्य्य नन्ददुलारे वाजपेयी के साथ महाकवि निराला छात्रावास में मुझे ढूँढ़ते हुए मेरे कमरे में आए थे, तीनों सीटें (बलिया, गोरखपुर और आजमगढ़ की) पलक झपकते खाली हो गई थीं डा० बड़थ्वाल के बँगले से लौटने पर जब मैंने उन तख्तों से उड़नछू हो जाने का सबब पूछा तो उन्होंने बहुत कुछ उत्तम-मध्यम कहा। मुझ पर असर न हुआ तो बोले : पं० चन्द्रबली पाण्डे से पूछ देखिए, निराला ने उन्हें मूर्ख कहा है।

'पं० चन्द्रवली पाण्डे उडेंच निकालने में ऐड़ी-चोटी का पसीना एक करते हैं, सुनाई होगी उलटी-सीधी निराला को भी !'

"इससे क्या ? कहाँ वहाँ वह एम०ए० पास और कहाँ निराला मैट्रिक फेल ! फिर वे हमारे सगोत्र भी हैं, गार्जियन भी !" (तब तक पण्डित हजारी प्रसाद जी द्विवेदी परवान नहीं चढ़े थे, नहीं तो संभवतः वे उन्हीं को अपना सगोत्र गार्जियन बताते !)

मैं हँस पड़ा : "क्यों नहीं ? गां त्रायते इति गोत्र !"

"क्या कहा ? क्या कहा ?"

"कुछ नहीं; भर्तृहरि याद आ रहे हैं :-

"गोत्रं चेदनलेन किम् ?"

इस पर जो वे भभके तो फिर एक ही साँस में वह सब सुना गए जो अब कहीं पैंतीस वर्षों के बाद डा० रामविलास शर्मा अपने विशाल ग्रन्थ में सयुक्ति, सप्रमाण, सोदाहरण सहेज सके हैं; अघटित को संघटित कर निराला के एकांकी अध्ययन की शिलीभूत अनिवार्यता के रूप में स्थापित कर सके हैं।

उन दिनों वहाँ प्रवेशिका परीक्षा में एक पुस्तक पढ़ाई जाती थी-Winners o

Freedom। मैंने पढ़ी थी। उसमें पहला लेख सुकरात पर था। सुकरात पर जितने आरोप लगाए गये थे, उनमें एक होनहार नवयुवकों को बरगलाना भी था। एकाग्रचित्त हो भारतीय संस्कृति का यह पंकलिप्त पद्मपुराण सुन कर मैं होंठों में बुदबुदाया :

"Sow the wind and reap the whirlwind अच्छा हुआ, आप लोगों ने ऐन मौके पर मुझे अगाह कर दिया, अब भी न चेतूँ तो अपनी बला से !''

कुछ रोज बाद मैं प्रकोष्ठ बदल कर मराठी, गुजराती और बंगाली लड़कों के साथ रहने लगा। अन्तिम वर्ष मध्यप्रदेश-जबलपुर, रीवा, सतना के छात्रों के साथ था।

अनिलवरण राय और अनुकूलचन्द्र चक्रवर्ती के संसर्ग में आने पर-

'आसनतलेर माटिर परे लुटिये रवो,
तोमार चरण-धुलाय धुलाय धूसर हबो !'

गाना सीख गया था। बंगला मैं बचपन से जानता था। श्री शान्तिप्रिय जी द्विवेदी ने बताया था: 'निराला को समझना चाहते हो तो बँगला-साहित्य का अध्ययन करो।' दो-तीन वर्षों में मैंने 'महाजन-पदावली', 'मेघनाद वध' से लेकर सत्येन्द्रनाथ दत्त के 'वेलाशेषेर गान' तक फैला हुआ काव्य-साहित्य प्रायः पढ़ डाला था। उन्हीं दिनों महादेवीजी के सम्पादकत्व में निकलने वाले 'चाँद' में माइकेल मधुसूदन, टैगोर आदि पर मेरे लेख प्रकाशित भी हुए थे।

एक दिन शान्तिप्रिय जी के पास भैरवी-गान, सूरदासेर प्रार्थना, उर्वशी अभिसार आदि कविताओं की आवृत्ति की तो वह सजल नेत्रों से विहंस कर बोले :

'इतनी जल्दी कैसे याद हो गईं ?'
मैंने कहा : 'कितनी मधुर हैं ये !'
'फिर' ?
'ब्राह्मणो मधुरप्रियः !'

x x x

परिणाम की भिन्नता में क्रम की भिन्नता कारण है। क्रम की भिन्नता सहकारी कारणों से होती है। शिद्दत की गर्मी हो तो पानी भाप बन जाता है; कड़ाके की सर्दी पानी को जमा कर बर्फ बना देती है।

एक रूप से दूसरे रूप में कोई वस्तु एक ही पल, छिन या दिन में नहीं बदल जाती। हाँ परिवर्तन का क्रम कभी लक्षित होता है, कभी असंलक्ष्य रहता है। 'फलेन परिचीयते' के अनुसार परिणाम से वह अनुमित होता है। एक के बाद दूसरे, तीसरे क्षणों के प्रवाह में क्रम ही पूर्वापर का ज्ञापक होता है।

क्षण क्या है ? काल का वह छोटे-से-छोटा अंश, जिसे अब और छोटा नहीं किया जा सकता। दो क्षण इकट्ठे नहीं हो सकते। एक के पीछे दूसरा क्षण अपना सिलसिला चलाए चलता है। यही क्रम है।

मेरे ज्ञात मन में एक अज्ञात मन बसेरा लेने लगा था। जिस क्षिप्र गति से यह परिवर्तन तन-मन को आक्रान्त कर रहा था, उसका विश्लेषण अति कठिन है। मैं परम्परा मुक्त

प्रसंगों से कतराकर नए उपजीव्य की खोज, नए स्पर्श की स्पृहा, नए आवेगों की हलचल में डूबा खोया रहने लगा था।

-''एसेछे एसेछे''-एइ कथा बले प्राण,
''एसेछे एसेछे''-उठिते छे एइ गान,
नयने एसेछे, हृदये एसेछे धेये ।

की चञ्चल धारा में आविष्ट अस्तित्व बहता-बहता-सा प्रतीत होता। स्वानुभूति को जागरित करने की गीति-काव्यात्मक अभिरुचि उमड़ने लगी थी। जातीय संस्कार ने कथ्य और शिल्प के चुनाव में थोड़ी छूट दी थी; निष्प्राण परम्पराओं और अर्थहीन आधारों के आग्रह से कटकर गम्भीर अनुभूति को सहज ढंग से अभिव्यक्त करने के लिए उत्प्रेरित किया था; किन्तु माध्यम के चयन में, जाने क्यों उसने युगधर्म की पुकार अनसुनी कर संस्कृत पर ही अतिरिक्त आग्रह दिखलाया और मैं लिखने लगा :

निनादय नवीनामये वाणि वीणाम् !

x x

स्वर्ग नृत्यन्नयनपशतः प्रेष्यमाणाः पुरस्ता-
दाशंसन्ते सर लघुतरं साध्वनेनाध्वनेति !

x x

लीलाशीलालिलोलत्करं तलकलितोत्तालतालं सहारयं
लास्यं श्रीराधिकायास्तिरयतु दुरितं मानसं मानवानाम्

इस प्रकार मिश्र-संस्कार ने मुझसे 'काकली' के गीतों और श्लोकों की रचना करा ली। कहाँ का आवेग, कहाँ की संवेदना, अबोध जिज्ञासा के तुतले स्वर सजल विनोद में बिखर कर रह गए।

छपने पर और-और पत्रिकाओं के साथ 'सुधा' में भी समीक्षार्थ 'काकली' की प्रतियाँ भेजीं। संस्कृत और बंगला की कितनी ही पत्र-पत्रिकाओं में संक्षिप्त किन्तु सार-गर्भ समीक्षाएँ प्रकाशित हुईं; 'सरस्वती' और 'विशाल भारत' ने भी ऊँचे शब्दों में आशंसित किया; किन्तु 'सुधा' मौन रही। कालिदास की कला वाला प्रतिवादात्मक लेख 'सुधा' के गरल-जठर में जल चुका था,-संस्कृत का आदर्श हिन्दी के यथार्थ से टकराकर चूर-चूर हो चुका था। अब 'काकली' भी काग-राग में तबदील हो रही थी कि निराला का अत्यन्त अप्रत्याशित पत्र आया। हमारे सुदीर्घ-काल-व्यापी पत्राचार का प्रारम्भ यहीं से हुआ।

इस बीच, सन् '३४ में, मैं 'साहित्याचार्य्य' हो चुका था। बिहार और उड़ीसा में सर्वप्रथम था। चन्द्रमौलीश्वर स्वर्णपदक से समादृत भी हुआ था। तब तक शायद ही किसी मुझ-से स्वल्प वयस्क को यह समादर प्राप्त हुआ था। दीक्षान्त समारोह के अवसर पर महराजा दरभंगा के हाथों से पदक लेने अपनी जगह से जितनी देर में पहुँचा और लौटा, उतनी देर तक लगातार तालियों की गड़गड़ाहट से पटना का सिनेट हॉल गूँजता रहा था।

सन् '३५ में पूर्वबंग सारस्वत समाज, ढाका, से 'साहित्यरत्न' की उपाधि प्राप्त की

थी। सारे पुराने रिकार्ड तोड़कर सर्वोत्तमता का एक नया रेकार्ड स्थापित किया था। प्रशस्ति-समेत स्वर्णपदक मिला था। केन्द्राधीक्षक के निर्देश से मैंने बंगाक्षरों में ही प्रश्नों के उत्तर लिखे थे।

और, काशी विश्वविद्यालय से प्रथम श्रेणी में शास्त्री होकर शास्त्राचार्य्य की तैयारी कर रहा था।

'चयनिका' की भाँति 'गोल्डेन ट्रेजरी' भी घोंट डाली थी; किन्तु अंग्रेजी की कोई परीक्षा नहीं दी थी। सन् '३६ में प्रवेशिका पास की। निराला के प्रथम दर्शन के समय जाहिरी तौर पर यही मेरी हैसियत-उरफी थी।

उस सोने के सपने को
देखे कितने दिन बीते ! -महादेवी

सन् '३५ के माघ (फरवरी) में फूलों-भरे बाग और कमलों-भरे तड़ाग को खिलाती हुई एक हितैषी किरण निकली थी। निराला का विश्वविख्यात काव्य 'तुलसीदास' इसी महीने से 'सुधा' में क्रमशः छपने लगा था और जून (ज्येष्ठ) के अंक में किसी कारणवश न छप सकने के कारण जुलाई '३५ वाले अंक में पूरा हुआ था।

व्यक्तित्व के (Projection of Personality) प्रक्षेपण की चर्चा सब हिन्दी में धड़ल्ले से होने लगी है। राजशेखर ने हजार साल पहले-'यत्स्वभावः कविस्तदनुरूपं काव्यम्- लिखा था । सन् '३५ तक के सतत अध्ययन के क्रम में निराला की आकृति-प्रकृति की जो कल्पना मैंने की थी उसका बहिरंग Heroic और अन्तरंग Sublime था । दृप्त और उदात्त-केवल यही दो शब्द सौरमण्डल को साकार करने के लिए पर्याप्त थे । 'तुलसीदास' के प्रकाश में मेरी कल्पना पंख फड़ककर उड़ चली ।

ऋगवेद में धनुष से दिग्विजय करने का एक प्रसंग आया है : "चन्वना सर्वाः प्रदिशो जयेम" । हिन्दी-कविता की स्वयंवर-सभा में जैसे घन-नाद धनुर्लय में निराला ने 'तुलसीदास' के शब्द-बेधी वाण चलाए हैं, तब मुझे ऐसा ही प्रतीत हुआ था । तब तक 'कामायनी' छपी (इस रूप में लिखी भी जा चुकी थी या नहीं, कहना कठिन है) न थी; दूसरा कोई भी इतिवृत्तात्मक उथला काव्य 'तुलसीदास' से आँख नहीं मिला सकता था ।

मैंने निश्चय कर लिया : निराला की काव्य-कला पर सबसे पहला लेख मैं लिखूँगा ।

श्री शान्तिप्रिय द्विवेदी ने इतनी सी बात के लिए आँख मैली कर ली। एक दिन बालकवि आद्या प्रसाद चतुर्वेदी के साथ होस्टल से लोलार्ककुण्ड की ओर ले जाते हुए उन्होंने मुझसे कई विचित्र प्रश्न किए : "पन्त और निराला में मुझे कौन बड़ा लगता है ?"

'निराला !'

'क्यों ?'

'क्योंकि पन्त समझ में आ जाते हैं; आसानी से मैं उनका अनुकरण भी कर लेता हूँ; किन्तु निराला ऊपर का दम भरनेवालों के पल्ले नहीं पड़ते, मैंने दाएँ-बाएँ टटोलकर देख लिया है; और निराला का अनुकरण कोई क्या खाकर करेगा ?'

द्विवेदी जी तिलमिला कर आद्या की तरफ मुड़े, वह हँस रहा था। अब तो उन्हें एक-एक पग चलना दूभर हो रहा था। गिन-गिनकर पैर रखने पड़ते थे।

'आप पन्त का अनुकरण......................'

'जी हाँ, अनुकरणीय तो वही हैं..............पन्त जी की 'छाया' की पंक्तियाँ हैं :

कहो, कौन हो दमयन्ती-सी
तुम तरु के नीचे सोई ?
हाय, तुम्हें भी त्याग गया क्या
अलि, नल-सा निष्ठुर कोई ?

और मेरी 'कल्लोलिनीम्प्रति' के पद हैं :-

केन कथय, ताडितहृदयाऽभूरेवं तवमिह विरक्ता,
भिन्नस्वान्ता कान्तारे कान्ते, केनासि विभक्ता ?
अधरणिजा गिरिजे, रघुवंशेऽनूढ़ाऽप्रतिहतलंका,
केन प्रेषितैकाकिन्यधुना रघुपतिना, का शंका ?
वल्मीकावलिरिह वने न वाल्मीकेश्श्रुतमभिधानम्,
कुशलवमध्ये, मध्येविपिन कस्त्रास्यत इह मानम् ?
भीमभूमिभृत्कन्ये सृष्टेस्समसुषमान्दमयन्ती
त्यक्ता केन नलेन कथंकारं विजने दमयन्ती ?
नववारण-बालया प्रियंवदया, ऽनसूयया यासि-
कण्ठीरवकन्ययाऽऽलितां, किं सत्यं शकुन्तलाऽसि ?
- काकली

तुम्हारी आँखों का आकाश
खो गया मेरा खग अनजान,
मृगेक्षणि, बाल विहग नादान !
- पन्त

भ्राम्यन्ती ते रूपवने में प्रीतिविहंगमबाला
कुत्र गता ? बभ्राम ? हन्त ! कुर्य्यां किमहं वनवाला ?
भ्रुकुटिलताशीतले तले ते मञ्जुललोचननीड़े,
त्वत्कुन्तलकोमलकिसलय निकुरम्बवीतरविपीडे-
श्रान्तेवाशु विवेशासौ कुर्य्यां किमिहं वनबाला ?
अपरिचिते बभ्राम वने, मे प्रीतिविहंगमबाला !
- काकली

अभी उस दिन 'सुधा' में उनके एक गीत का मुखड़ा पसन्द आ गया :

नव हे, नव हे !

और मैंने तुरन्त ही कई गीत लिख डाले :

नयने नयने !
कियत्सुखं विस्तीर्ण मे कण्टककल्पितशयने !
मोदाश्रुमिश्रनयने, पश्यसि सस्मितमयने !

– काकली

मधुरं मधुरम् !
रूपं, सौन्दर्य्यं, लावण्यं ते मधुरं, मधुरम् !
प्रिये, पश्य,–वरवचनविरचनाज्जितमधुकरन्दम्
पतति ते ऽ धरे पीयूषं सततं मन्दं मन्दम्,–
अयि, वितरदमरताम्पिबते ! –काकली

आद्या ने अर्थ समझा दिए । अब तक मेरे बारे में द्विवेदी जी सुनते ही सुनते थे, कभी कोई कविता नहीं सुनी थी । तब भी मेरा जीवन राग-विराग, आसक्ति-अनासक्ति के बीच झूलता रहता था । सत्रहवें ही साल में मैंने लिख डाला था :

तत्र वसत्युल्लासकः सदा सुरभिरनादिरनन्तः
जीवनवने न मे कदाचिदायातो हन्त, वसन्तः !

–काकली

निराला प्राणों की प्रचण्ड शक्ति से स्रष्टा थे । मुझ-सा अल्पप्राण उनके महानाद के प्रतिनिनादित नहीं कर सकता था । उनका लालित्य भी 'ललित-लवंगी' न था, माधुर्य्य तो ऊर्जा से तरंगित होता ही था :

ज्योति की तन्वी तड़ित-द्युति ने क्षमा माँगी !

–गीतिका

–में कैसी स्वस्थ प्रफुल्लता प्रकाशित हुई है !

ज्योति-तप्त-मुख तरुण वर्ष के
कर से प्रखर धुली !

–गीतिका

अचपल ध्वनि की चमकी चपला,
बल की महिमा बोली अबला,
जागी जल पर कमला, अमला मति डोली । –तुलसीदास

कहीं नीली नसें नहीं उभरी हैं; कहीं पीला चेहरा नहीं झुका है । यह सौन्दर्य स्वस्थ वृन्त पर ही खिलता है; यह माधुर्य्य Saddest thought से नहीं छहरता ।

किन्तु मेरे निर्विकार, निरुद्वेग अभेद्य मौन की व्याकुलता कुछ इस भाँति प्रकट हुई : पल्लव के 'प्रवेश' की तुलना जाने क्यों 'लिरिकल बैलेड्स' की भूमिका से की जाती है । मैं नहीं जानता, अभिरुचि और ज्ञान को समान सम्मान मिलता है ? पन्त जी जिस तैयारी से उतरे हैं, जान पड़ता है, स्वयं प्रकृति ने उन्हें इस महत्त्वपूर्ण भूमिका के लिए (उनमें लीन होकर या उन्हें ही अपने में लीन कर) अपने हाथों सजाया-सँवारा है । अनुकृति हो भी, अनुकृति की विकृति तो उनमें कहीं नहीं है ।

मेरे भाव अभाव की देन हैं । घर-बाहर जीने का कहीं कोई सहारा नहीं । मैं एक उु:ख पर चढ़े आते दूसरे दु:ख को सह्य करने के लिए गाता हूँ, अन्ध गर्त, निर्जल अभाव के आवर्त, बुदबुद, तरंगों से अनाकुलित रहने के लिए काल्पनिक कविता लिखता हूँ । मेरा साहित्य या दर्शन का 'ज्ञान' पुस्तकीय ही तो है; जीवन का कोई भी कोना मैं नहीं पहचानता । मेरे पुटपाक में गलकर सने भाव और रूप ने नया जन्म नहीं लिया है । पन्त अनुकरणीय हैं; मैं उनके सोचे (सुरभि-पीड़ित मधुपों के बाल; उषा का था उर में आवास; अकेली आकुलता-सी प्राण ! कहीं करती तब मृदु आघात) को छूने की कोशिश भी करता हूँ, किन्तु संस्कृत में विशेषण-विपर्य्यय, मानवीकरण या प्रतीक विधान की पद्धति पृथक् है, वहाँ :

नवोढ़ा बाल लहर
अचानक उपकूलों के
प्रसूनों के ढिग रुक कर
सरकती है सत्वर !

को सरकाना आसान नहीं है । मैं पन्त-नहीं हो सकता ।

द्विवेदी जी ने झुंझला कर झिड़क दिया : "इस अवस्था में यह दम्भ अच्छा नहीं लगता । मैंने आपकी काव्य-रुचि को परिमार्जित करने के लिए पन्त का पथ दिखलाया था, पन्त से अपनी तुलना करने के लिए नहीं । यह ओछापन है; भोंड़ापन है.............

"आपको पन्त का प्रशस्त पथ नहीं, निराला की कंटीली-पथरीली पगडंडियाँ पसंद हैं । फिर क्या, पत्थर से सिर टकराइए, कौन मना करने वाला है !"

अस्सी के चौराहे पर पान खाते-खिलाते और पीक की भाँति अन्तिम वाक्य थूकते हुए द्विवेदी जी 'नमस्कार' कहकर लोलार्ककुण्ड की ओर बढ़ गए ।

मैं उस विश्वविद्यालय में पढ़ रहा था जहाँ प्रो० सहानी विनोदशंकर व्यास की तुलना मोपासां से करते थे; हरिऔध जी कवि-सम्राट् कहलाते थे; आचार्य शुक्ल को डा० जॉनसन कहा जाता था; प्रेमचन्द जी के 'जागरण' में प्रसिद्ध वक्ता और लेखक छात्र पं० जनार्दन प्रसाद झा 'द्विज' 'चरित्र-रेखा' लिखने के बहाने निराला के लिए अशिष्ट और आपत्तिजनक शब्दों का बेधड़क प्रयोग करते थे । जाने क्यों, वहाँ का सम्पूर्ण वातावरण ही निराला-विरोधी था ।

सन् '३५ तक निराला का सार्वत्रिक विरोध मैंने अपनी आँखों से देखा था । व्यक्तित्व आतंककारी और प्रतिभा प्रताप-तप्त,-यह प्रतिक्रिया निराला जैसे महान् कवि की संवर्द्धना के अवसर पर भी व्यक्त की जाती थी । दरअसल कोयलों की दलाली में कौन हाथ काले करता, जबकि कलकतिया 'विशाल भारत' ताबड़तोड़ हीरे की खान खोदे जा रहा था !

Then with the year
Seasons return; but not to me returns
Day, or the sweet approach of even or morn,
Or sight of vernal bloom, or Summer's rose,
Or flocks, or herds, or human face divine.

-Milton

'वर्तमान धर्म' के सप्त महारथियों द्वारा रचित चक्रव्यूह का भेदन निराला किस कौशल से कर रहे थे, मेरी आर्थिक धृतराष्ट्रता को वाचनालय का संजय समझता रहा था। मैं इस भूख-प्यास में और अधिक तीव्रता लाने के लिए अब युनिवर्सिटी से नागरी प्रचारिणी सभा तक की दौड़ लगाने लगा था।

शब्द का बाह्य कम्पन अन्तरिन्द्रिय में प्रवाहित होकर अर्थ बनता, फिर प्रतिक्रिया की प्रकाश धारा उसे चेतना और गति देकर ज्ञान का रूप प्रदान करती रही। बाह्य की अनुभूति में शब्द, अर्थ और ज्ञान की समष्टि ही तो होती है।

मैं उन दिनों अभिव्यक्ति की अन्तर्मूढ़ घनी व्यथा सह रहा था। संस्कृत में न यह सब लिखा जा सकता, न वहाँ इसके लिखे जाने से कोई प्रयोजन सधता दिखता था। मैं महज संस्कृत के जोर से ईश्वरचन्द्र विद्यासागर के 'सीतार वनवास' से माइकेल के 'मेघनादवध' तक निर्वाध पढ़ता चला गया था–जीवन और साहित्य की भिन्नजातीय अनुभूतियाँ सँजोता हुआ। साहित्य की जीवन से अभिन्नता के रूप में सार्थकता समझे बिना हिन्दी में नहीं लिखा जा सकता था।

हिन्दी मेरे लिए संस्कृत और बँगला की भाँति ज्ञान की भाषा न थी, अनुभूति की भाषा थी; और अनुभूति की भाषा में तब तक साहित्य नहीं लिखा जा सकता, जब तक साहित्य को जीवन के अभिनन्दन के रूप में स्वीकार नहीं कर लिया जाता।

यह स्वीकृति आज अतीत-संगीत-सी मीठी मालूम देती है, अतीत, जो स्मृतियों के तूफान में आत्मविस्मृति का चौमुखा दीपक जलाया करता था;–संगीत जो विसंवादी स्वरों के समारोह में प्रणव-नाद का, ऋत से अमृत का सन्धानी था, कि जिस निराला के साहित्य, संगीत, कला, जीवन दर्शन और आचार-व्यवहार की ऐसी कठोर सार्वजनिक आलोचना आए दिन होती रहती है, आखिर वह कैसी दुर्दान्त प्रतिभा है ? इतने आघात-प्रतिघातों के निर्जल जलद-जाल को छिन्न-भिन्न कर ज्योतिर्वलयित आलोक से अप्रतिहत, उद्दीप्त वह व्यक्तित्व कैसा है ? गलित-कमल मृणाल उपमान नहीं बनता; सुगन्ध-विहीन पवन के लिए कोई नाक-मुँह नहीं खोलता,-कैसी है वह उन्निद्र प्रज्ञा जो हर ओर से घेरे हुए अज्ञान के अँधेरे में, आग्नेय श्वास-प्रश्वास का प्लावन पीकर गाती है–

कौन तुम शुभ्र-किरण-वसना ?
सीखा केवल हँसना-केवल हँसना-
शुभ्र-किरण-वसना !

जिसके अभ्र-भेदी शिखर पर चुनौतियों के बज्र गिरते हैं तो उनके शङ्कु तुड़-मुड़ जाते हैं अच्छेद्य, अभेद्य आत्मा का वह निष्कम्प भूधर कैसा होगा ? –कुछ ऐसे ही स्वच्छ सस्मित आन्तरिक आग्रह से हिन्दी में उतरने की ठानी थी : निराला पर पहली कविता मैं लिखूँगा।

तब कौन जानता था कि निराला पर पहली कविता था पहला लेख लिख कर मैदान में उतरने का अर्थ मैदान से खदेड़ा जाना होगा और 'जैसी बहै बयार' की स्वायत्त नीति ही गाँधी मैदान में झंडा फहराती रहेगी ?

फिलहाल संस्कृत में लिखने का इरादा मुल्तबी कर हिन्दी की मुलाजिमत अख्तियार तो कर ली, मगर कूटनीतिक दाँव-पेच सीखकर किसी दुमदार से लड़ाई मोल लेने की गरज से नहीं, कुछ रचनात्मक कार्य सीखने के लिए। सन् '३५ में केवल दो बड़ी कविताएँ लिखीं-'शकुन्तला' और 'निराला'। 'शकुन्तला' टैगोर की 'उर्वशी' से उत्प्रेरित हुई थी और 'निराला' निराला के 'तुलसीदास' से।

निरलंकार, चारु-गति, ऋजु-पद,
कालिदास-कविता-सी सरला !
कोरक-निहित-सुरभि-सी वन-वासिनी,
वंशी-स्वर-सी कोमल, कलहासिनी,
जड़-से शान्त कण्व-आश्रम में-
तू चैतन्य-कला-सी तरला !
आलुलायित-कुन्तले,
शिशु-शकुन्तले !

-शकुन्तला [शिप्रा : पृष्ठ-५०-५४]

मेरे क्षितिज की असीमता को धूमिलता, गम्भीरता को अशान्ति और प्रकाश के ईषत् स्पर्श को कुन्तलमेघ माननेवालों को मालूम हो,-'उर्वशी' विश्वकवि की पहली या प्रारम्भिक रचना न थी; अवस्था में मुझसे सत्रह वर्ष बड़े और काव्य-कला में एक शताब्दी बड़े महाकवि पन्त की निराला पर लिखी हुई अद्वितीय कविता अवस्था में मेरी कविता से चार साल छोटी है :

शेली-रवीन्द्र-नन्दित-निनाद
हिन्दी, उर्वर-उर पर अबाध-
छवि-छायावाद अगाध-जलधि-जल-छाया,
उसकी चञ्चल लहरों में स्थिर
गुरु-ग्राह मकर-कर से घिर-घिर
पौरुष-प्रगल्भ चिर-लभ्य एक कवि आया-

x x

परिपुष्ट काय अनपाय-द्योति,
तम-तोम-होमकर-ज्वलज्ज्योति,
भारती-आरती, सुधा-च्योति-लौ-विभ्रम;
उद्दाम-प्रतिभ निष्काम शान्त,
आयत-दृग, दीप्त ललाट, कान्त,
पर तेजोऽसह श्री सूर्य्यकान्त रवि-मणि-सम !

x x

आनन्द इन्दु-रस-बिन्दु अमर;
जिसका गिरि-उर-भेदक निर्झर-
क्षिति का ही-तल शीतल करता लोचन-जल;
जिसकी भाषा घन-सिंह-नाद,
उच्छल-प्रतिभा-यौवनोन्माद,
उन्मुक्त भाव जिसके निनाद-से कलकल !

x x

हिन्दी-मन्दिर का मूर्त मोद,
साहित्य-सरस-अच्छोद-कमल-वनमाला !
चिर-आत्माराम अगाध-मेध,
सारस्वत सित शर शब्द-बेध
अविराम-सिद्ध वह नाम प्रसिद्ध -'निराला'।

-निराला [शिप्रा : पृष्ठ-३८-४४]

आज (सन् '६९ में) सन् '३५ की इस समास-बहुल संस्कृत हिन्दी को चाहे जितने व्यङ्ग्य-बाण ओंजने पड़ें, तब इसकी सार्थकता सुस्पष्ट थी । इसे ही निकट भविष्य में निराला पर लिखी गई एक हजार कविताओं में 'या सृष्टि : स्रष्टुराद्या' का गौरव प्राप्त होना था ।

'निराला की काव्य-कला' (सन् '३६-३७) निराला पर मेरा प्रथम प्रबन्धात्मक लेख था जो 'माधुरी' के कई-कई अंकों में धारावाहिक रूप में प्रकाशित हुआ था और जो मेरे 'साहित्य दर्शन' के प्रथम संस्करण में एक सौ पृष्ठों में पूरा हुआ था । तब तक निराला पर इस आकार-प्रकार का कोई भी लेख कहीं नहीं छपा था ।

सन् '३८-३९ में मैंने अपने हिन्दी-गीतों का प्रथम संग्रह 'रूप-अरूप' निराला को ही समर्पित किया था । इस पर उनकी प्रतिक्रिया पानी-पानी कर देनेवाली थी । एक पत्र में वह भी उल्लिखित है ।

दरे-कफ़स पे अँधेरे की मुहर लगती है,
तो 'फ़ैज' दिल में सितारे उतरने लगते हैं !

निराला के ही निर्देश से मैं मैथिलीशरण जी गुप्त से मिलने राय कृष्णदास जी के घर गया था । भारतीय संस्कृति के सर्व-समादृत महाकवि को मैंने सर्वप्रथम बीड़ी पीते हुए देखा था । फिर तंबाकू-भरी चिलम आ गई तो वह नारियल उठाकर धुआँ पीने लगे थे । एक दफा मेरा तो चेहरा उतर गया था ।

निराला ने तब भी झुंझलाहट प्रकट की थी, जब मैंने महादेवी वर्मा-सम्पादित 'चाँद' में 'कवीन्द्र रवीन्द्र की उपेक्षिता' और 'साकेत की ऊर्मिला'-जैसे विस्फोटक लेख प्रकाशित कराए थे । इस मुलाकात की प्रतिक्रिया हास्य-व्यङ्ग्य-भरे लहजे में लिख भेजी तो वह वाकई आगबबूला हो गये थे । फिर भी यह कहना ही होगा कि पण्डित बालकृष्ण

शर्मा 'नवीन' के अलावा तब तक गुप्त जी ही मुझे एकमात्र ऐसे महाकवि श्रोता मिले थे जिन्होंने मेरी हर तरह कमजोर रचनाओं को देर-देर तक रस ले-लेकर सुना, सराहा था। यह युग तो 'परस्परं प्रशंसन्ति या निन्दन्ति' का है। निराला जी के लड़के भी मुझसे बड़े हैं। गुप्त जी तो निराला और नवीन से काफी बड़े थे। वह प्रतिदान की आशा से मेरी भावार्द्र प्रशंसा नहीं कर सकते थे।

वाल्मीकि के राम ने बाली से कहा था :-

धर्ममर्थं च कामं च समयं चापि लौकिकम्
अविज्ञाय कथं बाल्यान्मामिहाद्य विगर्हसे !
अपृष्ट्वा बुद्धिसम्पन्नान् वृद्धानाचार्यसम्मतान्
सौम्य, वानरचापल्यात् त्वं मां वक्तुमिहेच्छसि !

कि तुम धर्म, अर्थ, काम और लोकोपयोगी सदाचार का रहस्य स्वयं तो जानते नहीं, मुझे समझाने चले हो।

सच बताओ, कभी वरिष्ठ मनीषियों से धर्म-तत्त्व की जिज्ञासा की है ? यदि नहीं तो मेरी आलोचना किस बूते पर किए जा रहे हो ?

गुप्त जी के सन्दर्भ में इससे सटीक और कोई बात मुझसे भी नहीं कही जा सकती। मैंने अपने एकांगी अज्ञान के तेज तीर ही आलोचना-कला के कलेजे मे चुभोए थे। मैथिलीशरण जी अमर हैं। उनका विदीर्ण हृदय रामनामांकित ही निकला था। यहाँ एक लतीफा याद आ रहा है :

Walk fast in snow
In frost walk slow
And Still as you go
Tread on your toe,
When frost and snow are both together,
Sit by the fire and spare shoe leather.

सन् '३५ से '३८ तक के अर्से में निराला मुझे कई बार डाँट पिला चुके थे। 'श, ण, व, ल' को लेकर जब वे कालिदास को ऊँचा-नीचा सुनाने लगते, मेरी हेकड़ी किरकिरी हो जाती, मुँह-दर-मुँह कुछ कहते न बनता। यों कसर निकाल लेता था मैं एक-एक के दो-दो कर, मगर खत लिखकर, रू-ब-रू नहीं।

खुशी भी होती थी कि उन्हें कालिदास के कितने ही सुन्दर-सुन्दर श्लोक याद थे ! फिर वह नाद, वर्णों का सम्पूर्ण उच्चारण और कहाँ सुनने को मिलता!

'सरस्वती' के जून '३६ के अंक में पन्त जी की 'बापू के प्रति' कविता प्रकाशित हुई थी। मैंने उन्मुक्त कण्ठ से प्रशंसा की तो झपट कर मेरे हाथ से अंक ले लिया और उच्च स्वर से बाँचने लगे। छठे छन्द तक पढ़ते चले गये। सातवाँ पढ़ते वक्त अट्टहास किया और पहली तथा पाँचवीं पंक्तियों को रेखांकित कर हाशिये पर लिख दिया :

'चरखा तो महात्मा जी के हृदय का हुआ, फिर यह खद्दर काहे का हुआ ? -बालों का ?'

मैंने लाख समझाया : पहली चार पंक्तियों में एक रूपक है और दूसरी चार पंक्तियों में दूसरा। दोनों अलग-अलग हैं और पूर्ण भी; किन्तु उन्होंने मेरी एक न सुनी। बोले, आठ-आठ पंक्तियों का एक-एक स्टांजा है; आरम्भ से कवि इस क्रम का निर्वाह करता आया है, यहाँ क्यों क्रम-भंग हो गया ?

'सरस्वती' का वह अंक आज भी मेरे पास मौजूद है।

यद्यपि पन्त का निराला से बड़ा प्रशंसक मैंने दूसरा नहीं देखा। कालिदास या टैगोर पर बोलते हुए भी वह पन्त को उद्धृत करना नहीं भूलते थे। (बच्चन जी के संस्मरणों में निराला की वृहदारण्यक-संस्कृति, तपःपूत आन्तरिकता कहीं नहीं है।) बाजा लेकर कभी अपने गीत सुनाने बैठते तो पहले पन्त का-

पलकन पग चूमूँ अपने पिया के सुनाते। लता मंगेशकर के अमृत निर्झर स्वर बाद में बरसे, मैंने बहुत पहले निराला के कम्बु कण्ठ से ढलते मन्द्र-तार निनादों में पन्त का-'बाँध दिए क्यों प्राण प्राणों से ?' गीत सुना था। कहते थे : मैंने कविताएँ लिखी हैं, कवि पन्त ही हैं !

उन दिनों मेरे 'स्वर्ग-सर कौन तुम स्वस्ति-सी, मुक्ति-सी ?'-ऐसे तत्सम शब्दों से लदे हुए गीत 'माधुरी' के मुखपृष्ठ पर प्रायः प्रकाशित हो रहे थे। भगवती प्रसाद सकलानी ऐसे मित्र ताव खाई चाशनी-सी कड़वी-मीठी फटकार बताते; फबतियाँ कसते। मैं तत्सम को सम पर लाकर गा देता तो लोकधुन से पृथक् स्वर उनकी भवों की वक्रता मेट देता।

एक दिन 'सरस्वती' में सद्यः प्रकाशित पन्त जी का एक गीत-

लो, जग की डाली-डाली पर
जागीं नवजीवन की कलियाँ,
मिट्टी ने जड़ निद्रा तज कर
खोलीं स्वप्निल पलकावलियाँ !

मैं भैरवी में गा रहा था। जिन्होंने उस अवस्था में मुझे सुना होगा, उन्हें मेरा आजकल वाला गला बिलकुल ही बेसुरा, बासी और उतरा हुआ लगता होगा। तब की बात और थी। संस्कृत के अखिल भारतीय कवि सम्मेलनों में मेरा काव्य-पाठ सुनकर आखों में आशीर्वाद भरे हुए श्रोता अनावश्यक साँस तक न लेते थे; फुसफुस करने वालों की फूँक सरक जाती थी।

निराला ने औचक सुना तो झटपट बाजा उठा लाए और मेरी शास्त्रीय त्रुटियों को बाजे के निनाद से भरने लगे। फिर स्वयं मन्द्र से तारसप्तक तक पर अजन्ता शैली की उँगलियाँ फेरकर जो 'भैरव' आलापा तो देखते ही देखते यह गीत क्या से क्या हो गया !

जाने कैसी ज़िंदा तमन्ना थी निराला के दिल में जो उन्हें जिंदगी-भर तड़पाती रही, जिसने उन्हें फूलों की टहनी पर अपना एक घोंसला नहीं बनाने दिया। इकबाल की ललकार

कारगर हुई । पुराने जंगल-पहाड़ों में उन्हें धुनी रमाने नहीं जाना पड़ा, उनकी उन्मत्त उमंग ने एक ऐसा नया निरालापन सिरज लिया था जिसने उनके सम्पूर्ण जीवन को अनन्त एकान्त में बदल दिया था । वह क्या फूली-फूली कमजोर टहनी पर दीठ उठाते, उनकी दीठ तो कहीं और गड़ी थी !

अपने लिए घोर उत्पीड़न,
किन्तु क्रीड़नक था लोगों के लिए,
पक्षी का-सा जीवन
हँसमुख, किन्तु ममत्वहीन निर्दय बालों के लिए !

इकबाल सियासत में डूब गए ? निराला का नया जुनून नए बीराने में भटक गया?

है जुनूँ तेरा नया, पैदा नया बीराना कर !

निराला ने इसे साकार किया था :

सिर्फ एक उन्माद !
जन-अपवाद गूँजता था, पर दूर,
क्योंकि उसे कब फुर्सत - सुनता ?
-था वह चूर !
न देखा उसमें कभी विषाद,
देखा सिर्फ एक उन्माद !

लिखकर ही नहीं, स्वरों के प्रखर बहाव में खुदी को गर्क करके भी । विवेकानन्द की स्वर-लहरियों में रामकृष्ण की संन्यस्त आत्मा तैरती कम, डूबती ज्यादा थी । जिसने निराला को गाते हुए नहीं देखा, नहीं सुना, उसने असली निराला को देखा ही नहीं । निराला योद्धा थे, निराला तपस्वी थे,-यह वैसा परस्पर-विरुद्ध बचन नहीं है; किन्तु टैगोर और निराला साहित्य और संगीत के एक-समान महान् स्रष्टा थे, यह 'काव्यं गीतेन हन्यते' और संगीत द्रोही अकविता वालों के लिए अवश्यमेव चिन्त्य विषय है ।

निराला गाते थे तो उनकी निश्छल आत्मा की अमित द्युति आँखों में चमक-चमक उठती थी; पतले होंठों पर कुन्द-दन्तपङ्क्ति की उज्ज्वल सुगन्ध उतराने लगती थी, गालों में फारस का गुलाब खिल जाता था ! उनके स्वर में ओज-भरा माधुर्य्य या माधुर्य्य-भरा ओज था जो अर्थज्ञ श्रोता को शब्दों की घाटियों मे देर-देर तक गूँजता जान पड़ता था ।

उस साल कलकत्ता आचार्य्य क्षितिमोहन सेन की स्वागताध्यक्षता और महादेवी जी अध्यक्षता में निराला-जयन्ती मना रहा था । मेरे भाषण का सारांश मोटे टाइप के शीर्षकों में दैनिक पत्रों ने दमकाकर छापा था । निराला तथा जनता ने मुझे जब-जब कविता सुनाने का आदेश दिया, मैंने निराला के ही गीत सुनाए :

नूपुर के सुर मन्द रहे !
जब न चरण स्वच्छन्द रहे !! को 'जयजयवन्ती' में;

'लाज लगे तो जाओ, तुम जाओ' को 'देश' में;
'फिर सँवार सितार लो !' को 'बहार' में;
'वर दे, वीणावादिनि वरदे !' को 'भीमपलाशी' में ।

प्रातः काल जब निराला के दर्शनार्थ उपस्थित हुआ, उन्होंने अपने चिरञ्जीव संगीत विशारद श्री रामकृष्ण त्रिपाठी को बुलाकर बाजा मँगवाया और अपनी स्वर-रचना में उक्त गीतों में नए प्राण प्रतिष्ठित कर मेरा (सभा में अलौकिक लोक-प्रियता का) अहंकार हर लिया । उस मन्द्र-मधुर स्वर के समक्ष मेरा स्वर अल्प-प्राण-झिल्ली-झनकार-जैसा जान पड़ता ।

बात कहाँ से कहाँ आ गई । मैं निराला के संगीत से ओतप्रोत कवि-व्यक्तित्व की व्याख्या अपने ढंग से यों करता हूँ कि जैसे उनका समाजवाद अध्यात्मवाद के रास्ते पाँव-पाँव चल कर आया था, ऐसे ही उनका मुक्त विराग निविड़ राग की ही देन था, समृद्ध शब्दों और दरिद्र शब्दोंवाले, खड़ी बोली के संगीत को उन्होंने अपनी आत्मा के अतुल ऐश्वर्य से सम्पन्न कर विराट् बना दिया था :

बन्दूँ पद सुन्दर तव
छन्द-नवल स्वर-गौरव
जननि, जनक-जननि-जननि-जन्मभूमि-भाषे !
जागो नव अम्बर भर ज्योतिस्तर-वासे !

–गीतिका

x x

वर्ण चमत्कार,
एक-एक शब्द बँधा ध्वनिमय साकार !
पद-पद चल वही भाव-धारा,
निर्मल कलकल में बँध गया विश्व सारा,
खुली मुक्ति बन्धन से बँधी फिर अपार-
वर्ण चमत्कार ।

अस्तु, निराला के अमित दान को ध्यान में रखने पर भास के एक श्लोक का सहसा स्मरण हो आता है :

'क्षीणाःममार्थाः प्रणयिक्रियासु,
विमानितं नैव परं स्मरामि
एतत्तु मे प्रत्यय-दत्त-मूल्यं
सत्त्वं सखे, न क्षयमभ्युपैति ।''

'पुष्करिणी' में 'अज्ञेय' ने निराला के कर्तृत्व को समग्रता में नहीं आँका है ।

निराला का स्वच्छन्तावादी पक्ष पुष्ट और सबल है; गतानुगतिकता उन्हें अवमान्य रही है । उनके प्रखर व्यक्तित्व और ओज-भरी दुर्दान्त अभिव्यक्ति ने सबको अभिभूत कर दिया है ।-यह सब प्रारम्भिक निराला का ही वैशिष्ट्य हो सकता है । छन्द के बन्ध के प्रति कवि की घोर अनास्था और आवेग की निरंकुशता के अनिकेत संकेत निराला के कई सौ गीतों और सर्वोत्तम कविताओं (राम की शक्ति-पूजा, तुलसीदास, सरोज स्मृति, वनबेला, यमुना-स्मृति आदि के अतिरिक्त भी दर्जनों) की छन्दोबद्धता के मर्मज्ञ नहीं दे सकते । किसी वाद का गौरव बढ़ाने के लिए उसकी संकीर्णता की बलिवेदी पर निराला की सहस्त्र रश्मि प्रज्ञा और सतरंगिनी प्रतिभा की बलि नहीं चढ़ाई जा सकती ।

निराला का गद्य भी लयात्मक है, मुक्त वृत्त तो कुल मिलाकर प्रातिभ वृत्त ही हैं । ऐसे उन्मुक्त वृत्त वैदिक काल से दण्डक-युग तक संस्कृत की विशाल परम्परा में बीज-विटप-रूप में विद्यमान थे । भारतीय साहित्य की वाह्य एवं आभ्यन्तर संश्लिष्ट शिल्प-भाव-धारा में अवगाहन करने मात्र से निराला की दुरूहता, दुर्बोधता, असंगति और असम्बद्धता धुल सकती है । जिसे टेम्स में डुबोया जा सकता है, उसे गंगा उबार लेगी ।

तब प्रश्न उठता है, नवीन युगबोध और भावबोध का, निराला के आत्मिक और ऐकान्तिक का; किन्तु क्या यह प्रश्न कालिदास, शेक्सपियर, तुलसीदास, गेटे, टैगोर और ईलियट के लिए भी नहीं उठता ? पश्चिम के विकासवादी आयात के औचित्य की प्रतिष्ठा पूर्व के अपूर्व प्रकाश को बुझाए बिना नहीं हो सकती ? क्या आनन्द मठ की रचना स्काट की आत्मा ने की है ? यों तो 'राम की शक्ति-पूजा' की काव्यात्मा को न समझने वाले कृत्तिवास लिए फिरते हैं, शेक्सपियर की नाट्य-प्रतिभा के कैसे-कैसे स्त्रोत ढूँढ़े जाते हैं; 'मा-मा' कहते रहने पर भी तुलसीदास के लिए 'नाना-पुराण' उलटे पुलटे जाते ही हैं; फॉस्ट में अभिज्ञान शाकुन्तलम् की परछाइयां मंगल-ग्रह-वेधक दूरबीन से साफ उभरती दिखती हैं और............।

खुदा गंजे को नाखून न दे, वह 'इत्यलं' कर देता है । मेरे कहे का क्या ? कहीं चूहे के चाम से नगाड़े मढ़े जाते हैं ? 'तदपि कहे बिन रहा न कोई', कि टैगोर-निराला-जैसों में जहाँ पश्चिम का शुद्धीकरण-पूर्वीकरण हुआ है, वहाँ शत-प्रतिशत पश्चिमी भूमि-चक्रान्त शिला पर अज्ञेय का अपना अजनबी आकाश ही झुका है ।

अज्ञेय की इतिहास-निर्मात्री प्रतिभा अपाश्चात्य प्राणों को चौंकाती रहेगी, कभी भारत की आत्मा से एकाकार न होगी ।

गगनं गगनाकारं निराला में साहित्य और संगीत का अक्षय सारस्वत स्त्रोत प्रत्यक्ष किया जा सकता है :

नग्न नीलिमा-सी व्यक्त
भाषा सुरक्षित वह वेदों में आज भी-
मुक्त छन्द,
सहज प्रकाशन वह मन का...........
-परिमल

'पावन वनभूमि' के इस 'आनन्दप्रद विज्ञान' को-

आज तुम मुझे शब्द न दो, न दो
मैं कल भी कहूँगा !

का असंगीत उच्चारण कैसे सह सकता है ?

निराला की स्वानुभूत भावना यदि सामान्य मनों तक संक्रमणशील नहीं है तो इसका कारण दुर्बोधता, असम्बद्धता कदापि नहीं है । गाँधी की अन्तर्ध्वनि नेहरू नहीं समझते थे, इसे क्या कहा जायेगा ?

प्रकारान्तर से काव्य-प्रकर्ष के प्रेषणीय हो सकने की स्थिति में निराला की सर्वतोगामिनी प्रतिभा शब्दातीत स्वरोर्मियों से क्यों वलयित होना पसंद करती ? संगीत निराला के सर्वोत्तम कवित्व की भी आत्मा है :

लंका-पदतल-शतदल
गर्जितोर्मि-सागर-जल-
धोता शुचि चरण-युगल
स्तव कर बहु-अर्थ-भरे !

इस बहु-अर्थ-भरे स्तव का उच्चारण-"यह दीप अकेला स्नेह-भरा,
है गर्व-भरा, मदमाता, पर
इसको भी पंक्ति को दे दो !"

वाले लयहीन कण्ठ से कदापि न होगा, फिर 'पाठ्ये गेये च मधुर' का आनन्द 'निशब्द वाचनालय' में कैसे संक्रान्त हो ? मुझ-जैसों पर शून्य में घोड़े दौड़ाने का आरोप हो तो प्रत्युत्तर में कहना होगा कि गणतन्त्रीय जन-गणना से विरल-एकान्त उच्चता अप्रभावित ही रहती है । दसों इन्द्रियाँ मिलकर भी एक आत्मा की बराबरी नहीं कर सकतीं । हम पश्चिमी कुरूपता को सौन्दर्य्य, अस्वस्थ प्रवृत्तियों को विकासशील और विवेक-विक्षेप को नई बौद्धिक उपलब्धि स्वीकारने के लिए विवश नहीं हैं । अरविन्द-रवीन्द्र की वैज्ञानिक दार्शनिकता जिसे नहीं छू पाती, रामकृष्ण-विवेकानन्द की आध्यात्मिक वैज्ञानिकता जिसे नहीं स्वीकारती; रामतीर्थ-रमण की ब्रह्मसंस्पर्शिनी उपलब्धि जिसे नहीं सँवारती, वह आन्तरिकता भारतीय जीवन लता को कभी कुसुमित-फलित नहीं होने दे सकती, वह स्वर्ण-वर्णा आधुनिका अमरवल्लरी भारतीय साधना की कल्पलता के सिर पर चढ़कर भी चिन्त्य ही बनी रहेगी ।

कभी-कभी प्रभाव-पूर्ण वाग्जाल कुछ विश्वसनीय तथ्यों को फैला लेने में सर्वशक्तिशाली प्रतीत होता है; किन्तु अन्ततः जाल में सत्य नही फँसता; आलोक नहीं उलझता; आत्मा नहीं भटकती ।

अब सब ठीक-ठाक है । निराला की प्रतिभा का लोहा सभी मानते हैं-वादों में उनका घेराव करनेवाले भी, देश-काल से ऊपर उठा देखनेवाले भी । मैं तो तब की बात कह रहा हूँ, जब उनके 'सबुज' को व्यङ्ग्यों की आँच में भूना जाता था; 'काँचा' को कटूक्तियों की कढ़ाई में पकाया जाता था । कठोर आलोचनाओं की बौछारें उन्हें हर नए का पथ प्रशस्त

करने के क्रम में सहनी पड़ती थी। उन्होंने 'वनवेला' और 'सरोज-स्मृति' के भी पूर्व अपनी असह्य पीड़ाओं और निर्दय प्रहारों को याद किया है :-

कितने ही विघ्नों का जाल
जटिल, अगम, विस्तृत पथ पर विकराल;
कण्टक, कर्दम, भय-श्रम-निर्मम कितने शूल;
हिंस्र निशाचर, भूधर, कन्दर पशु-संकुल
पथ घन-तम, अगम अकूल !

\- परिमल

क्यों न याद करें, किसी का गेटे और टैगोर-जैसा ऐश्वर्य्य-सम्पन्न, तृप्त और निश्चिन्त जीवन हो तो बौद्धिक जागरूकता के साथ उसका जीवन-निरपेक्षता का सिद्धान्त बघारना शोभा भी पाए ! किन्तु जहाँ दुख ही किसी के जीवन की कथा हो, वहाँ उसका अरुन्तुद दैनन्दिन दंशन काव्य-कला में उन्नीत होकर एक नया सर्व-संवेद्य रस बनता रहा, यही क्या कम है ?

ऐसे ही समय मुझसे भी अनजानते एक अपराध बन पड़ा जिसका परिगुण्ठित पछतावा आजीवन मेरा पीछा करता रहेगा। जहाँ मैंने निराला पर पहली कविता लिखी थी; पहला बड़ा लेख लिखा था, वहाँ मुझसे परिचय के कुछ ही दिनों बाद निकली उनकी पहली पुस्तक-'गीतिका' पर पहला (और कदाचित् अन्तिम भी) बड़ा आलोचनात्मक लेख भी (माधुरी में) मेरा ही प्रकाशित हुआ था। मेरे तब तक के लिखे लेखों में वह सबसे तीखा था।

इस बार लखनऊ जाने पर मुझे करारी फटकारें सुनने को मिलीं कि मैंने पहाड़ से टक्कर ली है; कि मेरा दिमाग आसमान पर चढ़ गया है; कि अन्धे के हाथ बटेर क्या लगी, वह अक्लमन्द की दुम बना फिरता है !

इसी समय 'चकल्लस' (श्री नरोत्तम प्रसाद नागर द्वारा सम्पादित) का भाभी अंक निकला। उसमें मेरे माधुरी के मुखपृष्ठ पर प्रकाशित मेघगीत की पैरोडी निकली। दिल कड़ाकर, ओंठ चबाकर सब झेलना पड़ा।

वहाँ निराला के प्रशंसकों में रामविलास शर्मा, नरोत्तम नागर और अमृतलाल नागर ही सूझ-बूझवाले थे। इनमें भी व्यङ्ग्य नरोत्तम जी करते थे; रामविलास शर्मा बेझिझक फटकारते थे,-रूप-अरूप के कुछ छपे फर्मे देख कर कहा था कि यदि ये कविताएँ उनकी होतीं तो (भूसामण्डी की मोरियाँ दिखला कर) वे फाड़ कर फेंक देते; एक अकेले अमृतलाल नागर ही उमड़ कर मिले थे और अपनी पहली पुस्तक-'अवशेष' की एक प्रति भेंट की थी जिसमें भी उनके वे सभी भाषा-सम्बन्धी चमत्कार मौजूद हैं जो आगे रंग लाए; जिनका बहुचर्चित विकास 'बूँद और सागर', अमृत और विष' आदि में हुआ।

शेष की अशेष बातें गताल खाते में गईं या हृदय में गाँठ कर गईं। इस सम्बन्ध में निराला से मेरा पत्राचार हुआ था, वह विशेष महत्त्व का है।

हिन्दी के आलोचकों में पण्डित नन्ददुलारे वाजपेयी मुझे सबसे अधिक मानने वालों में थे। उनका स्नेह कभी अवसर के अनुरूप रूप नहीं बदलता था। किन्तु कदाचित् संस्कृतज्ञ होने के कारण मैं पण्डित हजारीप्रसाद जी पर अन्तर्गूढ़ श्रद्धा अधिक उड़ेलता था। उनका साहित्य मुझे शान्त और स्निग्ध, सन्तुलित और उदात्त होने के कारण अच्छा लगता था या हास्य और व्यङ्ग्य और विनोद से ओतप्रोत, अतः बेहद जिंदादिल होने के कारण, विश्लेषण करने की बुद्धि न तब थी, न अब है।

किन्तु जब उनके व्यक्तित्व की गरिमा ने कलाबाजी खाई, मुझे अचम्भा हुआ था। पं० बनारसीदास चतुर्वेदी जिन दिनों 'कस्मै देवाय' का आन्दोलन चला रहे थे, द्विवेदी जी ने उन्हें 'कस्मै देवाय' का अर्थ क्यों नहीं समझा दिया, मुझे हैरानी होती थी। 'गीतिका' की आलोचना में उन्होंने जिस सुरुचि का परिचय दिया था वह गुप्त-वंशी तुकारामों के लिए पर्य्याप्त प्रेरणाप्रद थी; किन्तु उन्होंने गीतिका की भूमिका में प्रसाद द्वारा प्रयुक्त ''नृम्ण' शब्द के सम्बन्ध में जो कहा था, वह क्यों ? यह मेरी समझ में नही आता था। 'नृम्ण' शब्द तो ऋग्वेद से भागवत तक में बहुधा ' प्रयुक्त हुआ है, वह 'अज्ञात कुल शील' कदापि नहीं, फिर उसका प्रयोग महापण्डित प्रसाद ने किया था, यही क्या उसकी सार्थकता का प्रबल प्रमाण न था ? द्विवेदी जी की लोकसंग्रही व्यावहारिक बुद्धि ने हुरमत लेने की गरज से हर्गिज ऐसा न किया होगा।

लिंग पुराण में मृग और व्याधे की एक कथा आती है (उसमें एक दिए से दूसरा दिया जलाने और एक पैर से दूसरा पैर रगड़ कर धोने की भी पाप में गणना की गई है) कि सचाई पर अडिग एक हिरना जब अपनी जान व्याधे को सौंपने आता है तब व्याधे का मन बदल जाता है। वह तीर-धनुष फेंक देता है।

'शनिवारेर चिठि' में सजनीकान्त दास आजीवन रवीन्द्रनाथ के विरुद्ध विष-वमन करते रहे थे किन्तु ज्यों ही रवीन्द्रनाथ स्वर्ग सिधारे, वह उनकी 'असामयिक' मृत्यु से दुःखी होकर 'सम-सामयिक' जीवन की ओर मुड़ गए।

पुराण पुराण है, नवीन नवीन। सच्चा आलोचक गड़े मुर्दे भी उखाड़ता है और मिट्टी में मिले हुए की भी मिट्टी पलीद करता है। जीवंत तो उसके प्रथम शरण्य होते ही हैं। उन्हें बेदाग छोड़ दे तो खुद दागी कहलाए।

कहते हैं कि कमजोर आदमी पहले किसी दूसरे का अनुकरण करता है; (आज नई कविता के कवियों में से प्रायः सबको असफल गीतकार के रूप में सोदाहरण देखा जा सकता है।) अनुकरण में असफल होने पर वह ईर्ष्यालु हो जाता है; ईर्ष्या के बाद निन्दा, उपहास, क्रोध, और फिर उससे वैर करने लगता है।

रवीन्द्रनाथ के दोषान्वेषी बँगला के काव्य-साहित्य को आवर्जनाओं से बचाने के लिए कमर कसकर नहीं खड़े हुए थे; बनारसीदास चतुर्वेदी ने हिन्दी साहित्य का कल्याण करने के लिए पन्त, प्रसाद, निराला का बहिष्कार नहीं किया था। हिन्दी के अधिकांश आलोचक स्वयं सर्जनात्मक प्रतिभा से प्रताड़ित और परिश्रान्त पाए जाते हैं। जो उनके साँचे

को तोड़ कर गिल्ली डण्डे में तबदील कर सकता है, उस मौलिक मूर्ति-भञ्जक पर वह अपनी ही सुरक्षा के लिए खंगहस्त देखे जाते हैं, उच्च कोटि का साहित्य तो वह समझते ही नहीं, उसकी सुरक्षा क्या करेंगे ? कौन अपनी पसलियों पर हिमालय का बोझ लादे फिरे, जब कि काठ के रंगीन खिलौने से दुकान चल निकलती है ? टुटपुँजिये नामी-गिरामी को राह बताते हैं : कौन-सा लेबल गाहकों के मुआफिक आता है, नामी का नाम बिकता है । न्यूरोसिस और साइकोऐनालिसिस का बोलबाला है, 'तुलसीदास' बकवास है; 'राम की शक्ति-पूजा' कुछ यह, कुछ वह है !

ऋग्वेद का एक मन्त्र है :

ऋचोऽक्षरे परमे व्योमन् यस्मिन् देवा अधि विश्वे निषेदुः
यस्तन्न वेद किमृचा करिष्यति य इ तद्विदुस्त इमे समास्ते ।

तात्पर्य्य यह कि सभी वेद अपरिच्छिन्न आकाश रूप अक्षर-अविनश्वर परमात्मा में ही पर्यवसित होते हैं; सब देवते विश्व की नश्वरता से ऊपर उठे हुए उसी परम व्योम में आश्रय पाते हैं,-जब किसी को यही तत्त्व हाथ न लगा तब उसने ऋग्वेद, यजुर्वेद, सामवेद, अथर्ववेद पढ़कर क्या पाया ? अब इसे चाहे कोई एक ही लकड़ी से सबको हाँकना कहे किन्तु काव्य-तत्त्व-ज्ञान में भी मैं इसी निष्कर्ष का विश्वासी हूँ । यदि कविता का कथ्य समझने में दाँतों में पसीना आने लगता है, यदि समाज-विज्ञान, मनोविज्ञान, ज्योतिर्विज्ञान लाख सिर टकराएँ पर शिल्प का कोई काम नहीं बनता, तब छायावाद की विशिष्ट प्रवृत्तियों का अध्ययन किया तो, न किया तो; गाँधीवाद और मार्क्सवाद की रस्सी बटी तो न बटी तो, क्या फर्क पड़ता है ?

'परम्पराओं के अध्ययन का अर्थ' देखो (पृष्ठ ९९९), देखो (पृ० ७७७) वही (Worringer : Abstraction And Empathy), वही (Stenborg : Cassel's Encyclopaedia of Litetature) भर नहीं है, प्रगति का प्रकर्ष अन्तश्चेतना के आन्तर आलोक से ही मापा जा सकता है । ओठ के चाटे प्यास नहीं बुझती । बड़े नामों के म्यान में ज्ञान-लव की जंगखाई तलवार छिपी रह कर ही ड्राइंग-रूम की शोभा बढ़ाती है ।

दुरूहता और जटिलता से दामन बचाने वाले क्या कवि-शिरोमणि तुलसीदास को समझते हैं ? तत्त्वज्ञानी कबीर की अटपटी बानी सुनते ही दिल में उतर आती है क्या ? फिर यह आत्मवञ्चना क्यों ?

'भरतनाट्यम' का प्रत्येक समर्थ समर्थक स्वयं सामवेद समझता है ? कितने आयुर्वेदज्ञ अथर्ववेद बाँचते समय मन्त्रों का मर्म छूते चले जाते हैं ? हैं तो सामवेद-अथर्ववेद उद्गम-स्रोत ही, धारावाहिक ज्ञान को तरोताजा रखने वाले, किन्तु इससे क्या ?

'गजः गजौ' के ज्ञान से वेद-वेदांग नहीं समझ में आते, निर्गुण-सगुण, माया-ब्रह्म की तोता-रटंत विद्या से कबीर और तुलसी पर दावा करना-

मुखमस्तीति वक्तव्यं दशहस्ता हरीतकी-जैसा है ।

यदि कोई -

अव्यक्तमूलमनादि तरु त्वच चारि निगमागम भने
षट् कन्ध शाखा पंच बीस अनेक पर्ण सुमन घने
फल युगल विधि कटु मधुर वेलि अकेलि जेहि आश्रित रहे
पल्लवत फूलत नवल नित संसार विटप नमामहे ।

-तुलसीदास

समझना चाहेगा तो वह परम्परा की खोज में श्रीमद्भागवत तक स्वयं दृष्टि फैलाएगा :

एकायनोऽसौ द्विफलस्त्रिमूलश्चतूरस: पञ्चविध: षडात्मा
सप्तत्वग् अष्टविटपो नवाक्षो
दशच्छदी द्विखगो ह्यादिवृक्ष: ।

नहीं तो उन्हें जनकवि सिद्ध कर बंदर-भालू की-सी कहानी की खटास-मिठास पर प्रवचन करेगा । स्मरण रखने योग्य है तो यही कि जब हिन्दी में वैज्ञानिक आलोचना नहीं चालू हुई थी तब तुलसीदास जी को भक्ति, ज्ञान, वैराग्य ने ही सदियों तक जिन्दा रक्खा था । संगीत-कला के पारंगतों ने राग-रागिनियों में विनय पत्रिका के पदों को बाँध कर उनकी कीर्ति को लोकोत्तरता प्रदान की थी । ग्रियर्सन और लमगोड़ा और आचार्य्य शुक्ल जैसों ने उसी अलौकिक तेजस्विता से अपनी आरम्भिक आलोचना के लिए प्रेरणा प्राप्त की थी ।

नावेदविन्मनुते तं बृहन्तम्

-जिसे ज्ञान विज्ञान का मर्म नहीं मालूम, वही 'उसे' बड़ा नहीं मानता ।

जैसे परम्परा प्रगति में परिणति प्राप्त करती रहती है, ऐसे ही नित-नए विकास में वर्तमान भविष्य बनते रहते हैं । अवश्य यह विकास गुलाब की कलम में गुलाब के फूल खिलाने वाला ही होता है । बबूल के फूल वैज्ञानिक चमत्कार से खिलते हैं, नैसर्गिक विकास की प्रक्रिया और है ।

श्रीमद्भागवत और रामचरित मानस की अन्तर्धारा में कोई विशेष अन्तर नहीं है, देश, काल और भाषा का लम्बा व्यवधान शिल्प-गत मूल्यों को ही थोड़ा-बहुत प्रभावित कर सका है । निराला को भी इसी क्रम में देखना होगा :-

"पल्लव के उर कुसुम-हार सित,
गन्ध पवन-पावन विहार नित,
मिलित-अन्त नभ नील-विकल्पित,
एक, - एक से तीन बनीं तुम !"

x x

बोलूँ अल्प, न करूँ जल्पना,
सत्य रहे, मिट जाय कल्पना,
मोह-निशा की स्नेह-गोद पर,
सोए मेरा भरा जागरण !

निराला को दुर्बोध कहने वाले अपनी-अपनी सुबोधिनी टीका दिखलाते हैं । उन्हें कौन समझाए कि तुम मूल भूल गए हो !

मैं तकले पर लिपटे हुए कलावे - सूत के लच्छे को सोने के तार नहीं मानता । जिसमें कवि के प्राणों के श्वासोच्छ्वाास स्पन्दित हुए हों उसे बाजारू भोंपू में कैसे दुहराया जा सकता है ?

निराला का 'एक' तीन बन गया है । तीन में एक निराला -

मानव जहाँ बैल-घोड़ा है,
कैसा तन-मन का जोड़ा है !

ऐसे व्यङ्ग्यों की आधुनिकता सिरजता है;

दूसरा निराला अनुराग-सम्राट् और विराग-योगी है-अवश्य अनुराग में रवीन्द्रनाथ और विराग में अरविन्द जैसा युग-विभक्त नहीं ।

लता-मुकुल-हार-गन्ध-भार भर-
बही पवन बन्द मन्द, मन्दतर,
जागी नयनों में वन-यौवन की माया !

-गीतिका

x x x

अट नहीं रही है !
आभा फागुन की तन
सट नहीं रही है !
पत्तों से लदी डाल !
कहीं हरी, कहीं लाल
कहीं पड़ी है उर में,
मन्द-गन्ध पुष्प-माल !

-अर्चना

\+ + +

देख चुका, जो-जो आए थे, चले गए,
मेरे प्रिय सब बुरे गए, सब भले गए !

-परिमल

\+ + +

रे कुछ न हुआ तो क्या ?
जग धोका तो रो क्या ?

-गीतिका

तीसरा निराला भक्ति और ज्ञान के सहज समन्वय का महान् कवि है, यही कबीर और तुलसीदास की काष्ठा में नई विश्वसनीयता भरता है । यह सार्वदेशिक और सार्वकालिक है । समकालीनों में कोई इसकी समकक्षता में नहीं आता । इसे पढ़कर-

There is madness about thee, and joy divine
In that Song of thine;
Lift me, guide me high and high
To thy banqueting place in the sky.

का कवि वर्ड्सवर्थ जाने क्या लिखता ?

ये तीनों निराला अजेय हैं । 'राम की शक्ति-पूजा' 'तुलसीदास', 'सरोज-स्मृति' जैसी महान कविताओं में तीनों निराला मिल-जुलकर काम कर गए हैं, व्यङ्ग्य और नाटकीयता, दर्शन और अध्यात्म, समाज और राजनीति, राष्ट्रीयता और अन्तरराष्ट्रीयता, आदर्श और यथार्थ, राग और विराग - सबका सर्वोच्च समुच्चय जिन रचनाओं में उपलब्ध हो उनकी तुलना किससे की जाए !

स्वयं निराला ने मेरी इस मान्यता को अधिक महत्त्व नहीं दिया, उन्हें अपने छोटे गीत ही बड़े लगते थे ! वह मस्ती के आलम में हारमोनियम उठाकर-

खुलती मेरी शेफाली
हँसती री डाली-डाली

या

दे मैं करूँ वरण,
जननि, दु:खहरण पद -
राग-रञ्जित मरण !

गाना पसंद करते थे, 'तुलसीदास' या 'राम की शक्ति पूजा' की नाटकीय आवृत्ति करना नहीं ।

जीने के लिए जो कवि क्रान्ति और संघर्ष की सामिधेनी ऋचाएँ गढ़ता और उनकी आवृत्ति कर अप्रबुद्ध म्लान-मलिनों के धक-धक भाल-अनल जलाता और धूमिल प्राणों में ज्योतियों की ज्योति जगाता था, जीवन की-आत्मा की ऐकान्तिक गहराइयों में वह वैचारिक उत्तेजना को जीर्ण वस्त्र की तरह उतार फेंकता और भाव-विह्वल कण्ठ से आत्म-परक अनगाए गीत गाता था,यह तो मेरी सौ-सौ बार अपनी आँखों देखी अपनी अनन्य भावुकता की पी हुई अनुभूति है ।

आपसे हम गुज़र गए कब के,
क्या है ज़ाहिर में जो सफर न किया !

कम से कम मुझे तो रामकृष्ण-विवेकानन्द की आत्मज्योति से उद्‌भासित निराला को देखे बिना, तन-मन से पृथक्-आत्मा की अनुभूति होती ही नहीं । ईलियट की निर्वैयक्तिकता किताबी है । निराला तो जब चाहते, बाह्य को सम्पूर्ण रूप से स्थगित कर आभ्यन्तर में प्रतिष्ठित हो जाते, और आभ्यन्तर को अँधेरे की तरह सतह पर छोड़कर बाहरी रोशनी में चहलकदमी शुरू कर देते थे ।

मजा तो यह है, आह में असर यहाँ तलक तो हो,
फ़लक भी चीख कर कहे : जला दिया ! जला दिया !!

कहीं आचार्य हजारीप्रसाद जी द्विवेदी का एक लेख प्रसाद पर पढ़ा था। उसमें उन्होंने कामायनी के पहले ही छन्द से अपनी अरुचि व्यक्त की थी। कदाचित् डार्विन के विकासवाद का अनुवाद कर उन्होंने मनु में झबरा-झबरा भाव और अकुतोभय पोरुष का समावेश चाहा था। मेरे मन में विचार आया, द्विवेदी जी को कालिदास ने भी-

वैवस्वतो मनुर्नाम माननीयो मनीषिणाम्,
आसीन्महीक्षितामाद्यः प्रणवश्छन्दसामिव।

लिखकर झबरे भाव के अभाव में प्रीत न किया होगा;

आसीदिदं तमोभूतमप्रज्ञातमलक्षणम्,
अप्रतर्क्यमविज्ञेयं प्रसुप्तमिव सर्वतः

के विज्ञानी, मनुस्मृति के प्रवक्ता, मनु तो आरम्भ से ही एकाग्रचित्त और प्रशान्त आसन में महर्षियों से घिरे हुए, दिखलाई देते हैं! अब इन आरण्यकों में जंगली झबरापन कहाँ से आए? फिर यह देव-प्रलय और आदि मानव की कल्पना क्या पश्चिमी विकासवाद की विरासत है?

हिन्दी में लिखते हुए अभी दो ही वर्ष बीते थे कि 'गीतिका में निराला'-जैसा निबन्ध साहसपूर्वक लिखकर मैंने 'माधुरी' में छपा डाला। उस निबन्ध का स्थापत्य एक अनाड़ी की करामात में बदल गया। वरजिश के जोर से जिनके नाम का झंडा फहराता था, दीदे फाड़कर देखने पर मुझे उनमें साहित्य की आत्मा के अपरिचय का धुँधलापन साफ दिखलाई देता था। उनकी भरपूर वैज्ञानिक तैयारी कलाकृति की समग्रता पर सघन घन-घटा-सी छा जाती थी, जब भी वह प्रकाशवादी आलोचक कहलाते थे। क्योंकि उनके विचार सपाट थे; क्योंकि उनकी भाषा साफ़ मँजी हुई थी। मेरा कथ्य कमजोर न था, मगर मेरे पास भाषा के नाम राम-दुहाई थी। पता नहीं, किसके बहकावे में पड़ कर निराला बिगड़ खड़े हुए और उन्होंने कड़ा विरोध-पत्र भेजा।

सन् '३७-३८ में मैं रायगढ़ में, राजकवि था। जिन्दगी में पहली बार हर महीने सौ-पचास रूपये देखने को मिलते थे। मैं सिर्फ किताबें खरीदता था-बंगला की; 'लोहार बाँधन' और 'पथेर दावी'-साथ-साथ पढ़ता था, राजशेखर की भाषा में-'सतृणाभ्यवहारी' था। बंगला का ऐसा नशा चढ़ा था कि दूर-दूर से खड़ी बोली की जमीन उजाड़ और ऊबड़ खाबड़ नजर आती थी। जनवरी '३१ की 'सुधा' के प्रथम पृष्ठ पर प्रकाशित निराला का 'पद' (नर-जीवन के स्वार्थ सकल) 'महाजन पदावली' की कौन कहे, 'भानुसिंहेर पदावली' के मुकाबले भी मुझे गद्यात्मक लगता था।

मैं तब माधुर्य्य बंगला का, प्रौढ़ि हिन्दी की,-जैसा विभाजन न कर सकने के कारण कुछ ऐसा लिख गया जो निराला के अधिक अनुकूल न था। हरसिंगार झरता भर है? अपने को निश्शेष कर अशेष पर निछावर नहीं होता? मेरे हरसिंगार का मरण-गन्धी उपहार जीवन के जाग्रत देवता को कैसे स्वीकार होता?

तब निराला यह भी भूल गए कि 'गीतिका में निराला' का लेखक अभी दो दाँत का है, उन्हें उसके विष के दाँत तोड़ने की जरूरत नहीं, दरअसल वह विष के नहीं, दूध के दाँत हैं, वक्त आने पर अपने आप टूट जायँगे।

निराला की पत्रावली में मुझे लिखे गए वे पत्र अत्यन्त रोचक और उल्लेख्य हैं। कालिदास के बाद रवीन्द्रनाथ की कमजोरियों को खोल कर दिखलाने के अलावा उन पत्रों में मेरे संस्कृत और बंगला-काव्य के ज्ञान को खूब सराहा (!) गया है। 'कहे से धोबी गधे पर नहीं चढ़ता'-यह उक्ति मेरे उत्तर-पत्रों में चरितार्थ हुई थी। मैंने निराला का कहा नहीं माना था।

'पल्लव' की भूमिका में पन्त जी ने हिन्दी में अंग्रेजी ढंग से आलोचना की माँग की थी और बड़े ठस्से से लिखा था कि वह 'वाक्यं रसात्मकं काव्यम्' और 'रमणीयार्थप्रतिपादकः शब्दः काव्यम्' को खूब समझ चुके हैं। उन्हें अंग्रेजी ढंग की आलोचनाएँ मिलीं और बहुत मिलीं। उन्होंने खुद भी काफी लिखीं। इस तरह उनकी पहली माँग प्रायः पूरी हो गई। दूसरा दावा बेशक गलत था। काव्य की उक्त परिभाषाएँ जाननेवाला 'लोकायतन' नहीं लिख सकता था।

निराला ने भी 'गीतिका' की भूमिका में प्राचीन कवियों और गवैयों को अपने कँटीले तर्कों में बुरी तरह घसीटा था। यह ठीक है कि इस संक्रान्ति-काल में मध्ययुगीन संस्कृति को पाश्चात्य सभ्यता के बवंडर ने बुरी तरह झकझोरा और चक्कर में डाल रक्खा है; किन्तु कोई कैसा भी शूर आलोचक क्यों न हो, निराला को सूर-तुलसी से बड़ा बताने का छुटपन नहीं जतलाएगा। ऐसे ही भारतीय संगीत की उत्तर-दक्षिण शैलियों का कोई भी मर्मज्ञ रवीन्द्र-संगीत या निराला-संगीत को विशुद्ध शारस्त्रीय संगीत से श्रेष्ठतर नहीं प्रमाणित कर सकता। कुछ इसी कोटि के पूर्वाग्रहों से मेरा निबन्ध बँधा हुआ था। मैंने आक्षेप नहीं, अपनी अति सीमित अभिज्ञता का आवरण-भंग किया था। मैं गुणी न भी होऊँ, निर्दोष अवश्य था।

'शणवल' की अनोखी खोज निराला को कालिदास की मर्मज्ञता का प्रमाण-पत्र देने वाली न थी। जब निराला और डा० रामविलास शर्मा इकट्ठे बैठकर कालिदास की खिल्लियाँ उड़ाते थे तब मेरी रोनी सूरत पर नकली हँसी पुत जाती थी; जब 'तुलसीदास' में 'शणवल' के आधार पर कालिदास का कुप्रभाव सिद्ध किया जाता था तब मुझे इन महान आलोचकों की विनम्र अहम्मन्यता पर सिर्फ रोना आता था। एक रात मैंने चिढ़कर निराला की अट्टहासिनी गोष्ठी में डा० रामविलास शर्मा से पूछा :-

"अनुमन्ये तावद् भवदभिप्रेतम्; किन्तु समवगत्या-संख्यातान् वक्रस्वैरपदक्रमान् निरालालीलायितपरिमल गीतिकादि संदृब्धान समविषमसन्तरणक्षमान् अपि नामेत्थं संगिरन्ते भवन्तो यदतिशेते निरालामहाशयोऽमिताशयं कालिदासीयव्यपदेशम् ? किमयमेव सपर्य्यापर्य्याय'स्तुलसीदासी'यवाग्वैभवस्य ? परिच्छेत्तुमलं कृतिरियं विच्छित्तिं कालिदासोपचितवचनरचनायाः ?"

तब डा० शर्मा ने स्वर में गम्भीरता लाकर मुझे हिन्दी में अपना मन्तव्य प्रकट करने कहा।

'दिनन के फेर से सुमेर होत माटी को!'-अब मेरे हँसने की बारी थी। बोला :

'जब आप मेरी संस्कृत नहीं समझते, कालिदास की कैसे समझते हैं? किसी का अनगढ़ अनुवाद तो कालिदास का काव्य नहीं है!'

इस पर निराला ने अपनी संस्कृत में कुछ कहकर अप्रार्थित मध्यस्थता की और वार्तालाप का विषय तत्काल बदल दिया ।

जिसे कालिदास प्रिय न हों उसने संस्कृत पढ़ी ही नहीं । काव्य कला है, कालिदास ने ही सबसे पहले इसे समझा था । कालिदास का अध्येता 'चित्रांगदा' 'बिदाय' 'अभिशाप' या 'फॉस्ट' लिखता है, 'तुलसीदास' नहीं । यों माघ, मिल्टन, माइकेल तक मेरी दृष्टि फैली थी ।

शर्माजी ने मुझ जैसे निर्जन में खोए अकिञ्चन साहित्यिक को अपने महान ग्रन्थ में अनेक स्थलों पर याद किया है, कोई कैसे कृतार्थ न हो ! यहाँ केवल कुछ व्यतिक्रमों की ओर संकेत भर कर देना चाहता हूँ, जिससे उनके ग्रन्थ की मार्क्सवादी ऐतिहासिकता अक्षुण्ण रहे।

'निराला की साहित्य-साधना' के पृष्ठ ३५५-५६ पर ऊपर लिखे हुए प्रसंग को गलत ढंग से प्रस्तुत किया गया है । मेरा 'निराला की काव्य-कला' नामक लेख काफी पहले प्रकाशित हुआ था, 'गीतिका में निराला' उसके बहुत दिनों बाद । निराला अपनी प्रशंसाओं से नहीं, मेरे द्वारा दरसाए गए अने काव्य-दोषों से ही अधिक प्रभावित हुए, यह जानकर मुझे तो अपना प्रथम श्रम भी चरम-जैसा सार्थक प्रतीत हुआ । फिर उन्होंने 'दुष्ट' गीत जो नहीं लिखे ! यों पत्रों में अपनी सरल गहनता का उल्लेख प्रायः करते रहे । 'कवि-तालिका' में आपके साथ ही मेरा नाम भी लिख दिया ("रामविलास, प्रदीप, जानकीवल्लभ जागे"-अणिमा, पृ० ३०) और फिर 'बेला'-जैसा गीतों और गजलों का बहुचर्चित संग्रह मुझे ही सस्नेह समर्पित किया । आपके असन्दिग्ध निष्कर्ष के सम्बन्ध में बोलने वाला मैं कौन होता हूँ ? हाँ, मेरे अकथित कथ्य, अविश्लिष्ट शिल्प को निराला ने अवश्य समझ लिया था :

आमार अनागत
आमार अनाहत
तोमार वीणा-तारे
वाजिछे ता'रा,
जानि हे जानि ताओ
हयनि हारा !

निराला व्यक्ति से उनकी काव्य-प्रतिभा को विच्छिन्न करके नहीं देखा जा सकता । जैसे वह व्यक्ति-रूप में प्रकृति के एक अभिन्न अंग थे, ऐसे ही उनका कवित्व भी प्रकृति के साथ तादात्म्य का ही अभिव्यंजक है। निराला को देखने, सुनने पर उनके कवित्व के खुलने का,-साधारणीकरण का भी यह रहस्य जान पड़ता है । जैसे प्रकृति नाम-रूपों की विविधता में अपने को अभिव्यक्त करती है ऐसे ही साक्षात् एवं परम्परित सहस्र-सहस्र छवियों में निराला का अपना ही विराट व्यक्तित्व प्रतिफलित हुआ है । यह बात उनके आत्मपरक गीतों, प्रगीतों तक ही सीमित नहीं, 'तुलसीदास'-ऐसे खण्डकाव्य तथा 'राम की शक्ति-पूजा'-जैसे महाकाव्य पर भी एक समान लागू होती है ।

निराला से पहली मुलाकात पर कदाचित् सबसे पहले मैंने लिखा था-"निराला-दर्शन"[1] उसमें मैंने अपनी ऐंठ-अकड़ का भी प्रकारान्तर से निर्देश किया था । वाजपेयीजी ने उसे बहुत

१. स्मृति के वातायन

पसन्द किया था । 'कवि निराला' में उन्होंने भी उसी लहजे का इस्तेमाल किया-निराला से अपनी पहली मुलाकात का हवाला देते समय । उस दिन त्रिलोचन जी ने भी कुछ-कुछ वैसा ही अपना अनुभव बतलाया । मेरे प्रथम वार्तालाप के साक्षी तो स्वयं वाजपेयी जी थे । वर्षों के साहचर्य्य में उन्होंने कभी मुझे स्व-घटित से नहीं परिचित कराया था । अब 'निराला की साहित्य-साधना' में भी वैसा ही स्वर छिड़ा दिखता है । हाय रे ! निराला के अध्येताओं में क्या कोई भी उनसे सहज भाव से नहीं मिला था ? सबके सब अकड़ू और बड़बोले थे ?

अब डा० शर्मा जो कहें, निराला की प्रशस्ति अकेले मैंने ही तो नहीं लिखी है । पन्त जी ने प्रतिभा के उत्तुंग शृंग से अमृत कलश छलकाया है :-

'अमृत-पुत्र कवि, यशःकाय तव जरामरणजित्,
स्वयं भारती से तेरी हृत्तन्त्री झंकृत !'

किन्तु यथास्थान उन्होंने अपना मत-भेद भी प्रकट किया है । यह कोई गुरुतर साहित्यिक अपराध है भी नहीं । मैंने तो खैर, तब लिखना शुरू ही किया था, मेरा सारा आयास अज्ञानजन्य था ।

मेरी पुरोभागिता तब आलोच्य होती जब मेरा उद्देश्य दुष्ट होता; बनारसी दास जी चतुर्वेदी की-सी दुरभिसन्धि मैंने भी की होती या हजारीप्रसाद जी द्विवेदी की तरह मैं भी कोई प्रौढ़ लेखक या आलोचक होता ।

निराला पर लिखे मेरे किसी भी परवर्ती लेख ('काव्य में चित्र और संगीत', 'निराला की कविता', 'तुलसीदास', 'अर्चना' आदि) में वह गीतिका वाली शैली फिर देखने को नहीं मिलेगी ।

डा० शर्मा ने 'निराला' कविता के सन्दर्भ में जिस टोन में मेरा नाम लिया है, मैं उसी टोन में जवाब न दूँगा । दरअसल विद्वत्ता मेरी मौरूसी जायदाद है भी नहीं । ले-देकर 'एकला चलो रे' की बैसाखी के सहारे बस डग-दो-डग चलने की हिमाकत भर की है मैंने । वाकई चारण-भाट होता तो कोई-न-कोई कुर्सी जरूर मेरे भी हाथ लग जाती । यों तो सही और गलत का फैसला समय करता है मगर शर्मा जी की जैसी तेजी और तल्खी तो मुझ-जैसे अप्रगल्भ व्यक्ति को ही ओंजनी पड़ती है ।

निराला की प्रशस्ति मैंने वैसे ही लिखी है जैसे पन्त ने, भारतीय आत्मा ने, डा० शिवमंगल सिंह 'सुमन' ने या स्वयं डा० शर्मा ने । यों मैं अपनी लिखी हुई को प्रशस्ति नहीं,

वागजन्मवैफल्यमसह्यशल्यं
गुणाद्भुते वस्तुनि मौनिता चेत् ।
-श्रीहर्ष

मानता हूँ । यदि हिन्दी में तुलसीदास या निराला के लिए वैसे शब्द प्रयुक्त न हों तो फिर किसके लिए हों ?

गुणैरेतावद्भिर्जगति पुनरन्यो जयति कः ?
-मुरारि

जाने क्यों, डा० शर्मा ने अपने विशाल ग्रन्थ में छोटी-छोटी बातों को आवश्यकता से अधिक महत्त्व दिया है। ऐसी-वैसी घटनाओं के संघटन-विघटन से निराला-जैसे किसी महान साहित्य स्रष्टा के दिग्देशकालजयी सृजन को माप सकना संभव है क्या ? वह तो युग के देनेवाले पुरोगामियों अथवा सत्तालोभी राष्ट्र-कवियों का अपना दायरा है जिसमें कला से कहीं अधिक काल का महत्त्व होता है।

अब निराला तो रहे नहीं, मैं किससे कहलाऊँ कि सन् '१६ में 'जुही की कली' के लिखे जाने की बात उन्हींने बताई थी; कि अकेले मैं ही नहीं, मेरी तरह कितने ही दूसरे भी दिग्भ्रान्त (!) हुए हैं।

असीम की सीमाओं का निर्माण हम अहर्निश उन्निद्र बुद्धि से करते रहते हैं किन्तु....

इस अनिल-वाह के पार प्रखर
किरणों का वह ज्योतिर्मय घर !

सन्दिग्ध देश एवं विपर्यस्त काल के कवि कालिदास भारत के कवि-कुल-गुरु कहे जाते हैं।

रमेश (अब जबलपुर के डा० रमेशचन्द्र मिश्र) ने उस दिन लॉज में निराला को नहला-धुला कर, उजले-धुले कपड़े पहना दिए थे। तब वह उनके गर्द-गर्द चीकट कपड़ों में साबुन लगा रहा था, जब मैं विश्वनाथ मन्दिर से लौटा था। आज लहराते हुए सुवासित केश और खूब साफ-सुथरे कपड़ों में निराला खूब ही सज रहे थे। मुझे विलम्ब से आया देख पूछा-'कहा गए थे ?' मैंने मन्दिर का नाम लिया तो बोले : आज क्या था वहाँ ?' मैंने प्रकाश के स्पर्श से काँपते-से अँधेरे में अपने रिक्तपाणि दैन्य को छिपाते हुए निशश्बदता पर अटकती-लटकती साँस को शान्त गम्भीरता से खींच कर कहा :

'आज मेरा जन्मदिन है !'

निराला ने विपुल-पुलक-प्लावित स्वर में अग-जग का समस्त उल्लास घोल कर पूछा :

'कौन-सी तिथि है आज ?'

मैंने माघ, शुक्ल द्वितीया का हवाला देते हुए चरण-स्पर्श के लिए हाथ लपकाया ही था कि उन्होंने शिशु-सुलभ सरलता से हवा में हाथ उछाल कर कहा :

'अरे-अरे ! तुम तो मुझसे तीन दिन बड़े निकले !'

फिर क्षितिज के तट पर आनन्द-सिन्धु उड़ेलते हुए इसवी सन् पूछा तो मैंने 'पाँच या पच्चीस जनवरी, उन्नीस सौ सोलह, बता दिया। फिर क्या था ? उमग-उमड़ कर बोले, उसी साल तो मैंने 'जुही की कली' लिखी थी। इस पर मुझे ऋग्वेद की एक ऋचा याद आ गई थी :

केतुं कृण्वन्नकेतवे
पेशो मर्या अपेशसे
समुषद्भि रजायथम्।

'क्या मतलब ?' -निराला की दिलचस्पी का क्या कहना ! मैंने बताया : ''इसमें मानव की महिमा वर्णित है कि वह प्रकाशहीनों में प्रकाश फैलाता और रूपहीनों को रूप प्रदान करता हुआ उषा के साथ जन्मा है ।..............

''यह कैसा योगायोग कि और बबूल के काँटों से बिंधा हुआ मैं आपकी 'जुही की कली' के साथ पैदा हुआ हूँ ।'

इसके अतिरिक्त कोई बारह वर्ष पूर्व 'निराला की कविता' नामक एक लेख में भी, जो 'अवन्तिका' के दो अंकों में क्रमश: प्रकाशित हुआ था, मैंने यही बात लिखी थी । उस लेख के कितने ही अंश भिन्न-भिन्न लेखकों द्वारा उद्धृत हुए हैं, किन्तु किसी ने इस सचाई को चुनौती नहीं दी थी । तब स्वयं निराला और उनके शत-शत प्रशंसक भी थे, किसी ने भी मेरी इस गलती की ओर इशारा नहीं किया था ।

प्राय: सन् '३५ में प्रकाशित 'हमारे साहित्य निर्माता' नामक अपने अत्यन्त लोकप्रिय ग्रन्थ में छायावाद के सबसे सहृदय समीक्षक श्री शान्तिप्रिय जी द्विवेदी ने निराला का जन्म सं० १९५५ और रचना काल का प्रारम्भ सं० १९७२ में बताया है । साथ ही 'जुही की कली' और 'अधिवास' को प्रारम्भिक रचनाओं में सर्वोत्तम कहा है । फिर यह कौन-सा समय हुआ ? सन् '१६ और सं० '७२ में क्या फर्क है ?

डा० भगीरथ मिश्र ने अपनी निराला वाली पुस्तक में भी यही बात दुहराई है । अस्तु, मेरी 'त्रयी' नामक समीक्षा-पुस्तिका में जब वह लेख संकलित हुआ तो मैंने स्वयं चलकर अपने हाथों निराला को वह पुस्तक अर्पित की थी । 'त्रयी' का पहला संस्करण सन् '५६ में हुआ था और निराला का महानिर्वाण सन् '६१ में । जो उनके जीवन-काल में सही था, वह उनके गुजरते ही गलत कैसे हो गया ? यकायक यह कैसी तेज बारिश हुई जिसकी ओलों-जैसी बूँदें भूत की हड्डियाँ हिला गईं ।

आप्त वचन की प्रामाणिकता में संशय की स्थिति उत्पन्न होने पर कारण के गुणों से उसका परिहार कर स्वत: सिद्ध प्रामाणिकता की व्यवस्था शास्त्रों ने दी है । यों तो केवल आकार ग्रहण करने के लिए ही घडे को मिट्टी. चाक या चाक को घुमाने वाले डंडे आदि कारण की आवश्यकता होती है, घडे का उदाहरण भर देना हो तो कारण की कोई आवश्यकता नहीं होती ।

यह सच है कि काव्य-कला के उत्कर्ष-अपकर्ष का अध्ययन-आस्वादन करने के अवसर पर उनके रचना-काल को मैं बहुत अधिक महत्त्व नही देता । कला की सांख्यिकी के बहुतेरे दावेदार कुछ चौंकानेवाले आकड़ों और पारिभाषिक शब्दावली पर जीते हैं । अपनी ओर से वह कला को बला बताते हैं, पर घिसे-पिटे उदाहरणों की लीक से हट कर 'नव गति, नव लय, ताल छन्द नव' को कभी शक्ति-परीक्षण का क्षेत्र बनाते नहीं देखे जाते । इस मामले में मैं व्यासदेव की उक्ति-'राजा कालस्य कारणम्'-का समर्थक हूँ । निराला ने जब 'जुही की कली' खिलाई तब हिन्दी काव्य के उपवन में एक ऋतु आई; जब कुकुरमुत्ता उगा, तब ऋतु अपने आप बदल गई ।

यह सच है कि संस्कृत के पाँच-सात हजार वर्षों का साहित्य अति सामीप्य के कारण अधिक व्यामोह उत्पन्न करने वाला है । अभी गिरोहों द्वारा योजना बना कर पश्चिमी शैली का वैज्ञानिक इतिहास लिखा-लिखाया जा रहा है । जो कवि है ही नहीं, उसे हिन्दी का सर्वश्रेष्ठ कवि सिद्ध करने के लिए डेढ़ दर्जन किताबें निकल रही हैं ।

इधर महामानव, महाकवि निराला के लिए महापण्डित राहुल सांकृत्यायन का यह एक ही निर्घोष आर्ट पेपर पर छपे हुए, सुनहली जिल्द वाले, ढेर सारे अँधेरे को उड़ा देने के लिए काफी है :

"निराला साहित्य गंगा के भगीरथ हैं । आधुनिक युग में जब हिन्दी-साहित्य गंगा का मार्ग अवरुद्ध हो गया था, उस वक्त पर्वत गात छेद कर उन्होंने द्वार खोला और पाञ्चजन्य बजाते आगे-आगे बढ़े और अब तो-

दिङ्नागदन्तमुषलैर्विषमेऽपनीते
.........सुखं कलभाः प्रयान्ति !

"निराला ने द्वार ही नहीं खोला बल्कि अपने अनमोल सृजन द्वारा हिन्दी-साहित्य को समृद्ध किया । कोई समय था, जब कि ईर्ष्यावश कितने ही साहित्यकार निराला के महत्त्व को स्वीकार नहीं करते थे, लेकिन यह बीते युग की बात है । आज निराला को न माननेवाला नास्तिक समझा जायेगा ।

"आनेवाली पीढ़ियाँ इस महान कलाकार की प्रतिभा के बारे में कितनी ही कल्पनाएँ करेंगी, किन्तु वह उसके सरल, निष्कपट, उदार जीवन की झाँकी कहाँ पा सकेंगी ?

"निराला-जैसी विभूति दुर्लभ है । उनकी साहित्य-प्रतिभा की भाँति उनकी महामानवता भी साधारण मानदण्ड के माप से बाहर की चीज है ।"

संक्षेप में, जैसे कालिदास विक्रमादित्य के समकालीन हों या द्वितीय चन्द्रगुप्त के,-

निद्रावशेन भवताऽप्यनवेक्षमाणा
पर्य्युत्सुकत्वमबला निशि खण्डितेव
लक्ष्मीर्विनोदयति येन दिगन्तलम्बी
सोऽपि त्वदाननरुचिं विजहाति चन्द्रः ।

की अर्थसम्पदा और ललित कला का बोधा कालाश्रयी नहीं है; क्योंकि उस अनिर्णीत काल में भी सौ कालिदास नहीं हुए थे ।

ऐसी भूलें (!) डा० शर्मा से भी कम नहीं हुई हैं । कुमारसम्भव के सर्ग निर्णय में उन्होंने निराला को ही नहीं, टैगोर को भी प्रामाणिक नहीं माना है । अपने 'चैतालि'-नामक काव्य-संग्रह में टैगोर ने कालिदास के ऋतुसंहार, मेघदूत, कुमारसंभव आदि पर सुप्रसिद्ध कविताएँ लिखी हैं कुमारसंभव-गान का अन्त-

'सहसा थामिले तुमि असमाप्तगाने' कहकर किया है । कालिदास ने मेघदूत को भी असमाप्त स्थिति में ही समाप्त किया है । किसी कवि ने या किन्हीं कवियों ने इन दोनों महान कला-कृतियों को पूर्ण करने का साहस किया है ! कालिदास के अधूरेपन को कोई

मेष-महिषस्वामी क्या खाकर पूरा करता ! हाँ, उस सतही प्रतिभावाले ने कुछ सपाट-खल्वाट लिख कर अपनी असहृदयता को अवश्य ऊर्ध्वबाहु उद्घोषित कर दिया है ।

ऐसे ही जिन छोटे और खोटे कामों की अतियथार्थता में निराला का बड़प्पन झलकाया गया है, वस्तुतः वह विपन्न और अति-क्रान्त मन का आंशिक चित्र मात्र है । वह महर्षि विश्वामित्र द्वारा कुत्ते का, जूठा मांस खाने-जैसा है । लाख सचाई की दुहाई दी जाय, उसमें निराला की समग्रता कहीं अनुबिम्बित नहीं है ।

सत्ताईस वर्षों के अतिशय सान्निध्य ने मेरे अन्तःपट पर निराला की कोई और ही आकृति आंकी है । उनका विश्लेषण यहाँ अनपेक्षित है ।

संक्षेप में, मेरे लेख से बिदके हुए निराला कुछ ही दिनों में प्रकृतिस्थ हो गए थे । उस क्रम में मुझे कुछ कड़वे पत्र भी लिखने पड़े थे ।

मैं जिन दिनों रायगढ़ में राजकवि था, पण्डित रूपनारायण जी पाण्डेय के पत्र आते ही रहते थे; 'माधुरी' में धड़ाधड़ मेरी रचनाएँ छपने लगी थीं, 'सरस्वती' ने भी प्रथम पृष्ठ पर मेरे कुछ गीत छापे थो; उन दिनों निराला ने अपने पत्रों में मुझसे तरह-तरह के साहित्यिक प्रश्न पूछे थे । मित्रों ने कुछ अच्छे पत्रों पर ही हाथ साफ किया है, फिर भी अभी इस संकलन में दो-चार स्मृति-चिह्न रह गए हैं । 'ऐ कहो, मौन मत रहो'-कविता लिखते समय निराला ने सोलह शृंगार कौन-कौन से हैं, सप्रमाण जानना चाहा था । मैंने सोलह शृंगारों के नाम उज्ज्वलनीलमणि के इस श्लोक-

स्नाता नासाग्रजाग्रन्मणिरसितपटा सूत्रिणी बद्धवेणि:
सोत्तंसा चर्चितांगी कुसुमितचिकुरा स्त्रग्विणी पद्महस्ता
ताम्बूलस्योरुबिन्दुस्तबकितचिवुका कज्जलाक्षी सुचित्रा
राधाऽलक्तोज्ज्वलाङ्घ्रिः स्फुरति तिलकिनी षोडशाकल्पिनीयम् ।

के साथ तत्काल लिख भेजे थे । इसी प्रकार जब उन्हें संस्कृत-नाटकों पर वार्ता प्रसारित करनी थी, मैंने उनके मांगने पर अश्वघोष, दिङ्नाग आदि के अपेक्षाकृत अल्प-प्रचलित नाटकों की एक नातिविस्तृत तालिका लौटती डाक से भेज दी थी । एक बार बुद्ध और शंकराचार्य के दर्शनों में कहाँ-कहाँ समता है, इस पर एक संक्षिप्त टिप्पणी माँगी थी ।

वस्तुतः उनका अभिप्राय मुझे हीनता की भावना से पीड़ित न होने देना ही था । वह क्या नहीं जानते थो ! मुझसे कालिदास और रवीन्द्रनाथ के मिलते-जुलते हुए भावों वाले पद पूछते और रवीन्द्रनाथ को श्रेष्ठतर सिद्ध कर अट्टहास किया करते थे ।

मेरे प्राण तो प्रभात के उदय-आलोक में जागना चाहते थे, असीम सिन्धु की ओर झरने का चञ्चल जल उन्मुक्त कलकल ध्वनि करता हुआ बह चलता था । यदि मेरे आरम्भिक अज्ञात-तिमिरान्ध लेखों का प्रभाव ही स्थायी होता तो मेरे इस क्षुद्र अकिञ्चन लोक-जीवन को, जो संशय विपर्य्यय के गहरे कुहासे में मुँह छिपा कर आत्मिक रंकता में डूब गया था, निराला ने अपनी व्यथा-वेदना के अन्तर्दीप्त चेतन प्रकाश से कदापि उन्नीत न किया होता । अन्तर की आकाङ्क्षाओं और स्वप्नों के मधुगन्धी आकाश का आभास भी मुझे

न मिलता यदि आदिगन्त फैले हुए निर्मम अन्धकार को छिन्न-विच्छिन्न कर कर्पूरी लौ उठानेवाली निराला की करुण-प्रशान्त दृष्टि का रत्नदीप मेरे सतत साधना के पथ पर न जलता रहता ।

मैं मुजफ्फरपुर में जितने दिन बीमार रहा, निराला लगातार पत्र पर पत्र भेजते रहे । उन पत्रों में कोरा आश्वासन ही आश्वासन होता तो नास्तिक नाकों को औपचारिकता की गन्ध ही लगती; किन्तु मेरे अशक्त मौन पर जो उनकी व्यग्रता प्रकट होती थी वह जैसे व्यथा-तप्त रुग्ण मन की अपरिमित क्लान्ति मेट कर तृषातुर कण्ठ में शान्ति की सुधा उड़ेलनेवाली थी । लगता, जैसे विश्व के सर्वोच्च पद से सभी द्वन्द्वों और निरोध-विरोधों को अपदस्थ करता हुआ एक अरुण आह्वान मेरे मुमूर्षु प्राणों को अपनी दुर्निवार प्रकाशधार में खींच रहा है, जहाँ पार्थिव क्लेद-पंक धुलता और जीवन में मृत्यु की ग्लानि मिटती है ।

डेढ़ साल के जीवन-मरण-संघर्ष के बाद मैं जब नीरोग हुआ, तब निराला का एक नया ही स्थितप्रज्ञ रूप अन्तर्दृष्टि में उभर कर चिर-स्थायी हो गया :

This man is freed from servile bands
Of hope to rise, or fear to fall;
Lord of himself, though not of lands,
And having nothing, yet hath all.

शताब्दियों बाद कभी कोई निराला के नतोन्नत किन्तु अनुल्लङ्घ्य धरातल का महाकवि हो भी जाए, पर युग के जड़ाभिमुख बदलते हुए परिप्रेक्ष्य को मद्देनजर रख कर अभी यह कहना अति कठिन है कि वह भावी महाकवि महामानव भी होगा । निराला के ही शब्दों में-'निश्चय है कि शान्तिपूर्ण स्वतन्त्रता बाहर नहीं मिलती । जिस देश में जड़वाद की उन्नति हुई है उसका अन्त ध्वंस में ही हुआ है । जड़वादी जड़-विज्ञान के द्वारा संसार का अभाव दूर करने का ढिंढोरा पीटते हैं पर उससे संसार में और अभाव की सृष्टि हुई है ।

'मेरा अन्तर वज्र-कठोर' सहज संवेदनशील निराला ही लिख सकते थे, और किसका कलेजा पत्थर का हो गया था जो 'एक साथ जब शत घात घूर्ण, आते थे मुझ पर तुले तूर्ण, मैं खड़ा देखता रहा अपल, वह शरक्षेप, वह रणकौशल' को ऐसी तटस्थता से ऐतिहासिक शिलालेख बना जाता ? और कौन एक साथ पेट और प्रतिष्ठा की दुहरी मारें यो झेल जाता जैसे तुलसीदास का चातक तड़ातड़ बरसते ओले तोल रहा हो अपनी अतुल अनन्य निष्ठा से ? चौकोर तिकड़म से कमाई कीर्ति को कलेजे से लगा कर रखने वाले इतिहास के सतत प्रवाह की राह में पड़े हुए इस पर्वत को लाँघने की कोशिश में बह जायँगे, अपने ही भूगोल में गोल हो जायँगे, जाल डाल कर भी मछुए उनके अष्टावक्र अस्थिपञ्जर का अता-पता न पा सकेंगे । निराला का अन्न, रस, प्राण छीनकर मुँह जुठारनेवाले अब उसकी वाणी छीनने के लिए हाथ लपका रहे हैं, ऐसे हूठा दे कर सरकसी मृत्यु-कूप में इतरा-इठला कर गाड़ी दौड़ाने वाले कब गाड़ी में हेला मारने के लिए हाय-हाय मचाएँगे, कहना कठिन नहीं है ।

संस्कृत के एक कवि ने इस जटिल समस्या का ऋजु समाधान ढूँढ लिया था :

लोको मद्‌युगजन्मा कृतकृतकर्मा न मद्धर्मा
इति हेतोरिव कलिना बलिना सम्पीड्‌यते साधुः ।

कलियुग कहता है कि जन्मे मेरे युग में और काम करने लगे सत्य युग का, अब ऐसे अकृतज्ञ साधु-जनों को अगर मैं तोड़-मरोड़ कर कूड़े में न डाल दूँ तो बेचारे मेरे वफादार, हमराही सुख-चैन की चौड़ी सड़क पर अकड़ कर कैसे चलेंगे ?

तभी तो यहाँ फ़ना-फी-अल्लाह, वहाँ पौ-बारह है । दोनों युगों की पगड़ी अटकी है । यों 'सत' जो मारता रहता है, मगर हर बार तम उसे झंडी दिखा देता है । बहरहाल-

माना कि हर बहार में पर टूटते रहे
फिर भी तवाफ़े सहने गुलिस्तां किए गए ।

(३)

एक न एक दिन मुझे लिखे गए निराला के पत्र अन्ध अन्तर्भूमि से निकल कर प्रकाश के आकाश में छवि, मधु, सुरभि भरेंगे, यह मैं जानता था । अवश्य इनके असाधारणीकरण पर ध्यान जाता तो मुझे अनतगूढ़ मूढ़ता आँसती भी थी : वक्ता का तगड़ापन ही काफी नहीं होता, बोद्धव्य की विशेषता पहले परखी जाती है । 'किसी भी' भाषा में अनूठे भाव सब को नहीं चौंकाते । 'भाषा कोई होय-' बस, कहने-सुनने की बात है ।

जो जमीन अभी-अभी जुटी है, उसकी सोंधी गन्ध से अटाऊ-बटाऊ की नाक भर सकती है, किसान की नजर अंकुर खोजती है । मेरे बंजर में पिछली पञ्चवर्षीय योजनाएँ कौन-से अर्थ-तत्त्व उगा सकी हैं, थकी-थकी हैरान निगाहें गर्द बचाते मुँद जाती हैं ।

मेरे एक इश्तहारी कवि-मित्र ने विचित्र ही तर्क दिया कि उस-जैसी या मुझ जैसी किसी स्वयम्भू प्रतिभा को निराला-ऐसे एक विवादास्पद व्यक्तित्व को बीच में ला खड़ा करने की आवश्यकता क्यों हो ?

मैं अत्यन्त अनियोजित ढंग अपना कर खण्डन-मण्डन पर उतर आया : "पहले तो अपनी ही सीमाओं के सम्यग् बोध के लिये उस अद्वैत-असीम तक दृष्टि फैलानी पड़ती है फिर प्रत्ययों और निषेधों के सुदृढ़ आधार के लिए विवेक से विवाद-प्रमाद को काटने-मिलाने वाला निराला-सा अप्रतिहत अग्रगामी योद्धा और कहाँ मिलेगा ?

"प्रत्यक्ष अथवा अप्रत्यक्ष रूप में किसी-न-किसी साहित्यिक सिद्धान्त से प्रेरित हो कर ही हम अपने या दूसरे के काव्य-व्यक्तित्व की जाँच-पड़ताल या मूल्यांकन करते हैं । अकेले निराला की काव्य-साधना ऐसी है जिस पर किसी भी एक सिद्धान्त का घिसा-पिटा निष्कर्ष निछावर हो सकता है । मैंने कुछ मतों के विसर्जन और कुछ के नवनिर्माण के लिए ही निराला की मध्यवर्तिता स्वेच्छया स्वीकृत की है ।"

मेरी यह आत्मघाती स्वीकृति उन्हें यथा-तथा ग्राह्य हो भी जाती यदि सबके अन्त में मैंने अपना यह क्षेपक न जोड़ दिया होता कि उनके छायाद्वेषी नग्न विभाविलास में मैं निराला की जीवित डोलती हुई परछाइयाँ प्रबुद्ध हिन्दी-संसार को कभी भी दिखला सकता हूँ ।

पहली बात यह है कि पत्र मुझ-जैसे एक ऐसे व्यक्ति को लिखे गए जिसका

कर्तृत्व अभी अनदेख और व्यक्तित्व अनजाना है । निराला ने उसे लिखा, यही उस अज्ञात-कुल-शील की सबसे बड़ी उपलब्धि है ।

दूसरी बात यह है कि मुझे लिखे गए पत्र कोई लेख या किताब छपाने के लिए प्रश्न पूछ-पूछ कर औपचारिक उत्तर के रूप में लिखवाए हुए पत्र तो नहीं हैं । आत्यन्तिक सहजता ही इनकी मौलिक विशेषता है । इनमें अभिव्यक्त राग-विराग, हर्ष-विषाद, कठोरता-विह्वलता-सब निराला की भिन्न-भिन्न मन:स्थितियों के निर्विकार विकार, निश्चल चाञ्चल्य, असाधारण साधारणता एवं अक्लिष्ट ऋजुता के प्रतिमान हैं । जिन्हें निराला-साहित्य गहन-गिरि-कान्तार सा दुर्गम प्रतीत होता हो और निराला का व्यक्तित्व विरोधों और असंगतियों का स्तूप, वे भी मुझे लिखे गए पत्रों में उनके बहिरन्तर में प्रवेश पा कर अनिरुद्ध कृतार्थता का अनुभव करेंगे । निराला से उद्भूत होने के कारण ही बोल अनमोल बन पड़े हैं ।

अब जब निराला के जीवन और उपलब्धियों पर ढेर सारे ग्रन्थ निकल रहे हैं, मेरे पत्रों की उपयोगिता और भी स्पष्ट है । इनके द्वारा उनके जीवन और साहित्य के कितने ही नए पहलुओं का प्रत्यक्ष होगा : कितने ही अन्तर्मुख प्रश्नों का ऊर्ध्वमुख ज्योति: प्ररोही साक्षात्कार ।

किसी साधना की कल्पलता के फूल-फलों के साथ उनके पत्रों की प्राथमिकता पर दृष्टिपात करना द्वितीय वास्तविकता पर पहुँचने के समान ही है ।

आज जब छायावदी संस्कारों को निर्मूल करने के लिए संघबद्ध प्रयास चल रहा है, छायात्मक संशयों को रेखांकित कर उन पर निस्तत्त्व वाद-विवाद का धंधा चालू है; पत्रों में जहाँ तहाँ निर्दिष्ट कुछ परस्पर-विरोधी-से प्रतिभासित होने वाले वक्तव्यों पर यहाँ टीका-टिप्पणी करना मुझे व्यर्थ प्रतीत हुआ । अभी उसके उपयुक्त स्थल और अवसर अनेक हो सकते हैं ।

डा० नगेन्द्र के रस-बोध को चुनौती देना रस को चुनौती देना नहीं है । शंकराचार्य के अद्वैत ज्ञान को (माहिष्मती पुरी के मीमांसक मण्डन मिश्र की पत्नी भारती के) काम-विज्ञान की ललकार ने निस्तेज कर दिया था । किसी के विशिष्ट ज्ञान को अमर्य्यादित कर अपनी अविशिष्टता स्थापित करने की पद्धति नई नहीं है । इससे तात्कालिक चर्चा में सरगरमी आती है; यों मूर्ति-भंजकों के सलीके बड़े काम के सिद्ध होते हैं । अगली पीढ़ी उन्हीं के अस्त्रों से उनकी छिन्नमस्ता प्रतिष्ठा को पुन: स्थापित करती है ।

यद्यपि मैंने निराला की त्रिविध ज्वालाओं की बहुविध चिनगारियों को समान मूल्यवान माना है; किन्तु यदि उनके संश्लिष्ट मूल्यांकन के प्रतिमान किसी एक ही स्तरीय ज्वाला से उद्भासित होते हों तो मैं अपने अधकचरे अध्यात्म की खाक निराला के प्रतिमित आलोक पर न उड़ाऊँगा । मेरा विरोध वहाँ है जहाँ चिन्मय को मृण्मय मान कर ज्ञान-लव दुर्विदग्ध आलोचना लम्बी छलाँग लगाती या मृण्मय को चिन्मय स्वीकार कर चैतन्य की खिल्लियाँ उड़ाती है । निराला जो हैं वह आलोच्य कम और विवेच्य अधिक हैं । आलोचना के घटाटोप से ढके हुए निराला को ये पत्र खुलने-खोलने में थोड़ी-बहुत मदद करें तो फिर और क्या चाहिए !

जाने क्यों, निराला को अपनी अधिक-से-अधिक छोटी रचनाओं का बड़ा भरोसा था। प्रत्येक पत्र के साथ वह दो-एक छोटी चीजें जरूर भेजा करते थे। आलोचकों का एक दल जिन्हें नगण्य मानता है, मैं अन्यत्र कहीं उनके कथ्य और शिल्प की विस्तृत व्याख्या करना चाहूँगा।

मनु ने मक्खी (चाहे वह सीधे गन्दगी से उड़ कर आई हो) को अपवित्र नहीं माना है[1]। मैं पवित्रता-अपवित्रता की बात नहीं कर रहा, सफाई देने के सिलसिले में-

ईरण तन की ज्योति तपन की
गगन-घटा काली-काली।-

कवि के डँसे हुए मर्म की विरक्त धूमिलता को प्रकाशित करने का प्रयास भर करूँगा। तन के बंजर में और मन की चमक को निराला के छोटे गीत वस्तुतः बेहद सफलता के साथ व्यक्त करते हैं। कहना न होगा, जीवन और मरण का रहस्य निराला ने किताबों के माध्यम से नही जाना था; वह जिन स्थितियों से गुजरे थे; जैसे वर्तमान का सामना किया था; जिस भविष्य के सपने बुने थे; जैसे अतीत को अपने गौरव से तुंग हिमालय शृंग बनाया था, उन सबों की सम्यक् अनुभूति की किरणें उनके गीतों के वाष्पाच्छादित स्तरों में से झाँकती हैं।

निराला दूसरे कवियों से अनेक अर्थों में भिन्न थे। मृत्यु की तलहटियों में भ्रमण करने में उन्हें कभी हिचकिचाहट नहीं हुई; किन्तु जीवन की अजेयता का विश्वास उन्होंने कभी नहीं खोया। विशृङ्खलता को छिन्न-भिन्न करने के लिए उन्होंने निस्सन्देह कोई शृङ्खला नहीं गढ़ी, कालुष्य को जलाने के क्रम में बार-बार उनका होम करते हाथ जला; किन्तु प्राणों का प्रदाह-प्रकाश-प्रवाह के लिए अन्ध उर के तट-बन्ध काटता ही रहा। धसकती हुई कगार से हट जाने के लिए उन्होंने फिर-फिर मानवता को आवाज दी; तटस्थ रूढ़ियों को सावधान किया।

अवश्य वह उन्हें न प्रभावित कर सके, निष्ठुरता जिनकी सामर्थ्य का गरुडध्वज है; विश्वासघात विकास का कला-विलास और प्रतिहिंसा नैतिक उछाल। महाकवि अकबर की चेतावनी-

नेटिव की क्या सनद है, साहब कहें तो मानूँ!

मुझे याद है। मुसीबत है तो यही कि कोई नेटिव की माने, न माने, साहब अपनी साहबी की सलामी की खातिर नैतिक आदर्श को मौत के घाट उतारते नहीं झिझकते।

निराला के असंकुचित विचारों, उज्ज्वल और निःस्वार्थ कार्यकलापों के आदिगन्त प्रसार से ही ऐसी सारी विकृतियों की इतिश्री संभावित है। घातक प्रेरणाओं के शमन से उदात्त भावों का सृजन होता है। कुछ चहल-पहल बनाए रखने भर के लिए निराला की यह कोई चौंकाने वाली चर्चा नहीं है। निराला से दीर्घकालीन निकट और घनिष्ठ सम्पर्क ने मुझे आतङ्क पर टिकी विडम्बनाओं से सचेत रहने की प्रेरणा नहीं दी है। मैं जिसे तप से न पा

---

१. मक्षिका विप्रुषः छाया गौरश्वः सूर्यरश्मयः
रजो भूर्वायुरग्निश्च स्पर्शे मेध्यानि निर्दिशेत्।

सका उसे तपक-तमक से पाने का कभी विश्वासी न था । हाथ बढ़ा कर मीना को ले लेने वालों की मीयादी शक्तिमत्ता ने मुझे कभी आतङ्कित नहीं किया । कविता की मीनार पर खड़ी एक दूसरी मीनार-सी निराला की कोमल-कठोर काया कैसे गंगा-स्नान और गंगा-जलपान कर धुलते-धुलते धराशायी हो गई, मैंने अपनी आँखों देखा; ये पत्र न देखनवालों को भी दिखलाएँगे । अपने-अपने बचाव के लिए हमला करनेवालों को अपनी ही दीवारों की दरारों से निशाना साधने की सीख भी इनमें है । पार पाने की बेकली धार की लहरों या भँवरों का कैसे धीर समीर की तरह तरण करती है; कैसे शुष्क ज्ञान से विरक्ति भक्ति रस के स्रोत में परिवर्तित हो जाती है, कुछ फटे चित्रों-जैसे उनके पत्रों में यह सब भी देखा जा सकता है । किसकी वेदना दिपी; कौन-सी छवि छिपी; किस नपे-तुले धरातल पर धूतपाप अमाप अन्तरिक्ष उतर आया; किसने ऊपर से सूखे, भीतर से तरोताजा महानुभाव घाव को रक्ताक्त बोल दिए; रुँधे कण्ठ को नीलकण्ठ की निष्कुण्ठता दी,-इन पत्रों से मुंदा-मुंदा ऐसा क्या कुछ नहीं खुलता ! किस भट्ठी में फौलाद गला; किस शिद्दत की शरबती सर्दी में जीवन-धारा जम गई; अजेय ज्योति की ताजा मिसाल-सी उजला कर कैसे आत्मप्रतीति की मशाल स्नेह के अभाव में निर्धूम जलती-जलती जल गई, कुछ संकेत उपलब्ध होते हैं उनसे ।

राम ने सामने उल्लोल-कल्लोल-भरे समुद्र को देखकर कहा था कि "अब कोई किन शंब्दों में इसकी प्रशंसा करे ! पाताल के कुहर में घर-संसार बसाने वाले शेष भी इसकी अशेषता-अगाधता का अता-पता पाने में असमर्थ रहे; स्वयं दिशाएँ ही इसकी सीमान्त रेखाएँ बन गईं और द्वीप हो गए बालू के बड़े-बड़े टीले । अब इसकी यह अपरिमेय व्यापकता किन शब्दों में अटे !

"किन्तु.........किन्तु.........मेरे जिन पूर्वजों ने इसे नाखूनों से खना था या जिन्होंने यह खाई भरी थी, उनकी कल्पान्त तक बनी रहनेवाली महिमा को कौन बखाने !"

मैं समझता हूँ मुझे लिखे गए पत्र चन्दन-वन में कस्तुरी की गन्ध फैलानेवाली हवा की लहरों में ही नही तैरते; उनकी सुगन्ध सर्वत्र आनन्द-मन्थर ही नहीं है; आकाश-गंगा की हिमफुहारों से उनका अन्तर निरन्तर शिशिर-शीतल ही नहीं रहा है; ये आग भी उगलते हैं; ऊँचे चढ़ कर कुछ कहते भी हैं; बातों का ठीक-ठाक जवाब न देने पर चिढ़कर खरी-खोटी भी सुनाते हैं !

जिन्होंने लिखा, उनके रचनाधर्मा सातों रंगों में एक यह भी सही । उनका प्रत्यक्ष इस रंग के माध्यम से भी हो सकता है । यद्यपि शाब्द-प्रमाण से कोई अनुभव नहीं दबाया जा सकता; किन्तु वेदान्ती प्रत्यक्ष एवम् अनुभव को अभिन्नार्थक मानता है । अनुभव पारमार्थिक रूप में परम तत्त्व तक जाता है, लौकिक व्यवहार में वह प्रत्यक्ष का पर्य्याय है । जो हो, कुछ पत्रों के होने-न-होने से निराला का कुछ नहीं आता-जाता, अलबत्ता ये न हों तो मेरी यथार्थ प्रत्यभिज्ञा न हो; कोई ठीक-ठीक न जाने कि किसी परमशिव ने कभी स्वेच्छा से अपने निर्मल पट पर मेरा ही चित्र आँका था ।-'स्वेच्छया स्वभित्तौ विश्वोन्मीलनम् ।'

-प्रत्यभिज्ञाहृदयम्

अब यह परम भ्रम मेरे मिटाए न मिटेगा क्योंकि What is bred in the bone, cannot come out of the flesh. भारतीय साहित्य में देव-चरित्र, ऋषि-चरित्र के बाद मानव-चरित्र का स्थान है । देवत्व एवम् आर्षभाव मानवता की ही उदात्त व्याप्ति के भीतर हैं । निराला का मानव पहले देवता या ऋषि है,-मूल्यांकन में इस निकष की अपेक्षा यद्यपि जड़वादी आलोचक की साहित्यिक एकांगिता की ही खुली विज्ञप्ति है, समग्रता में निराला के जिज्ञासु आधे-अधूरे परिचय से विपर्य्यस्त तृप्ति ही पाते हैं ।

वेद देवतों का ठिकाना आलोक से प्रज्वलित दुर्गम-दुर्बोध स्थान में बताते हैं, उस आलोकित प्रदेश में प्रवेश असंभव नहीं है, सूर्य्यरश्मियों के सहारे वैचारिक उच्चता के शिखर पर भी पहुँचा जा सकता है ।

जिसका मन विवेक से आक्रान्त है, जो भीड़ में भी अकेला है, शील और औदार्य्य जिसके विशेष गुण हैं, ज्ञान-निलय चैतन्य में चित्त को स्थिर रखनेवाले उस आर्ष भावापन्न को क्यों नहीं समझा जा सकता ? जिसका मोहावरण केंचुल की तरह उतर गया है; जिसने तप कर असाध्य-साधन किया है;-इसी शरीर से दैवी शक्ति को आयत्त कर महाप्राणता का अखण्डनीय प्रमाण प्रस्तुत किया है उसे छोड़कर क्वचित् कदाचित् पञ्च-मकार की प्राणिशास्त्रीय दुर्बलता का दुष्प्रचार मानवीय चरित्र के सबसे कमजोर पाए को शहजोर सिद्ध करने-जैसा है ।

अब तक प्रकाशित-अप्रकाशित तथ्यों में यह सामर्थ्य नहीं देखी गई कि वे निराला के सत्य या सत्त्व को साकार कर सकें । गुलाब की एक-एक पंखड़ी को नोचकर गुलाब की अखण्डता का मर्म नहीं उद्‌घाटित किया जा सकता । विराट् रूप दिखलाने के पूर्व कृष्ण ने अर्जुन को दिव्य दृष्टि दी थी, चर्म-चक्षु मर्म तक पहुँचने में असमर्थ हैं । निराला केवल नाम और रूप नहीं, अनाम अरूप आत्मा भी हैं । समसामयिक वस्तुपरक लोक-रुचि की दृष्टि से यह विषय चाहे जितना अरोचक और अप्रासंगिक हो, तत्त्व-विश्लेषक के लिए तो यही रोचक और चिर-प्रासंगिक है । मानवीय परम्परा के सहस्राब्दियों के इतिहास में सुकरात, बुद्ध, ईसा, गाँधी-ऐसे नाम कितने हैं ? -कबीर-सूर-तुलसी के समान निराला भी अब हिन्दी-कवि-परम्परा में एक वैसा ही कालजयी नाम है ।

अब कोई भावात्मक गल्पों या सांख्यिकी के घटाटोप आँकड़ों से निराला के सत्य को नहीं ढक सकता । जिसके यश का चिराग तनिक श्वास-उच्छ्वास से लप लप करने लगता है, उसका नाम महाप्राण-महाकवि निराला नहीं होता ।

> जला है जीवन यह आतप में दीर्घकाल,
>
> \+ \+ \+
>
> किन्तु पड़ी व्योम-उर बन्धु, नील-मेघ-माल !
>
> -अनामिका

इस घनघोर भौतिकवादी युग में, सस्ती लोकप्रियता प्राप्त कर, जब अर्थोपार्जन के लिए कितने ही घिनौने हथकंडे अपनाए जा रहे हैं, साहित्य साधना के नाम पर आजीवन कठोर तपस्या का दावा अकेले निराला ही तो कर सकते थे :

लगे जो उपल पद, हुए उत्पल ज्ञात,
कण्टक चुभे, जागरण बने अवदात,
\+ + +
समझ क्या वे सकेंगे भीरु मलिन-मन,
निशाचर तेज-हत रहे जो वन्य जन,-
धन्य जीवन कहाँ ?

–गीतिका

जिस जीवन को निराला ने धन्य मानकर सुख से जीने की कदर्थित सुविधाओं का बलिदान किया उसका मूल्यांकन कोरे बहुमत के आधार पर कैसे हो सकता है ?

"घटं भिन्द्यात पटं छिन्द्यात्
कुर्य्याद् गर्दभरोहणम्
येन केन प्रकारेण प्रसिद्धः पुरुषोभवेत्"

वालों का सतही बहुमत निराला के अद्वैत अभिमत की तह तक उतरता नहीं दिखता, क्योंकि अपरोक्ष स्वानुभूति के चैतन्य से निराला के अद्वैत अभिमत ने सुदृढ़ आकार ग्रहण किया है। अनुभूति की सघनता को ई० सन् से तोलना ठीक नहीं है । सन् '३५-'३६ की तन्मयता सान्ध्य गीतों में प्रखरतर हो उठी थी । अन्तिम स्वरों की प्रशान्त क्रान्ति, आनन्दमयता निराला की धारणातीत साधन-महिमा को चिरविस्मय के रूप में निरूपित करने को विवश करती है । मेरे अन्तर की रिक्तता उसे पूर्णता में न प्रस्फुटित करे; मलिनता उज्ज्वल रेखाएँ न आँक सके, तो यह मेरी ही अकृतार्थता है; उन गीतों की क्षमता और योग्यता तो भ्रम और संभ्रम से परे है ।

भौतिकवादी की दृष्टि समसामयिक सृष्टि पर टिकती है, अध्यात्मवादी तात्कालिकता को अधिक महत्त्व नहीं देता । क्योंकि अनन्त जीवन का विश्वासी कुछ क्षणों में टटका और कुछ क्षणों में बासी नहीं होता । निराला की ताजगी का राज एक अपने युग के प्रवर्तन या उसके प्रतिनिधित्व में ही पिनहा नहीं है, यह बदलते हुए परिप्रेक्ष्यों के साथ आनेवाले युगों में क्रमशः स्पष्ट से स्पष्टतर होता रहेगा ।

कौन जाने, तब ये पत्र उनके दीप्त और दृप्त जीवन के आस-पास झुके हुए धूमिल आकाश को गहन आत्म-प्रकाश से उद्‌भासित करने में आंशिक सहायता प्रदान करें !

१९७१

◆◆◆

वसन्त आया

निराला वसन्त में आए, शरद् में चले गए ।

भारत के मनुष्य 'श्रद्धादेवो वै मनुः' हैं, उनका विश्वास है : भारत में भारती का अवतरण वसन्त में ही हुआ था । निराला भारती के वर-पुत्र हैं, उनके जन्म के अनुरूप भला और कौन सी ऋतु होती ?

कहने को तो कभी कृष्ण ने भी कहा था : ऋतूनां कुसुमाकरः'-कि मैं ऋतुओं में वसन्त हूँ । यह बात और है कि रास शरद् में रचाया था ।

निराला आए तो हिन्दी के आधुनिक-काव्य कानन में नवपल्लवों के मधुर उर से फूट कर परिमल-भरे-स्वर-सप्तक छा गए । उषा के अरुणाभ आकाश में नवीन जीवन का फूल खिल उठा । चहुँओर कर्म-लीन ज्योति-धाराएँ बह चलीं । फिर भी उन्होंने अपने आप को वसन्त न कहकर 'हिन्दी के सुमनों के प्रति पत्र' में लिखा :

'मैं ही वसन्त का अग्रदूत !'

यह उनकी विनम्रता होगी । यों उन्होंने 'परिहास' के स्वर में स्वीकारा था :

'मुरझाया था जग पतझड़ में, आया था चिन्ता का काल
द्रुम-ललाट से प्रतिपल झरते शिशिर-विन्दु-सम शिथिल सकाल,
उसी समय दी खोल हृदय की ग्रन्थि, खुल गए उर के द्वार,
देखा : नव श्री-सुख-शोभा से लहराता जग विविध प्रकार !'

और 'गीतिका' में गाया भी था :

'सखि वसन्त आया !
-भरा हर्ष वन के मन
नवोत्कर्ष छाया !!

x x

ऐसे ही 'राम की शक्ति-पूजा' के कवि की महायात्रा शक्ति-साधना की जाग्रत ऋतु-शरद् में उचित ही थी । कालिदास के शब्द वातावरण को आन्दोलित कर रहे होंगे : 'यात्रायै नोदयामास तं शक्तः प्रथम शरत् !'

और अपनी अपराजेय प्रतिभा-शक्ति के बल कालजयी निराला जैसे दिग्विजय के लिए निकल पड़े : प्रतस्थे दिग्जिगीषया ।' और-

'होगी जय, होगी जय हे पुरुषोत्तम नवीन !
-कह महाशक्ति राम के वदन में हुई लीन ।'

वसन्त आया तो चहल-पहल बढ़ गई । वर्ण, गन्ध धर कर और मधुमकरन्द भर कर तरु-उर की तरुण अरुणिमा ने रूप-परी कलियों के पंख खोल दिए । पिक-पञ्चम गूँज उठा । कँटीले बाड़ों-घिरी वाटिका की एकबारगी रंगत बदल गई । उन्मुक्त मलय पवन के स्पर्श से टहनी-टहनी मञ्जरियों, मुकुलों और फूलों से लद गई । नाजुक पत्तियाँ इठला-इठला कर झूमने लगीं । तालाब के दर्पण में कमल-दल झुक-झुक कर धड़कते दिलों से अपना-अपना चेहरा देखने लगे । नील झील पर ठहरी तारों की बारात धरती पर उतर आई । भौरों की शहनाइयाँ बज उठीं :-

'लता-मुकुल-हार गन्ध भार भर
बही पवन बन्द मन्द मन्दतर
जागी नयनों में वन-यौवन की माया !
सखि, वसन्त आया !!

x x

नवल प्राण नव गान गगन में फूलें नवल वृन्त पर फूल,
भरें जागरण की किरणों से जग के जीवन के युग कूल ।'

निराला जानते थे, उनके काव्य-कानन में चाहे जितने भी फूल जुही, शेफाली, बेला और नर्गिस के खिलें; कच्ची सुन्दरता की अंग-प्रत्यंग से फूटनेवाली किरण-कलिकाएँ ओप, उजास उजालें :-

'रूखी री यह डाल वसन वासन्ती लेगी !'

x x

सुरभि-सुमनावली खिली मधुऋतु अवनि ।'

x x

'सिहर उठें पल्लव के दल,-नव अंग,
बहे सुप्त परिमल की मृदुल तरंग
जागे जीवन की नव ज्योति अमन्द,
हिले वसन्त-समीर-स्पर्श से
वसन तुम्हारा धानी !'

किन्तु है यह अभी नवजागरण के प्रभात काल की ही स्वर्णच्छटा । अभी इसमें सोने के तारों का बुना कल्पना का जाल ही है । जागरण के मनोहर चित्र, आह्लाद-परिचय आदि जीवन के प्राथमिक चिह्न ही हैं । चारों ओर बाह्य-प्रकृति की सुकुमार चपल दृष्टि-विहगों का कल कूजन, स्पर्श-सुखद स्वस्थ शीतल वायु, नदियों का चञ्चल वक्षःस्थल, लहर-लहर पर कामना की किरण । अभी कर्म की अविश्राम धारा बहती हुई नहीं देख पड़ती ।'

निराला जानते थे : इस नवीन जीवन के भीतर से शीघ्र ही एक आवर्त्त बँध कर उठनेवाला है जिसके साथ अगणित जल-कण उस एक ही चक्र की प्रदक्षिणा करते हुए उसके साथ एक ही प्रवाह में बह जायँगे । यह नवीन साहित्य के क्रिया-काल में संभव होगा ।

और निराला की क्रान्तदर्शिनी दृष्टि भिक्षुक, विधवा, गर्मियों में जलती सड़क पर पत्थर तोड़नेवाली मजदूरिन, डरी हिरनी-सी किसान की बहू की आँखों पर पड़ी । दीन का, जीर्ण-बाहु शीर्ण-शरीर किसान का, दर्द उनका अपना दर्द हो गया । उन्होंने भूख से सूखे ओठोंवाले भिक्षुक को आँसुओं के घूँट पीकर रह जाते देखकर कहा :-

ठहरो, अहा, मेरे हृदय में है अमृत
मैं सींच दूँगा,
अभिमन्यु-जैसे हो सकोगे तुम,
तुम्हारे दुःख को मैं अपने हृदय में खींच लूँगा !'

विप्लव के बादल से बोले :-

"विप्लव-रव से छोटे ही हैं शोभा पाते
तुझे बुलाता कृषक अधीर, ऐ विप्लव के वीर !
चूस लिया है उसका सार, हाड़ मात्र ही है आधार,
ऐ जीवन के पारावार !
बाधा-रहित विराट् ! ऐ विप्लव के प्लावन,
सावन-घोर गगन के ऐ सम्राट् !"

गुलाम राष्ट्र को सिंह की तरह दहाड़ने के लिए ललकारा :-

'शेरों की माँद में आया है आज स्यार !
जागो फिर एक बार !
सिंही की गोद से छीनता रे शिशु कौन ?
मौत भी क्या रहती वह रहते प्राण ? रे अजान !"

आपसी कलह में अपनी अमित शक्ति का अपव्यय करनेवाले इस देश को दासता-पाश से मुक्ति का मार्ग सुझाया :

संगठित हो जाओ-
आओ बाहुओं में भर भूले हुए भाइयों को !
जितनी विरोधी शक्तियों से
हम लड़ रहे हैं आपस में,
सच मानो, खर्च है यह शक्तियों का व्यर्थ ही !
जितने विचार आज मारते तरंगें हैं
साम्राज्यवादियों की भोग-वासनाओं में,
नष्ट होंगे चिरकाल के लिए !
आएगी भाल पर भारत के नई ज्योति,
हिन्दुस्तान मुक्त होगा घोर अपमान से
दासता के पाश कट जायेंगे !'

सोने की फसल उगानेवाली राष्ट्र-लक्ष्मी को सावधान किया :

'जागो जीवन-धनिके !
विश्व पण्य-प्रिय वणिके !
दु:ख-भार भारत तम केवल
वीर्य सूर्य के ढके सकल दल
खोलो उषा-पटल निज कर अयि छविमयि दिन-मणिके ।'

वन्दिनी भारतमाता को अटल आश्वासन दिया :

"क्लेद-युक्त अपना तन दूँगा
मुक्त करूँगा तुझे अटल !"

परस्पर उपेक्षा और आक्षेपों में न उलझ कर राष्ट्रभाषा (हिन्दी) का जिम्मेवार और जन-मन की नई रचना में भागीदार बनने कहा :

बन्दूँ पद सुन्दर तव
छन्द नवल स्वर-गौरव
जननि, जनक-जननि-जननि जन्मभूमि-भाषे,
जागो नव अम्बर भर ज्योतिस्तरवासे !'

और संघर्ष-भीरू निष्क्रिय कला-युग में कर्म-दर्शन के सक्रिय व्याख्याता ने उजले-धौले बादलों की तरह गड़गड़ाने में ही अपनी शक्ति नहीं चुका दी । गरल पान कर तरल गरल का अमृत आस्वाद बनाया; ज्वाला की लपटों में पहले अपनी जिन्दगी झोंक दी, फिर नवजीवन की ज्योति जगाई :-

'नर-जीवन के स्वार्थ सकल !
बलि हों तेरे चरणों पर माँ,
मेरे श्रम-सञ्चित सब फल !!'

x x

'करना होगा यह तिमिर पार
देखना सत्य का मिहिर-द्वार
बहना जीवन के प्रखर ज्वार में निश्चय;
लड़ना विरोध से द्वन्द्व-समर
रह सत्य-मार्ग पर स्थिर, निर्भर !'

जन-जीवन से सम्पर्क टूट जाने पर मूल्यों को नहीं निबाहा जा सकता,-कला-जगत में अपनी निजी शैली की नींव डालते हुए निराला ने मध्ययुगीन सन्तों की परखी सीख अनसुनी नहीं की । कैसा भी नयापन, रंग और शेड्स का चमत्कार जिन्दगी की टूटी हुई रीढ़ पर नहीं उरेहा जा सकता । निराला के चित्रों में रंग-रचना विविध विरोधी भावों का सम्मिश्रण प्रदर्शित करती है । ये परस्पर विरोधी भाव समसामयिक अस्त-व्यस्त जीवन की जिन्दा धड़कनें हैं, नीले आसमान से उतारे लाल-पीले सितारे नहीं । रंगारंग बिम्बों, अमरवल्लरी-सी स्वर्णाभ सर-चढ़ी कल्पनाओं को माखन-मिश्री-घोली बोली में न ढाल सकने के कारण ही

निराला को 'साँकरी गली में प्यारी हाँ करी न ना करी'-आलोचना का शरण्य होना पड़ा था क्योंकि तब जिन्दगी मैथ्यू आर्नल्ड की काव्य-परिभाषा में पिनहा थी, बाहर चटक चाँदनी और 'कुहुकुहरित विरह-रोदन' की ही रिमझिम फुहार थी। और तो और अभी कल तक सत्ता की कुर्सियों से चिपक कर और आजीवन सेठों की सुविधाएँ भोगते हुए क्रान्ति के मन्त्र-द्रष्टाओं ने रीतिकालीन सरकारी-दरबारी परम्परा को ही उजागर रक्खा है ! ऐसे में निराला, मुक्तिबोध, धूमिल के संघर्ष खुदीराम, भगतसिंह, चन्द्रशेखर आजाद के परिप्रेक्ष्य में ही परखे-भाले जाने चाहिए। अस्तु,

निराला ने हिन्दी साहित्य में पहली-पहली बार बज्र-गर्जन कर श्यामायमान सघन वन के दुहरे अँधेरे में तड़ित्-तुलित झड़ियोंवाली वर्षा की अवतारणा की :

'झूम-झूम मृदु गरज-गरज घन घोर
राग अमर, अम्बर में भर निज शेर।'

x x

'बादल, गरजो।
घेर-घेर घोर गगन धाराधर ओ।'

x x

'घन, गर्जन से भर दो वन,
तरु-तरु पादप-पादप-तन।
अबतक गुञ्जन-गुञ्जन पर, नाचीं कलियाँ छवि निर्भर,
भौरों ने मधु पी-पीकर माना : स्थिर मधु-ऋतु-कानन !
गरजो हे मन्द्र, वज्र-स्वर, थर्राए भूधर-भूधर,
झरझर-झरझर धारा झर पल्लव-पल्लव पर जीवन !

x x x

'श्री बिखेर मुख फेर कली के निष्ठुर पीड़न !
छिन्न-भिन्न कर पत्र-पुष्प-पादप-वन-उपवन
वज्रघोष से ऐ प्रचण्ड !'

-यह आग्नेय स्वर सरकारी सर्कस के शेरों का नहीं है। वहाँ जनता तमाशाई होती है-तालियाँ पीटनेवाली; भागीदार नहीं। यहाँ पीड़ित जनता के घुटे गलों की भर्राई हुई आवाज ही निराला के मेघ-मन्द्र कण्ठ से फूटी है। जब भी वह उसके निष्क्रिय स्वर-ताण्डव में डमरू बजाना नहीं चाहते, स्वर की तरह उसकी बाँहों में भी शक्ति की प्रखरता देखना चाहते हैं :-

'तोड़ो, तोड़ो, तोड़ो कारा।
अथवा
'जीवन की तरी खोल दे रे जग की उत्ताल तरङगों पर,
रे सबल, उठा तट से लंगर !

क्यों अकर्मण्य सोचता बैठ, गिनता समर्थ हो व्यर्थ लहर ?

दूसरी ओर सत्ता की लक्ष्मण-रेखा के सशस्त्र अहिंसक पहरेदारों को भी जनवाहिनी के सेनापति की हैसियत से अपनी उद्दाम पौरुष-भरी हुंकार से चित्रलिखित के समान निःशक्त करते हुए कहते हैं :-

'बहने दो,
रोक-टोक से कभी नहीं रुकती है,
यौवन-मद की बाढ़ नदी की किसे देख झुकती है ?'

नई मानसिकता गढ़ने के क्रम में साथियों को रचना का व्यूह रचने की सूखी सीख देने में भी नहीं चूकते कि विप्लवी स्वर, आतंककारी वज्र-गर्जन से सँकरे शस्त्रों के झाड़-झँखाड़ उखाड़ कर उड़ा दिए जा सकते हैं; किन्तु इससे मौजूदा जिन्दगी के रास्ते चौरस और समतल नहीं हुए जाते; अन्तःशक्ति की धारा का वेग तीव्र और प्रखर नहीं होने का। क्योंकि-

'व्यक्तिगत भेद ने है छीन ली हमारी शक्ति !'
नीचों के साथ यदि उच्च जातियों की घृणा
द्वन्द्व, कलह, वैमनस्य
क्षुद्र ऊर्मियों की तरह टक्कर लेते रहे तो
निश्चय है वेग उन तरंगों का और घट जायगा !
आओ बाहुओं में भर भूले हुए भाइयों को !
लुप्त कीर्ति फिर से जग जायेगी
आएगी भारत की गई ज्योति,
प्राची के भाल पर स्वर्ण-सूर्योदय होगा,
तिमिर आवरण फट जाएगा मिहिर से ।'

x x x

ऋतु-चक्र चलता रहा । तन और मन तरुण तानों का 'ख्याल' छोड़ -'ध्रुव पद' के प्रौढ़-गम्भीर राग की निस्तलता में डूबते हुए आत्मा की उज्ज्वल ज्योति मोतियों की तरह झलमल कर उठी । वर्षा का मेघ-मेदुर गगन लता-प्रतानों में डूबे महारण्य के ऊपर-ऊपर छितराए सादे बादलों की झालरों को झटक कर अपनी प्रशान्त निर्मलता में दूर-सुदूर तक फैल गया । पहाड़ काटकर निकल पड़नेवाले चञ्चल जल की कर्दमित उछाल श्याम पुलिनों में सिमट आई ।

अश्रान्त धारासार में निविड़-गहन अन्धकार का झर-झर स्वर बन्द हो गया । सुनहली फसलों-अटे खेत के ऊपर मण्डल बाँधते खञ्जनों के संग शरद्ऋतु सूर्यातप और चन्द्रातप के डैने फड़का कर हौले-हौले उतर आई । वन्य शुक-शावकों के साथ निराला के प्राण-पखेरू दिन ढलते अपने आवास की ओर उड़ चलने की तैयारी करने लगे । पूरे परिवेश पर कवि कीट्स का तार स्वर छाने लगा :

Thou wast not born for death, immortal Bird
No hungry generations tread thee down:

किन्तु अब के निष्करुण शरद् चिलचिलाती धूप में कवि-कण्ठ की सूखी तरुणाई सीख लेने आ गई। अभी सब समाप्त कहाँ हुआ, शेफाली फिर भी जैसे शेष उच्छ्वास के साथ चू पड़ी :

'आशा की प्यास एक रात में भर जाती है
सुबह को आली शेफाली झर जाती है।'

जो विघ्नों का जटिल जाल पार कर जीवन को सार्थकता प्रदान कर चुका; कण्टक, कर्दम, शूल, उपल-वृष्टि, घोर शीत, प्रबल ग्रीष्म - सब पर विजय पा कर मन की निश्चलता और प्रतिज्ञा पर अचल अटल रहने का जवलन्त प्रमाण प्रस्तुत कर चुका, आज वह भी कह उठा :-

धिक् जीवन, जो पाता ही आया है विरोध,
धिक् साधन, जिसके लिए सदा ही किया शोध।'

उसकी ज्योति और ज्योत्स्ना में नहाई हुई दृष्टि भी यह अँधेर देख चुँधिया गई :-

'अन्याय जिधर, है उधर शक्ति ?'

तब की बात और थी जब उसने उष्ण उच्छ्वास के साथ महसूस किया और अंगारों में - ज्वालामुखी से फूट निकले लावे की शक्ल में कुछ शक्त शब्द लिखे थे :

'विशेषता के गले नीच की छुरी जो चली,
गुलाब, जैसा खिला, रक्तिमाभ शान हुई!'

x x

खुला भेद विजयी कहाए हुए जो
लहू दूसरे का पिए जा रहे हैं।'

यथार्थ के केन्द्र से कितनी ही परिधियों में सामयिक परिस्थितियों के उलझाव, आक्रोशपूर्ण असन्तोष और संघर्ष में तीव्रता लानेवाले प्रेरणाप्रद शब्दों की ग्रन्थि-हीन किन्तु संगुम्फित अभिव्यक्तियाँ -

'जग गई जनता, हुए लुण्ठित मुकुट, जीवन सुहाए,
प्यास पानी से बुझाने को बुझाई रक्त से जब,
आँख से आया लहू, लोहा बजाया शक्त से जब।'

x x

तू कभी न ले दूसरी आड़, शत्रु को समर जीते, पछाड़।

x x

जल्द-जल्द पैर बढ़ाओ, आओ आओ!
आज अमीरों की हवेली किसानों की होगी पाठशाला,
धोबी, पासी, चमार, तेली खोलेंगे अँधेरे का ताला,
एक पाठ पढेंगे, टाट बिछाओ।'

-अब और सुनने को न मिलेंगी । बदलती हुई सरकारों के भोंपुओं पर क्रान्ति की कर्कश ध्वनियाँ कान के पर्दे फाड़ती रहेंगी । नमकहलाल कवि किराए के भरपूर पैसे वसूल कर 'देशभक्ति' की नौटंकी करेंगे । निराला की अन्दरूनी छटपटाहट, - जन-जन के जीने के हक के लिए सतत संघर्ष-

'राह पर बैठे, उन्हें आबाद तू जब तक न कर चैन मत ले ।'

-की गगन भेदी हुंकार अब और सुनने को न मिलेगी क्योंकि 'दर्द का हद से गुजरना है दवा हो जाना',-अब निराला 'तुम से चल तुममें ही पहुँचे की अन्तर्मुखता में आ गए :-

'मिट्टी की माया छोड़ चुके-
जो, वे अपना घर फोड़ चुके ।'

x x

'देख चुका, जो-जो आए थे चले गए,
मेरे प्रिय, सब बुरे गए, सब भले गए ।'

x x

'रे कुछ न हुआ तो क्या ?
जग धोका तो रो क्या ?'

वस्तुतः निराला के सतत संघर्षशील जीवन और काव्य में ऋतुएँ कभी बारी-बारी से आई ही नहीं । कितनी ही बार वसन्त आया और यह अनुभूति जगा कर चला गया :

'सुमन भर न लिए, सखि वसन्त गया !'

कितनी ही बार गर्मियों में सावन सरसा :

'आज मन पावन हुआ है
जेठ में सावन हुआ है ।'

x x

बादल छाए ।

'ये मेरे अपने सपने आँखों से निकले, मण्डलाए !' कितनी ही बार-

'अट नहीं रही है
आभा फागुन की तन सट नहीं रही है ।'

-पर पतझड़ की तीखी हवा हावी हो गई :

'बह चली अब अलि शिशिर-समीर ।
काँपीं भीरु मृणाल-वृन्त पर
नीलकमल-कलिकाएँ थर-थर
प्रात अरुण को करुण अश्रु भर
लखतीं अहा अधीर !'

और फिर-

'गगन - वीणा बनी
किरण के तार पर रागिनी जो सजी ।'

-इस समग्रता की ज्योतिज्वाल को ऋतुएँ समवेत स्वर में ही सदा धधकाती रहीं। कवि न तो रूप से विमुख हुआ, न दार्शनिक अरूप में ही डूबा खोया रहा। अन्त तक श्रेय और प्रेय की द्वन्द्व-दुन्दुभि बजती रही। निर्द्वन्द्वता तब भी कहाँ आई थी जब कबीर के फूल आधे दफनाए, आधे जलाए गए थे ?

निराला को संघबद्ध हो कर भूखों मारनेवालों ने झूठा वायदा किया था : अब और ईसा को क्रूस पर न चढ़ने देंगे ! भोगी राज-रोगी अब से सर्वस्व त्यागियों की सेहत की देखभाल करेंगे !!

यों कबीर की तरह निराला ने भी समझ लिया था :

'ऊँट-बैल का साथ हुआ है
कुत्ता पकड़े हुए जुआ है।'

यहाँ बाह्य द्वन्द्व (हिन्दू-मुसलिम, शैव-वैष्णव, दक्षिण-वाम आदि) से अन्तर्द्वन्द्व अधिक प्रबल रहा। भौतिक आध्यात्मिक द्वन्द्वों का समन्वय सैद्धान्तिक स्तर पर संभव है, व्यावहारिक भूमि शुष्क और कठोर है। निराला का वेदान्त रहस्यमय ज्योतिस्तत्त्वों की स्वानुभूति से उत्प्रेरित था, वह अर्थवैषम्य के मार्क्सवादी पार्थिव संघर्ष तक आते-आते रह गया। वेदान्त की व्यावहारिकता 'तेन व्यक्तेन भुञ्जीथा मा गृधः कस्यस्विद् धनम्' की साकार प्रतिमा निराला में अवश्य प्रत्यक्ष की गई। और एक दिन शरद् के निरभ्र आकाश में निराला के कविता-कानन की डाली-डाली पर हँसती हुई शेफाली उड़ते-उड़ते उड़ गई :-

मूँदी जब जग ने आँखें खोली री इनने पाँखें
उड़ने को नभ को ताके उपवन की परियाँ आली।

कर्म के प्रखर धर्म से तन-मन क्लान्त हो गए। मैं अकेला, देखता हूँ : आ रही मेरे दिवस की सान्ध्यवेला' की अनुभूति गहराने लगी। उन्हें अपनी परिपक्व भाव-दशा आत्यन्तिकता में सालने लगी :

स्नेह-निर्झर बह गया है !
रेत ज्यों तन रह गया है !!

वह ऊर्ध्वबाहु होकर आर्त स्वर से पुकार उठे :

'कितनी बार पुकारा :
खोल दो द्वार। बेचारा
मैं बहुत दूर का थका हुआ
चल दुष्कर श्रम-पथ रुका हुआ !'

और व्याकुल आवाहन अबके अनसुना न रहा। दयामयी माँ ने आभ्यन्तर आलोक का द्वार खोल दिया। निराला का मन मगन हो गया :

'प्रात तब द्वार पर
आया जननि, नैश अन्ध पथ पार कर !'

x x

मरा हूँ हजार मरण पाई तब चरण शरण !

उन्होंने जीवन का दुर्वह भार कन्धों से उतार फेंका । गद्‌गद स्वर ने अन्तिम वर माँगा :

दे, मैं करूँ वरण !
जननि, दुख-हरण पद राग-रञ्जित मरण !!

x x

आचार्य हजारीप्रसाद द्विवेदी निराला-निकेतन के वकुल-कदम्ब-चम्पक, पाटल-पनस-रसाल - सभी पेड़-पौदों से मिल चुके हैं । मैंने पं० उदयशंकर जी भट्ट को दिखलाया था; प्रतिवर्ष निराला निकेतन के अमलतास और हरसिंगार में निराला के जन्म-मरण फूलते हैं-

इस बार हरसिंगार की डार फूल लुटा चुकी । देखा, अमलतास कलियाँ लेने लगा है !

१९७८

***

**

निराला की कविता

निराला की कविता पर बहुत कम लिखा गया है । इसलिए नहीं कि उनकी कृतियाँ विश्वविद्यालयों में अपेक्षाकृत कम पढ़ाई जाती हैं, अत: 'अनुभवी अध्यापकों को 'वटुतोषिणी टीकाएँ' लिखने की आवश्यकता नहीं प्रतीत होती । इसलिए भी नहीं कि 'जीवितकवेराशयो न वर्णनीय:' की लोकोक्ति को एकमात्र उन्हीं पर चरितार्थ करने की कोई सामूहिक योजना बना ली गई है । प्रत्युत मेरी समझ से उसका कारण यह है निराला का असाधारण व्यक्तित्व, जो उनकी कलाकृतियों में बहुविध अभिव्यक्तियों से झाँकता रहा है, चौंधिया देनेवाली रोशनी के कारण झटपट पकड़ में नहीं आता; उनकी बहुरंगी जीवनानुभूतियों में इकरंगे जीवन-दर्शन का पता नहीं लगता । व्यवसायी आलोचकों को थोक पूँजी ही हाथ लगती, फिर वे वस्तुनिष्ठ आलोचना के खुदरे व्यापार में प्रवृत्त हों तो कैसे ?

अलबत्ता झुँझलाकर निषेधात्मक रूप में वैसे-वैसों ने बेरोक लेखनी दौड़ाई है । उनकी सांस्कृतिक भाषा को क्लिष्ट और कलात्मक अभिव्यक्तियों को दुरूह बताकर गर्दन झाड लेने में आगा-पीछा नहीं किया है । और, यह सब कुछ ऐसे नाजी ढंग से, अधिकारपूर्वक किया है कि प्रतिक्रिया में स्थापित उस 'सच' को झुठला देना आसान नहीं रह गया है ।

अनेक 'वादी' आलोचकों ने आलोचना के ऊँचे-ऊँचे सिद्धान्त बघारे हैं जिनके द्वारा उद्धृत निराला के अधिकांश पदों का वह अर्थ भी नहीं होता जिसे प्रमाण मानकर उन्होंने निराला को पाठ पढ़ाया है ! इससे सम्भवत: यही सिद्ध होता है कि निराला महान् हैं, ऐसे अनुल्लंघ्य महान् जिसे ठीक-ठाक नहीं मापा जा सकता । यों, प्रशान्त महासागर के तल से पल भर में विज्ञान ने कीचड़ निकाला और गौरीशंकर शिखर पर सतरंगा झण्डा भी गाड़ा ही है ।

अधिकारी विद्वानों ने कुछ प्रामाणिक विवेचनाएँ भी प्रस्तुत की हैं और डाक्टर रामविलास शर्मा ने बड़े श्रम से 'निराला' नामक एक आलोचनात्मक पुस्तक भी लिखी है; परन्तु निराला की कविता के सांगोपांग अध्ययन के लिए वह पर्याप्त नहीं है । 'निराला' पुस्तक ने तो कदाचित् यह भी प्रमाणित कर दिया है कि निराला को वादों में बाँध रखना साहित्यिक ईमानदारी का परिणाम नहीं हो सकता ।

मैं समझता हूँ, निराला की तथाकथित क्लिष्टता, दुरूहता किंवा जटिलता का रहस्य कहीं-न-कहीं 'वादी-विवादी' आलोचनाओं में भी अवश्य निहित है । निराला अपने तई

सम्भवत: वैसे महान् नहीं हैं कि उन्हें हथेली पर रखे हुए आँवले की तरह उलट-पुलटकर नहीं निरखा-परखा जा सकता ।*

पूरे इक्कीस साल पहले सन् '३३ में श्री नलिनविलोचन शर्मा ने लिखा था –'निराला जी जॉनसन की तरह कर्मठ और अध्यवसायी, लार्ड वाइरन-से उद्भट प्रत्यालोचक, कीट्स और टैगोर की तरह सु-कवि और टाल्सटाय, ह्यूगो और शॉ की तरह निर्भीक उत्क्रांतिकारी औपन्यासिक हैं ।' और अभी तीन वर्ष पहले सन् '५१ में उन्होंने लिखा-'हिन्दी को राष्ट्रभाषा के रूप में क्यों राजकीय स्वीकृति मिलनी चाहिए थी, इसके लिए अनेक तर्क उपस्थित किए गए और अन्तत: हिन्दी को ईप्सित मान्यता मिली भी । जो तर्क सर्वथा अकाट्य था, उसे किसी हिन्दी प्रेमी ने कभी गर्व के साथ उपस्थित किया, इसका ज्ञान इन पंक्तियों के लेखक को नहीं है । भारत की सभी आधुनिक भाषाओं के जीवित कवियों में एकमात्र हिन्दी को ही 'निराला' का दावा करने का सौभाग्य है । इस महाकवि को पाकर कोई भी समृद्ध भाषा गौरवान्वित हो सकती है-यह दूसरी बात है, इस महाकवि की भाषा बोलनेवाले जितने अगुण ग्राहक हो सकते हैं, उतने दूसरे नहीं । हमारी दृष्टि में यदि निराला-जैसा कवि हिन्दी में नहीं लिखता होता, तो हिन्दी राष्ट्रभाषा के सम्मानित पद की अधिकारिणी नहीं हो सकती थी ।'

अपनी पैंतीस वर्षों की साहित्य-साधना में निराला ने कुछ महत्त्वपूर्ण राष्ट्रीय घटनाओं को ही छन्दोबद्ध नहीं कर दिया है जिससे उनके द्वारा राष्ट्र या राष्ट्रभाषा के साक्षात् गौरवान्वित होने की बात पानी की तरह साफ हो गई हो ! नहीं, यदि ऐसा होता, तब तो घटनाचक्र के पद्यकार को महान् कवि मानकर कोई अपना साहित्यिक अज्ञान प्रकट ही न करता ।[1]

---

*श्री नरेश ने 'काव्यानुशासन'-नामक निबन्ध में लिखा है :-

निराला की कविताएँ काव्य की संज्ञा की वास्तविक अधिकारिणी हैं । हिन्दी में अब तक कवि कहे जाने के हकदार एकमात्र वही हैं । उनका काव्य कितना नि:संग (डीपरसनलाइज्ड) है, यह इसी से स्पष्ट है कि उनके काव्य से अब तक भी इने-गिने व्यक्तियों ने ही आनन्द लिया है ।

निराला के गीतों में एक विशेषता है-हर गीत की गहनता (इनटेंसिटी) महाकाव्य की है । 'कैलास-दर्शन' से 'कुकुरमुत्ता' तक में । उनके काव्य का एक-एक शब्द जीवन्त, प्राण-शक्ति से पूर्ण और सशक्त (वाइटल, फोर्सफुल) है । शब्दों का प्रयोग इस प्रकार किया गया हो कि उनकी शक्ति की सम्भावनाओं को अधिक-से-अधिक गृहीत (एक्सप्लायट) किया जा सके, केवल निराला में है ।

'साहित्य'-वर्ष २, अंक २

1. The nationalism of a Poet is not a politicians' nationalism. We do not write national poetry by being a nationalist and writing poetry.

To Nirala his Poems represent his language and his country.

-The Constant Pursuit'

D. Thakur.

आलोचक उनमें दो क्रांतिकारी युगों का प्रतिनिधित्व ही नहीं पाते ! किन्तु उनकी राष्ट्रीयता तो तेजस्विनी भाषा और जीवन्त काव्य-कला की परिधि के भीतर से ही पूरी प्रखरता के साथ प्रकाशित हुई है, उसने सस्ती नारेबाजी का रास्ता कहाँ अख्तियार किया है ? श्री प्रभाकर माचवे के शब्दों में-'निराला की कविता में राष्ट्रीय भावधारा प्रत्यक्ष 'माइक्रोफोनी' या प्रचारात्मक 'झण्डावादी' या 'नारावादी' कविता बनकर नहीं आई । भारत के राजनीतिक, आर्थिक, सामाजिक जीवन के, उसकी उथल-पुथल के, बहुत सूक्ष्म और अप्रत्यक्ष प्रभाव-सूत्र निराला की रचना में विद्यमान हैं ।....................वे सब कविताएँ प्रगतिशीलता के बहुत उत्तम उदाहरण हैं; जहाँ अर्थशास्त्र के कठिन सिद्धान्त 'पाँचक' की दस पंक्तियों में 'कांग्रेस' कर रख दिए गए हैं; जहाँ गतिरोध की भयानकता 'तारे गिनते रहे' में व्यक्त कर दी गई है; जहाँ मेढ़क और कुत्ते की प्रतीकात्मक सहायता लेकर किसानों की असहायता और विषमता पर निर्भय घनाघात है, जहाँ विशुद्ध नैचुरलिज्म है,-जैसे 'डिप्टी साहब आए' या 'महँगू महँगा रहा' में-जो कि समाजवादी यथार्थवाद से गर्भित है; या कि शुद्ध भावनात्मक चीजें हैं, जैसे आर० एस० पंडित की प्रेतयात्रा और प्रेतदाह पर 'तिलांजलि', और 'खून की होली जो खेली' में विद्यार्थियों की आई० एन० ए० के सम्बन्ध में गोलियाँ खाने पर भावोन्मेष ! इन सब कविताओं में निराला ने मार्बिड मृत्यु-प्रेम नहीं दरसाया है, जो अक्सर राष्ट्रीय ध्वंसवादी कवि दिखाते हैं । उनकी स्वस्थ, परुष, कलाकार आत्मा सर्वत्र दहाड़ती है, 'हुइ-हुइ' कर विलाप नही करती ।'

आचार्य हजारीप्रसाद द्विवेदी ने भी प्रकारांतर से उनकी असाधारण साहित्यिक मर्यादा को लक्ष्य किया है-'विद्रोह के स्वर में बोलनेवाले साहित्यकारों की इस युग में कमी नही है । पुरातन विधि-निषेध-व्यवस्था को खुली चुनौती देना आजकल की अति परिचित घटना है । सनातन समझी जानेवाली नैतिकता निस्सन्देह आजकल सबसे प्रधान हंतव्य मानी जाने लगी है । किंतु इस प्रकार की चुनौती देनेवाले प्राय: संतुलन खो बैठते हैं; व्यवस्था का विरोध प्राय: ही उच्छृङ्खलता के द्वारा किया जाता है और सनातन समझी जानेवाली नैतिकता का विरोधी ततोधिक सनातन मानी जानेवाली निर्मर्याद वाचालता का आश्रय लेता है ! किन्तु निराला के काव्य में इतना विद्रोह और ललकार होने पर भी उच्छृङ्खल और निर्मर्याद वाचालता नहीं आने पाई है । इसका कारण यह है कि निरालाजी को अपना लक्ष्य ठीक मालूम है । अच्छा डाक्टर रोग पर आक्रमण करता है, रोगी पर नहीं; और इसीलिए उसके सारे प्रयत्नों की एक सीमा होती है । यदि उसके प्रयत्न रोग को नष्ट करने के बाद रोगी भी नष्ट करने लगें तो निस्सन्देह वह अवांछनीय डाक्टर है । निरालाजी के कठोर-से कठोर आक्रमण भी मर्यादित हैं ।'

संक्षेप में, आए दिन निराला के पुनर्मूल्यांकन का कार्य, रचनात्मक, आलोचनाओं के माध्यम से, नए सिरे से शुरू हो गया है, यह ऊपर के कतिपय नए निर्देशों से स्पष्ट हो जाता है । ज्यों-ज्यों निराला की कविता का मनन-मंथन होगा, त्यों-त्यों हिन्दी कविता की असीम शक्ति-सामर्थ्य ही उद्‌घाटित होगी, ऐसा मेरा विश्वास है ।

(२)

यों तो निराला की 'जुही की कली' का और मेरा जन्म एक ही साल हुआ था;

किन्तु मेरा उससे प्रथम परिचय अट्ठारह वर्ष बाद हुआ। तबसे अपनी ही आँखों निराला की कविता को देखता आ रहा हूँ। देखता आ रहा हूँ कि निराला की काव्य-प्रतिभा दल-पर-दल खोलती हुई सम्पूर्ण अर्थ में शतदल हो चुकी है और अब वह सहस्रदल होने के क्रम में है। इधर के गीत आकृति में जितने छोटे हैं, प्रकृति में उतने ही बड़े। ऐसा प्रतीत होता है कि -'भाव जो छलके पदों पर, न हों हल्के, न हों नश्वर' की प्रार्थना सार्थक हो चुकी है।

इधर 'रचना की ऋजु बीन बनीं तुम, ऋतु के नयन नवीन बनीं तुम' से आरम्भ कर अब तक के गीत संगृहीत नहीं हुए हैं, एक 'अर्चना' आई है। अत: अभी आरम्भिक रचनाओं की भाँति इनका संकलन भी दुर्लभ होने के कारण निराला की कविता का अध्ययन क्रमश: परिमल, गीतिका, अनामिका, तुलसीदास, अणिमा, कुकुरमुत्ता, बेला; नये पत्ते और अर्चना द्वारा ही सम्भव है। यहाँ थोड़े में इन्हीं नवरत्नों की चर्चा का प्रयत्न किया जायगा।

'परिमल' सन् '२९ में प्रकाशित हुआ था। पन्द्रह वर्ष से खड़ी बोली की कविता जिस जीवन्त भाषा-शैली एवं भाव-विस्तार का संधान तथा निर्माण करती आ रही थी उसकी प्रथम प्रतिनिधि रचना न 'पल्लव' है और न 'आँसू', वह 'परिमल' ही है, यह इस परस्पर-प्रशंसी युग के समाप्त होते ही तटस्थ आलोचकों द्वारा उद्घोषित हो जायगा। डाक्टर भटनागर ने ठीक ही लिखा है-'आँसू' की अभिव्यंजना को कम लोग ठीक-ठीक समझ पाते थे, आज भी सब सरलता से उसे समझ नहीं पाते। 'पल्लव' में मूर्तिमत्ता (कल्पना) का अतिरेक इतना था, अँगरेजी रोमांटिक कवियों (विशेषकर 'शेली') की छाप इतनी अधिक थी कि उस काव्य का हिन्दीपन बहुत-कुछ डूब गया था। निराला के 'परिमल' ने इस हिन्दीपन को अक्षुण्ण बनाये रखा। प्रसाद गुण, सीधी-सादी अभिव्यंजना; साधारण बोलचाल के ढंग पर वाक्य-विन्यास-ये हिन्दी के लिए नई चीजें थीं। १९३० के पाठकों और आलोचकों में विश्लेषणात्मक दृष्टि का अभाव था, इससे केवल कुछ रहस्यात्मक कविताओं के नाते 'निराला' को 'कठिन कवि', 'रहस्यवादी कवि' या 'दार्शनिक कवि' कहकर छुट्टी पा ली गई। परन्तु सच तो यह है कि पंत, प्रसाद और निराला-तीनो नये कवियों में निराला का काव्य ही अधिक विस्तृत भूमि पर खड़ा था। न वह प्रसाद की कविता की तरह अभिव्यंजनात्मक शैली के चक्कर में पड़ा था, न उसे पंत के 'पल्लव' की कविताओं की तरह उपमा-उत्प्रेक्षाओं की झड़ी लगानी थी।'

आज हिन्दी कविता में 'सचेष्ट सरलीकरण' की जैसी अद्भुत प्रक्रिया अपनाई जाने लगी है, चौंतीस वर्ष पहले निराला में उसका स्वस्थ, स्वाभाविक रूप देखते ही बनता है। भाषा का विकच बचपन जहाँ-

लाज ने पकड़ लिए हैं पैर,
करूँगी अब न बाग की सैर!

-जैसी पंक्तियों से प्रकट होता है, वहाँ उसकी स्वस्थ गतिशील सुन्दरता का पता मिलता है-

अलसता की-सी लता।
किन्तु कोमलता की वह कली,

सखी नीरवता के कन्धे पर डाले बाँह
छाँह-सी अम्बर पथ से चली !

अथवा

बन्द कंचुकी के सब खोल दिए प्यार से
यौवन-उभार ने-
पल्लव-पर्यङ्क पर सोई शेफालिके !

-के समान प्राणवंत पंक्तियों से। और मेरा तो यह अन्तिम अभिमत है कि आधुनिक हिन्दी काव्य में

निर्दय उस नायक ने निपट निठुराई की
कि झोकों की झड़ियों से सुन्दर सुकुमार देह सारी
झकझोर डाली !

से अधिक आवेगपूर्ण तथा सौन्दर्य-दृप्त भाषा का प्रयोग हुआ ही नहीं।

'परिमल' की विषय-वस्तु की व्यापकता के साथ ही उसकी अभिव्यक्ति के विभिन्न प्रकारों का अध्ययन अपेक्षित है। निराला नई टेकनीक की राह से ही नई भावभूमि की ओर क्रमशः बढ़ना चाहते थे, यह उनके मुक्तवृत्त के प्रथम आग्रह से भी स्पष्ट हो जाता है :-

आज नही है मुझे और कुछ चाह
अर्धविकच इस हृदय-कमल में आ तू
प्रिये, छोड़कर बन्धनमय छन्दों की छोटी राह !

'परिमल' में प्रार्थना के पद हैं; प्रकृति की 'बहिरन्तर' छवियों के प्राणवान् प्रतिमान हैं; प्रेम की आन्तरिक उपलब्धि की स्वरलिपि है; दार्शनिक भाव-भूमि का निर्मल प्रकाश है और युग की, राष्ट्रीय चेतना की ऊँची पहचान के साक्षी कलात्मक संयम तथा दार्शनिक गाम्भीर्य से उद्दीप्त मेघ-निर्घोष भी है।

निराला के, शाखा-प्रशाखाओं में स्निग्धच्छाय, काव्य-कल्पतरु का मूल स्वयं उन्हीं का विराट् व्यक्तित्व है।

'गीतिका' में भी आरम्भ ही से अनेक आकार-प्रकार के गीत देखने को मिलते हैं-विशुद्ध दार्शनिक और शृंगारात्मक; आवेगपूर्ण और गाम्भीर्य्य-मंथर; अलंकार-खचित और निराभरण। कहीं तो वेदान्त की सरसता काव्य की कमनीयता में समरस हुई दिखती है और कहीं दर्शन की दिव्य ज्योति रमणी की रमणीयता बनी हुई। कहीं कठिन साधना-शिला से पिष्ट प्रणय की मर्मच्छवि है और कहीं गोधूलि के मटमैले प्रकाश में, निराशा से झुकी हुई गीली पलकों का छायाचित्र। कहीं मृदंग का मंगल निनाद है और कहीं प्राणवल्लकी के कनक रजत तारों की मदिर-मधुर झंकार। तात्पर्य यह कि इसमें महादेवी के गीतों की तरह एक ही भाव की विविध भावनाएँ नहीं; किन्तु वस्तुतः विभिन्न स्थितियाँ और परिस्थितियाँ हैं; और कहीं-कहीं तो एक-ही-एक में आश्चर्यकर अनेकता है।

कदाचित् यह ऐसा इसलिए है कि कवि को गत्यात्मक जीवन का कोई एक ही रूप, कोई एक ही स्थिति, कोई एक ही पक्ष जमकर देखते रहना पसन्द नहीं है; वह हँसी के साथ आँसू को, विरह के साथ मिलन को; सौन्दर्य के साथ स्वास्थ्य को, मृत्यु के साथ मुक्ति को और आरम्भ के साथ परिणति को अन्वित कर निरखता-परखता है। जीवन की जिस पंकिल पगडंडी पर पल भर पग रखता है उसी पर अपनी अमिट छाप छोड़ देता है। काव्यगत चित्रण में रेखा के साथ रंग-रंग के साथ लय और लय के साथ स्वयं वही सुरीला हो गया है। गीतों के केन्द्र में अपने व्यक्तित्व को सुप्रतिष्ठित करने के क्रम में उसने चित्र और संगीत की रूढ़ि से निःसंग होकर आत्म-निरीक्षण किया है कि उसका स्वर निषाद में साफ़ है या गांधार में सधा, उसकी तड़ित्तूलिका जड़ प्रकृति को सजीव कर सकी है या सजीव सत्ता को सजग; उसका रूप-निर्माण सफल हुआ है या प्राण-प्रतिष्ठा समारोह-पूर्ण; उसकी कल्पना ओजस्विनी है या अनुभूति तेजस्विनी; उसकी वासना तीव्र है या साधना उग्र; वह गा सका है, रंग भर सका है या निर्माता भी है। अनेक ऐसे ही जाग्रत क्षणों की बारीक पकड़ गीतिका के वर्ण-चमत्कार और भावोल्लास, ओज और माधुर्य, छन्द और संगीत की विविधता में वाणी पा गई है। फिर भी 'अविभक्तं विभक्तेषु' का अभिज्ञ गीतिका की केन्द्रीय दार्शनिकता को सहज ही लक्ष्य कर लेगा। आरम्भ में कवि ने 'नव नभ के नव विहग वृंद को नव पर, नव स्वर' देने की जो वह्वर्थक प्रार्थना की है, वह अन्तिम गीत में-'उड़ने को नभ को ताकें, उपवन की परियाँ आली' की तृप्ति से ही चरितार्थ हुई है।

'अनामिका' में 'परिमल' और 'गीतिका' की अपेक्षा निराला का और प्रौढ़ पुष्ट, और अधिक स्वसी-समर्थ रूप प्रकट हुआ है। निराला की सर्वतोमुखी प्रतिभा ने जीवन के प्रत्येक क्षेत्र से काव्य की सामग्री संकलन किया है। अतः छन्दों की मुक्ति के प्रवर्तन के साथ-साथ आधुनिक कविता के विषय-विस्तार की दृष्टि से भी उनका महत्त्व सर्वप्रथम 'परिमल' के द्वारा अंकित हुआ, फिर 'गीतिका' ने विन्दु में सिन्धु समो देने की उनकी उदात्त शक्ति का अपरूप परिचय दिया और इस 'अनामिका' ने तो एक ही साथ (बीज-रूप में परिमल-काल से ही विद्यमान) उनकी उन त्रिविध प्रवृत्तियों को प्रकाशित किया जिनमें क्रमशः 'क्लासिकल' कलात्मक प्रौढ़ि, व्यंग्यात्मक सामर्थ्य और प्रगतिशील तत्त्वों का अद्‌भुत आकलन है। दूसरे शब्दों में 'अनामिका' में शक्ति और सौंदर्य की जैसी अन्योन्य-संसक्तता के दर्शन होते हैं वैसी, आधुनिक हिन्दी-काव्य में, पहले या अब तक और कहीं नहीं देखी गई।

'अनामिका' साधक कवि की सिद्धावस्था है। 'राम की शक्ति-पूजा' के-से स्वल्प आकार-प्रकार, परम प्रौढ़ 'प्रबन्ध काव्य' विश्व की किसी भी भाषा में कभी नहीं लिखा गया। 'सरोज-समृति'-सी 'एलेजी' न 'ग्रे' की है और न 'आर्नल्ड' की। वाह्य तथा अन्तर्जगत द्वन्द्वों, आलोड़नों से उन्मथित-तरंगायित, प्रसिद्धि से सिद्धि तक के क्रम को झकझोर देनेवाले व्यंग्य से स्तब्ध कर देनेवाली निस्तब्ध लब्धि तक की,-अभिव्यक्तियों से ओत-प्रोत, 'वनबेला' सी अतल के अतुल वास से भरी कविता बार-बार नहीं रची जाती।

'अनामिका' निराला का प्रतिनिधि काव्य-ग्रन्थ है । इसमें छन्दों के नए-नए प्रकार के प्रस्तार में, विचारों की उच्चता में-सर्वत्र वह महान् कवि-कलाकार के रूप में प्रकट हुए हैं । कोरी भावुकता या भावोच्छ्वास से ऊपर-बहुत ऊपर उठे हुए कला-साधक की प्रौढ़ शैली और पुष्ट भावों का प्रवाह 'अनामिका' की अपनी विशेषता है । बड़ी-से-बड़ी कविता में भी जैसे कोई श्लथ-शिथिल पंक्ति ढूँढ़े नहीं मिल सकती वैसे ही यहाँ छोटी-से छोटी रचना भी महत्ता में अनुपम प्रमाणित होगी । 'तोड़ती पत्थर' अथवा 'वे किसान की नई बहू की आँखें', 'बादल गरजे' या 'तोड़ो, तोड़ो, तोड़ो कारा'-ये सभी एक से बढ़कर एक हैं ।

'ठूँठ' की भावाभिव्यंजकता इसी प्रकार की एक संस्कृत कविता-

कस्त्वं भोः ? कथयामि, दैवहतकं मां विद्धि शाखोटजं,
वैराग्यादिव वक्षि, साधु विदितं, कस्मादिदं कथ्यते-
वामेनात्र वटस्तमध्वगजनः सर्वात्मता सेवते,
नच्छायाऽपि परोपकारकरणी मार्गस्थितस्यापि मे ।

-से तुलना करने पर अपनी श्रेष्ठता के पर्याप्त मार्मिक उपकरण प्रस्तुत कर देगी । उद्धृत पद्य में एक भुतहे पेड़ और बटोही की बातचीत है । बटोही पूछता है-

'तुम कौन हो, जी ?'

'ठहरो, बताता हूँ,-मैं एक अभागा भुतहा पेड़ हूँ !

'बड़ा ही कचोट-भरा जवाब देते हो तुम तो !'

'हाँ, भई, तुमने सही समझा ।'

'मगर ऐसा क्यों ?'

'बताता हूँ,-देखो न, यह इधर बाईं ओर जो एक बरगद का पेड़ दिखाई पड़ता है उसे बटोही हमेशा घेरे ही रहते हैं-कभी कोई इसके ठण्डे साए में सोया रहता है, कोई पकाता-खाता रहता है, कोई दोने बनाने के लिए पत्ते तोड़ता है; मतलब, सब के सब इसे चाहते हैं, और इधर एक मैं हूँ जो ठीक रास्ते पर पड़ता हूँ, पर और तो और जिसे देखो, वही-मेरी छाँह तक बचाकर कतराकर धीरे से निकल जाता है; अपने थककर चूर हुए बदन पर भी मेरा साया नहीं पड़ने देना चाहता ।

निराला का ठूँठ अपने में ऐसी व्यथा नहीं छिपाए हुए है । वह फक्कड़ है, मस्त है, उसे ललित लवंग-लताओं से ईर्ष्या नहीं, वह कृतघ्नता सहकर व्यंग्य की एक बेधक मुसकान के साथ कहता है-

अब यह वसन्त से होता नहीं अधीर,
पल्लवित झुकता नहीं अब यह धनुष-सा,
कुसुम से काम के चलते नहीं हैं तीर !

'एजरा पाउण्ड' के 'द ट्री' या 'थ्रेनस' से तुलना के योग्य यह परिधि नहीं, फिर भी थ्रेनस की कुछ पंक्तियाँ यहाँ बरबस गगन-मन में घुमड़ने लगी हैं-

नो मोर फाँर अस द लिट्ल साइंग
नो मोर द विंड्स ऐट ट्विलाइट ट्रबुल अस

x x

नो मोर डिजायर फ्लाइएथ मी,
नो मोर फॉर अस द ट्रेम्बलिंग
ऐट द मीटिंग ऑफ हैंड्स ।

'केवल वृद्ध विहग एक बैठता कुछ कर याद' की-सी निगूढ़ व्यञ्जना अवश्य इनमें कहीं नहीं है । वैसी व्यञ्जना का ईषत् आभास एक दूसरी कविता में मिलता है-

एंपटी आर द वेज ऑफ दिस लैंड ह्वेवर आयोन
वाक्ड वंस, एण्ड नाउ डज नॉट वाक
बट सीम्स लाइक ए पर्सन जस्ट गॉन ।

-'Ione, dead the long year'

'तुलसीदास' निराला की एक महान् कलाकृति है । 'राम की शक्ति-पूजा' से इसकी समता उदात्तता तथा गाढ़-बन्धता के कारण ही प्रचलित हुई है । वैसे, मेरे विचार से, इनमें, रचना-कौशल तथा भावधारा-सम्बन्धी पर्याप्त वैषम्य है । 'राम की शक्ति-पूजा' में पांडित्यपूर्ण ओजस्विनी भाषा का सुघटित छंद के भीतर से सुसंयत प्रवाह तथा असाधारण भावगरिमा विद्यमान है जिस कारण वह पाश्चात्य 'एपिक' का सान्निध्य प्राप्त करती है । पौराणिक आख्यान के आधार पर रचित तथा सांकेतिक व्यंजनाओं से ओत-प्रोत हाकर भी वह विशिष्ट मनोभूमि पर घटित होनेवाले चारित्रिक घात-प्रतिघातों की सजीवता के महाकाव्य-सी महार्घ है । किन्तु 'तुलसीदास' तो इतिहास, समाज, राजनीति, दर्शन तथा मनोविज्ञान के ताने-बानों से बुना हुआ एक ऐसा संश्लिष्ट खण्डकाव्य है, जो मेघदूत की श्रेणी की व्यापक बहुमूल्यता का अधिकारी है । स्वल्प परिधि में ही, कल्पनाओं की मांसलता, विचारों की प्रौढ़ता, द्वन्द्वात्मक भावनाओं की नाटकीय उच्चावचता तथा कलात्मक कसाव की दृष्टि से वह 'कामायनी' से कहीं अधिक सफल काव्य है, यह मेरा सुदृढ़ विचार है ।

छायावादी युग में 'तुलसीदास' का जन्म उस युग को अमरत्व प्रदान करने के लिए ही हुआ होगा । अभी तक छायावाद का अर्थ हवाई कल्पना समझनेवालों को चाहिए कि वह निराला की कविता, विशेषकर 'तुलसीदास' के जोड़-तोड़ की कोई दूसरी कलाकृति आधुनिक हिन्दी-काव्य से दें । 'कामायनी' का नाम लेने से काम नहीं चलेगा । 'कामायनी' की महत्ता उसकी प्रशंसा करने की परिपाटी में से नहीं प्रकट होती । मैं मधुमयी भाषा और समरसता के सिद्धांत पर उद्धरण-प्रचुर, बहुज्ञता की विज्ञापिका, नीरस व्याख्यानमाला की अपेक्षा नहीं करता । यह कहता हूँ कि उस विराट् पट पर अंकित चलचित्रों से 'तुलसीदास' की चित्ररेखाएँ कहीं अधिक पुष्ट और प्रदीप्त हैं । 'कामायनी' की मधुमादकता में जहाँ काव्य का सम्पूर्ण वातावरण झीमता रहा है, वहाँ 'तुलसीदास' की पौरुष-प्रगल्भ तेजस्विता से काव्य की पंक्ति-पंक्ति में गत्यात्मकता और प्रबुद्धता बनी रही है । 'कामायनी' के कलस्वन वंश से 'तुलसीदास' का धधकता हुआ मृदंग नहीं तुलित हो सकता ।

कुमारसम्भव के तृतीय सर्ग में संचारिणी पल्लविनी लता-सी उमा की छविच्छटा का अंकन कालिदास की कनक-तूलिका का अतुल चमत्कार समझा जाता है । वस्तुतः

अकलुष सौन्दर्य की पावन मादकता की उससे ऊँची सृष्टि अब तक नहीं देखी गई; किन्तु भाव व्यंजना में उतनी ही गम्भीर, अपर प्रकार की एक नारी-मूर्त्ति 'तुलसीदास' में अंकित हुई है-

देखा, शारदा नीलवसना
हैं सम्मुख स्वयं, सुष्टिरशना
जीवन-समीर-सुचि-निःश्वसना, वरदात्री;
वीणा वह स्वयं सुवादित स्वर
फूटीं तर अमृताक्षर-निर्झर,
यह विश्व हंस, हैं चरण-कमल जिस पर श्री !

मैं समझता हूँ, यह वैदिक उषा-सी विश्व-व्यापक पावन ज्योतिः प्रतिमा है। 'तुलसीदास' पर शेली की वह सम्मति मान्य हो सकती है, जो उसने कीट्स के 'हाइपीरियन' को 'पैराडाइज लॉस्ट' से भी श्रेष्ठ सिद्ध करते हुए दी थी-'इफ हाइपीरियन बी नॉट ग्रैंड पोएट्री, नन हैज बीन प्रोड्यूस्ड बाई आवर कन्टेम्प्ररी।' मैं 'तुलसीदास' के सम्बन्ध में भी ऐसा ही कुछ कहना चाहता हूँ कि यदि 'तुलसीदास' महान् काव्य नहीं है तो दूसरा उस युग में और कोई नहीं रचा गया।

'परिमल' में कसाव के साथ-साथ खुलाव भी था। हर रंग के डोरे उसके ताने-बाने में थे, फिर भी 'चदरिया' झीनी-झीनी बीनी गई थी। और 'गीतिका' में रंग उभरा-गहराया, बुनाई घनी-गाढ़ी, फिर भी जैसे ढाके का साठ गज मलमल कि क्वाँरी लुनाई छिपाए न छिपे। 'अनामिका' में परिमल और गीतिका के वस्तु-विस्तार तथा रचना-कौशल का मिश्र विकास दिखता है।' 'तुलसीदास' 'राम की शक्तिपूजा' से बहुत पहले रचित होकर भी बाद में पुस्तकाकार प्रकाशित हुआ, अतः 'अनामिका' की महाकाव्य-सी गहन कतिपय कविताओं में ही उसकी शैली और जीवन के आवेग की छिटपुट छाप देखी जानी चाहिए।

इस प्रकार निराला की कविता की सुनहली तरुणाई 'परिमल' से 'तुलसीदास' तक रूप-रस-गन्ध की पर्तों पर पर्तें बिछाती गई। 'अणिमा' में पहली बार उसे वह आभरण उतारते देखा गया, 'परिमल' के वनफूलों के शृंगार को पतझड़ के अल्हड़ झोंके की तरह तोड़कर गीतिका-गायन-काल से ही जिसे ससंभ्रम धारण कर रक्खा था। 'परिमल' यदि निराला का एकमात्र धरातल होता तो 'अणिमा' उसी की प्राकृतिकता कहलाती।

'अणिमा' के गीत उज्ज्वल जल-भरे बादल-से इकहरें कजरारे हैं। ऐसे कि किसी जलपरी की छिंगुनी से छू जाने पर भी अनास्वादित रस बरस पड़े ! व्यावहारिक, घरेलूपन लिए, चार बरस की बिटिया की आँसुओं से डलबल आँखों-सी सरल-सजल भाषा; स्वर-सौन्दर्य से अतिशय श्रुति-मधुर गीत 'अणिमा' की बहिरंग विशेषता है। इसमें 'तुमसे चल तुममें ही पहुँचे, जितने रस आनन्द रहे'-ऐसी उपलब्धि है; 'तुम्हें सुनाने को मैंने भी नहीं कहीं कम गाने गाए'-जैसी दृप्त तृप्ति है। 'जानता हूँ, नदी, झरने, जो मुझे थे पार करने, कर चुका हूँ, हँस रहा यह देख कोई नहीं भेला' की भाँति अखण्ड आत्म-विश्वास है;

'द्रुम-दल-शोभी फुल्ल नयन ये, जीवन के मधु-गन्ध-चयन ये'-के समान स्वस्थ-सन्तुलित शृंगार है; 'हरे तन-मन प्रीति-पावन; मधुर हो मुख मनोभावन; सहज चितवन पर तरंगित हो तुम्हारी किरण तरुणा' के तुल्य आर्द्र करुणा है और 'दूर हो अभिमान संशय, वर्ण आश्रम-गत महाभय; जाति जीवन हो निरामय, वह सदाशयता प्रखर दे'-ऐसी जातीय सदाशयता भी है ।

आलोचकों को शिकायत है कि 'अणिमा' में निराला का मौसम सम पर है; प्रतिभा का फेनोज्ज्वल ज्वार उतार पर है,-वह रैदास और आचार्य रामचन्द्र शुक्ल के प्रति भी प्रणत हो उठे हैं ! सचमुच ही बिजली की कड़क और बादलों की तड़क-भड़क से क्वाँर की मादनी चाँदनी में नहाए आकाश की छवि और होती है; धुएँ के भभाकों में खोई लपटों से दहकते अंगारे दूसरी तरह के होते हैं, आमूल मुकुलिता माधवी की बेल से पदतल पद बिछे फूलोंवाले हरसिंगार के झाड़ में अन्तर होता है । सचमुच ही 'अणिमा' से निराला की कविता नए मोड़ लेती है ।

नए मोड़ लेती है- 'जैसे युगान्त' से पन्त की कविता । इसमें अतीत का सिंहावलोकन है; वर्तमान की धुंध और भविष्य का प्रकाश भी । अपनी आवृत्ति भी निराला ने नहीं की, अतः युग-सन्धि के रन्ध्र से छनकर आनेवाली किरणो को सँजो-समो सकने की प्रक्रिया प्रारम्भ कर दी है । यहाँ से हिन्दी-कविता को नई भाषा, नई शैली मिली है :-

चूँकि यहाँ दाना है
इसीलिए दीन है, दीवाना है ।
लोग हैं, महफ़िल है
नग़्मे हैं, साज हैं, दिलदार है और दिल है,
शम्मा है, परवाना है
चूँकि यहाँ दाना है

प्रकृति-चित्रण में ऐसा यथार्थ-

भरा हुआ तालाब,
खेलती हैं मछलियाँ
पानी की सतह पर
पूँछ पटकती हुई ।

x x x

जलाशय के किनारे कुहरी थी,
हरे नीले पत्तों का घेरा था,
पानी पर आम की डाल आई हुई
गहरे अंधेरे का डेरा था ।

निराला की कविता में ही नहीं, हिन्दी-कविता में पहली बार प्राप्त हुआ ! आगे चलकर ग्राम्या में पन्त ने 'वाणी मेरी, चाहिए तुम्हें क्या अलंकार ?' लिखा पर यह निरलंकारता अपने में अप्रतिम रही ।

यों तो कब न निराला ने नए-नए बीज बोए, पर परती पड़ी जमीन के गोड़ते, खाद देते जाने के कारण अब पौदे उग-उगकर लहराने को मचलने लगे थे। देव-दुर्लभ मानवता रक्त-मज्जावाले आदमी की सूरत में ढल चली थी, हृदय के अमृत में आँसू, पसीने और खून की सर्दी-गर्मी भी घुलने लगी थी। और निराला ने कुकुरमुत्ता, बेला और नए पत्ते में धरातल बदल दिया। नई जिंदगी के पाँव के नीचे जमीन टटोलते और अपनी नई कविता के लिए नए प्रतीक और प्रतिमान गढ़ते हुए निराला ने यह गुर पा लिया था-

'स्वार्थ के अवगुण्ठनों से हुआ है लुण्ठन हमारा !'

x x x

'जमींदार की बनी, महाजन धनी हुए हैं;
जग के समूर्त पिशाच-धूर्त-गण गनी हुए हैं !'

x x x

'खुला भेद विजयी कहाये हुए जो,
लहू दूसरे का पिये जा रहे हैं !'

हर सैरगाह मे आदमी के खून के फव्वारे आकाश-गंगा-संगम के लिए जैसे अविच्छिन्न उर्ध्वमुख हो रहे थे; धुँधलका रक्ताक्त धरती का काले रंग का बुर्का हो रहा था जिसके भीतर के करुण-कातर नयन मटमैली बूँदें उगल रहे थे और निराला नई कविता सिरज रहे थे-

विशेषता के गले नीच की छुरी जो चली,
गुलाब जैसा खिला, रक्तिमाभ शान हुई !

x x x

सफाई कट गई है चाँद की भी,
जुही के उसने जो जोबन टटोले;
गई पत देवता-पति की, कि उसने,
प्रिया मीरा को विष के घूँट घोले !

x x x

जमाने की रफ्तार में कैसा तूफ़ां,
मरे जा रहे हैं, जिये जा रहे हैं !

x x x

जिन्होंने ठोकरें खाईं गरीबी में पड़े, उनके
हजारों-हा हजारों हाथ के उठते समर देखे।

x x x

गगन की ताकतें सोईं, जहाँ की हसरतें सोईं,
निकलते प्राण बुलबुल के बगीचे में अगर देखे।

निराला की विविध वृत्तियों का मोटे तौर पर वर्गीकरण करना हो तो पहले हम उन्हें दो वर्गों में बाँट लें-आत्म-निष्ठ वृत्तियाँ और समाज-निष्ठ वृत्तियाँ। उनकी काव्य-साधना में

यह द्विविधता प्रारम्भ से ही प्राप्त होती है । परिमल की दीन, भिक्षुक, विधवा, बादल आदि कविताएँ जैसी हैं, वैसी गीतिका में भी हैं, अनामिका, तुलसीदास और अणिमा में भी । इसी प्रकार बेला और नये पत्ते में भी उनकी रहस्यवादी प्रवृत्ति नहीं छूटी है । यह रहस्य-दर्शन और समाज-चेतना कवि के एक ही उत्स की दो धाराएँ हैं । वह उत्स है मानवता से अपार प्यार । वह मानवता के उन्नयन के लिए भूमि और आकाश-दोनों का सहारा लेता है । यह सच है कि १९१६ से ४० तक की रचनाओं में आत्मनिष्ठवृत्तियाँ मुखर हुई हैं और '४० से अब तक की रचनाओं में सामाजिक प्रवृत्तियाँ । किन्तु उन्होंने पंचवर्षीय अथवा पंचसूत्रीय योजना बनाकर ऐसी विभक्त वृत्तियाँ कदापि व्यक्त नहीं की हैं । यह उनकी सहज वृत्ति-व्यक्ति है । युद्ध की पृष्ठभूमि में कहा जाय तो यह कहना होगा कि प्रथम महायुद्ध ने उन्हें दार्शनिक दृष्टि दी थी और द्वितीय ने सामाजिक दृष्टिकोण । यह आत्म-विरोध नहीं, वृत्ति समुच्चय है । मानवता को केन्द्रित कर जड़-चेतनवादों का कण्ठाश्लेष है ।

पराजय और पलायन के चिह्न निराला में नहीं हैं, इसका कारण पहले अपने ऊपर अखण्ड विश्वास, फिर जनता की शक्तियों पर अटूट आस्था ही है । परिस्थितियों से घबरा कर भागो नहीं, उनका उलटकर, मुकाबला करो, निराला की कविता में यह भाव सर्वत्र व्याप्त है-

खींचे बगैर नभ से झरता नहीं शिशिर-कण;
तेल, आँच जब न खाया, निकला कब आँवले से ?'

x x x

'आँख से आँख मिलाओ, उनका डर छोड़ो !'

x x x

'राह पर बैठे, उन्हें आबाद तू जब तक न कर,
चैन मत ले, गैर को बरबाद तू जब तक न कर ।'

'पास ही रे हीरे की खान' आदि दार्शनिक गीत भी ऐसे ही हैं । इसी प्रकार वर्तमान वैज्ञानिक युग का युद्ध-चित्र प्रस्तुत करते हुए निराला ने जहाँ भौतिकवाद के अमंगल स्वरूप पर प्रकाश डाला है* वहाँ भी उनका दृष्टिकोण प्रतिक्रियावादी नहीं है अन्यथा 'रोक रहजन को प्रगति का, फेर से, बाधक जो है, दरबदर भटका उसे, मर्याद तू जब तक न कर', वह क्यों लिखते ? इसलिए यहाँ श्री विशवम्भर नाथ उपाध्याय के शब्दों को दुहराना आवश्यक है- इनसे आपातत: परस्पर-विरोधी प्रतीत होनेवाले निराला के अनेक स्तरों का सामंजस्य संकेतित होता

* आज सभ्यता के वैज्ञानिक जड़ विकास पर
गर्वित विश्व नष्ट होने की ओर अग्रसर
स्पष्ट दिख रहा, सुख के लिए खिलौन जैसे
बने हुए वैज्ञानिक साधन, केवल पैसे
आज लक्ष्य में मानव के, जल, स्थल, अम्बर
रेल तार-बिजली, जहाज, नभयानों में भर
दर्प कर रहे हैं मानव, वर्ग से वर्गगण,
भिड़े राष्ट्र से राष्ट्र, स्वार्थ से स्वार्थ विचक्षण ।

-अणिमा : भगवान् बुद्ध के प्रति

है :-निराला जी पर विवेकानन्द जी द्वारा लिए वेदान्त के उपनिषद्-आधार का प्रभाव अधिक है, शंकर का कम, क्योंकि उनका ज्ञान-ज्ञान के लिए उतना नहीं है जितना समाज के लिए है, शंकर में निरपेक्षतावाद अधिक है जबकि निराला में ज्ञान की सापेक्षता अधिक पाई जाती है। शाश्वत ब्रह्म-आत्मा की अनुभूति अस्थिर मायामय जगत् के विरुद्ध नहीं पड़ती है और जब मानवता की मुक्ति का अन्तर्नाद कवि में प्रबल हो जाता है तो वह अपने सबसे बड़े प्रलोभन अपवर्ग और अधिवास को भी छोड़ने के लिए प्रस्तुत हो जाता है, यद्यपि उसका विश्वास यही है कि मनुष्य का चरम लक्ष्य नदी के समान उसी चेतना-सागर में मिल जाना है, ताकि पुनः इन बन्धनों से मिलनेवाली मुक्ति को टाल सकता है, किन्तु जन-जीवन की विषमता, पीड़ा, दु:ख, दीनता को सहन नहीं कर सकता।

इसीलिए निराला अद्वैतवादी भी हैं, द्वैतवादी भी; भक्त भी और ज्ञानी भी; पुनरुत्थानवादी भी और क्रान्तिकारी भी, लौह-प्रहार तथा ललकार भी और आत्म-परमात्म मिलन की मधुर झंकार भी। वह वैयक्तिक अनुभूतियों के स्वर्ग में विचरनेवाला मुक्त विहग भी है और पतनोन्मुख रूढ़िप्रिय संस्कृति की विहग-बालिका के लिए भयंकर बाज भी; उसमें लौकिक प्रेम की ललक भी है और आध्यात्मिक भूमि पर अनुभूति का आत्मपुलक भी; निराला विरोधों का स्वयं सामञ्जस्य और सामञ्जस्यों का विरोध है। अत: अन्य विरोधों को देखकर जो समझते हैं कि निराला किसी एक विचार-दर्शन का कवि नहीं-एक निश्चित विचार-सरणि का स्त्रष्टा नहीं, वे सोचने से इन्कार करते हैं।

काल-क्रम से 'कुकुरमुत्ता' का प्रकाशन 'अणिमा' से पहले हुआ था। आज तक की निराला की काव्य -साधना को यदि तीन भागों में विभक्त करें तो 'जुही की कली' से प्रथम भाग का प्रारम्भ माना जायगा; 'कुकुरमुत्ता' से द्वितीय भाग का; अर्चना से तृतीय भाग का। इस समय तक भाषा और भाव के क्षेत्र में विश्वसाहित्य में नई-नई उत्क्रान्तियाँ होने लगी थीं। प्रबुद्ध निराला का काव्य भला कैसे अछूता रह जाता ! प्राचीन संस्कारों की दीवारें ढहकर 'कुकुरमुत्ता' में समतल बन गई हैं। 'बेला' और 'नए पत्ते' में कवि का जो जनवादी रूप प्रकट हुआ है, उसे आँकने के लिए 'कुकुरमुत्ता' को परिपाटी की पाटी धो-पोंछकर साफ करनी पड़ी है। 'कुकुरमुत्ता' असंस्कृत सामान्य का प्रतीक है, जो अपने चारों ओर के स्वाभाविक प्राकृत वातावरण से बल लेकर विकास को प्राप्त होता है। कुकुरमुत्ते की कलम नहीं लगती, वह उगाया नहीं जाता। इसी तरह सामान्य मानवता स्वत: विकसित चीज है। वह नक़द है उधार नहीं।†

'कुकुरमुत्ता को निराला जी ने दीन-हीन शोषित जनता का प्रतीक माना है और गुलाब को शोषक अभिजात वर्ग का। इस रूपक में परम्परागत भाषा, संगीत, उपमाएँ, शब्दचित्र आदि सब विलीन हो गए हैं और एक नई कला का जन्म हुआ है। यह कला कुकुरमुत्ता के ही समान बंजर धरती की उपज है, इसमें रूप, रस, गन्ध आदि की कमी है, यह भावों की सुकुमारता से नहीं गुदगुदाती, पाठकों को सोचने के लिए विवश करती है।

† डा० भटनागर

'कुकुरमुत्ता' के समान ही इसकी एक सामाजिक उपयोगिता है ।'†

'कुकुरमुत्ता' के व्यंग्य के व्यंग्यकारों में ऐकमत्य नहीं है । एक विविधता मैंने भी जोड़ दी है । मैंने 'मित्र के प्रति' कविता का ही दूसरा रूप 'कुकुरमुत्ता' को बताया है । इस प्रकार 'कुकुरमुत्ता' स्वयं कवि का प्रतीक सिद्ध होता है । 'कुकुरमुत्ता' आधुनिक हिन्दी की एक ऐतिहासिक (मूल्य रखनेवाली) कविता है ।

'बेला' के आधे गीत गीतिका की शैली और कोटि के हैं । अवश्य इनमें गीतिका का रस नहीं है । रहस्यानुभूति अधिक दुरूह हो गई है जिसका अर्थ यह है कि कवि की मानसिक ग्रन्थियाँ क्रमशः जटिल होती गई हैं; किन्तु शेष आधे गीतों (ग़ज़लों) में इसके विपरीत, प्राञ्जलता अधिक है जब भी ये नए गढ़न की चीजें हैं-व्यंग्यों की चुभन, अभिव्यक्तियों का नुकीलापन, अलग-अलग बहरों की गजलों में मुहावरेदार भाषा का प्रयोग, सब कुछ नवीनता लिए हुए ।

'बेला' में परिमार्जना दिखती है, 'कुकुरमुत्ता' का अनगढ़पन यहाँ नहीं । निराला के सफलतम गीतों में से कुछेक-

रूप की धारा के उस पार कभी धँसने भी दोगे मुझे ?

कैसे गाते हो ? मेरे प्राणों में आते हो, जाते हो !

x x x

हँसी के तार के होते हैं ये बहार के दिन !

x x x

'बेला की ही देन हैं । ऐसे ही सन् '४२ की जनता की कुण्ठाओं का चित्रण कजली और लोकगीतों की तर्ज में अत्यधिक प्रभावोत्पादक हुआ है । वस्तु-विस्तार के साथ नई शैली की स्वस्थ चित्ररेखा 'बेला' में मिलती है । यह कहना तो पिष्ट-पेषण ही होगा कि नई कविता के लिए नई राह निकाले बिना निराला का कोई काव्य-संग्रह नहीं निकला, फिर 'बेला' तो युग-सन्धि की रचना है !

'नये पत्ते' में 'कुकुरमुत्ता' के '४२ वाले संस्करण की सारी रचनाएँ आ गई हैं, जिनमें 'खजोहरा', 'रानी और कानी', 'मास्को डायलाग्स' आदि रचनाएँ उत्कृष्ट व्यंगविनोद के लिए सुप्रसिद्ध हैं । 'देवी सरस्वती' संग्रह की एक विशिष्ट कला-कृति है । 'कैलाश में शरत्' अवचेतन मन की अद्भुत देन है । 'स्फटिक शिला' अपने चरम-विन्दु के लिए चर्चा में आई है, किन्तु भावना की उठान और आकस्मिक मोड़ के कारण वह रस और मनोविज्ञान की द्वन्द्वात्मक भूमि पर खड़ी अकेली कला-कृति है । शेष रचनाएँ जनवादी काव्य का प्रतिनिधित्व करती हैं ।

अध्यात्मवाद और समाजवाद के समन्वय की दिशा में 'अर्चना' निराला का नूतन अभियान है ।‡ यहाँ व्यक्ति और अभिव्यक्ति, आदर्श और यथार्थ, वस्तु और रहस्य का सहज

† प्रकाशचन्द्र गुप्त

‡ श्री दामोदर ठाकुर के शब्दों में-

..........कविताएँ छोटी हैं पर न उनकी बात छोटी है, न उनकी भाषा हल्की है और न उनमें कोई जल्दी है या किसी चीज के छूट जाने का भय मालूम होता है । ये कवि की सामर्थ्य और मर्य्यादा की कविताएँ हैं ।

मिलन हुआ है । पारिभाषिक शब्दों के साँचे में ढला हुआ मिलन नहीं; पुस्तकीय ज्ञान के मकड़ी-जाले से ढका हुआ मिलन नहीं; मानवता के विराट् और व्यापक विकास के क्रम में जीवनानुभूतियों का बन्धुभाव से मिलन । ऐसा लहर का लहर से सम्बन्ध-बन्धन जीवन की अगाधता का निदर्शक है ।†

एक महाकाव्य को नाना चरित्रों के माध्यम से महाकवि अपनी भावना-तरंगों का चेतना-समुद्र बनाता है । शताब्दियों की परम्परा से पाठक वैसे समस्त भावावेगों का एकायन करता आ रहा है । मूर्त पात्रों का माध्यम वहाँ एक बार भी अन्तर्विरोध की शंका नहीं उत्पन्न करता । शंका से भी पहले वहाँ समाधान मिलता आ रहा है । इलियड और ओडेसी, रामायण और महाभारत-सब में अनुस्यूति है; तारतम्य है, केवल निराला के गीतों में -परिमल से अर्चना तक के स्वरों में संगीतात्मक आरोह-अवरोह की संगति नही समझ में आती, इसका कारण गीति-काव्य के मात्रस्थानीय भावों से साक्षात् परिचय का अभाव नहीं तो और क्या हो सकता है ।

व्यष्टि निराला लघु-गुरु गीतों की समष्टि नहीं, जीवन की समग्रता के रसभावों से भरा हुआ महाभारत-सा महाकाव्य है ।

जनवरी '५४

---

† कुछ भावों को बाँधनेवाला एक भाव कविता में होता है जो कविता के अन्त में प्रकट होता है-कवि उसकी बात नहीं करता, लेकिन खोज उसकी रहती है । कवि अपने भावों से अपनी अवस्था बनाता है । अपनी दशा की उधेड़-बुन में जीवन की जाँच करता है । इस तरह जीवन की कुछ अवस्थाएँ और भाव कवि के अपने हो जाते हैं । जो भाव सबके लिए खुले हैं उन पर अधिकार करने में कवि की शक्ति का परिचय है । जो भाव सबके हैं, उनमें कुछ कोलाहल और जनरव का अंश होता है; किसी सुननेवाले और किसी सुनानेवाले का भाव होता है; भावना पैदा करने का विचार और प्रयत्न दिखाई देता है ।

इन कविताओं के छोटे होने में जीवन के विकास का क्रम है । कभी-कभी मन इतना लीन हो जाता है कि भाषा और भाव दोनों अपने आप में सिमट जाते हैं । एक ओर देखते हैं, एक तरह की दशा में रहते हैं और रागात्मक आन्दोलन इतना सम और सन्तुलित हो जाता है कि जीवन की धारा एकरस बन जाती है, जीवन के अनेक रंग शान्त स्रोत में लीन हो जाते हैं ।

-'निराला के कुछ भाव'

जनवरी, ' ५४

–०–

युग-प्रवर्तन के क्रम में

'हिन्दी के हृदय में खड़ीबोली की कविता का हार प्रभात की उज्ज्वल किरणों से खूब ही चमक उठा है, इसमें कोई सन्देह नहीं; और यह भी निर्भ्रान्त है कि राष्ट्रप्राप्ति की कल्पना के काम्यवन में सविचार विचरण करनेवाले हमारे राष्ट्रपतियों के उर्वर मस्तिष्क में कानूनी कोणों के अतिरिक्त भाषा के सम्बन्ध की अब तक कोई भावना महात्मा जी, महामना मालवीय जी तथा लोकमान्य-जैसे दो-चार प्रख्यातकीर्ति महापुरुषों को छोड़कर, उत्पन्न नहीं हुई; जो कुछ थोड़ा-सा प्रचार तथा आन्दोलन राष्ट्रभाषा के विस्तार के लिए किया जा रहा है, उसका श्रेय हिन्दी के शुभचिन्तक साहित्यिकों को, हिन्दी की पत्र-पत्रिकाओं को ही प्राप्त है।'

-निराला

यद्यपि उन्नीसवीं शताब्दी के उत्तरार्द्ध में भारतेन्दु ने-

'निज भाषा उन्नति अहै सब उन्नति को मूल' मन्त्र पढ़कर देशवासियों को राष्ट्रभाषा हिन्दी के व्यापक प्रचार-प्रसार के लिए प्रेरित किया था और उसके फलस्वरूप सामाजिक एवं राष्ट्रीय जागरण के लिए जोर-शोर से हिन्दी का माध्यम अपनाया भी जाने लगा था; किन्तु राष्ट्रीय स्तर पर सफलता नहीं प्राप्त हो रही थी। स्वतन्त्रता-संग्राम के सभी सेनानी एकस्वर से हिन्दी को नहीं स्वीकार कर रहे थे। दूसरी ओर स्वतन्त्रता की समस्या को प्राथमिकता देना निर्विवाद था। यद्यपि भाषा की समस्या कोई ऐसी-वैसी न थी, मगर मुल्क की आजादी के मुकाबले उसे दोयम दर्जा ही दिया जा सकता था। कवीन्द्र रवीन्द्र के समान साहित्य-महारथी भी यही कहकर इस प्रश्न को टाल जाते थे कि हिन्दी भाषा में वह चमत्कार दिखलाने की कोशिश की जानी चाहिए जिससे आप ही आप जन मन उसकी ओर आकृष्ट हो सके।

सभी जानते हैं, प्राचीन हिन्दी ने विद्यापति, कबीर, सूर, मीरां और तुलसीदास के माध्यम से वैसा ही चमत्कार दिखलाया था, और बिना संघबद्ध राजनीतिक प्रचार के वह देश के अशेष भू-भाग को अनुप्राणित कर सकी थी, इस युग के रवीन्द्रनाथ ऐसे महाकवि भी विद्यापति, कबीर आदि के संक्रामक प्रभाव से अपने को नहीं बचा सकते थे, किन्तु प्रश्न समकालीन हिन्दी-भाषा का था जिसे आगरे के इर्द-गिर्द बोली जानेवाली खड़ीबोली कहकर बंगवासी एकदेशी सिद्ध करना चाहते थे और माइकेल, बंकिम, रवीन्द्र, शरत् वाली बंगला को राष्ट्रभाषा का गौरव दिलाने के इच्छुक थे। निराला ने उनकी इस महत्त्वाकांक्षा को लक्ष्य किया था। उन्होंने उनकी अदूरदर्शिनी कल्पना का विश्लेषण करते हुए लिखा था :

'............वे राष्ट्रभाषा के अपर प्रश्नों की ओर बिल्कुल ही ध्यान नहीं देते, एक तृतीयांश मुसलमानों का विचार उनके मस्तिष्क नहीं आता, वे नहीं जानते कि आर्य उच्चारण

और बंगला के मंगोलियन उच्चारण में क्या भेद है-बंगला के उच्चारण-असादृश्य से पंजाब, सिन्ध, राजपूताना, युक्त प्रदेश, मध्यप्रदेश, बिहार, गुजरात और महाराष्ट्र की संस्कृति को कितना धक्का पहुँचता है, वे नहीं जानते, उस तलवार के जमाने में सिर कटाकर भी साहित्य में अपनी संस्कृति की रक्षा करनेवाले वे गत शताब्दियों के महापुरुष अपनी भाषा और लिपि के भीतर से असीम बल अपनी सन्तानों को दे गए हैं ।'

-निराला

मैं समझता हूँ, उस जमाने का दूसरा कोई भी कवि भाषा के भीतर से इस कोटि की सजग राष्ट्रीय चेतना तथा उन्नीत सांस्कृतिक बोध की तीक्ष्णता लेकर शायद ही लिख रहा था । विचार की यह चतुरस्रता आरम्भ से ही अपने में कैसा प्रखर ओज और ज्वलन्त तेज समोए हुए थी, निराला का विशाल संस्कारी साहित्य इसका प्रत्यक्ष प्रमाण है ।

भारतेन्दु हरिश्चन्द्र से लेकर आचार्य महावीरप्रसाद द्विवेदी तक जिन्हें भी खड़ीबोली को सजा-सँवारकर लोक-प्रिय बनाने का श्रेय प्राप्त हुआ है, उन्होंने खड़ीबोली के गद्य को ही मुख्य रूप से चमकाया है । उनका पद्य-विषयक प्रयास कविता की कोटि तक नही पहुँचता । तर्कपूर्ण विचारों के लिए गद्य की वैज्ञानिक शैली को माँजने में उन्होंने रक्त-विन्दु सुखा दिए थे, इसमें सन्देह नहीं; किन्तु सजग मस्तिष्क संवेदनशील हृदय का स्थान नहीं ले सका था । द्विवेदी युग की तुकबंदियों ने एक ही काम ठीक तौर पर किया था कि उन्होंने ब्रज-अवधी की लोच-लचक की आदी जीभ को खड़ीबोली के परिमार्जित उच्चारण के लिए एक हद तक तैयार कर दिया था । इस काम में सबसे अधिक सहायता राष्ट्रकवि श्री मैथलीशरण गुप्त के लोकप्रिय काव्य-ग्रन्थों से प्राप्त हुई थी । एक समय 'भारत-भारती' और 'जयद्रथ-वध' खड़ीबोली के कण्ठ-हार के रूप में समादृत काव्य ग्रन्थ थे । किन्तु भाषा की विशुद्धि, छन्दों के निर्वाह या राष्ट्रहितकारी उपदेश-सन्देश को बहुत दिनों तक कविता मानकर चलना संभव न था । विशेषकर तब जब उसी समय बंगला में रवीन्द्रनाथ की तूती बोल रही थी, उनके काव्य को विश्वकाव्य की समकक्षता प्राप्त हो रही थी; उन्हें संसार का सर्वश्रेष्ठ नोबेल पुरस्कार मिल चुका था, जो विश्व भर के साहित्यिकों द्वारा उनकी अलौकिक काव्य-साधना की समवेत स्वर से स्वीकृति का सूचक था । दूसरी ओर हिन्दी की नई पीढ़ी अँगरेजी भाषा के व्यापक प्रचार के कारण पश्चिमी काव्य-साहित्य की ढेर सारी अज्ञात, किन्तु अपूर्व-अद्भुत विशेषताओं की ओर बड़ी तेजी से बढ़ रही थी और परख रही थी कि रवीन्द्रनाथ के काव्य का साँचा-ढाँचा बहुत कुछ पश्चिमी साँचे-ढाँचे से मिलता-जुलता है कि पूर्व-पश्चिम की संवेदनाओं और शिल्पों का अपूर्व समन्वय ही विश्वकवि के रूप में रवीन्द्रनाथ की सफलता के मूल में है; कि द्विवेदी-युग की राष्ट्रीयता के तंग दायरे में ऐसी विश्वजनीनता की प्रतिष्ठा असम्भव है; कि नई काव्य-चेतना को वृहत्तर मानव-समाज की बहुमुखी संवेदनाओं को आत्मसात् करना ही होगा ।

निराला जानते थे कि उन खाँटी राष्ट्रवादियों की दृष्टि में मध्यकालीन संस्कृति ही भारतीय संस्कृति थी; मैथिली, ब्रज, अवधी, राजस्थानी के प्रभाव से पृथक् वह जो भाषा

खड़ी कर रहे थे , उसकी खड़खड़ाहट उन्हें मैथिली-ब्रज की मिठास और अवधी के ओज से वञ्चित कर उस विशाल देश के हृदय की धड़कन नहीं बनने दे रही थी; किन्तु विस्तृत शिक्षा और उत्कट प्रतिभा के अभाव में जिस निष्ठा और लगन के कारण उन्हें लोहे के चने चबाने पड़े थे, उसे झुठलाना नास्तिकता है । आगे चलकर जैसे हिन्दी कविता का अर्थ निराला-पन्त हो गया था, ऐसे ही पहले खड़ीबोली के कवि का अर्थ मैथिलीशरण गुप्त था । अवश्य यहाँ विचार का पहलू दूसरा है ।

'सर्वत्र हमारे संग स्वदेश हमारा' का स्वदेश अयोध्या से चित्रकूट तक पहुँचता था; 'मानस-भवन में आर्यगण जिसकी आरती उतारें, वह भारती सारे भारतवर्ष में नहीं गूँज पाती थी ।' गूँजती थी यह राष्ट्र-वाणी :-

''हेथाय आर्य, हेथा अनार्य हेथाय द्राविड़, चीन-
शक हुण-दल पाडान मोगल एक देहे होलो लीन ।
x x x
दिने आर निवे, मिलावे मिलिवे यावे ना फिरे,
एइ भारतेर महामानवेर सागर तीरे ।

उन दिनों 'आर्यगण' की 'टेक' के मुकाबले समवेत 'अन्तरे' का यह कल-कल-निनाद अधिक प्रसरणशील था ।

''एसो हे आर्य, एसो अनार्य, हिन्दु मुसलमान ।
एसो-एसो आज तुमि इंराज, एसो एसो खृष्टान ।
एसो ब्राह्मण, शुचि करि' मन धरो हात सवाकार
एसो हे पतित होक अपनीत सब अपमानभार ।''
मा'र अभिषेके एसो एसो त्वरा, मंगलघट हयनि ये भरा,
सवार परशे पवित्र करा तीर्थनीरे ।
एइ भारतेर महामानवेर सागर तीरे ।।''

-निराला का इतिहास-बोध कुछ ऐसा जागरूक था कि उन्हें राष्ट्रभाषा हिन्दी के अभिषेक के लिए किसी ऐसे ही मंगलघट की आवश्यकता प्रतीत हुई जिसमें आर्य-अनार्य, हिन्दू-मुसलमान-सभी के कर-स्पर्श से पवित्र तीर्थ-जल भरा हुआ हो । हाली के मुकाबले गुप्त जी जिस हिन्दू राष्ट्रीयता को खड़ीबोली में बाँध रहे थे, वह अपनी संकीर्णता की बेड़ियाँ, संकुचित नैतिकता की हथकड़ियाँ पहने अकड़कर चलने में असमर्थ थी, उसकी दृष्टि मिट्टी की ओर थी, वह सबसे आँख मिलाने के योग्य उदार और निर्मल न थी । किन्तु तभी ऐतिहासिक चेतना की ज्योति भौगोलिक सीमाओं में आबद्ध देश की मिट्टी को एक नए आकाश में प्रकाशित करने आगे आ गई । -'जग को ज्योतिर्मय कर दो', 'काट अन्ध उर के बन्धन स्तर, बहा जननि, ज्योतर्मय निर्झर', 'गंगा ज्योतिर्जलकण धवलधार हार गले' की हितैषणा की गाँठ में गठिए का असर उसके सेवकों के तर दिमाग के कारण बढ़ता ही जा रहा है । भारतीयता का ज्योतिर्मय अर्थ विश्व की तमाम विभूतियों को भास्वर करता रहा, पर

हिन्दी के हितचिन्तकों के प्रस्तर हृदय के भीतर, स्रोतस्वती ही के हृदय के रोड़े की तरह, आलोक-स्निग्धता कुछ भी न पहुँची। भारत के दृष्टिकाव्य में उन्होंने पाषाण-मृत्तिका, सोना-चाँदी, हीरे-मोती, पेड़-पौधे ही देखे, जैसे वणिकों ने रत्नाकर से जढ़ रत्न ही लिये, उसका अपार दर्शन न लिया, वह किस तरह लक्ष्मी और रम्भा दोनों -विद्या और अविद्या, परा और अपरा, तृप्त और तृष्णिका-का पिता है, वे न समझे। जो भावों और रत्नों की खान अदूर दर्शन है, वह हिन्दी वालों की दूरदर्शिता के फेर में अपनी नवीन चहल-पहल खोकर वृद्ध हो गया, वार्द्धक्य की जड़ता में जकड़कर मृत्यु के पल गिनने लगा, गृहस्थ के गृह की तरह अर्थ के न रहने पर नवीन आच्छद के सौन्दर्य और जीवन से रहित हो।

आकाश सभी पदार्थों या केवल अर्थों को रूप, रेखा, शब्द और अर्थ देता है, क्योंकि अवकाश के भीतर ही शान्त सन्निविष्ट मिलता है। आकाश नभ है और प्रभा भी। गोद में सूर्य लेकर प्रभा अपने नभपति की प्रतिष्ठा की परिचायिका। यह सब शब्दार्थ-सृष्टि यहाँ के समझनेवाले लोग ही सीमा और निस्सीम में भारत हैं।'' एक बात

तब यह केवल निराला ही कह सकते थे। शुक्ल जी धर्म की रसात्मक अनुभूति के रूप में भक्ति की व्याख्या तो कर लेते थे; किन्तु कबीर औ विद्यापति की विश्वजनीन राष्ट्र-भक्ति उनकी समझ में नहीं आती थी।

''जैसे अर्जुन के मारने के पहले कृष्ण के 'मैं' ने सबको मार डाला था, क्योंकि कृष्ण का विशुद्ध, बोधमय 'मैं' था और कौरवों का अज्ञानमय। अज्ञान के तिमिर को बोध मय सूर्य ने नष्ट कर दिया था; रहा था भीतर केवल का 'मैं' जो विराट के साथ अब भी सम्बद्ध है, और अज्ञान-जीर्णता को नाश में परिणत करता रहता है। एक बात

निराला के इसी विराट-बोध ने-'मैंने ''मैं''-शैली अपनाई' लिखा था। इस अन्तर्राष्ट्रीय राष्ट्रीयता, इस विश्वमानव, इस 'कृण्वन्तो विश्वमर्यम्' की व्यापकता को काव्य के भीतर से प्रकाशित करने में द्विवेदी-युग की खड़ीबोली असमर्थ थी। इस कोठे का धान उस कोठे में करने की जैसी-तैसी शक्ति उसमें थी, तभी 'मधुप' माइकेल को उसमें खींच लाए थे; किन्तु काव्यभाषा की वह महाप्राणता जो आज विश्व भर के भावों को सहज ही अपने उच्छल-प्रशान्त शब्द-सागर में तैराती है, निराला और पन्त के निजी आलोड़नों में से ही उभरी है। पन्त में वह प्रकृति-रूप में है और निराला में पुरुष-रूप में। प्रकृति-पुरुष का विवर्त आज अनन्त आवर्तों में उद्दीप्त है। जैसे वहिरन्तर के उत्ताप से उन्मथित वातावरण में छाए हुए कुहरे को चीरता हुआ निराला का जाज्वल्यमान स्वर-शर प्रकट हुआ था :-

''शेरों की माँद में आया है आज स्यार।
जागो फिर एक बार।''

वैसे ही इतिवृत के पतझर में पन्त का वसन्त-स्वर सुनाई पड़ा था :-

''तू ने ही पहले बहुदर्शिनि,
गाया जागृति का गाना,

श्री, सुख, सौरभ का, नभचारिणि,
गूँथ दिया ताना-बाना।''

x x x

तरुवर की छायानुवाद-सी
उपमा-सी भावुकता-सी
अविदित भावाकुल भाषा-सी,
कटी-छँटी नव कविता-सी !

कहना न होगा, 'कटी छँटी नव कविता' की ऐसी 'अविदित-भावाकुल-भाषा' की खोज में पन्त ने पद्मवन में साधना की, निराला ने तमाल-ताली-वन-राजि नील सिन्धु-तट पर। पन्त रूप-श्री में विभोर हो गए; निराला अम्बुधि, निनाद पर निछावर। एक ने हृदयस्पर्शी चित्रों की राह ली, दूसरा उदात्त स्वरों के स्वर्णकिरण-कल्लोलों में लहराया।

पन्त ने 'छाया' की, भिन्न-भिन्न मुद्राओं में, एक अतुल चित्रावली प्रस्तुत की :

पछतावे की परछाई-सी
तुम भू पर छाई हो कौन ?
दुर्बलता-सी, अँगड़ाई-सी,
अपराधी-सी भय से मौन !
चिर अतीत की विस्मृत स्मृति-सी
नीरवता की-सी झंकार,
आँख-मिचौनी-सी असीम की,
निर्जनता की-सी उद्गार।

और निराला ने 'बादल-राग' सुनाया :-

झूम-झूम मृदु गरज-गरज घन घोर !
राग अमर ! अम्बर में भर निज रोर !!

x x x

तिरती है समीर-सागर पर
अस्थिर सुख पर दुख की छाया-
जग के दग्ध हृदय पर
निर्दय विप्लव की प्लावित माया-
यह तेरी रण - तरी
भरी आकांक्षाओं से,
घन, भेरी-गर्जन से सजग सुप्त अंकुर-
उर में पृथ्वी के, आशाओं से-
नवजीवन की, ऊँचा कर सिर
ताक रहे हैं, ऐ विलप्व के बादल ! फिर-फिर।

x x x

'यमुना' से पूछा :-

तू किस विस्मृति की वीणा से
उठ-उठ कर कातर झंकार
उत्सुकता से उकता उकता
खोल रही स्मृति के दृढ़ द्वार ?

x x x

किस अतीत के स्नेह-सुहृद
अर्पण करती तू निज ध्यान-
ताल-ताल के कम्पन से द्रुत
बहते हैं ये किसके गान ?

x x x

किस समीर से काँप रही यह
वंशी की स्वर-सरित-हिलोर ?
किस वितान से तनी प्राण तक
छू जाती वह करुण मरोर ?

एक ओर पन्त की समवेदना छाया के चल-चित्र में छलछला उठी :

कालानिल की कुंचित गति से
बार-बार कम्पित होकर,
निज जीवन के मलिन पृष्ठ पर
नीरव शब्दों में निर्भर,
किस अतीत का करुण चित्र तुम
खींच रही हो कोमलतर,
भग्न भावना, विजन, वेदना,
विफल लालसाओं से भर ?

दूसरी ओर निराला यमुना के-से आतुर सुर से फूट पड़े :'

टूट रहे हैं पलक-पलक पर
तारों के ये जितने तार
जग के अब तक के रागों से
जिनमें छिपा पृथक गुञ्जार,
उन्हें खींच निस्सीम व्योम की
वीणा में कर कर झंकार
गाते हैं अविचल आसन पर
देवदूत जो गीत अपार

कम्पित उनके करुण करों में
तारक तारों की-सी तान
बता-बता, अपने अतीत के
क्या तू भी गाती है गान ?

मोटे तौर पर चित्र और संगीत के अन्तराल से पन्त और निराला की भाषा का भेद प्रकट होता है । अवश्य पन्त के शब्द-चित्र स्वर-शून्य नहीं हैं, निराला का शब्द-निनाद भी रंगों और रेखाओं में कम उद्दीप्त नहीं, किन्तु रेखाओं में जो छवियाँ ठीक-ठीक रंग रूप पा सकती हैं, पन्त उन्हीं के शिल्पी हैं जबकि निराला के निर्बन्ध स्वर अरेख तक भी फैलते हैं । निराला शब्दों से अधिक नाद-चित्रों के अनुपम चितेरे हैं । इस अंश में उनकी प्रतिभा लौकिक कवियों को लाँघकर वैदिक ऋषियों तक पहुँचती है, जिनके उदात्त-अनुदात्त-स्वरित स्वर शब्दों के समान ही अर्थवान होते थे :-

"एक: शब्द: स्वरतो वर्णतो वा
मिथ्या प्रयुक्तो न तमर्थमाह ।"

चित्र और संगीत को वृहत्तर अर्थ में लेने पर निराला के-से विराट चित्र पन्त में न मिलेंगे या कम मिलेंगे, संगीत के नाम पर कलरव ही अधिक मिलेगा । 'चित्रों तथा भावनाओं के भीतर से चिरन्तन सत्य में पहुँचना, अपार सौन्दर्य में भावना तथा चित्रों की आकृतियों को मिला देना कविता की पूर्णता है ।' -निराला ने चित्रणकला के सन्दर्भ में यह उक्ति प्रसारित की थी और वर्ण्य की अनुरूपता में प्राञ्जल, पुष्पित, मार्जित, सरल, मधुर, मुहावरेदार भाषा के प्रकारों पर बल दिया था । भाषा के ये सारे विशेषण पन्त में चरितार्थ होते हैं । वह इन विशेषताओं के एकच्छत्र सम्राट हैं । चित्र की बात उठाकर मैंने उस ओर संकेत किया था, जहाँ ब्रजभाषा के शृंगारी कवियों से सूर-तुलसी पृथक् हैं । शृंगारी कवियों में चित्रों की कैसी-कैसी भंगिमाएँ हैं; किन्तु वे चित्र चित्रों की ही सीमा में रह गए हैं, एक नयनाभिराम प्रतिभा अंकित करने में ही भावों के ऐश्वर्य लुटा बैठे हैं, उनके द्वारा जिस उच्छ्वास या उल्लास की अभिव्यञ्जना हुई है, वह काव्य सृष्टि के अन्तिम सोपान तक नहीं पहुँचती, उसे पार कर जाना तो और दूर की बात है । यही रस-भेद निराला और पन्त के अभ्यन्तर में है । निराला ही लिख सकते थे :

रूप की धारा के उस पार
कभी धँसने भी दोगे मुझे
निखिल के कान बसे जो गान
टूटते हैं जिस ध्वनि से ध्यान
देह की वीणा का वह मान
कभी कसने भी दोगे मुझे ?

-बेला

x x x

करना होगा यह तिमिर पार
देखना सत्य का मिहिर द्वार

-'तुलसीदास'

x x x

कल्मषोत्सार कवि के दुर्दम
चेतनोर्मियों के प्राण प्रथम
वह रुद्ध द्वार का छाया तम तरने को ।

-'तुलसीदास'

x x x

जागती प्रिया के नक्षत्र-दीप कक्ष में
वक्ष पर सन्तरण-आशी आकाश है,
पार करना चाहता सुरभिमय समीर-लोक,
शोक-दु:ख-जर्जर इस नश्वर संसार की क्षुद्र सीमा ।
पहुँचकर प्रणय-छाए अमर विराम के सप्तम सोपान पर ।

-परिमल

निराला का यह, उस पार पहुँचने का, आग्रह रूप-सीमा में नहीं आता । तभी-

'वह उस शाखा का वन-विहंग,
उड़ गया मुक्त नभ निस्तरंग
छोड़ता रंग पर रंग, रंग पर जीवन !'

मैं इसी अरूप रस-भाव-विस्तार को संगीत कहता हूँ । निराला के काव्य में नाद-बिम्ब के सहस्र दल खिले मिलेंगे । यह दिव्य दृश्य और कहीं नहीं है ।

आए सावन के घन घिर-घिर
नाचे मोर वनों में फिर-फिर -
जितनी बार,
चढ़े मेरे भी तार छन्द से तरह-तरह तिर !
तुम्हें सुनाने को मैंने भी नहीं कहीं कम गाने गाए !!!

-अणिमा

x x x

कैसे गाते हो ? मेरे प्राणों में
आते हो, जाते हो !
स्वर के छा जाते हैं बादल,
गरज-गरज उठते हैं प्रतिपल,
तानों के बिजली के मण्डल
जगतीतल को दिखलाते हो !

-बेला

यही वह विस्तार है, जो अगम गगन के समान स्वर के प्रकाश में जब तब दिख जाता है, मिट्टी में सनी मोटी उंगलियों की पकड़ में वह नहीं आता। ऐसे भी कवि होते हैं जिनकी कलम हल की तरह मिट्टी जोतती है, कुछ ऐसे भी निराला-जैसे आलोक के स्वर होते हैं, जो अनछुई ऊँचाइयों को छूते भर नहीं, उन पर छा जाते हैं। वे स्वर ऐसे-वैसे नहीं, अपने अमृत के अभिषेक से तत्काल नश्वर को अविनश्वर कर देते हैं। मेरा मतलब–

धी ना, धी धी ना, ती ना, धी धी ना,
x २ ० ३

से नहीं, उससे बँधकर मुक्त हुए–

"अहरह तुम्हारे ना जो प्राण हारे !
धूल उन पर पड़ी,
गई सुख की घड़ी,
टूटी सजी कड़ी, छूटे सहारे !
रंग उनका उड़ा,
कलुष आकर जुड़ा,
सत्य से जी मुड़ा, मन रहे मारे।
रह गए वे दास
निष्फल निराश्वास,
रुक गया उच्छ्वास तट के किनारे !"

–बेला

से है।

गीतिका में निराला ने अपने काव्य की अन्तः प्रकृति को लक्ष्य कर रहा था :

"वर्ण-चमत्कार
एक-एक शब्द बँधा ध्वनिमय, साकार !"

यह पन्त के स्वरित चित्रों से पृथक् हैं। निराला की नादात्मकता जीवन की क्षिप्रता के लिए स्वर-हिलोरों के पाँवड़े बिछाती है; पन्त स्वरों की तुनुक तूलिका से जीवन-पट पर उल्लास-उच्छ्वास की गतिमती छवियाँ उकेरते हैं :

सुरीले ढीले अधरों बीच
अधूरा उसका लचका गान
विकच बचपन को, मन को खींच
उचित बन जाता था उपमान !

यह कोई प्रसारकामी स्वर नहीं, आसमान की ओर उठता हुआ गान नही है, बाहर की बिखरी रेखाओं को अन्दर समेटता हुआ एक सुन्दर रंगीन चित्र है जिसमें एक हल्का-सा रंग गान का भी है। और तब उच्छ्वास के साथ यही कहना उचित प्रतीत होता है :

'कौन भेद सका अगम आकाश को ?
कौन समझ सका उदधि का गान है ?'

निराला के अध्येताओं से अविदित नहीं है कि यही दुरूह उपलब्धि निराला की है; उनकी गहन काव्य-साधना का इसे ही मर्म समझना चाहिए । वह आकाश को भेदते और उदधि के गान की प्रतिध्वनि सुनते-सुनाते रहे हैं ।

"जीवन में भर यह ताप, त्रास
मस्तक पर लेकर उठी अतल की अतुल साँस,
ज्यों सिद्धि परम
भेद कर कर्म-जीवन के दुस्तर क्लेश, सुषम
आई ऊपर
जैसे पार कर क्षार सागर अप्सरा सुघर
सिक्त-तन-केश, शत लहरों पर
काँपती विश्व के चकित दृश्य के दर्शन-शर !"

-यही वनबेला निराला की कविता है । निराला की अपेक्षा में उसके अतल की अतुल सुगन्ध कैसी विश्वव्यापिनी हो गई है !

इसके साथ पन्त का 'हिमाद्रि' -

मानदण्ड भू के अखण्ड हे,
पुण्य धरा के स्वर्गारोहण,
प्रिय हिमाद्रि, तुमको हिमकण-से
घेरे मेरे जीवन के क्षण !'

है, जो कवि पन्त के हिम-कण से जीवन-क्षणों को सहेजने के क्रम में अपने उत्तुंग शृंगों को झुकाकर एक ही ठौर खड़ा-खड़ा आशीर्वाद बरसाता-सा ज्ञान पड़ता है । उसका पूर्व-पश्चिम के समुद्रों तक का किमाकार विस्तार

(पूर्वापरौ तोयनिधीवगाह्य
स्थितः पृथिव्या इव मानदण्डः)

थोड़े-से हिमकणों में मुँद गया है ।

समुद्र देखना हो, पहाड़ देखना हो तो निराला को देखिए । वह प्राणों में पावन कम्पन भरकर, भाव विभोर होकर मेघमन्द्र स्वर लहरा रहे हैं :-

"देखो, बन्धुवर, सामने स्थित जो वह भूधर
शोभित शत हरित-गुल्म तृण से श्यामल सुन्दर,
पार्वती कल्पना है इसकी, मकरन्द-विन्दु,
गरजता चरण-प्रान्त पर सिंह वह, नहीं सिन्धु;
दशदिक समस्त हैं हस्त, और देखो ऊपर
अम्बर में हुए दिगम्बर अर्चित शशि-शेखर;
लख महाभाव-मंगल पदतल धँस रहा गर्व-
मानव के मन का असुर मन्द, हो रहा खर्व !"

x x x

है अमा निशा, उगलता गगन घन अन्धकार;
खो रहा दिशा का ज्ञान; स्तब्ध है पवन-चार
अप्रतिहत गरज रहा पीछे अम्बुधि विशाल;
भूधर ज्यों ध्यान-मग्न; केवल जलती मशाल !

x x x

दृढ़ जटामुकुट हो विपर्यस्त प्रतिलट से खुल
फैला पृष्ठ पर, बाहुओं पर, वक्ष पर विपुल
उतरा दुर्गम पर्वत पर ज्यों नैशान्धकार,
चमकती दूर ताराएँ ज्यों हों कहीं पार !

x x x

ये अश्रु राम के !-आते ही मन में विचार
उद्वेल हो उठा शक्ति-खेल-सागर अपार
हो श्वसित पवन उनचास, पिता-पक्ष से तुमुल
एकत्र वक्ष पर बहा वाष्प को उड़ा अतुल,
शत घूर्णावर्त, तरंग-भंग उठते पहाड़
जल शशि-राशि जल पर चढ़ता खाता पछाड़,
तोड़ता बन्ध-प्रतिसन्ध धरा, हो स्फीत वक्ष
दिग्विजय-अर्थ प्रतिफल समर्थ बढ़ता समक्ष
शत-वायु-वेग-बल, डुबा अतल में देश-भाव,
जलराशि विपुल मथ मिला अनिल में महाराव
वज्रांग तेजघन बना पवन को, महाकाश
पहुँचा, एकादश रुद्र क्षुब्ध कर अट्टहास !

-राम की शक्तिपूजा

यही वह अगम आकाश को भेदनेवाला शिखर-प्रतिध्वनित शत-शत कम्बुकण्ठ अम्बुधि का मन्द्र निनाद है जिसकी ज्योतिर्मयता निराला की कविता के ताने-बाने बुनती है; स्वर शब्दों को दिशाकाश में उड़ाते हैं, अनामिका तूलिका विराट को प्रकाश-पट पर आँकती है, चुँधिया देनेवाली प्रज्वलित रेखाएँ छूने नहीं देती । अपराजित अर्थवत्ता में निभ्रान्त निनाद गूँजता रहता है :-

स्वर के सुमेरु से झरझर कर
आए हैं शब्दों के शीकर !

-बेला

x x x

बादल गरजो !

घेर-घेर घोर गगन

धाराधर ओ !!

-अनामिका

x x x

लता-मुकुल-हार-गन्ध-भार भर

बही पवन बन्द मन्द मन्दतर !

-गीतिका

(२)

गीति-कविता के गुण-दोषों के भीतर से छायावाद के उद्‌भव और विकास पर बहुत कुछ कहा सुना गया। विजातीय एवं अनुकृत होने की बात सबने की। यह कहते झिझक होती थी कि छायावाद नवजागरण का अग्रदूत है, जो विश्वजनीनता का सन्देश लेकर आया है, जो हिन्दी-कविता को उत्तर प्रदेश के 'स्वदेश' से बाहर ले जाकर विश्ववाद की व्यापक भूमि पर खड़ा करना चाहता है; जिसकी दृष्टि में भारत हिन्दुस्तान का नक्शा भर नहीं, चेतना की वह समष्टि है-

'जहाँ पहुँच अनजान क्षितिज को मिलता एक सहारा !'

निराला ने लिखा :-

''इस समय देश की नवीन वाणी जिस रूप को जागृत करना चाहती है, वह अपनी व्याप्ति में एक ही महत् विश्वरूप है, देश और काल से अनवच्छिन्न। भारत की व्यापक साहित्यिकता, जहाँ अंकुश कोई नहीं, केवल चन्द्र की तरह उज्ज्वल भाव-राशि की पीयूषवृष्टि है-एक दूसरे के हृदय के स्नेह का स्रोत, शब्दों का श्रवण-सुखद कलरव अधिकांश मनुष्यों को अभिप्रेत नहीं।

''उनके विचार से यह पराधीन देश के लिए धोखा है। जहाँ पराधीनता का बदला, दूसरों को पराधीन कर, ज्ञात या अज्ञात भाव से, लिया जाता है, वहाँ पराधीन करनेवाले घातक बीज सूक्ष्म रूप से मौजूद रहते हैं। यह उच्च सभ्यता के अनुकूल नहीं।

''देश को स्वतंत्र कर लें, फिर विश्व-मैत्री पर सोचा जायगा; अभी देश ही स्वतन्त्र नहीं हुआ, विश्व-बन्धुत्व की आवाज उठाने लगे, देश की सेवा जरा मुश्किल है न, विश्व-मैत्री से क्या बिगड़ता है,''-आदि-आदि आक्षेप जहर से खाली नहीं; इन भावनाओं के रहते देश-सेवा भी विधिपूर्वक नहीं हो पाती। कारण, इस जहर का प्रभाव देश के लिए घातक होगा।

-व्यापक साहित्य, जुलाई '३०

छायावाद को कवि-व्यक्ति के अहंकार का विस्फोट माननेवाले देशभक्त आलोचक अब भी युग-धर्म की स्वदेशी डफली पर भूदानी राग अलापते हैं, तब भला साहित्य को देश-काल से निरवच्छिन्न, सार्वदेशिक, सार्वकालिक एक स्थायी भावसम्पदा समझकर कौन समकालीन साहित्यिक पत्रकारिता के प्रचारक पं० बनारसी दास जी चतुर्वेदी का कोपभाजन

बनना पसन्द करता ? कहीं वह उसकी शिकायत बापू तक पहुँचा देते तो बेचारे को विभीषण और जयचंद की स्थिति में मरना पड़ता।

विश्व-साहित्य की व्यापक पृष्ठभूमि में आज भी शमशेर, अज्ञेय, भारती, माचवे, माथुर लिखते हैं तो खाँटी राष्ट्रवादियों के हिमालय से हिन्द महासागर तक के भूगोल में जलजला आ जाता है कि यह विजातीय कुण्ठा, यह सात समुंदर पार की धुन्ध हिन्दी की 'हर गंगा' के गिर्द क्यों जमा हो रही है ? तब की कट्टरता का इसी से अन्दाजा लगाया जा सकता है कि द्विवेदी युग के आधुनिक बोध-सम्पन्न समर्थ महारथी भी विदेशी कथ्य, शिल्प का आयात अपनी हदों में नहीं स्वीकारते थे। भले ही विवेकानन्द अमेरिका और यूरप में घूम-घूमकर भारतीय ज्ञान का निर्यात करें; तरुदत्त और सरोजिनी नायडू अपनी कविताओं के माध्यम से भारतीय संवेदनाओं का विश्व भर में सम्प्रेषण करें; टैगोर नोबेल पुरस्कार झटक लाएँ; टी.एस. ईलियट-'द वेस्ट लैण्ड' नामक विश्व विख्यात ग्रंथ के What the Thunder Said नामक पाँचवें, अन्तिम खण्ड की शेष पंक्तियों के रूप में-

'दत्त, दयध्वम्, दम्यत,
शान्तिः शान्तिः शान्तिः।'

-लिखें; किन्तु अगर शमशेर या अज्ञेय या भारती ने पच्छिम की तरफ ताका तो भारतीयता तिलमिला उठेगी; खण्डित राष्ट्रीयता अपनी हिन्दी का यह अखण्ड अपमान न सह सकेगी ! वह व्यंग्य करेगी; मुँह चिढ़ाएगी !

यह स्थिति आज भी है। सन् '२० से ३० तक कैसी रही होगी, कौन कहे। तब भी निराला लिखते थे :

"..............यही यथार्थ भारतीयता है, विश्वधर्म, मनुष्य-धर्म या ऐसा ही कुछ, किसी भी विशेषण-विशेष्य से कहा जाय।

..............किसी एक के प्रति प्रतिहार और किसी दूसरे के प्रति प्यार क्षुद्र सीमा-धर्म हो सकता है, महान् मानव-धर्म नहीं। मन के कोलाहलमय महासमुद्र का समुत्सुक तरंगांग जो मानव अपने उद्गम को समझ लेता है, वह व्यष्टि में रह कर भी समष्टि, और परिखा परिधि पाकर भी पारावार है। देश को इन्हीं मानवों की आवश्यकता रही है; देश को इन्हीं मानवों ने कुछ दिया है।"

"निरंकुश साहित्य देश, समाज, स्वधर्म, परधर्म तथा विश्व के लिए समान रूप से उपयोगी है।

..............जिस साहित्य की जरूरत पर हम लिख रहे हैं, वह नियमों के पुनर्वर्तन की तरह मस्तिष्क को खाली कर, शरीर पर अधिकार करनेवाला कुछ नहीं। वह मस्तिष्क की उपज है। वही मस्तिष्क, जिसे किसी भी प्रकार की शृंखला ने जकड़ नहीं रक्खा। मस्तिष्क में जितनी रोशनी रहेगी, वह उतना ही स्वच्छ रहेगा और जितने विचार-रहित कर्म रहेंगे, वह उतना ही बोझिल। नवीन साहित्य का उद्देश्य केवल प्रकाश है, जो अनेक रेखाओं से अनेक कार्यों पर पड़ता हो और प्रत्येक जीवनोपाय को सरल तथा सुगम करता हो !

-व्यापक साहित्य

व्यवस्थित तथा परिमार्जित शैली में कवि पन्त आज (सन् '६५ में) जो निष्कर्ष देते हैं,[१] उसकी खुरदुरी उपस्थापना (सन् '३० में) निराला किस मस्ती से, कैसी खट्टी-मीठी-चरपरी शैली में कर रहे थे, देखते ही बनता है । पलित परम्परा के उपासक अपनी झुर्रियों पर खीझकर कहते होंगे :-

"तुझे अठखेलियाँ सूझी हैं
हम बेजार बैठे हैं !"

निराला ने कहा :

"यहाँ जिस तरह 'उदार चरितानां तु वैसुधैव कुटुम्बकम्' था, वैसे ही योरप में भी, कास्मोपलिटन हुए । पर देशसेवकों की संख्या अधिक होने के कारण स्वार्थ का बोलबाला ज्यादा रहा । विश्ववाद के कुछ चुने हुए लोग केवल अपने व्यक्तित्व का प्रकाश दिखाकर बुझ गए । साधारण लोग उनके चरण-चिह्नों तक भी नहीं पहुँच सके ।

संसार की अशान्ति अनेक प्रकार से वदन-व्यादान करती, बढ़ती, फैलती हुई इस बीसवीं शताब्दी के प्रथम चरण को पूरा कर चुकी । पर समाज की भावना अब भी हजार शताब्दी पीछे है ।

............सन्त कवियों का साहित्य भारतवर्ष में इसीलिए अपराजित है । वह विश्व-मैत्री का सच्चा सिद्धान्त है ।

पर इससे गृहस्थों को क्या ? गृहस्थों का धर्म त्यागियों के धर्म से बिलकुल पृथक् है । यदि त्यागी ज्ञान के द्वारा समस्त संसार को एक ही दृष्टि से प्रत्यक्ष कर सकते हैं, तो गृहस्थ, सहानुभूति, हमदर्दी, ममता तथा अपनत्व के द्वारा ।[२] गृहस्थ, और त्यागियों के आश्रम अलग-अलग हैं, पर ज्ञान पर दोनों का समान अधिकार है ।

१. छायावादी कवियों का अदृश्य प्रियतम कोई मध्यकालीन ब्रह्म या किसी ऐसी रहस्यमयी शक्ति की धारणा नहीं थी, जो विश्वजनीन से विच्छिन्न अपने ही में स्थित है । छायावादी कवि तो वर्तमान विश्व विकास क्रम में एक नए मूल्य की खोज में रहा, जिसकी प्राप्ति के लिए मानव-आत्मा के भीतर वर्तमान संघर्ष चल रहा है और जिसकी अस्पष्ट अनुभूति से प्रेरित होकर आज पूर्व और पश्चिम में नए दर्शनों, नए विज्ञानों तथा नए विचारकों, कवियों एवं कलाकारों का जन्म हो रहा है। ....मध्ययुगीन कबीर आदि के रहस्यवाद और छायावाद में सबसे बड़ा और महत्त्वपूर्ण भेद यह है कि मध्ययुगीन रहस्यवाद लोक-निष्क्रिय तथा निवृत्तिमूलक था और छायावाद जीवन-सक्रिय तथा प्रवृत्तिमूलक रहा है ।

–छायावाद : पुनर्मूल्यांकन १८/१९

२. "ठहरो, अहा ! मेरे हृदय में-
है अमृत, मैं सींच दूँगा,
अभिमन्यु-जैसे हो सकोगे तुम,
तुम्हारे दुःख मैं अपने हृदय में खींच लूँगा ।"

–निराला

इस विराट् विश्व-मैत्री के साधक मानवधर्मा महाकवि को दकियानूसी भाती ? ये क्रान्तिकारी भावनाएँ बेशक किताबी नहीं, संघर्षशील प्रवृत्तियों की देन हैं । निराला का व्यक्तित्व अपने युग की सबसे प्रबल प्रतिभा का प्रतीक था । 'इस धार्मिक पाश से छुटकारे' वाले वाक्य को पढ़ते समय जाने क्यों "Necessity of Atheism के लेखक शेली की याद आ जाती है । अस्तु,

'नवीन साहित्य का प्रकाश प्रत्येक जीविका के साधन को सरल-सुगम बना कर ही नहीं समाप्त हो जाता । इससे भी उच्च रहकर वह संसार के लोगों को एक ही पदार्थ तथा ज्ञान के सूत्र से बाँध सकता है और सन्तों के जितने परित्यक्त विषय रहे हैं, उनमें भी सत्य तथा शिव को प्रत्यक्ष कर उनका चित्र अंकित कर सकता है ! विशालता कभी क्षुद्रता से धोखा नहीं खा सकती ।'

–व्यापक साहित्य

'करना होगा यह तिमिर पार
देखना सत्य का मिहिर-द्वार
बहना जीवन के प्रखर ज्वार में निश्चय
लड़ना विरोध के द्वन्द्व-समर
रह सत्य-मार्ग पर स्थिर, निर्भर !'

–निराला की वाणी है, आकाशवाणी नहीं । तभी वह कह सके :

'पद-रज भर भी है नही पूरा यह विश्व-भार !'

निराला-पन्त की तीक्ष्ण प्रज्ञा में व्याप्ति को तरंगित बाहुपाश में लेने के लिए व्याकुल विचारों का ज्वार आया हुआ है; भावनाएँ विश्व-सौन्दर्य की अनाघ्रात गन्ध पीकर उन्मत्त हो उठी हैं; कल्पनाएँ सितारों के आगे के जहान तक उड़ान भर रही हैं; अनुभूतियाँ जिंदगी की गहराइयों में जलपरियों की तरह तैर रही हैं और सामने बीराने में खड़ीबोली सूखे गले से पुकार रही है :

सीतापते सीतापते गीतामते गीतामते !

चेतन भावों का आवेग 'जोइ सोइ कछु' नहीं गाना चाहता; नई रागात्मकता कवि-समय-प्रसिद्धि से नहीं बँधती; नई संवेदनाएँ नए बिम्ब माँगती हैं; नए प्रतीकों की सीपियों में नई स्वाती की बूँदें टपकना चाहती हैं :

'नव गति, नव लय, ताल छन्द नव,
नवल कण्ठ, नव जलद-मन्द्र रव,
नव नभ के नव विहग वृन्द को
नव पर, नव स्वर' देना चाहती हैं ।

इन्हें बोली नहीं; भाषा चाहिए, भाषा-समग्र व्यक्तित्व की अभिव्यक्ति । जीवन और जागृत नव-निर्माण की वाणी घरघराहट से कैसे फूटेगी ? इन्हें विश्व के समृद्ध साहित्य से आत्मिक आकुलता के अनुरूप उदात्त और ललित अभिव्यक्तियों के प्रतिमान लेने होंगे; प्राणों

की जो प्रतिच्छायाएँ इन्हें सुन्दर छवियों में आँकनी है, उनके लिए सिद्ध कलावन्तों की तूलिकाएँ देखनी होंगी; इनकी अपनी आँखों के सपने दूसरे द्रष्टाओं के स्वप्नों की तुलना में ओछे और छोटे तो नहीं, परखना होगा। इन्हें आधुनिक हिन्दी कविता को अन्तर्राष्ट्रीय मूर्धन्य कृतियों के समक्ष खड़ा करने की लगन है; इनकी मौलिक प्रेरणा अनुकृति नहीं, तुल्यबलता चाहती है। रुचि के परिमार्जन के क्रम में ये देश-विदेश के सभी सिद्ध साधकों से सम्पर्क स्थापित करेंगे, किसी के पिछलगुए न बनेंगे। इनके प्राणों में नए युग की आगमनी बज रही है, ये इसे अनसुनी करने में असमर्थ हैं।

एत कथा आछे, एत गान आछे,
एत प्राण आछे मोर,
एत सुख आछे, एत साध आछे,
प्राण हये आछे भोर !'

की जानि की हल आजि, जागिया उठिल प्राण,
दूरे हते शुनि येन महासागरेर गान !
ओरे चारिदिके मोर ए की कारागार घोर,
भाङ् भाङ् भाङ् कारा, आघाते आघात कर।
ओरे आज की गान गेयेछे पाखि, एसेछे रविर कर !

x x x

प्रथम रश्मि का आना रंगिणि !
तूने कैसे पहिचाना
कहाँ-कहाँ, हे बाल विहंगिनि !
पाया तूने यह गाना ?

x x x

-पन्त

बहने दो,
रोक-टोक से कभी नहीं रुकती है,
यौवन-मद की बाढ़ नदी की
किसे देख झुकती है ?

गरज-गरज वह क्या कहती है, कहने दो-
अपनी इच्छा से, प्रबल वेग से बहने दो !

-निराला

एक अकेले रवीन्द्रनाथ में उनके समय तक की विश्व-व्यापिनी भाव-सौन्दर्य-चेतना समग्र भाव से जागरुक थी। साधन की सम्पन्नता का लाभ उनकी दीर्घकालीन साधना ने भरपूर उठाया था। पश्चिमी माणिक-हाला पूर्व के कमल-पत्र-पुटों में क्या रंग लाती है, उन्नीसवीं शताब्दी के बंगला-साहित्य, विशेषकर माइकेल के साहित्य से इसका आभास मिलने

लगा था । ईश्वरचन्द्र गुप्त, रंगलाल वन्द्योपाध्याय, माइकेल मधुसूदन दत्त, बिहारीलाल चक्रवर्ती, हेमचन्द्र वद्योपाध्याय और नवीनचन्द्र सेन का साहित्य एक हद तक बंगाल के नवजागरण की जटिलता और विक्षोभ को वाणी देने का प्रयासी रहा है । भिन्न-भिन्न भावों की परस्पर विरोधिनी तरंग-भंगिमाओं ने इस युग को हर ओर से घेर लिया था । संभव है, युग की सारी समस्याएँ इनमें से किसी एक ही कवि की वाणी में प्रतिफलित न होकर विभिन्न रंग-वर्णों में बिखर गई हों । फ्रांस की क्रांति जिस प्रकार उसके प्रभाव के विपुल साहित्य में-स्थूल और सूक्ष्म दोनों रूपों में उस युग के एक-एक स्पन्दन-कम्पन्न तक को वीणा के तारों से राग-रागिनियों की तरह बाँधे हुए है, वैसी सुरेख-सुस्पष्ट परछाइयाँ इनके काव्य पट में भले ही न उभरी हों; किन्तु एक अकेले माइकेल की मधुप-प्रतिभा देश-विदेश के कितने फूल-वनों की सैर कर आई थी, अभिज्ञों से अविदित नहीं । इतना ही नहीं, उसके मन की मिठास ने अपने काव्य-मधु के निर्माण में जो निपुणता दिखलाई थी, उसके अभिनव आस्वाद को कोई अस्वीकार नहीं कर सकता । रवीन्द्रनाथ की मानवता, मानवता का विराट् बोध, बोध की असीमता, यों तो उनके अपने ही अपूर्व व्यक्तित्व की अनुपम उपलब्धि है; उनकी अपनी ही विश्वविजयिनी प्रतिभा की इन्द्रधनुषी छटा है; किन्तु माइकेल और उनके दूसरे समकालीनों में उसका पूर्वाभास अवश्य ही पाया जा सकता है ।

द्विवेदी-युगीन कवियों में माइकेल की-सी महाकाव्य-प्रतिभा या बिहारीलाल चक्रवर्ती-जैसी गीतिकाव्य सञ्चारिणी प्रतिभा न थी । इस कारण भाव-क्षेत्र की रचना में निराला पन्त को उत्तराधिकार में ऐसा कुछ न मिला था, जिसकी तुलना रवीन्द्रनाथ के पाथेय से की जा सके। काव्य कवि-मानस के समर्थ भावों का प्रकाश है, उनकी इस धारणा में पाश्चात्य रोमाण्टिक साहित्य-दर्शन के साथ भारतीय रसधारा का भी योग है । वैसे रवीन्द्रनाथ के स्वतन्त्र चिन्तन को ही प्रमुखता प्राप्त होनी चाहिए, क्योंकि रोमाण्टिक भावाभिव्यक्ति को उन्होंने हू-ब-हू नहीं ग्रहण कर लिया था, उनकी मौलिक भेदक दृष्टि ने भावाभिव्यक्ति के सिद्धान्त को रस में डुबोकर अपने सांस्कृतिक परिवेश के अनुरूप एक नए ही रंग-रूप में निखार लिया था । Poetry is the Spontaneous oferflow of Powerful feelings और 'वाक्यं रसात्मकं काव्यम्' की अन्विति का एक स्वच्छ रूप उनके इस निष्कर्ष में निखरा है :-

"रसात्मक वाक्यइ काव्य । वस्तुतः काव्येर संज्ञा आर किछुतेइ हते पारे ना । रस जिनिसटा की ? ना, या हृदयेर काछे कोन भावे प्रकाश पाय ताहाइ रस, शुधु ज्ञानेर काछे या प्रकाश पाय ता रस नहे ।"

अर्थात्, रसात्मक अभिव्यक्ति को काव्य कहते हैं । और किसी भी प्रकार से काव्य को परिभाषित किया ही नहीं जा सकता । फिर यह रस है क्या चीज ? और कुछ नहीं, जो किसी न किसी भाव के रूप में हृदय के पास प्रकाशित होता हो, वही रस है । जो केवल बोध में प्रकट होता हो, वह रस नहीं है ।

कहने का तात्पर्य यह कि परम्परा और व्यक्ति-प्रतिभा का अपूर्व समन्वय रवीन्द्रनाथ में हुआ था । उस उदार आयतन में पूर्व-पश्चिम की विभाजक स्थूल रेखाएँ डूब गई थीं । यही रवीन्द्रनाथ निराला-पन्त के प्रेरणा-स्रोत बने,-ऐसा आकर्षक खुलाव और समृद्ध

सौन्दर्य और प्रगाढ़ रस का सुस्वादु समाहार तत्कालीन भारतीय साहित्य में और कही नहीं था ।

निराला-पन्त ने उनकी संक्रामक प्रेरणाओं के फलस्वरूप एक उसी प्रकार का संसार अपने लिए बनाना शुरू किया । उनकी दिग्विजयिनी सफलता ने इन्हें भी समानान्तर मौलिक भाव-विस्तार के लिए भौगोलिक सीमाओं को ऐतिहासिक चेतना द्वारा उल्लङ्घित करने के हेतु प्रोत्साहित किया :

'प्रौढ़ि-प्रकर्षेण पुराण-रीति-व्यतिक्रमः श्लाघ्यतमः' की अनुशंसा इनके साथ थी । इनकी मौलिकता को चुनौती देनेवाले विद्यापति, तुलसीदास-जैसे महाकवियों को संस्कृत साहित्य की विशाल पृष्ठभूमि से काटकर देखनेवाले ही थे ।

इस प्रकार अभिनव भाव-प्रकाश के संवेग ने हिन्दी कविता को एक नई भाषा दी ! यह भाषा युक्ति-रचना मात्र न होकर, नए बिम्ब-प्रतीकों, नई दृष्टि की अदृष्ट छाया-छवियों के पुलक-स्पर्शों, नए छन्द-बन्द के अनसुने स्वरों को आत्मसात् कर वसन्त-श्री के समान अपने सुरभि-भरे ऐश्वर्य से अलंकृत होकर 'पल्लव' और 'परिमल' के साथ हिन्दी के उद्यान में उतरी । इसकी सहस्र रश्मिमयी दीप्ति ने गद्य-पद्य को एक साथ उद्भासित किया । 'पल्लव' का प्रवेश बौद्धिक और हार्दिक विचारों एवं भावों का एक विचारोत्तेजक मोहक प्रबन्ध-काव्य है और छायावाद-पुनर्मूल्यांकन महाकाव्य ।

पन्त सुकुमार प्रकृति के सहज सुन्दर कवि हैं; निराला तेजस्वी पौरुष की दुर्द्धर्ष प्रतिभा । दोनों ने बौद्धिकता को प्राथमिकता दी; कल्पना के आवेग और उच्छ्वास से उनकी समग्र साधना मनोरम और अप्रतिम हो गई । मर्म से शिखर तक सँवरकर आधुनिक हिन्दी-कविता ने जो नवीन प्राण-रस संचारित किया, उसका सम्पूर्ण श्रेय निराला और पन्त को प्राप्त होना उचित है । कोरी भावुकता की सृष्टि पिलपिली होती, अनुभूति की खुददुरी, शिल्प और कला की वह अनदेखी भव्यता, जो निराला और पन्त ने गढ़ी, कल्पना की प्रौढ़ि के बिना निस्तेज हो जाती, उसके संश्लिष्ट भावों की सारी माधुरी मारी जाती :

'मूक-आह्वान-भरे लालसी कपोलों के
व्यापक विकास पर
झरते हैं शिशिर-से चुम्बन-गगन के ।'

x x x

हरे हरे ये पात,
डालियाँ, कलियाँ कोमल गात ।
मैं ही अपना स्वप्न-मृदुल-कर
फेरूँगा निद्रित कलियों पर
जगा एक प्रत्यूष मनोहर ।
पुष्प-पुष्प से तन्द्रालस लालसा खींच लूँगा मैं,
अपने नवजीवन का अमृत सहर्ष सींच दूँगा मैं !

-परिमल

x x x

कनक छाया में, जब कि सकाल
खोलती कलिका उर के द्वार,
सुरभि-पीड़ित मधुपों के बाल
तड़प, बन जाते हैं गुंजार,
न जाने ढुलक ओस में कौन
खींच लेता मेरे दृग मौन !

x x x

आज तो सौरभ का मधुमास
शिशिर में भरता सूनी साँस !
वही मधुऋतु की गुंजित डाल
झुकी थी जो यौवन के भार,
अकिञ्चनता में निज तत्काल
सिहर उठती,-जीवन है भार !

-पल्लव

-'प्रवेश' के ५४ पृष्ठों में पन्त जी कविता के अन्तरंग में प्रवेश करते दिखते हैं, 'परिमल' की १५ पृष्ठों की भूमिका में निराला राष्ट्रभाषा और स्वच्छन्द छन्द पर अपने विचार व्यक्त करते हैं । कहने को इसे कविता की परिधि के बाहर की बात भी कह सकते हैं । यों वास्तविकता इसके विपरीत है । पन्त की दृष्टि फूल-फल पर है, निराला ठोस जड़, तना, डाल-पात, फुनगी - सब की सुधि लेते हैं । नेताओं के राजनीतिक विचारों को ज्यों-ज्यो ढोनेवाली सस्ते किस्म की बाजारू भाषा में यदि निराला-पंत के मधुर सौरभ को सहेजने की शक्ति आ जाए तो फिर कहना ही क्या ? क्या वह तब भी समृद्ध प्रतिवेशिनी भाषाओं की समकक्षता में न आएगी ? उसका प्राचीन साहित्य तो सभी प्रान्तीय भाषाओं के प्राचीन साहित्य से समृद्धतर है ही, अब यदि नवीन भी उसी अनुपात में समृद्ध हो जाए तो फिर उससे कौन-सी नई-नई अमीर हुई भाषा आँख मिलाने का साहस करेगी ? हिन्दी को बहुसंख्यकों की भाषा होने का सहज सौभाग्य प्राप्त है; भारतेन्दु युग से द्विवेदी युग तक उसके गद्य-पद्य को कब नहीं माँजा गया है; खड़ीबोली की उसकी 'भारत-भारती' और उसके 'वीर पञ्चरत्न' के छन्दों ने प्रखर वाग्मिता के कारण पर्याप्त लोकप्रियता भी प्राप्त कर ली है । हिन्दी के सौभाग्य से अब उसे पन्त के रूप में एक स्वाभाविक कवि मिल गया है जिसकी प्रवाहिनी कोमल पदावली और मर्मस्पर्शी मधुर छन्दों में एक अजब-सा सम्मोहन है । जिसकी कल्पना-शक्ति सौन्दर्य्य की ऐसी अम्बर-चुम्बिनी चूड़ाएँ सिरज सकती है, जो भारत और उसके बाहर के शीर्षस्थ कवियों की बराबरी की हों । ऐसे में यदि हिन्दी राष्ट्रभाषा हो जाए, उसके बाहर-भीतर की चल-अचल सम्पत्ति राष्ट्रीय भाव-सम्पदा के रूप में समादर पाए तो सबका श्रम सफल हो । यह अकेले कवियों और साहित्यकारों के वश का रोग होता, तब तो राजनेताओं की मदद की कोई बात ही न थी । सदियों से गुलामी की जंजीरों में जकड़ा

हुआ देश अन्न-वस्त्र के अभाव में मरभुखों का देश हो गया है । पहले इसे राजनीतिक स्वतन्त्रता प्राप्त करनी है, फिर आर्थिक समस्याओं से जूझना है, तब कहीं सांस्कृतिक विकास की बारी आएगी । पुराने जमाने में जनक-याज्ञवल्क्य और वसिष्ठ-विश्वामित्र की बात और थी । अभी इस दरिद्र देश को साहित्य, कला एवं संस्कृति के उन्नायकों की पहचान नहीं है । यहाँ की जनता राजनीतिक नेताओं को जानती है; उन्हीं का कहा मानती है । यदि वे उसे अपनी भाषा का महत्त्व समझाएँ; राष्ट्रभाषा की गौरव-गाथा सुनाएँ; हिन्दी को राष्ट्रभाषा बनाने के लिए तन-मन-धन समर्पित करने कहें, तो यह काम आसान हो सकता है । यों पत्र-पत्रिकाओं द्वारा, हिन्दी के हितैषी साहित्यिक, शक्ति भर प्रचार-प्रसार में लगे हुए हैं; किन्तु और अधिक व्यापक प्रचार-प्रसार के लिए सङ्घबद्ध जन-आन्दोलन की आवश्यकता होगी, और वह तभी सम्भव होगा जब जनता के नेता जनता की सङ्शक्ति को जगाएँगे ।

अवश्य नेताओं को संकुचित होने की आवश्यकता नहीं, दूसरे ख्यातिप्राप्तों की तुलना में अपने प्रतिभाशालियों को कम समझकर उनका कुण्ठित होना ठीक नहीं । अब हीनता की भावना से पीड़ित होने के दिन लद गए । निराला आ गया है । कलम फेंककर तलवार उठानेवाले चंदबरदाइयों की भी क्या जरूरत होगी, निराला की कलम किसी भी तलवार की धार से ज्यादा तेज है, वह अन्ध उर के ग्रन्थिल बन्धन तक काट डालेगी :-

सत श्री अकाल,
भाल-अनल धक-धक कर जला,
भस्म हो गया था काल-
तीनों गुण,-ताप, त्रय,
अभय हो गए थे तुम
मृत्युंञ्जय व्योमकेश के समान,
अमृत-सन्तान !
तीव्र भेदकर सप्तावरण-मरण-लोक,
शोकहारी ! पहुँचे थे वहाँ
जहाँ आसन है सहस्त्रार !
जागो फिर एक बार !

x x x

ऐ निर्बन्ध !
अन्ध-तम- अगम, अनर्गल बादल !
ऐ स्वच्छन्द !
मन्द चञ्चल समीर-रथ पर उच्छृङ्खल !
ऐ उद्दाम !
अपार कामनाओं के प्राण !
बाधारहित विराट !

ऐ विप्लव के प्लावन !

सावन-घोर गगन के ऐ सम्राट् !

-निराला : परिमल

निम्नलिखित पंक्तियां में पन्त के साथ-साथ अपनी ओर भी एक सुस्पष्ट संकेत है :-

"इस युग के कुछ प्रतिभाशाली अल्पवयस्क साहित्यिक प्राचीन गुरुडम के एकच्छत्र साम्राज्य में बगावत के लिए शासन-दण्ड ही पा रहे हैं, अभी उन्हें साहित्य के राजपथों पर साधिकार स्वतन्त्र रूप से चलने का सौभाग्य नहीं मिला। परन्तु ऐसा जान पड़ता है कि इस नवीन जीवन के भीतर से शीघ्र ही एक ऐसा आवर्त बँधकर उठनेवाला है जिसके साथ साहित्य के अगणित जल-कण उस एक ही चक्र की प्रदक्षिणा करते हुए उसके साथ एक ही प्रवाह में बह जायँगे और लक्ष्य-भ्रष्ट या निदाघ से शुष्क न हो, एक ही जीवन के उदार महासागर में विलीन होंगे।"

इस भूमि में उन्होंने अपने सुकुमार कवि-मित्र श्री सुमित्रानन्दन पन्त के लिए - एकक्रियं भवेन्मित्रम् - से बढ़कर-समप्राण: सखा मत: - तक लिखा है। यद्यपि वह पन्त के-कोकिल के कोमल बोल' के पहले प्रशंसक थे और 'फूलों के हास' और 'तुहिन वन के उल्लास' से उनका गहरा लगाव भी था; किन्तु मानवीय क्षमता की शिखाग्र सीमा तक वह उनसे कविता का प्रतिनिधित्व चाहते थे।

ईलियट ने नोबेल पुरस्कार प्राप्त करते समय जो संक्षिप्त वक्तव्य दिया था, उसमें वास्तु, मूर्ति, चित्र और संगीत-कलाओं से काव्यकला को सर्वाधिक स्थानीय प्रतिपादित किया था। उसके अनुसार सभी देखने-सुननेवाले दूसरी कलाओं से आनन्द प्राप्त कर सकते हैं। अवश्य 'भाषा, विशेषत: कविता की भाषा एक भिन्न वस्तु है, वह यहाँ और वहाँ की जनता को जोड़ने की जगह अलग-विलग करती है! फिर भी भाषा के अड़ंगे को पार करने में हमें कविता से ही महत्वपूर्ण सहायता मिलती है। हम ऐसा मान सकते हैं कि यदि दूसरी भाषाओं की कविता ने पुष्ट न किया होता तो प्रत्येक देश एवं भाषा की कविता पतित होकर नष्ट हो जाती।'

जो बात ईलियट ने सन् '४८ में कही है, उसे निराला बीस वर्ष पहले कह चुके थे। सन् '२९ में प्रकाशित अपने 'नवीन साहित्य और प्राचीन विचार' नामक निम्बन्ध में निराला ने कहा था :

इस समय हिन्दी-साहित्य की धारा जिस तरह देश-काल के अनुसार संसार की अन्यान्य साहित्यिक धाराओं की गति से मिलकर बह रही है, उसे देखते हुए हिन्दी साहित्य की प्रगति तथा उन्नति के सम्बन्ध में किसी विचारशील निरीक्षक को किसी प्रकार का संशय नहीं रह जाता। परन्तु प्राचीन साहित्य के प्रेमी इसे साहित्य का विषयगामी होना ही कहते हैं। वे शायद यह नहीं जानते कि विजातीय भावों के मिश्रण से ही संस्कार तीव्र हो सकता है। यह भाव-मिश्रण साहित्य के लिए आवश्यक है, नहीं तो कुछ काल तक एक ही संस्कार और एक ही प्रकार के विचारों की नेमि में चक्कर काटता हुआ साहित्य भी निर्जीव हो जाता है।

हमारे देश में जिन प्रान्तों की भाषाएँ कुछ समृद्ध तथा पुष्ट मानी जा रही हैं, उनमें विजातीय भावों का प्रवेश ही उनकी उन्नति का कारण हुआ है । फ्रांसीसी साहित्य पर विजातीय जर्मन-संगीत का जो मार्मिक प्रभाव पड़ा, रूस की स्वाधीन जनवृत्ति का जो विकास हुआ, रोमाँ रोलाँ उसके मूर्तिमान महापुरुष हैं । विजातीय उच्च साहित्य के संग का फल कैसा होता है, यह हम ईट्स और रवीन्द्रनाथ को देखकर समझ सकते हैं ।

यह सब तब और कोई नहीं लिखता था । सम-सामयिक विश्व साहित्य के विकास की एक-एक सरणि पर निराला की ऐतिहासिक चेतना-सम्पन्न प्रज्ञा सजग एवं उत्सुक दृष्टि रखती थी । उनकी प्रगतिशील रचनाओं को आकस्मिक और आगन्तुक समझना आत्मवञ्चना है । वह समकालीन विश्वसाहित्य की विविध विचारधाराओं में प्रबुद्ध अवगाहन कर हिन्दी कविता में नई धारा बहानेवाले अपने युग के एकमात्र कवि थे ।

अच्छे भावों के अभाव में अच्छी भाषा नहीं लिखी जा सकती । अच्छे भाव भावों की व्यापकता में से आते हैं । हम जब भाषा की जटिलता एवं क्लिष्टता की बात करते हैं, तब प्राय: यह भूल जाते हैं कि भावों की जटिलता या क्लिष्टता ने ही भाषा में आवर्त-तरंग-भंग उत्पन्न किए हैं ।

'शत-शत अब्दों का सान्ध्यकाल
यह आकुञ्चित-भ्रू-कुटिल भाल,
छाया अम्बर पर जलद-जाल ज्यों दुस्तर'

-निराला

x x x

गिरिवर के उर से उठ-उठ कर
उच्चाकाङ्क्षाओं-से तरुवर
हैं झाँक रहे नीरव नभ पर
अनिमेष, अटल, कुछ चिन्ता पर !
-उड़ गया अचानक, लो, भूधर
फड़का अपार पारद के पर !
रव-शेष रह गए हैं निर्झर !
है टूट पड़ा भू पर अम्बर !

-पन्त

कहना न होगा, यह सब-

'इसीलिए खड़ा रहा कि तुम मुझे पुकार लो' की शैली में नहीं लिखा जा सकता । निराला ने कहा :-

'भाव के साथ कला और कला के साथ भाषा संबद्ध है, जैसे क्रम-विकास के सूक्ष्म-स्थूल तीन रूप, एक ही वाक्य में अपनी विवेचना करा रहे हैं ।'

१. 'रचना की ऋजु बीन बनीं तुम' वाले अलौकिक गीत में निराला ने यही भाव व्यक्त किया है : 'एक, एक से तीन बनीं तुम' लिखकर ।

'भावात्मक चित्र या अभिव्यक्त के लक्ष्य पर चलती हुई भाषा कभी शिथिल नहीं हो सकती । वह निराभरण, निरलंकार भले ही हो, उसमें दैन्य के लक्षण नहीं मिल सकते ।'

-भाव और भाषा

भाषा-सम्बन्धी सारे विवादों का अन्त 'अभिव्यक्त के लक्ष्य पर चलती हुई भाषा' का रहस्य समझ लेने से हो सकता है । रामचरितमानस और विनय पत्रिका में भाषा के इतने-इतने रूपों की प्रदर्शनी क्यों सजाई गई, यह प्रश्न अन्यथा अनुत्तीर्ण ही रह जायगा ।

पहले गद्य-पद्य की भाषा को एक करने का वर्ड्सवर्थ ने असफल प्रयास किया था, हिन्दी के अनेक अशक्त कवि जनता के नाम पर तुक पर तुक बैठाते चले गए हैं कि जैसे वे भी वर्ड्सवर्थ के ही पद-चिह्नों पर चल रहे हों ! यह मुँह और मसूर की दाल !

शायद जनता यह नहीं चाहती कि कोई बंबई का बाबू पिकनिक के मूड में उसके झोपड़े में आए, उसके छुटपन की बड़ी बड़ाई करे, उसे अकिञ्चनता को निश्चिन्तता का पर्य्याय बतलाए; उसकी अशिक्षा को 'हडप्पा-मोहेंजोदड़ो-कालीन मौलिक भारतीय संस्कृति कहे और उसके अभावों के अनन्त भाव-साम्राज्य में कोई एक नई अनर्थकारी अर्थ-व्यवस्था स्थापित करने के लिए आश्वासन देकर हवाई जहाज से लौट जाए ।

एइ-सब मूढ़ म्लान मूक मुखे दिखे हवे भाषा
एइ-सब श्रान्त शुष्क भग्न बुके ध्वनिया
तुलिते हबे आशा; डाकिया बलिते हबे -
मुहूर्त तुलिया शिर एकत्र दाँड़ाओ देखि सबे;
यार भये तुमि भीत से अन्याय-भीरु तोमा-चेये
यखनि जागिबे तुमि तखनि से पलाइबे धेये ।
यखनि दाँड़ाइबे तुमि सम्मुखे ताहार तखनि से
पथकुक्कुरेर मतो संकोचे सत्रासे याबे मिशे ।

-टैगोर

Rise like lions after slumber
In unvanquishable number,
Shake your chains to earth like dew-
Which in sleep had fallen on you-
Ye are many, they are few

-Shelley

---

१. 'दो टूक कलेजे के करता पछताता पथ पर, आग !
पेट पीठ - दोनों मिलकर हैं एक,
चल रहा लकुठिया टेक,
मुट्ठी भर दाने को - भूख मिटाने को मुँह फटी 'पुरानी झोली को फैलाता-'

निराला ने कहा :-

'भाषा-क्लिष्टता से सम्बन्ध रखनवाले प्रश्न हिन्दी की तरह अपर भाषाओं में नही उठते । हिन्दी को राष्ट्रभाषा माननेवाले या बनानेवाले लोग साल में तेरह बार आर्तचीत्कार करते हैं-भाषा सरल होनी चाहिए, जिससे आबाल-वृद्ध समझ सकें । मैंने आज तक किसी को यह कहते हुए नहीं सुना कि शिक्षा की भूमि विस्तृत होनी चाहिए, जिससे अनेक शब्दों का लोगों को ज्ञान हो, जनता क्रमशः ऊँचे सोपान पर चढ़े ।

हिन्दी की सरलता के सम्बन्ध में बकबास करनेवाले लोगों में अधिकांश को मैंने देखा-लिखते बहुत हैं, जानते बहुत थोड़ा हैं । कम-से-कम हिन्दी से तो उनका तअल्लुक स्कूल से जब से छूटा, छूटा ही रहा । फिर हिन्दी की विशेष शिक्षा प्राप्त करने की उन्हें जरूरत नही मालूम दी । जरूरत रही दूसरों को सिखलाने की । साधारण जनों का पक्ष लेकर वे बराबर अपने अज्ञान पर मिट्टी डालते रहे ।'

यही वह दृष्टिकोण है जिसने निराला से 'तुलसीदास' और 'राम की शक्ति-पूजा' की सृष्टि कराई । भाषा की क्लिष्टता को कोसनेवाले प्रतिभा के यौवनोन्माद को नहीं समझते कि कैसे वे प्रतिमान कृतियाँ आधुनिक हिन्दी कविता की प्रतीकात्मक महावाणी बन गई और कैसे नुमाइशी कवि-सम्मेलनों में तालियों की गड़गड़ाहट से बहरी हुई तुकबंदियों से वह महावाणी अनसुनी रह गई ।

पन्त को जिस 'अविदित-भावाकुल-भाषा' की अनुभूति हुई थी, उस 'ठेठ हिन्दी का ठाठ' दिखलानेवाले टाट उलटकर ढकते रहे । वह एक बार भी 'अविदित' का अर्थ 'अव्याकृत' न समझ सके । गरम-गरम रोटियों और जिन्दा गोश्त तक ही जिनकी दृष्टि फैलती थी, उन्हें अव्याकृत प्रकृति और पुरुष के ऐश्वर्य से क्या लेना था ? वह पन्त की भाषा तक न पहुँच सके, फिर निराला के -'वह भाव कुरल कुहरे-सा भर कर भाया' के 'कुरल कुहरे' को कैसे पहचानते ?

जिन्होंने क्लिष्ट भाषा में गहन भाव दिए, उनकी तुलना में उन्होंने क्या दिया, जो सरल भाषा में साफ-साफ कहने के हिमायती थे; जो नेताओं की बोली की नकल उतारकर अपनी सुविधा के लिए एक नई राष्ट्रभाषा गढ़ना चाहते थे, इस पर विचार करने का यह अवसर नहीं है । निराला के शब्दों में-

छिपी जो छवि, छिप जाने दो,
खोलते हुए तुम्हें क्यों चाव ?
दुखद वह झलक न आने दो,
हमें खेने भी तो दो नाव !

सन् '२२ में पन्त ही का 'उच्छ्वास' प्रकाशित हुआ था और निराला की 'अनामिका' भी उसी वर्ष प्रकाशित हुई थी । हिन्दी में छायावाद की यही प्राथमिक रचनाएँ हैं ।

यों सन् '१६ में 'जुही की कली' निराला ने खिलाई थी और पन्त ने '१८-'१९ में 'वीणा' और 'ग्रन्थि' की रचना की थी; किन्तु इन्हें पुस्तकाकार प्रकाशित होने का सौभाग्य पीछे प्राप्त हुआ । 'आँसू' भी सन् '२५ में निकला ।

सन् '२७ में 'झरना' का जो संशोधित-परिवर्तित संस्करण प्रकाशित हुआ था, मुझे उसके पुनर्मुद्रित रूप के ही दर्शन हुए थे। उसके आरम्भिक निवेदन का प्रथम वाक्य था :-

'जिस शैली की कविता को हिन्दी-साहित्य में आज दिन 'छायावाद' का नाम मिल रहा है उसका प्रारम्भ प्रस्तुत संग्रह द्वारा ही हुआ था।'

-यह प्रचार-वाद है। यह बहुत कुछ वैसा ही है, जैसा श्री मुकुटधर जी पाण्डेय को छायावाद का आदि कवि कहना; घनानन्द से 'झंकार' के गुप्त जी तक में उनका पूर्वाभास पाना, राष्ट्रकवि न कहे जा सके सूक्तियों के महाकवि श्री माखनलाल जी चतुर्वेदी को छायावाद के कुहरीले आकाश का ध्रुवतारा बताना आदि। इन भ्रान्त धारणाओं के प्रगल्भ प्रवर्तक और प्रमुख प्रचारक वे हैं जो तब तो क्या, अब भी छायावाद की स्पिरिट न समझ सके हैं और जो जड़ीभूत आग्रह के साथ उक्ति-वैचित्र्य को, फूल और चाँदनी को, असम्बद्ध काल्पनिक प्रलाप को छायावाद मानते आए हैं, अपने रूढ़ संस्कारों के कारण छायावाद की श्रेष्ठतम उपलब्धियों से भी कतराते हैं।

मैं ऐसा इसलिए कह रहा हूँ कि पन्त की कविताएँ सन् '२० से ही 'सरस्वती' में छप रही थीं, जिनका सन् '२६ में प्रकाशित 'पल्लव' में संकलन किया गया था। सन् '२९ में प्रकाशित निराला के 'परिमल' की कविताएँ भी सन् '२३-'२४ में ही 'मतवाला' में छप चुकी थी। 'झरना' के द्वितीय संस्करण में जिन ३१ नई रचनाओं के जोड़े जाने की सूचना आचार्य्य रामचन्द्र शुक्ल ने दी है, वे निश्चय ही निराला-पन्त की विशिष्ट कृतियों के प्रकाशन के बाद की रचनाएँ हैं। निराला-पन्त के प्रकाश के आकाश की छाया में उभरी हुई आकृतियाँ आरम्भिक नहीं कही जा सकतीं। 'आँसू' के छींटे उन पर भी पड़े हैं।

धरा पर झुकी प्रार्थना-सदृश,
मधुर मुरली-सी फिर भी मौन
किसी अज्ञात विश्व की विकल
वेदना-दूती-सी तुम कौन ?

x x x

कौन प्रकृति के करुण काव्य-सी
वृक्ष पत्र की मधु छाया में-
लिखा हुआ-सा अचल पड़ा है
अमृत-सदृश नश्वर काया में !

-झरना

किरण और विषाद के इस रेखांकन में 'कामायनी' के कवि की आत्मा अँगड़ाईयाँ ले रही है :

कौन तुम संसृति-जलनिधि-तीर
तरंगों से फेंकी मणि एक

कर रहे निर्जन का चुपचाप
प्रभा की धारा से अभिषेक ?

x x x

कौन हो तुम वसन्त के दूत
विरस पतझड़ में अति सुकुमार !
घन तिमिर में चपला की रेख,
तपन में शीतल मन्द बयार !

-कामायनी

मैं कहना चाहता हूँ कि ये और इस शैली के सारे बन्द पन्त के स्वप्न, छाया, मौन निमन्त्रण के स्वर, वर्ण, गन्ध से अपरिचित, अप्रभावित मन की देन नहीं हैं।

निराला और पन्त से काटकर प्रसाद को आमूल मौलिक, स्वतःस्फूर्त सिद्ध करने की शीघ्रता के समान यह प्रवर्तन-सम्बन्धी प्रचार भी है। ....'We shall often find that only the best but the most individual parts of his work may be those in which the dead poets, his ancestors, assert their immortality most vigorously. No poet, no artist of any art, has his complete meaning alone. His significance, his appreciation is the appreciation of his relation to the dead poets and artists. You cannot value him, alone; you must set him, for contrast and comparison, among the dead. I mean this as a Principle of aesthetic, not merely historical, criticism.

टी० एस० ईलियट की इस मान्यता में 'मृत-अतीत' कवियों की बात 'परम्परा' के सन्दर्भ में आई है। उसे उपलक्षण समझना चाहिए। इस कथन में पूर्ववर्तियों से समसामयिकों और पारिपार्श्विकों तक का अन्तर्भाव संभव है। ईलियट का आग्रह इसे केवल ऐतिहासिक समीक्षा के सिद्धान्त के अन्तर्गत नहीं, अपितु सौन्दर्य्यशास्त्रीय समीक्षा के सिद्धान्त-रूप में भी स्वीकृति देता है। जैसे-

'तुम हो गगन विस्तीर्ण
तो मैं एक तारा क्षुद्र हूँ।'

और

'तुम तुंग हिमालय-शृंग और मैं
चञ्चल-गति सुरसरिता !'

केवल बाह्य शिल्प में ही पृथक् नहीं, अन्तश्चेतना या आन्तरिक संवेदनाओं के कारण भी भिन्न सृष्टि है; दूसरी रचना की रूह या स्पिरिट पहली का विकास नहीं, (केवल 'तुम और मैं' के साँचे की खोज में मुड़े, तो राजपथ से आरण्यक अपथ तक लौट चलना होगा।) एक स्वतन्त्र उपलब्धि है, उसी प्रकार प्रसाद के-

परदेसी की प्रीति उपजती अनायास ही आय।

x x x

औरों के प्रति प्रेम तुम्हारा इसका मुझको दुःख नहीं,
जिसके तुम हो एक सहारा, वही न भूला जाय कहीं !

-झरना

और

अरुण शिशु के मुख पर सविलास
सुनहली लट घुँघराली कान्त,
नाचती हो जैसे, तुम कौन-
उषा के अञ्चल में अश्रान्त !

-झरना

ये दोनों प्रकार के काव्य-खण्ड एक ही समय के नहीं हैं; दूसरा पहले का विकास भी नहीं है। यह नया आरम्भ है। यह निराला आरम्भ है। यह निराला-पन्त के बाद का निर्माण है।

संस्कृत में एक कहावत है: 'काव्येषु माघः कवि कालिदासः' कि काव्यों में शिशुपाल वध और कवियों में कालिदास सर्वोत्तम हैं। यह परस्पर विरोधी वचन नहीं है। निराला और पन्त कवि बड़े हैं; कामायनी काव्य चूड़ामणि है।

जून '७७

-o-

भक्त कवि निराला

हिन्दी की काव्य-कला को निराला ने नित-नए सुरों से मुखर किया था । अनासक्ति ऐसी थी कि जिस मुक्त छंद को स्वीकृति दिलाने के लिए वह वर्षों लड़े, अन्तिम दिनों में उसे कतई छोड़ दिया था । वह आवृत्ति मात्र के विपक्ष में थे, अपनी आवृत्ति करते रहना भी उनकी उर्वरा उद्‌भावना-शक्ति को असह्य था ।

'परिमल' के मुक्त छन्दों के प्रतिष्ठित होते ही, 'गीतिका' के माध्यम से, उन्होंने लय-ताल-निबद्ध शास्त्रीय गीत प्रस्तुत किए थे । फिर 'अनामिका' में 'मित्र के प्रति', 'सरोज-स्मृति', 'दान', 'वनबेला', और 'राम की शक्ति-पूजा' ऐसी प्रौढ भाषा, भाव, छन्द की एक अपूर्व प्रवाहमयी विधा प्रदर्शित की, ऐसी कि 'तुलसीदास' और 'राम की शक्ति-पूजा' न केवल उनकी प्रतिभा की प्रतिमान कृतियाँ मानी गई, बल्कि उस युग की महत्तम उपलब्धि के रूप में उन्हें अनुपम गौरव दे गईं । विराट चित्रों और उदात्त अनुभूतियों के वह प्रतीक-शिल्पी मान लिए गए ।

किन्तु निराला यहाँ भी कायम नहीं रहे । 'कुकुरमुत्ता' लिख कर उन्होंने 'राम की शक्ति-पूजा' के प्रशंसकों के कान खड़े कर दिए, फिर 'अणिमा' की अन्तिम रचनाओं द्वारा उन्होंने जमीन की सादगी ही नही दरसाई, नई कविता के लिए नई संवेदनाओं के वातायन भी खोल दिए ।

'वेला' में उच्चकोटि के गीतों के साथ गजलें भी पिरो दीं; 'नए पत्ते' में सामाजिक चेतना के जनवादी धरातल उभारे और फिर अन्तिम दिनों में 'अर्चना', 'आराधना', 'गीत-गुञ्ज' तथा शेष गीतों में ज्ञानी -भक्त कवियों की परम्परा को आगे बढ़ाते, भक्ति और ज्ञान की गंगा बहाते हुए दीख पड़े । क्रान्तिकारी कवि की, ऊबड़-खाबड़ विविध भावभूमियाँ पार करती हुई, तेजस्विनी काव्य-धारा अन्ततः शान्त, समतल में पहुँचकर, जैसे शाश्वत विश्राम की स्थिति में, शेष हो गई ।

निराला का युग-प्रवर्तन या नेतृत्व विशुद्ध साधना का महार्घ परिणाम था । उनके जीवन और साहित्य में सन्त कवियों-सी आश्चर्यजनक एकरूपता थी । वास्तविक जीवन में आर्थिक, और सामाजिक कष्टों को उन्होंने जिस रूप में झेला, उनकी प्रबुद्ध सामाजिक चेतना किताबी या अनुकृत नहीं हो सकती । वह समकालीन (देश-विदेश की) काव्य प्रवृत्तियों के समानान्तर हिन्दी में समाजवादी विचारों को उछालने की हौंस भर नहीं हो सकती । साहित्य पढ़ कर निम्न मध्यवर्गीय समाज में उसी धरातल का जीवन-जीना फैशन नहीं हो सकता । निराला बैरक में जन्मे और एक तंग कोठरी में मरे । उनकी सामाजिक चेतना जन्म से ही

जागरूक थी। छायावाद के वायव्य वितान में उन्होंने 'विधवा', 'दीन', 'भिक्षुक' की वास्तविकता देखी थी और क्रान्ति के 'बादल-राग' गाए थे। 'गीतिका' में भी यह पक्ष कहीं उपेक्षित नहीं रहा। ऐतिहासिक पृष्ठभूमि का 'सर्वे' करते हुए 'तुलसीदास' में भी सूत्र रूप में कुछ टिप्पणियाँ दीं। फिर 'अनामिका' में तो जैसे मेघ-निर्घोष ही सुनाई दिया :-

''मानव मानव से नही भिन्न,
निश्चय हो श्वेत, कृष्ण अथवा,
वह नहीं क्लिन्न
भेद कर पंक
निकलता कमल जो मानव का
वह निष्कलंक !''

+ + +

वह तोड़ती पत्थर !
गुरु हथौड़ा हाथ,
करती बार-बार प्रहार-
सामने तरु-मालिका अट्टालिका, प्राकार।

+ + +

पैसे में दस राष्ट्रीय गीत रच कर उन पर
कुछ लोग बेचते गा-गा गर्दभ-मर्दन-स्वर,
हिन्दी-सम्मेलन भी न कभी पीछे को पग
रखता कि अटल साहित्य कहीं यह हो डगमग !

+ + +

नहीं जानती जो अपने को लिखी हुई-
विश्व-विभव से मिली हुई,
नहीं जानतीं सम्राज्ञी अपने को-
नहीं कर सकीं सत्य कभी सपने को,
वे किसान की नई बहू की आँखें
ज्यों हरीतिमा में बैठे दो विहग बन्द कर पाँखें !

+ + +

सहज सहज पग धर आओ उतर;
देखें वे सभी तुम्हें पथ पर।
वह जो सिर बोझ लिए आ रहा,
वह जो बछड़े को नहला रहा,
वह जो इस-उस से बतला रहा,
देखूँ, वे तुम्हें देख जाते भी हैं ठहर ?

'कुकुरमुत्ता' 'खजोहरा', 'रानी औ कानी' के व्यंग्य आकस्मिक नहीं हैं, उनका बीज परिमल-काल में भी ढूँढ़ा जा सकता है। रवीन्द्रनाथ की 'विजयिनी' से 'खजोहरा' की और ईलियट के The love Song of J. Alfred Prufrock से 'प्रेम-संगीत' की तुलना करने पर रसना का स्वाद भर नहीं बदलता। निराला की बहुमुखी प्रतिभा के एक अनदेखे शिखर का उभार दूर से ही दीख पड़ता है। 'नए पत्ते' में कुरूप और सामान्य को सुन्दर और असामान्य का दर्जा दिया गाया है। लगभग सारी-की सारी रचनाएँ राजनीतिक हैं। अवश्य वे दरबारी-सरकारी कवियों-सी राजनीतिक नहीं हैं। उनके निगूढ़ व्यंग्यों में ईमान की ज्वाला है, विद्रोह की चिनगारियाँ हैं, 'पोल्सन' की कहीं गुंजाइश नहीं है। खपत की तो बात ही क्या ?

शैली और वस्तुगत जिन विविध विधाओं ने उन्हें "समकालीनों" में "आधुनिक" प्रख्यात किया उन नवीन उद्भावनाओं को समग्रता में न स्वीकाना नास्तिकता है। ऐसे ही उनका विश्वजनीन मानवतावादी दृष्टिकोण 'परिमल' से 'गीत गुंज' तक स्पष्ट है। व्याख्याता चाहे उसे समाजवादी सिद्ध करें या साम्यवादी, पर तर्क और युक्तियाँ उन व्याख्याताओं की निजी छाप लिए हुए हों तो अजब नहीं। मैं अपनी पच्चीस-सत्ताईस वर्षों की अपरोक्ष अनुभूति के बल पर यही दावा कर सकता हूँ कि निराला नास्तिक न थे; युक्तिवादी आधुनिक दार्शनिक भी न थे। वह आत्मा की अतल गहराइयों से एक भक्त-जैसे थे, अनासक्त ज्ञानी भक्त-जैसे, जिसके त्रिविध तापों की तीव्र अनुभूति हो और जो उनसे मुक्ति भी प्राप्त करना चाहता हो।

किन्तु इसका यह अर्थ नही कि वह बौद्ध-दर्शन से प्रभावित थे। 'दुख ही (उनके) जीवन की कथा रही' अवश्य, 'देख चुका, जो-जो आए थे चले गए' का निर्वेद भी कम निविड़ न रहा, पर "मैं ही क्या ? सब तो ऐसे ही छले गए ?" की मस्ती उन्हें 'आनन्दरूपममृतं यद्विभाति' के प्रति जागरूक बनाए रही। कारण उनका दुःख भी अनात्म न था, विभु के व्यक्त रूप विश्व की आनन्दमयता का तो उन्हें अद्भुत बोध था। निराला की तीव्रतम संवेदनशीलता ही जब-तब उनके चेतन-गगन में दुःखों की घन-घटा उमड़ाती थी। 'दुःखसंवेदनायैव रामे चैतन्यमर्पितम्'; वह दुःखवादी न थे। विपरीत परिस्थितियों में वह जीवन के उच्चतर तथा श्रेष्ठतर रूपों को पूरी प्राणवत्ता में प्रतिष्ठित न कर सकने के कारण भले ही असन्तुष्ट तथा दुःखी दिखलाई देते हों, पर उनकी दूरारूढ़ आस्था मूल में अविचल थी। उनकी अवरुद्ध शक्तियाँ भी कुण्ठित न थीं, अनन्त संभावनाओं की मूक-मुखर पुकारें उनकी उन्निद्र चेतना से प्रतिध्वनि-विहीन नहीं लौट पाती थीं।

उनकी मानवता को वाद के दायरे में न लाना ही उचित होगा। सर्जनात्मक मानववाद हो या उच्छल उल्लासमूलक मानववाद, गुणात्मक मानववाद हो अथवा समन्वयात्मक मानववाद, निराला इनके चक्कर में पड़कर व्यग्र हुए नहीं दीख पड़ते। उनकी कृतियों में व्यक्त मानवता मानववादी सिद्धान्त-सूत्रों की व्यावहारिक समीक्षा नहीं है, उनके भोगे हुए, खोए हुए, त्यागे और लुटाए हुए की सीधी अनुभूति से उद्‌बुद्ध हुई है और समवेदना के सरल-तरल तत्त्वों से ओत-प्रोत चोट करनेवाली अभिव्यक्ति में तथारूपायित हुई है।

इसी प्रकार – 'सुमन भर न लिए, सखि, वसन्त गया' की चिन्ता, 'एक दिन होगा, जब न मैं हूँगा' की निराशा और–

मैं अकेला !

देखता हूँ, आ रही मेरे दिवस की सान्ध्य-वेला !

के एकाकीपन को लक्ष्य कर निराला में आध्यात्मिक अनास्थामूलक अस्तित्ववाद (सन्धाताओं की ओर से) कम ओज-चोज भरी न होगी, पर उसी क्षण यदि उनकी, अन्यत्र अनसुनी, ये ध्वनियाँ कर्ण-कुहर को भर सकें तो आस्था की प्रत्यञ्चा से छूटे हुए सुवर्ण स्वरक्षरों से कुहरा-भरा दिशाकाश जैसे नई छवियों में खुलकर खिल उठे :-

"जानता हूँ, नदी झरने,
जो मुझे थे पार करने,
कर चुका हूँ ।"

+ +

"भाव जो छलके पदों पर
न हों हल्के, न हों नश्वर ।"

डार्विन, मार्क्स, फ्रायड और सार्त्र के झंझावाती विचारों से विकम्पित विश्व में अकेले निराला का यह भारत कैसा है :-

"भारत ही जीवन-धन !
तपः पुंज गिरि - कन्दर,
निर्झर के स्वर पुष्कर,
दिक्प्रान्तर मर्म - मुखर,
मानव मानव - जीवन !
नहीं कहीं जड़-जघन्य,
नहीं कहीं अहम्मन्य,
नहीं कहीं स्तन्य-वन्य,
चिन्मय केवल चिन्तन !"

कहना अनावश्यक है, कम-से-कम निराला अपने इसी भारत के कवि हैं । उनकी कृतियों में धर्म, नीति-दर्शन और परम्परा का अद्‌भुत समारोह (यद्यपि उसी सामर्थ्य से पाषाणी कारा तोड़कर आगे बढ़ने का सबसे साहसी कदम उन्हीं के गर्जित-जीवन-निर्झर ने उठाया था । यह विरोधाभास नहीं, समन्वय है, अनेक पगडंडियों से चलकर एक लक्ष्य पर पहुँचने का सफल प्रयास । ऐसा ही समन्वय गीता और रामचरितमानस में भी है । सर्वत्र ही भौतिक आध्यात्मिक सोपानों से बँधा है । यदि यहाँ झोल है तो मैं दावा करता हूँ, वहाँ भी है । यदि वहाँ नहीं है तो यहाँ भी नहीं है, यह निश्चित है ।) है ।

तभी निराला ने लिखा :-"हूँ दूर, सदा मैं दूर !"

मैं किसी संकीर्ण दायरे का कायल नहीं हूँ, विराट को क्षुद्र में न ढूँढ़ा जाय; धर्म

सम्प्रदाय नहीं है; जीवन जीना भर नहीं है, ज्ञान अज्ञान का अभाव मात्र नहीं है; कोई मुझे अपनी हथेली का आँवला न समझे; मुझे करीब से क्या देखना ? मैं स्थूल से सूक्ष्म की ओर और अणु से विराट की ओर बढ़ता चला गया हूँ । काया और माया की निकटता को पारकर आलोक के अनन्त प्रसार में-उच्चतर और बृहत्तर जीवन की असीमता में मुझे ढूँढ़ना चाहिए !-'हूँ दूर सदा मैं दूर !'

तू तो कल्लोलिनी की कला देख रहा है, जल की कलध्वनि सुन रहा है ! तभी चेतना के अनन्त-विस्तार सागर में जीवन की उत्ताल तरंगों का उत्थान-पतनाघात अनदेखा रह गया है!

फूलों की भीनी-भीनी गन्ध जो झीनी-झीनी हवाओं में तैरती है, तू उसी के सुख का अनुभव करता रहा ! तभी ऊर्म्मि-घूर्णित झञ्झावात, खनखनाती पत्तियाँ उड़ते; धूल के गुब्बारे उछालते, चक्कर काटते, अन्धड़ और हड्डियाँ छेद कर पार कर जाने वाली बर्फीली हवाओं में फैली हुई तीव्र तीक्ष्ण गन्ध की विविध विधाएँ अनसूँघी ही रह गई हैं ।

आलोक का खेल भी देखा तो बस चंदा और चाँदनी की आँख-मिचौनी का । अरे मरु की रेत में दहकती हुई धूप भी देखी होती और नहीं , प्रचण्ड मार्तण्ड की आग्नेय किरणों की स्फुलिंग पिंगल कुञ्ज-क्यारियों में खिलखिलाता हुआ एक कोमल कमल को ही देखा होता ! पर तू कायर नहीं-नहीं, बहादुर जो ठहरा, बस लघु-लघु लहरों, कोमल कलरव, मीठी गन्ध , चन्दा और चाँदनी ही में बहता रह गया; और यह सब कुछ यों भूल कर, विभोर हो कर देखता रहा है कि मैं कहीं नहीं दिखा !

कल्लोलिनी - कला, जल-कलरव
सुमन-सुरभि, समीर-सुख-अनुभव,
कुमुद-किरण-अभिसार-केलि नव-
देख रहा तू भूल, - शूर !
हूँ दूर, सदा मैं दूर !!

जैसे दूधिया भाषा और अंगूरी भावों के सहारे निराला ने गीत नहीं लिखे, जिस कारण गीतिका के-

नव गति, नव लय, ताल-छन्द नव,
नवल कण्ठ, नव जलद-मन्द्र रव,
नव नभ के नव विहग-वृन्द को
नव पर, नव स्वर दे !

x x x

लंका पदतल - शतदल
गर्जितोर्म्मि सागर - जल
घोता शुचि चरण युगल
स्तव कर बहु-अर्थ-भरे !

x x x

मेरा दुख अरण्य, किसलय - दल-
ज्वाल, जली काली तुम कोयल,
दैन्य - डाल पर बैठी प्रतिपल
सुना रही हो तान !
व्यर्थ मैं पाता हूँ, सम्मान !!

-ऐसे रस-भाव-भरे उदात्त गीतों को 'ठूँठ' कहा गया, उसी प्रकार भक्त कवि निराला की भक्ति भी असाम्प्रदायिक थी, उसे शैव, गााणपत, सौर, वैष्णव - किसी भी साम्प्रदायिक कोठे में नहीं अटाया जा सकता । यों उनमें कबीर का फक्कड़पन भी था, तुलसी का शील भी, सूर का रस भी था, मीरा की वेदना भी । किन्तु वह हू-ब-हू किसी के रूपान्तर न थे । शंकर, रामानुज, वल्लभ, निम्बार्क का ज्ञात-अज्ञात प्रभाव उनमें ढूँढ़ा जा सकता है, पर ऐसे ही शाक्त धर्म-दर्शन की ज्योति-ज्वाल भी उनके पञ्चप्राण-प्रदीप में पाई जा सकती है । दिल बहलाने के लिए उनके दो कर्म-क्षेत्रों के संस्कार बंगाल के रामकृष्ण-विवेकानन्द और अवध के तुलसीदास से ढूँढ़ निकाले जा सकते हैं पर कुल मिलाकर निराला निराले भक्त थे, यही कहना उचित प्रतीत होता है । बहुतेरे छोटे गीतों से लेकर 'पञ्चवटी' 'तुलसीदास' और 'राम की शक्ति पूजा' तक उनके एक प्रकार के भाव लक्ष्य किए जा सकते हैं, 'यमुना के प्रति' से दूसरे प्रकार के और मातृरूप में वन्दित छन्दों में तीसरे प्रकार के । भौतिक अतिशयता के इस वैज्ञानिक युग में रस्किन और टाल्सटाय क्या, रामधुन और प्रार्थना के आग्रही गाँधी विनोबा के समान वह 'आधुनिक' के निष्प्राण प्राण यन्त्र में 'परम्परा' के अमृत-मन्त्र गुञ्जित करते जान पड़ते थे । बस केवल पंथ-पंथ के भेद से वह अन्यों से भिन्न प्रतीत होते थे । 'एकं सद् विप्रा बहुधा वदन्ति ।'

मन की निर्विशेषता अकल्पित है । चाहे वह जड़ से जुड़े, चाहे चेतन में लहरे । निराला गौतम की मुक्ति नहीं चाहते थे । उनका ज्ञान अकर्मण्य न था । इस कारण-

"यावत् क्रियास्तावदिदं मनो वै
कर्मात्मकं येन शरीर-बन्धः ।"

वह भरत की भाँति एक हिरने के छौने के लिए आत्मज्ञान के उच्चतर शिखर से उतर कर संवेदना की सजल घाटियों में भूखे-प्यासे विचर सकते थे :-

"मैंने 'मैं' - शैली अपनाई
देखा दुखी एक निज भाई,
दुख की छाया पड़ी हृदय में मेरे,
झट उमड़ वेदना आई ।
उसकी अश्रु भरी आँखों पर मेरे करुणाञ्चल का स्पर्श ।"

तभी उन्होंने कहा-

सलिल-प्रवाह में ज्यों बहता शैवाल-जाल
गृह-हीन, लक्ष्य-हीन, यन्त्र-तुल्य,

किन्तु परमात्मा की प्रेममयी प्रेरणा से
मिलता है अन्त में असीम महासागर से
हृदय खोल - मुक्त होता,
मैं भी त्यों त्याग कर सुखाशाएँ
घर-द्वार - धन-जन,
बहता हूँ माता के चरणामृत-सागर में;
मुक्ति नहीं जानता मैं, भक्ति रहे, काफी है ।''

'परिमल' के प्रारम्भ में कवि की प्रार्थना है कि अरी ओ ज्योतिर्मयी, अगजग में जो तम का वितान तना हुआ है, उसे तुम अपनी ज्योति से जगमग कर दो; तुम हल्के पाँवों हौले-हौले, जीवित होकर भी निर्जीव-से जड़, तरु-तृण-गुल्मों की इस धरती पर उतर आओ और जिन गैलों, वीथियों, पगडंडियों से गुजरो, उन पर फूलों की, सुगन्ध की किरणों की हँसी बिखेरती आओ, जिससे सब समझें, तुम इन्हीं आलोकित लकीरों से होकर आई हो; जड़ों और जीवन्मृतों में तुम्हीं नया जीवन, नई आत्मा प्रतिष्ठित कर रही हो !

अरी, यह तो तुम्हारा बार-बार का किया हुआ उदार उपकार है । जब-जब जड़ता जग-जीवन को आक्रान्त करती है, तुम प्रिय और कोमल पदों से धरती पर उतरती हो, झञ्झा की तरह झकझोरती और वज्र की तरह कड़कती हुई नहीं, बल्कि हल्के-हल्के, अणु-परमाणुओं के सन्धि-रन्ध्रों तक को गुदगुदाती हुई ।

(छाती पर लात मारकर कोई प्राणागार में प्रवेश भी तो नही पा सकता ! ज्योति की तन्वी मृदु पदों से, मन्द-मन्थर गति से चलेगी ही ।)

एक बार फिर वैसा ही करो ।

मैं तुमसे वीरान-बंजर में जुही की कली खिलाने नहीं कह रहा ! जहाँ ये बेलें पहले से मचल रही हैं; जहाँ यह घास पहले से ही दूर-दूर तक पसरी-पसरी, फैली-फैली हुई है, जहाँ ये पेड़ जाने कब से गड़े खड़े हैं, मैं तुम्हें वहीं से आमन्त्रित कर रहा हूँ । बात यह है कि हैं तो सब, पर ये अपना अस्तित्व भर जुगोए हुए हैं; अर्थवत्ता भूल गए हैं, इनका यह निर्विशेष जीना नई जीवन-ज्योति पा जाए, इनके बने रहने में नया बनाव-शृंगार आ जाए, यदि तुम आ जाओ ।

अरी, यह तो कोई 'वक्रः पन्थाः' नहीं, तुम्हारे सदा से आने-जाने का अपना ही पथ है । इधर सदियों से नहीं आई, इस कारण फूल कुम्हला गए हैं; मखमली घास पर धूल जम गई है । तुम एक बार आई नहीं कि धुँधलका छँटा, किरणें बिछलीं, सुगन्ध की लपटें उठीं !

जग ने अपने लिए बहुत से पंथ-कुपंथ ढूंढ़ लिए हैं, सिर्फ तुम्हारा रास्ता वह भूल गया है । उसके नाना पंथों पर उसी के आविष्कृत अज्ञान का अन्धकार फैल गया है । तुम ठहरीं ज्योतिर्मयी, इस अलौकिक आलोक में 'एक' दिखे तो अनेक का भ्रम मिटे । तुम हँस-हँसकर अपना आलोक-पथ दिखला दो, फिर देखो, उसकी विविध शाखा-प्रशाखाओं में

फैली हुई निर्व्यवसाय बुद्धि की जड़ता कैसे अपने आप कट जाती है ! क्यों न तुम उसमें नई उमंग-तरंगें जगा देतीं ? उसे लक्ष्य का बोध करा, उसमें नई प्रबुद्ध चेतना भर देतीं ? मेरी प्रार्थना पर कान दो, प्राण-भूमि पर भूमा की ज्योति-धार एक बार फिर बरसाओ । यदि शंकर की प्रलयंकारी तीसरी दृष्टि खुले तो पथ आलोकित ही न हो, जल भी जाए !

ठीक है कि वह ज्ञान की आग होगी जिससे कर्म की रजोमय पगडंडियाँ लहकेंगी, जलकर क्षार हो जायँगी, किन्तु मेरी यह प्रार्थना तो नहीं है । मैं तुम्हारी ज्वलित दृष्टि का नहीं, आनन्दमयी हँसी का प्रार्थी हूँ । तुम्हारी हँसी आलोक फैलाए - प्रिय प्राणस्पर्शी प्रकाश, मेरी यही प्रार्थना है । मैं नित-नूतन जीवन का आकांक्षी, अमरण मरण क्यों चाहूँ ?

हँस-हँस कर ही तो ! तुम सोचती होगी, प्रार्थियों के मारे हाट-बाट पार करना कठिन है; ये मँगते एक दूसरे को ठेलते धकियाते बढ़े चले आते हैं; प्रार्थनाओं की आपाधापी मची हुई है, जैसे मैं कुछ समझती ही नहीं ! नहीं-नहीं, ज्योतिर्मयी, तुम्हें काहे की जल्दी है ! तुम निरूद्वेग मन्द-मन्थर गति से मुझ-जैसों की आकुल प्रार्थनाओं की खुली-फैली झोलियों में हँसी के कुछ कण छोड़ती-छिड़कती हुई अपनी राह चलती चली जाओ ! मैं तुम्हें तुम्हारे कर्त्तव्य की याद नहीं दिलाता, तुम क्या भूलनेवाली हो ? मैं तो अपना ही कर्त्तव्य पूरा कर रहा हूँ । दखल नहीं दे रहा, प्रार्थना कर रहा हूँ :-

जग को ज्योतिर्मय कर दो !
प्रिय कोमल-पद गामिनि ! मंद उतर
जीवन्मृत तरु-तृण-गुल्मों की पृथ्वी पर
हँस-हँस निज पथ आलोकित कर,
नूतन जीवन भर दो !

डा० देवराज-ऐसे कृत-विद्य कवि और आलोचक इस ऐसी ज्योतिर्मय, किरणमयी का अर्थ नहीं समझते । वह अपनी असमर्थता को सर्व-समर्थ कलाकार की असमर्थता बतलाते हैं । वह प्राच्य-पाश्चात्य दर्शनों के स्वीकृत अध्येता जो हैं, उन्हें कोई ऐसी ऊटपटांग कविताओं को दार्शनिक कहकर कैसे चरका दे सकता है ? रहस्यवाद की तो 'खैर' यहाँ गुंजाइश है भी नहीं । न गगन-गुफा में अजस्त्र स्वर झर रहा है, न चदरिया ही झीनी-झीनी बीनी जा रही है । इस कारण वह 'प्रार्थना' शीर्षक, निराला की, भक्ति-रसप्लुत महान् गीत-कविता को निरर्थक शब्दाडम्बर कहकर चलता कर देते हैं । काव्य-कला का कोई प्राथमिक विद्यार्थी भी अपनी असमर्थता को इस सामर्थ्य से कदाचित् ही व्यक्त करता ।

कवि प्रार्थना करता है :-

"जीवन प्रात-समीरण-सा लघु, विचरण-निरत करो !
तरु-तोरण-तृण-तृण की कविता छवि-मधु-सुरभि भरो !!

डा० देवराज के शब्दों में - 'पहली पंक्ति साफ है, दूसरी पंक्ति घण्टों सिर खरोंचने पर भी समझ में नहीं आती' । अवश्य वह यह नहीं बताते कि पहली पंक्ति कैसे साफ है और दूसरी क्यों घंटों सिर खरोंचने पर भी समझ में नहीं आई ! मैं समझता हूँ, वस्तु की दुर्बोधता उसकी निराधारता नहीं प्रमाणित करती ।

जो कवि अपना जीवन सुबह की हवा की तरह हल्का, दूर-दूर तक फैल जाने

वाला चाहता है, जो प्रात-समीरण के हल्केपन और उसके स्वस्थ प्रवेशकारी गुण, एवं 'चरैवेति' की-सी तीव्र प्रसार-शक्ति का साक्षात्कार करता हुआ अपने अद्‌भुत सौन्दर्य्य-बोध का मौलिक परिचय दे रहा है, वही तरु-तोरण-तृण की छवि-मधु-सुरभि-भीनी सहज, सुन्दर, स्वस्थ कविता को हल्के बहते प्रात-पवन से अपने प्रसारकामी जीवन में भरने की प्रार्थना कर रहा है।

सुबह की हवा टटके खिले फूलों की शबनमी गन्ध भरकर दूर-दूर तक बहती और ज़र्रे-ज़र्रे को तरोताजा कर देती है। कवि चाहता है, उसका जीवन भी उसी सुबह की हवा-जैसा हो, जो प्रकृति के अणु-परमाणुओं तक की छवि उतार ले, मिठास और खुशबू भर ले और उसे सम्पूर्ण वातावरण में बिखेरता हुआ दूर-दूर तक फैलाता चला जाय ! यह जो तरुओं के पल्लव-कुसुम-गुम्फित बन्दनवार से हरी घास की एक-एक पत्ती तक की छवि, मधु, सुरभि है, वह उसे ही कविता कह रहा है। छवि, मधु, सुरभि उसकी सौन्दर्य्य-सर्जक दृष्टि में तरुतोरण-तृण-तृण की कविता ही है जिसे वह अपने उन्मुक्त, अकुण्ठित कवि-जीवन मे सहज ही समो लेना चाहता है। जीवन पवन है जो छवि-मधु-सुरभि भरकर बहना चाहता है; व्याप्ति की सामर्थ्य रखनेवाला संक्रमण-शील 'कवि' -जीवन है तो वह प्रकृति के विराट से सूक्ष्म तक का कवित्व न केवल आत्मसात् करना चाहता है, प्रत्युत उसे मानवीय परिवेश में एक ओर से दूसरे छोर तक फैला देने का प्रार्थी भी है।

चली सुभग कविता सरिता-सी
राम-विमल-जस-जल-भरिता सी

में कविता के सहज प्रवाह को चाहे जैसी सुन्दर व्यञ्जना मिली हो, पर दूसरे किस कवि ने अपने रूप-रस-गन्ध-भीने उच्छ्वास को जीवन की व्यापकता में उड़ान भरनेवाली ऐसी पवन-पंखी वाणी दी है ? नाद तथा शब्द के ऐसे गुँथे-से व्यञ्जक प्रयोग का प्रयोजनीय चमत्कार दिखलाया है ?

अंचल-सा न करो चंचल, क्षण-भंगुर,
नत नयनों में स्थिर दो बल, अविचल उर !

डा० देवराज कहते हैं, 'अञ्चल-सा न करो 'चञ्चल' यह तो ठीक है, पर क्षणभंगुर विशेषण की क्या सार्थकता है ? अञ्चल में क्षणभंगुरता की प्रतीति विशेष रूप से नहीं होती !'

विदित हो कि क्षणभंगुर पृथक् विशेषण है और वह भी अञ्चल का न हो कर उसी जीवन का है जिसकी चर्चा ऊपर की जा चुकी है।

'किरणमयी' चिरयुवती है (-"न च खलु वयो यौवनादन्यदस्ति"; ऋग्वेद की उषा की तरह -"एषा दिवो दुहिता प्रत्यदर्शि व्युच्छन्ती युवतिः शुक्रवासाः "), यह उसके अञ्चल की चञ्चलता से व्यञ्जित होता है। कवि कहता है, तुम मेरे जीवन को अपने लहराते हुए आँचल की तरह, उत्थान-पतन या चढ़ाव-उतार के द्वन्द्व से अशान्त न करो और न उसे क्षणभंगुर ही बनाओ कि वह संस्पर्शज क्षणिक सुख भोगकर शीघ्र ही सदा के लिए समाप्त हो जाए। सुस्पष्ट शब्दों में : उसे निर्द्वन्द्व, शान्त और अमर बनने का वर दो !

मैं समझता हूँ, अब विशेषण की सार्थकता पानी की तरह साफ हो गई होगी।

पूरी-की-पूरी कविता को ही निरर्थक शब्दाडम्बर कहने के साहसी डा० देवराज का आगे की पंक्ति पर यह अन्तिम अहृदय, असाहित्यिक आरोप है कि 'नयनों के नत' विशेषण की सार्थकता स्पष्ट नहीं है ।

अब कोई ऐसी दिव्य दृष्टि को क्या कहे ? आराध्या के प्रति प्रणति या भक्ति-भावना के अतिरिक्त नयनों की नति का दूसरा क्या कारण हो सकता है ? हाँ, इस प्रणति में आर्त की विह्वलता नहीं है, ज्ञानी की उदात्त आकांक्षा है :

''बाँधी भी मूठ मैंने संचय की चिन्तना से,
मुद्रा दरिद्र की है, तुमने किया इशारा !''

के तेजस्वी का अपराजेय पौरुष है । तभी वह कहते हैं-

'नत नयनों में स्थिर दो बल, अविचल उर' । कि मेरे भक्तिनत नयनों में शाश्वत शक्ति दो; मेरे मन को दृढ़ निश्चयी एवं अटूट निष्ठावान् बनाओ ! कि मेरे नयन हीनता की भावना से, कदर्यता से या संदिग्ध प्रकाश की ग्लानि से झुके हुए न हों प्रत्युत जैसे विद्या विनीत बनाती है अथवा फूल-फलों से लदे हुए विटप विनम्र हो जाते हैं, उसी प्रकार तुम्हारी अनपायिनी भक्ति से नत मेरे इन नयनो में अपने उन्नत स्थायी प्रकाश का बल दो । साथ ही, ('चञ्चलं हि मनः कृष्ण प्रमाथि' के रूप में सर्व-विदित) चल-विचल होते रहने वाले मन को अविचल कर दो ।

श्वास उछ्वास के हल्के झकोरे से भी खुलने और बंद हो जाने वाले नयन जैसे भीतर से खुलने वाले मन के बाहरी वातायन हैं । और मन संकल्प-विकल्पात्मक होने के कारण धड़कनेवाला, चिर चञ्चल है । नयन-मन की इस बाहरी चञ्चलता में पहले बाहरी और फिर भीतरी का कलात्मक क्रम लक्ष्य करने के योग्य है । मन की अटूट आस्था ही नयनों का स्थिर बल हो सकती है; किन्तु मन को देखने का क्या उपाय है ? अतः नयनों में झाँककर मन की झाँकी लेनी होगी ।

'स्थिर बल' और 'अविचल उर' आध्यात्मिक उन्नयन से ही उपलब्ध हो सकता है, कोई इसे भौतिविकास में ढूँढ़ कर न भटके; बिजली की कौंध से चकाचौंध में न आए; प्रभुता को ही विभुता न मान बैठे, इसलिए कवि और अधिक स्पष्टता से अपनी आन्तरिकता अभिव्यक्त करता है :-

'स्वर-साकर दो अविनश्वर, ईश्वर-मञ्जित
शुचि चन्दन-वन्दन-सुन्दर, मन्दर-सज्जित !'

नाद को नित्य अतः ब्रह्म माना गया है । वह सब प्राणियों का चैतन्य है, यह समस्त चराचर-प्रपञ्च उसी का विवर्त है ।[१]

वह अद्वितीय है और आनन्दमय है :-

चैतन्यं सर्वभूतानां विवृतं जगदात्मना
नादब्रह्म तदानन्दमद्वितीयमुपास्महे ।

---

१. नादेन व्यज्यते वर्णः पदं वर्णात् पदात् वचः ।
वचसो व्यवहारोऽयं नादाधीनमतो जगत् ॥

नाद से वर्ण व्यञ्जित होता है, वर्ण से पद, पद से वाणी और वाणी से समस्त लोक-व्यवहार । इसलिए यह जगत् ही नाद के अधीन है ।

उस ईश्वर-मज्जित-ऐश्वर्य्य-भरे स्वर के समान मेरे जीवन को अविनश्वरता में रूपायित कर दो और उसे चन्दन-वन के नित्य-वन्दन से सुन्दर तथा पवित्र मन्दराचल की भाँति अचल एवं दृढ़ बना दो ।

ब्रह्म तो चिदानन्द, सर्वज्योति, निरंजन, ईश्वर, अद्वितीय, निर्विकार, निराकार, सर्वेश्वर, अनश्वर, सर्वशक्ति और सर्वज्ञ है ही, किन्तु उसके अंश जीव की और जीव से अभिन्न जगत् की उस सम्पूर्णता की समग्र उपलब्धि का आग्रह शास्त्र-सिद्ध है । शुचि-सुन्दर मन्दर की-सी बद्धपरिकता कदाचित उसी समग्रता की उपलब्धि के लिए पूर्व-तत्परता को व्यञ्जित करती है । यों तो स्वर मात्र अनिश्वर है पर कवि की प्रार्थना है कि उसका जीवन उस स्वर-सा अविनाशी हो जो प्रणव के समान ईश्वर-मञ्जित है ।

जैसे विनय-पत्रिका के प्रारम्भिक पदों में प्रत्येक देवी-देवता से राम-भक्ति की भिक्षा माँगी गई है, कुछ उसी प्रकार किरणमयी देवी के ईश्वर-मज्जित जीवन की प्रार्थना प्रतीत होती है । भौतिक उद्रिक्त आकांक्षाओं के अभाव में प्रार्थना के स्वर में कहीं दैन्य नहीं है, सर्वत्र उत्तोलित उदात्तता दृष्टिगोचर होती है ।

ईश्वरत्व में डूबे हुए स्वर के समान जब जीवन ऐश्वर्य्य-सिद्धि-सम्पन्न हो तभी उसमें चन्दन-वन्दित मन्दराचल की ऐश्वर्य्य-पूर्ण निष्कम्पता आ सकती है ।

जो भी जीवन ईश्वरत्व की अडिग अटूट आस्था में अचल होगा उसमें मन्दर की अचलता और चन्दन की शुचिता एक साथ ही, निः संशय, उपलब्ध होगी-

मेरे गगन-मगन मन में अयि किरणमयी, उतरो !'

जैसे गंगावतरण के लिए धूर्जटि के जटा-जूट की व्यापक कल्पना है, उसी प्रकार यह अपार विस्तार गगन ही है जिसमें किरणमयी सहज-सहज उतर सकती है । मन की व्यापकता ही पर्याप्त नहीं है-मरु का सा धूम्र, रेतीला प्रसार या अबन्ध अन्धकार-सा सर्वग्रासी प्रसार नहीं, आलोक-तरल फैलाव चाहिए । 'सा-सा-सा-सा' वाला अद्वैत नहीं, 'तस्य भासा सर्वमिदं विभाति' वाला द्वैत । मन-मन्दिर-सा सीमित नहीं कि बस उसमें एक छोटी सी प्रतिभा भर बैठे, यह तो जैसे असीम आकाश में डूब गया है, तदाकार हो गया है । अब वह किरणों का अधिवास हो सकता है ।

मन का 'गगन-मगन' होना पार्थिवता का विरोधी नहीं, व्यावहारिकता से पलायन नहीं है । वह तो जैसे उठान है-भूमि से भूमा की ओर । वह स्वस्थ विकास है- बीज से विटप की भाँति । बीज भूमि में रहे पर प्राकृतिक विकास का तकाजा है, तना आकाश में सिर उठायेगा, फुनगी आकाश चूमना चाहेगी । किरण पहले फुनगी पर उतरेगी, फिर वह चाहे डाल-पात से छन कर भूमि को आलोकित कर दे, उसकी तीक्ष्ण करुणा की बलिहारी ।

मन अपनी सूक्ष्मता में विराट् है । वह तन के-मिट्टी के दायरे में नहीं अटता । ठूँस-ठाँस कर रखने से घुटता रहता है । खुलता नहीं है; खिलता नहीं है । उसे खुलने-खिलने के लिए अनन्त अवकाश चाहिए-आकाश चाहिए ।

मिट्टी का मोह त्यागे बिना मन गगन में मँडला सकता है, 'मगन' नहीं हो सकता ।

और जब तक वह 'गगन-मगन नहीं है, तब तक उसे विशुद्ध ज्ञान का आलोक नहीं प्राप्त हुआ है, समझना चाहिए।

प्रार्थी कवि का मन उस आध्यात्मिक स्तर तक उठ चुका है, जहाँ किरणमयी सहजभाव से उतर सकती, अपना आवास बना सकती है।

कवि की प्रार्थना के कितने ही प्रकार हो सकते हैं। होमर कह सकते हैं :-

"Achilles' wrath, to Greece the direful spring, Of woes unnumber'd heavenly heavenly godden sing !

x x x

Declare, O muse ! in what ill-fated hour, Sprung the fierce strife, from what offended bower."

-Pope's Homer's Iliad.

मिल्टन देवी सरस्वती का इस स्वर से आवाहन कर सकते हैं :-

Of man's first disobedience and the fruit
Of the forbidden tree, whose mortal taste
Brought death into the world and all our woe

x x x

Sing heavenly muse.................
And chiefly thou, O Spirit..............

शंकराचार्य नगपति-किशोरी गौरी का यों भजन कर सकते हैं :-

मुखे ते ताम्बूलं नयन-युगले कज्जलकला
ललाटे काश्मीरं विलसति गले मौक्तिकलता
स्फुरत्कांची शाटी पृथुकटितटे हाटकमयी
भजामस्त्वां गौरीं नगपतिकिशोरीमविरतम्।

किन्तु प्रस्तुत प्रार्थना का स्वर रवीन्द्रनाथ के-

"अन्तर मम विकसित् करो अन्तरतर हे !" की जाति का है, यद्यपि यह सौन्दर्य्य और माधुर्य्य में रवीन्द्रनाथ की नैतिक दार्शनिकता को बहुत पीछे छोड़ देता है।

पार्थिव प्रेम प्रतिदान-प्राप्ति का आकांक्षी होता है। इस प्रकार प्रेम अमर्यादित हो जाता है। प्रेम का मौलिक सौन्दर्य विकृत एवं कलुषित हो जाता है। विकार, स्वार्थ और द्वन्द्व-कालुष्य से भरे हुए मन में निःस्वार्थ अपार्थिव प्रेम का कोई धुँधला-सा चित्र भी नहीं उभरता। किन्तु मूलतः पार्थिव अपार्थिव प्रेम में इतना ही अन्तर है कि स्वार्थ के साँचे मे ढला हुआ प्रेम पार्थिव है, क्षुद्र है, सीमित है और वह बन्धन, दुःख तथा अनुताप में पर्य्यवसित होता है, इसके विपरीत जब प्रतिदान एवं स्वार्थ की भावना से नहीं संचालित होता तब वह निर्विकार होता है, दिव्य होता है, मुक्ति और अनन्त आनन्द से एकात्म हो जाता है, जैसे बहता हुआ पानी समुद्र से।

प्रेम की परिपूर्णता का सन्धान सब करते हैं पर एकात्मता की अनुभूति - गगन-किरण-मिलन की अनुभूति - निरालों को ही होती है । आत्मदृष्टि का उन्मेष हुए बिना देहासक्ति नहीं मिट सकती; इन्द्रिय-केन्द्रित प्रेम भक्ति के ऊर्ध्व उन्मुक्त गगन में ज्ञान की कनक-रजत किरणाों से पुलक-प्रकम्प का असीम आनन्द नहीं प्राप्त कर सकता ।

भक्ति के द्वारा ही आध्यात्मिक सत्य की अनुभूति संभव है । सत्य स्वयं प्रकाश है, भक्ति मन को गगन का उन्नयन भी देती है, विस्तार भी । भक्तिहीन ज्ञान और ज्ञान-हीन भक्ति - दोनों अपूर्ण हैं । भक्ति की नीलिमा और ज्ञान की ज्योति मे एकात्मता चाहिए ।

१. "प्रतिपल तुम ढाल रहे सुधा मधुर ज्योति-धार
मेरे जीवन पर, प्रिय यौवन-वन के बहार !"

२. भर देते हो,
बार बार प्रिय, करुणा की किरणों से
क्षुब्ध हृदय को पुलकित कर देते हो !

इस प्रकार के, अहैतुकी करुणा की आनन्दमयी अनुभूति के, कितने ही पद कण्टकित प्राणों के आँसुओं-धुले इंगित-से नयन-मन तरंगित होते हैं । अञ्जलि चाहे अलक्ष्य हो, पर फूलों की मधुर गन्ध छिपाए नहीं छिपती ।

लक्ष्य करने योग्य 'प्रिय' की आवृत्ति है । 'ब्रह्म-संस्पर्श' की उत्कटता का अनुभव सर्व-वेद्य नहीं है; किन्तु सामीप्य और साहचर्य्य की निविड़ अनुभूति के बिना-

-प्रिय कोमल-पद-गामिनि
-प्रिय करुणा की किरणों से
-प्रिय स्वतन्त्र रव अमृत-मन्त्र नव

की ऐसी सरस अभिव्यक्ति संभव नहीं है ।

'गाने दो प्रिय, मुझे भूल कर
अपनापन.........अपार जग सुन्दर,
खुली करुण उर की सीपी पर
स्वाती-जल नित बरसाओ !'

की असंग तन्मयता में निराला का स्वतन्त्र आमन्त्रण गूंजता है ।

इस 'प्रिय' को-

'पितेव पुत्रस्य, सखेव सख्युः
प्रियः प्रियायार्हसि देव, सोढुम् !'

के-से क्षमापन की अपेक्षा नहीं है । यह तो कवीन्द्र रवीन्द्र की Drunk with the joy of singing I forget myself, and call thee friend who art my lord. -सी विसुध आनन्दानुभूति है ।

"समाधि-निर्धूत-मलस्य चेतसो
निवेशितस्यात्मनि यत् सुखं भवेत्

न शक्यते वर्णयितुं गिरा तदा
स्वयं तदन्तः करणेन गृह्यते ।''

भक्त कवि निराला सूर-तुलसी की भक्तिभावना का नहीं अनुवर्तन करते, इस कारण श्रवण, कीर्तन, स्मरण अदि की नवधा भक्ति या सालोक्य, सार्ष्टि, सामीप्य, सारूप्य और सायुज्य की पञ्चधा मुक्ति उनमें रूढ़ रूप में नहीं ढूँढ़नी चाहिए । यों आग्रही पर वह सर्वत्र अनुग्रह करते देखे जा सकते हैं । भक्ति की तरलता और मुक्ति की गम्भीरता स्थिर रूप में प्रकाशित हुई है, साम्प्रदायिक उद्वेग या प्रचारात्मक तार स्वर में नहीं ।

वह तो सगुण, निर्गुण, देव, देवी - सबको अपनी अभिव्यक्तियों में समान समादर से समेट कर अपने को खोलते हैं । उनकी उदार-उन्मुक्त, भक्ति, निश्चय ही, अशास्त्रीय नहीं है :-

''ज्ञानौ द्वौ अजौ ईशानीशौ ''
त्वं स्त्री तवं पुमानसि, त्वं 'कुमारः उत वा कुमारी ।''

उपनिषदों की ऐसी कितनी ही उक्तियाँ उनकी उपलब्धि के साथ हैं । सात्त्विक राजस और तामस-तीनों गुणों में उनकी आस्था एक-सी रमी है । जहाँ पुरुष प्रकृति, योग-सिद्धि, शिव-शक्ति की प्रतीकात्मक अनन्यता है, वहाँ रघुकुल-गौरव रामचन्द्र के साथ अचला भक्ति और राधा के मनमोहन और उनके अधरों की वेणु का चिर साहचर्य्य भी है । इतना ही नहीं, सत्त्व के उद्रेक में यहाँ तम भी वर्जित नहीं रहा है, व्यापक प्रकाश - बहिरन्तश्चर तिमिर से अपरिचित नहीं है :

''तुम सुरा-पान घन अन्धकार,
मैं हूँ मतवाली भ्रान्ति !''

यह भक्ति तम में भी साथ नहीं छोड़ती । ''गर्ज गर्ज क्षण मूढ़, मधु यावत् पिवाम्यहम् ।'' सृष्टि हो या संहार, सब रूपों में अनन्यता है । भक्त जानता है :-

''विराजिता शव आसने, कभु प्रमत्ता आसवपाने,
ओ मा त्रिगुणधारिणि, गुणातीता त्रिनयनि !''

संहार जब नवीन सृष्टि का उपादान बन जाता है तब वह भक्ति के उदात्त स्वर-विस्तार से वञ्चित नहीं रह पाता । ''लैहों मैं करवट-काशी'' में भक्ति की व्याकुलता ने ही प्रशान्त वाणी पाई है । जीवन और जगत को विभु की विभा का क्षेत्र समझ जिसने आँसुओं से भक्ति की बेल सींची वही वहाँ रज उड़ते और तम छाते देख कर परिवर्तन की शक्ति का यों आवाहन कर सकता है :-

''एक बार बस और नाच तू श्यामा !
अट्टहास-उल्लास-नृत्य का होगा जब आनन्द,
विश्व की इस वीणा के टूटेंगे सब तार,
बन्द हो जाएँगे ये जितने कोमल छन्द,
सिन्धु-राग का होगा तब आलाप............''

यों तो आचार्य शंकर ने 'विवेक चूड़ामणि' में भक्ति के सम्बन्ध में अपनी मान्यता व्यक्त की है कि मुक्ति प्राप्त करने के जितने उपाय हैं, उसमें भक्ति ही सर्वश्रेष्ठ है :-

"स्व-स्वरूपानुसन्धानं भक्तिरित्यभिधीयते
स्वात्मतत्वानुसन्धानं भक्तिरित्यपरे विदु : ।"

आत्म-रति में नित्य रहने को शाण्डिल्य ने भी भक्ति माना है, परन्तु परम प्रेमरूपा भक्ति के व्याख्याता देवार्षि नारद ने परम व्याकुलता को भी लक्ष्य किया है जिस कारण भक्त का दैन्य भगवान् को प्रिय है-

"केहि अति दीन पियारे ?"

निराला का चिरपरिचित 'अहं' दैन्य से सामंजस्य स्थापित कर लेता है तो केवल इसी कारण कि वह मौलिक रूप में सहज-सरल थे; भवभूति की भाँति उनका अहंकार विश्व की निमर्मता के पंक में पंकज-सा फूला था।

अपने कर्तृत्व का विनम्र परिहार उन्होंने फिर फिर किया है :-

'तुम्हीं गाती हो अपना गान
व्यर्थ मैं पाता हूँ सम्मान !'

-गीतिका

x x x

'तुमने स्वर के आलोक-ढले
गाये हैं गाने गले गले !'

-अर्चना

x x x

'नर-जीवन के स्वार्थ सकल !
बलि हों तेरे चरणों पर, माँ,
मेरे श्रम-संचित सब फल !

-गीतिका

उनकी दैन्य-सजल आर्त पुकार बहुत ही बेधक है :-

"दुरित दूर करो नाथ,
अशरण हूँ, गहो हाथ
हार गया जीवन-रण,
छोड़ गए साथी जन,
एकाकी नैश-क्षण
कण्टक-पथ, विगत पाथ !"

-अर्चना

पूरे परिवेश में करुण-कातर स्वर प्रतिध्वनि के लिए विकलता बिखेर रहा है । पाप को दूर कर, ग्रहणीय बना कर मेरा हाथ पकड़ लो, क्योंकि मैं अशरण हूँ; आश्रय-हीन हूँ ।

जीवन-समर में मैं पराजित हो गया-अर्थ के पथ पर अनर्थ होते देखकर मैंने स्वार्थ की लड़ाई में अस्त्र-शस्त्र डाल दिए । फिर हारे का साथी कौन हो ? जो संघर्ष करते समय दाएँ-बाएँ खड़े थे, उन्होंने भी मुझे छोड़ विजयी से साँठ-गाँठ कर ली । यों मुझे दूसरों का लहू पीनेवाले विजयी का भेद मालूम हो गया था, पर इससे क्या ? साथियों का स्वार्थ जिससे साफ सधता था, उसे छोड़ वह सर्वथा असमर्थ के पास क्यों रहते ?

अब तो मैं अकेला रह गया हूँ । रात का वक्त है, रास्ते में काँटे बिछे हैं, पाथेय नदारद है । ऐसे में तुम नहीं तो और कौन मेरा हाथ गहेगा ?

In the busy moments of the noontide work I am with the crowd, but on this dark lonely day it is only for thee that I hope." -Tagor

ऐसा लगता है जैसे इस युग का गजेन्द्र भी ग्राह से अकेला युद्ध करत-करते थक कर असहाय हो कर उद्धार के निमित्त कातर स्वर की पूरी तीव्रता से प्रभु को पुकार रहा हो ।

कितने बार पुकारा,
खोल दो द्वार, बेचारा !
मैं बहुत दूर का, थका हुआ,
चल दुखकर श्रम-पथ रुका हुआ,
आश्रय दो आश्रय-वासिनि,
मेरी हो तुम्हीं सहारा !

-गीतिका

मैंने कितनी-कितनी बार पुकारा ! अब भी तो अपनी कुटी का द्वार खोल दो । मैं बेचारा हूँ; मेरा कहीं और ठिकाना नहीं ।

बहुत दूर चलते-चलते - एक जन्म से दूसरे जन्म की यात्रा करते - एक पड़ाव से दूसरे पड़ाव की ओर बढ़ते-बढ़ते अब मैं बहुत बुरी तरह थक गया हूँ । क्यों नहीं थकता भला-आखिर इस मरु-भूमि में कहीं सिमटी-सिमटी-सी भी हरियाली दिखती ! यह थका देने वाला पथ केवल दुःखदायी ही तो रहा, जिस कारण अब और आगे बढ़ने की उत्साह हमेशा के लिए जाता रहा । अरी ओ आश्रमवासिनी, अपनी कुटिया का द्वार खोल दो; मुझे आश्रय दो; अब मुझे सिर्फ तुम्हारा भरोसा है !

"सर्व-साधन-हीनस्य पराधीनस्य सर्वथा
पापपीनस्य दीनस्य कृष्ण एव गतिर्मम ।"

x x x

डोलती नाव, प्रखर है धार,
संभालो जीवन-खेवनहार ।

-परिमल

धारा का प्रवाह प्रखर है, नाव डोल रही है ओ जीवन के खेनेवाले; इसे सँभालो ।

यों अपनी शक्ति भर नैया तैर रही है; किन्तु उत्ताल तरंगें हें, जो इसे बार-बार अपनी लपेट में ले लेती हैं । अब यह डगमग-डगमग करने और भँवर में चकराने लगी है, इसकी पतवार जो टूट गई है ! ओ जीवन के खेवनहार, इस अतल जल पर मेरे तो पाँव काँपने लगे हैं ।

इस भय की घड़ी में मुझे तुम्हारी बहुत याद आ रही है । ज्यों-ज्यों दिल की धड़कन बढ़ती जाती है त्यों-त्यों मैं तुम्हारे ध्यान में डूबता जाता हूँ; मुझे तुम्हारे सहारे के अलावा कुछ सूझ ही नहीं रहा है । भय और धड़कन का क्या कहना ? कहीं कूल-किनारा दिखे तो हृदय आश्वस्त हो, मगर यहाँ तो अपार पारावार उमड़ रहा है । अतिशय भय में अतिशय तन्मय होकर - अरे ओ मेरे जीवन के खेनेवाले - मैं तुम्हें पुकार रहा हूँ ।

कवीन्द्र रवीन्द्र के-

लेगेछे अमल धवल पाले मन्द मधुर हावा
देखि नाइ कभु देखि नाइ एमन तरणि बाबा ।

का ठीक विलोम चित्र उक्त गीत में अंकित हुआ है । रवीन्द्रनाथ की नाव अमल-धवल पाल में मन्द-मधुर हवा के लगने से कुछ यों झिर-झिर तिर रही है कि वह आनन्द-विभोर हो उठे हैं; निराला की नाव प्रखर धारा में कुछ यों डोल रही डगमग कर रही है कि वह आर्त स्वर से जीवन खेवनहार को पुकार उठते हैं ।

देवि तुम्हें में क्या दूँ ?
क्या है, कुछ भी नहीं, ढो रहा व्यर्थ साधना-भार
एक विफल रोदन का है यह हार,-एक उपहार;
भरे आँसुओं में हैं असफल कितने विफल प्रयास,
झलक रही है मनोवेदना, करुणा, पर-उपहास;
क्या चरणों पर ला दूँ ?
और तुम्हें मैं क्या हूँ ?

साधक की सबसे बड़ी शक्ति साधना है क्योंकि वही उसे इष्ट-सिद्धि के शिखर तक पहुँचाती है । पाँच क्लेशों से पीड़ित मन जब उसे भी भार ढोने-जैसा समझे तो यह दैन्य की पराकाष्ठा है । निराला अपनी साधना में ज्यों-ज्यों समृद्ध होते गए त्यों-त्यों उनकी बाह्य अकिञ्चनता बढ़ती गई । दैनन्दिन जीवन की अनिवार्य्य आवश्यकताओं की पूर्ति के लिए उन्हें क्या-क्या न करना पड़ा ! ऐसे में, गगन मन में अन्ध कुहासे-सी निराशा का प्रसार कैसी वेदना और दंशन का कारण हो सकता है, अनुभव-गम्य है । कवि की व्यथा उस भारी साधना को भार ही नहीं समझती, उस भार-वहन की क्रिया को भी व्यर्थ बताती है । कवि समझता है, जिस साधना ने उसे ऐसा अलौकिक अकिञ्चन बना दिया कि वह अपनी इष्टदेवी के चरणों में चढ़ाने योग्य कुछ भी न सँजो सका, वह साधना किस काम की ? न हुई अष्ट सिद्धियों की प्राप्ति, कम-से-कम ऐसा तो होता कि ऐश्वर्य्य-सम्पन्न सर्वसमृद्ध कवियों की भाँति वह भी कल्पित वेदना के कलात्मक छन्द रचकर-

"तोमार सोनार थालाय साजाबो आज दुखेर अश्रुधार
जननी गो, गाँथ्बो तोमार गलार मुक्ताहार !"

सोने के थाल में आँसुओं का मुक्ताहार सजाता; किन्तु यहाँ तो स्थिति ही दूसरी है, जैसे व्यर्थ साधना का बोझ ढोया गया, वैसे ही उसका रोदन भी प्रभावहीन, अतः विफल रहा। बस वही एक हार-उपहार उसके पास है जिसके आँसुओं के कण-कण में उसके व्यर्थ प्रयास, वेदना, करुणा और उपहास प्रतिबिम्बित हैं। कहाँ कविराजों के हाथों गुँथा गलहार और कहाँ यह एक निरर्थक आँसुओं का हार-उपहार ! कवि अपने स्वर में मर्म की समग्र करुणा घोल कर पूछता है कि क्या उसका ऐसा चिर-उपेक्षित हार-उपहार देवी के चरणों में भी स्वीकृति प्राप्त कर सकेगा ! गले तक हाथ उठाने का हौसला नहीं है केवल चरणों तक पहुँचने की विनम्र चाह है। यदि यहाँ भी "ठांई नाई, ठांई नाई" हो तो फिर वह निःस्व निर्धन और क्या अर्पित करे ?

इस अन्तर्वेदना में वेद-वेदान्त डूब जाते हैं; ज्ञान-वैराग्य-युक्त भक्ति की सुधि नहीं रहती; वैष्णवों, विरक्तों, संन्यासियों और ब्रह्मचारियों की चर्चा अप्रासंगिक प्रतीत होती है। यह-

'राम सों बड़ो है कौन, मोसों कौन छोटो
राम सों खरो है कौन, मोसों कौन खोटो !'

का-सा शास्त्रीय दास्य या बौद्धिक लघुता नहीं प्रकट करता, इसमें तो

"निराधारो हा रोदिमि कथय केषामिह पुरः।"

x x x

"कस न दीन पर द्रवहु उमावर"

x x x

"जाऊँ कहाँ तजि चरण तुम्हारे !"

का-सा अन्तर्नाद है।

भक्ति-मार्ग में सत्संग की महिमा है। कहते हैं, विषय से निवृत्ति के अतिरिक्त श्रवण, कीर्तन और स्मरण आदि प्रकार भी सत्संग से सधते हैं। 'भागवत' में कहा गया है :-

'तुलयाम लवेनापि न स्वर्ग नापुनर्भवम्
भगवत्संगिसंगस्य मर्त्यानां किमुताशिषः।'

"रामचरितमानस" में इसी की प्रतिध्वनि है :-

'तात स्वर्ग-अपवर्ग-सुख धरिअ तुला इक अंग
तुलै न ताही सकल मिलि जो सुख लव-सतसंग !"

निराला ने सत्संग के तत्त्व-महत्त्व को भलीभाँति आत्मसात् किया था ! वह उसकी दुर्लभता, अगमता और अमोघता के कायल ही न थे, एक अद्वितीय निदर्शन भी थे। वह कहते थे :-

"दो सदा सत्संग (मुझको) !
अनृत से पीछा छुटे,
तब हो अमृत का रंग (मुझको)।

अनृत से = मिथ्या से, माया से पीछा छूटे और तन-मन में अमृत की निर्मलता छा जाए, ज्ञान के आलोक से वाह्य और आभ्यन्तर एक समान जगमगा उठे, इसलिए मुझे सदा सत्संग मिले !

शान्त हो कुल धातुएँ ये,
बहे एक तरंग
रूप के गुण गगन चढ़ कर
मिलूँ, तुमसे ब्रह्म !

समर्थ स्वामी रामदास ने 'मनाँचे श्लोक' में बताया है कि भौतिक या तात्त्विक ज्ञान ही पर्याप्त नहीं है, यज्ञ-याग, तप-त्याग भी पर्याप्त नहीं है, परा शान्ति से तो सत्संग ही प्राप्त हो सकता है । जिसे स्वदेहात्मकता का ही ध्यान है, उसे आत्मबुद्धि होना है और इसका सबसे समर्थ माध्यम सत्संग है ।

रूप से अरूप की ओर बढ़ना कैसे हो ? उपनिषद् ने कहा है-

"अविद्यया मृत्युं तीर्त्वा विद्ययाऽमृतश्नुते ।"

निराला कहते हैं, रूप के कच्चे धागे के सहारे मैं गगन चढ़कर ओ ब्रह्म, तुमसे आ मिलूँ । रूप निर्गुण नहीं हो सकता, हर रूप के गुण से निर्गुण तक पहुँचा तो जा सकता है !

अपने त्रिगुणात्मक रूप का पर्यवसान निस्त्रैगुण्य में हो, इसका शाश्वत निश्चय सत्संग में प्रकाशित होता रहे ।

प्रारब्ध, सञ्चित और क्रियमाण-त्रिविध कर्मों का क्षय उस ब्रह्म से साक्षात्कार होने पर ही संभव है :-

"क्षीयन्ते चास्य कर्माणि तस्मिन् दृष्टे परावरे !"

कीर्तन का स्वर भी निराला की प्रखर भक्ति में मन्द नहीं है :-

हरि का मन से गुण-गान करो
तुम और गुमान करो न करो !

और इस स्वर का चरमविन्दु तो महावाणी में ही परिगणित होने योग्य है :-

"ठग को जग-जीवन-दान करो,
तुम अन्य प्रदान करो न करो ।"

यह प्र = दान=प्रकृष्ट दान है, भूमि-दान, स्वर्ण-दान आदि परम्परा प्रतिष्ठित दान । ज्ञानी कहता; ज्ञान-दान करो ! भक्त कवि की उपलब्धि है, जो ठग है, जग को ठगता है, अपने को ठगता है, उसे जग-जीवन का दान दो, सहज मानवीय स्तर पर जीने का दान दो; मर्य्यादा से च्युत होकर असामाजिक तत्त्व बनने से बचा लो । 'ला मिजरेब्ल' के जेल से भागे हुए कैदी को चोरी करने पर भी धर्म-गुरु के उदार-उदात्त भाव देकर मानव बनने दो । यदि तुम ऐसा कर सके तो फिर दूसरे प्रकृष्ट समझे जानेवाले दान करो, न करो, कुछ नहीं आता जाता ।

भजन कर हरि के चरण, मन ।
पार कर मायावरण, मन !!

-अर्चना

माया का आवरण पार करना यहाँ 'अहन्ता' का परिहार है । 'कर्त्ताऽहमिति मन्यते', अपने कर्तृत्व का अभिमान छोड़े बिना हरि के चरणों का स्मरण या भजन संभव ही नहीं है ।

'हरि-भजन करो भू-भार हरो,
भव-सागर निज उद्धार तरो ।'

-आराधना

निराला की ऊर्ध्वमुखी भक्ति के विभाव विभिन्न हैं, अनेक आलम्बनों ने उसे तरलता दी है । ''भारति जय विजय करे - '' में भक्ति का आलम्बन भारत माता है तो-

''बन्दूँ पद सुन्दर तव
छन्द नवल स्वर गौरव
जननि, जनक-जननि-जननि, जन्म-भूमि भाषे !''

-गीतिका

में राष्ट्रभाषा हिन्दी । विस्तार और घनत्व का लेखा-जोखा लेना कठिन है । फिर भी मोटे तौर पर उनकी प्रारम्भिक प्रार्थनाओं में निर्गुण-सगुण रूप की प्रधानता है; परवर्ती प्रार्थनाओं में सगुण-निर्गुण रूप की । उदात्तता में अन्तर न आने देने पर भी प्राथमिक पदों में सौन्दर्य्य का महत्त्व स्वीकृत हुआ है, परवर्ती पदों में आन्तरिकता अधिक है । दूसरे शब्दों में, 'परिमल', 'गीतिका' के गीतों में सपक्ष कल्पना की उड़ान लक्ष्य की जा सकती है; 'अर्चना' 'आराधना' में ढल-ढल अनुभूति है । पहले में आलोक-सृष्टि है; पिछले में द्रवित तेज ही है ।

आलम्बन के विस्तार में शिव-शक्ति, राम-सीता, कृष्ण-राधा सब सिमट आए हैं-

१. नाचो हे रुद्रताल;
आँचो जग ऋजु-अराल ।

२. दुख के सुख जियो, पियो ज्वाला,
शंकर की स्मर-शर की हाला ।

३. फिर भी युग पद
बन्दूँ निर्मद
विश्व-वशंवद-करणे ।

-'आराधना'

४. दे मैं करूँ वरण !
जननि, दुख-हरण पद-राग रंजित मरण

-'गीतिका'

५. कामरूप, हरो काम;
जपूँ नाम, राम-राम !

६. कृष्ण-कृष्ण, राम-राम,
जपे हें हजार नाम !

-'आराधना'

७. श्याम-श्यामा के युगल पद
कोकनद मन के विनिर्मद !'

-'अर्चना'

प्रकृति-पुरुष के सहज विवेकी, माया और मायी के अद्‌भुत ज्ञानी निराला की वैष्णवी भक्ति में भी जयदेव, रूप-जीव गोस्वामी-वाला रसीला स्वर कहीं नहीं है । हाँ, शुकदेव, लीलाशुक, कबीर और तुलसी का आत्मिक धरातल सर्वत्र प्रत्यक्ष किया जा सकता है । कवित्व और तत्त्व-बोध में होड़-सी लगी दिखती है । परिमार्जित अन्तःकरण से जो स्वर फूटते हैं उनमें संगीत के राग, और जो शब्द छलकते हैं, उनमें काव्य-रस, अकृत्रिम रूप में प्रस्तुत हो जाते हैं ।

सूर-तुलसी, कबीर-मीरां आदि के भक्ति-गीतों, संस्कृत की महान् स्तुतियों और विश्व भर के दार्शनिक कवियों की प्रथित कृतियों से तुलना करने पर भक्त कवि निराला के स्वत्व-महत्त्व स्वतः प्रमाणित हो जायेंगे :-

"कनक-कसौटी पर कढ़ आया;
स्वच्छ सलिल पर कर की छाया !"

-'अर्चना'

निराला जयन्ती
ई० सन् १९६३

सत्यं, शिवं, सुन्दरम्

काव्य कला का कदाचित् सर्वश्रेष्ठ मान-दण्ड 'सत्यं, शिवं, सुन्दरम्' है। यों तो कला मात्र की बारीकी इन्हीं सात अक्षरों से पूरी तरह पकड़ में आ जाती है, किन्तु काव्य-कला में तो इनकी उपयोगिता और भी साफ उतरती है। मैं समझता हूँ, इस कसौटी पर शुद्ध सोना ही चमक सकता है, और अन्यान्य धातुएँ बाजार में अपनी कीमत पर इतरा कर भी, व्यवहार में जादू की तरह सर चढ़कर बोलने पर भी, इससे आँख बचाने में ही अपनी प्रतिष्ठा का बचाव समझती हैं। कभी वे आग-बबूला होकर इसके फिसड्डीपन पर 'बेसुरा' बजती हैं और कभी अकिंचनों का पक्ष लेकर अपनी व्यापक उपयोगिता का इजहार करती हैं :-

अकाञ्चनेऽकिञ्चननायिकांगके
किमारकूटाभरणेन न श्रियः ?

सोने के सपने भी देख सकनेवाली गरीब औरतें क्या अपने अंगों को पीतल के गहनों से सजाने से बाज आती हैं ? ऐसा करने पर क्या उनके अंग सचमुच ही सोने की-सी चमक-दमक से नहीं तरंगित हो जाते ?

कहने का प्रयोजन यह है कि रो-गाकर वे इस मानदण्ड को मानने से इनकार कर देती हैं; किन्तु मोम की पुतलियाँ आग के पास से भागने में ही कुशल समझती हैं।

मैंने देखा, कसौटी की अच्छाई-बुराई की अपेक्षा इसके कुल-शील या जातपाँत की ही अच्छी जाँच-पड़ताल हुई है। देशभक्त आलोचकों को इसका विदेशीपन अखरा है और विश्व-बन्धुत्व की भावना को प्रश्रय देनेवाले इसके बंगालीपन से ऊब उठे हैं।* किन्तु मैं इसे 'सत्, चित्, आनन्द' का पर्य्याय समझनेवालों में हूँ और इसकी व्यापकता को पूजता हूँ। मेरे हिसाब-किताब का यही आखिरी ब्योरा है कि कला का सर्वोत्तम मानदण्ड 'सत्यं, शिवं, सुन्दरम्' है।

---

* कहते हैं 'सत्यं, शिवं, सुन्दरम्' आपाततः औपनिषद वाक्य-सा प्रतीत होता है; किन्तु इसके प्रथम प्रवर्तक राजा राममोहन राय हैं। कवीन्द्र रवीन्द्र के पिता महर्षि देवेन्द्रनाथ ठाकुर भी नहीं, क्योंकि प्रवर्तित बाह्य-समाज के साहित्य में राजा राममोहन राय इसका प्रथम प्रयोग कर चुके थे। अवश्य महर्षि देवेन्द्रनाथ ठाकुर ने इसे अपनी प्रार्थना में सम्मिलित कर, सिद्धान्त-वाक्य बना लिया था।

यह कुछ दिनों तक ब्राह्म-समाज एवं ठाकुर परिवार तक ही सीमित रहा, किन्तु अब तो प्रत्येक भारतीय साहित्य द्वारा समादृत मानदण्ड है।

कहते हैं, अँगरेजी-साहित्य (The truth, the good, the beautiful) का शाब्दिक अनुवाद कर 'सत्यं, शिवं, सुन्दरम्' को सत्, चित् आनन्द के समान राजा राम मोहन राय ने प्रतिष्ठित करना चाहा था।

इसकी व्याख्या भी, अन्यान्य सूक्तियों की ही भाँति, विभिन्न प्रकार की पाई जाती है। मैं केवल 'सत्यम्' का अर्थ अपने ढ़ंग से समझता हूँ। अर्थात् प्राकृत सत्य की अपेक्षा वह मुझे आध्यात्मिक सत्य या आप्त-वचन की ओर संकेत करता मालूम पड़ता है। दूसरे शब्दा में वह मुझे विज्ञान का नहीं, ज्ञान का प्रतीक प्रतीत होता है।

साधारणतया इस कसौटी का आशय यह है कि कला में सचाई, विश्वकल्याण की कामना और सुन्दरता एक साथ ही अपेक्षित हैं। प्रकृति में जो घृणित और कुरूप है, सत्य होने पर भी उसे आदर्श कला के लिए अवांछनीय समझना चाहिए। प्रत्येक प्रकार की सुन्दरता कला के लिए आवश्यक या उपयोगी नहीं है। उसमें कांट-छांट जरूरी है। उसके ग्राह्य-त्याज्य अंश का बोध 'शिवम्' के आधार पर होना चाहिए। अर्थात् कला में सत्य एवं सौन्दर्य 'शिवं' से परीक्षित होकर ही निखरते हैं; निखार से पहले उनके खरेपन की जाँच जरूरी है।

कोई कहे कि यह कसौटी बड़ी संकुचित है, इससे नियन्त्रित हो जाने पर कला की स्वरूप-योग्यता का पता ही नहीं लग सकता। वह एक खास साँचे मे ढली हुई एक खास तरह की चीज हो जायगी, तो इसका उत्तर मैं दो प्रकार से दूँगा। एक तो 'विश्व' से व्यापक कौन-सी भावना हो सकती है, जिससे विश्वकल्याण की कामना करनेवाली कला की कसौटी छोटी या खोटी हो सकती है ? दूसरे, इस श्रेणी की कला-कृति की एक विशेष जाति होनी चाहिए। ईश्वर भी आकृति ग्रहण कर अपने को लोक-कल्याण के उपयुक्त बनाना चाहता है। इतना ही नहीं, निराकार रहकर भी विश्व-कल्याण में ही वह अपने को चरितार्थ समझता है। विश्व-कल्याण से बड़ी कोई व्यावहारिक बात हो नहीं सकती। रही कला की सजातीयता या एकरसता। यह तो अच्छी बात है। चाँद रोज उगने पर भी कभी पुराना नहीं पड़ता; उषा का अरुण-उल्लास किसी दिन भी फीका नहीं मालूम पड़ता। यह क्रम अनादि काल से चलता आ रहा है, फिर भी यदि एक-रस नहीं प्रतीत होता तो आदर्श कला ही क्योंकर एकरस प्रतीत होने लगी ? कवि के शब्दों में वहाँ भी तो यह कहने की गुंजायश है कि-

सलिलनिधिरिव प्रतिक्षणं मे
भवति स एव नवो नवोऽयमक्ष्णोः

x x x

'जनम अवधि हम रूप निहारल
नयन न तिरपित भेल।'

चाँद की एकरस शीतल उज्ज्वलता से मन चाहे रीझे, चाहे खीझे, चाँद न तवे की तरह तप सकता है, न कोयले की तरह काला पड़ सकता है, ठीक उसी प्रकार आदर्श कला अपने आदर्श से च्युत न होकर भी जन-मन के अनुरंजन की क्षमता, नित्य नवीनता बनाए रह सकती है। यहीं कलाकार की महत्ता देखी जाती है कि वह किस प्रकार हमें उसके प्रति उत्सुक एवं आग्रही बनाए रखता है। वस्तुतः उस महत्ता का उत्तरदायित्व उसकी सतेज, तीव्र अनुभूतियों पर ही निर्भर करता है। क्योंकि वैज्ञानिक तथ्य आवृत्तियों से घिस-घिसा जा सकते

हैं; नीति-नियम की सधी बातें सुनत-सुनते उबकाई-सी आने लग सकती है, किन्तु अनुभूतियाँ सूखी पंखड़ियों को भी सरसब्ज और तरोताजा बना लेती हैं; कोई भी मृत विषय वह अमृत पीकर जी जाता, लहराने लगता है । कवीन्द्र रवीन्द्र ने कहा है-

Bare information on facts is not literature because it gives us merely the facts which are independent of ourselves. Repetition of the facts that the Sun is round, water is liquid, fire is hot, would be intolerable; but a description of the beauty of the Sunrise has its internal interest for us - because there, it is not the fact of the Sunrise, but its relation to ourselves, which is the object of perennial interest. यही कारण है कि 'चश्म पुरआब हैं औ' तिस प' जिगर जलता है; क्या कयामत है कि बरसात में घर जलता है ?' की उक्ति के अनुसार पावस मास में विरह-ज्वाला के धधक उठने की बात परम्परा-मुक्त होने पर भी विद्यापति की राधा जब अपनी अनुभूतियों से भरकर बरस पड़ती है कि-

'सखि हे, हमर दुखक नहीं ओर
इ भर बादर; माह भादर सून मन्दिर मोर ।'

तो अपि ग्रावा रोदित्यपि दलति वज्रस्य हृदयम्'-कैसा भी संग-दिल पिघलकर पानी-पानी हो जाता है । अनुभूति-प्रयुक्त भाव-तीव्रता विषय के पुरानेपन की ओर आँखों की कोर चुभोने नहीं देती ।

तो, मैंने यही कहा कि विविधता लाने के ख्याल से ख्वाहमख्वाह कला के आदर्श का खून नहीं किया जा सकता । जातीय विशेषता संकोच का नहीं, विस्तार का द्योतक होती है । कश्मीरियों की स्वर्गीय सुषमा उनका दोष नहीं, गुण है । उसी प्रकार 'महत् रचना' का सत्य, शिव, सुन्दर होना उसकी जातीय विशेषता ही है ।

'सत्यम्' और 'सुन्दरम्' के बीच में 'शिवम्' को रखकर मानदण्ड के कल्पक ने बड़ी ही दूरदर्शिता दिखलाई है । सत्य और सुन्दर जैसे दो छोर हैं, जिन्हें 'शिव' ही सन्तुलित करके रखता है । 'सत्य' जैसे अपनी प्रकृति से ही निर्मम और कठोर है, दूसरी ओर 'सुन्दर' अपने नाम और रूप से भी मोहक, उन्मादक । केवल निर्ममता रूक्ष होने के कारण उपेक्षित हो सकती है और केवल मोहकता अपनी चिपचिपाहट से प्रगति की पाँखें उलझा रखनेवाली । फलत: दोनों का सन्तुलन शिव को बीच में ले आने से अनायास हो जाता है और जीवन में दोनों समान रूप से उपयोगी हो जाते हैं । 'सत्यम् ब्रूयात्, प्रियम् ब्रूयात' का यही अर्थ है । इसमें 'सत्य' के साथ 'प्रियं' (सुन्दर) जोड़कर उसे 'शिव' बनाने की ही सीख दी गई है ।

अस्तु, जैसा कि ऊपर बताया गया है, यह 'सत्य' बड़ा ही दुरूह है । तर्क-बुद्धि ने विभिन्न प्रकार से व्याख्या कर इसे जटिलतर कर दिया है; यद्यपि अपने आपमें यह अत्यन्त निर्दोष है । प्रसाद के शब्दों में-

"और सत्य ! यह एक शब्द तू
कितना गहन हुआ है ।

मेधा के क्रीड़ा-पञ्जर का
पाला हुआ सुआ है।
सब बातों में खोज तुम्हारी,
रट-सी लगी हुई है;
किन्तु स्पर्श से तर्क-करों के
बनता छुई मुई है!"

इसलिए वैज्ञानिक सत्य वाली बात अधिक प्रचलित होने पर भी मैं 'सत्य' का अर्थ निर्मम किंवा चरम सत्य ही समझता हूँ। मेरे विचार से निर्मम सत्य भी कला के पक्ष में विशेष उपयोगी नहीं। पुत्र की मृत्यु के पश्चात् माता का करुण-क्रन्दन कला नहीं है। दूसरी ओर रंगमंच पर उसका सफल अभिनय निर्मम सत्य भी नहीं है। हाँ, अभिनय की वह तन्मयता जिससे सत्य और कला में तादात्म्य उपस्थित हो जाता है, कला-सृष्टि का उपयोगी सत्य है।

यहाँ मैं 'उपयोगी' सत्य का प्रयोग उपयोगितावाद के सस्ते अर्थ में नहीं कर रहा। मेरा अभिप्राय उसकी बहुमूल्यता से है, जिस कारण वह परम-प्रिय बन जाता है।

सत्य का अर्थ मैंने 'आप्तवचन' भी बताया है। भगवान् पतंजलि ने 'आप्त' की व्याख्या इस प्रकार की है-

'आप्तो नाम अनुभवेन वस्तुतत्त्वस्य कार्त्स्न्येन
निश्चयवान्, रागादिवशादपि नान्यथावादी यः सः।'

अर्थात् उस प्रामाणिक व्यक्ति को आप्त कहा जाता है, जो अपने अनुभव से (अपरोक्ष का साक्षात्कार कर) वस्तु के यथार्थ स्वरूप का प्रत्येक प्रकार से निश्चय रखनेवाला हो, कैसे भी राग-द्वेष में पड़कर उल्टी-सीधी बात न कर सकता हो। अर्थात् जो पंजाब के चन्द्रगुप्त विद्यालंकार, उदयशंकर भट्ट आदि को पंजाब के लेखक या कवि कहे बिना बिहार के राधाकृष्ण, वियोगी आदि को बिहार के कथाकार या कवि कहने की भूल न करता हो; हिन्दी साहित्य के इतिहास में प्रान्तीय सीमाएँ बाँधने का वैध अधिकार न रखता हो। ऐसे व्यक्ति की उक्ति 'सत्य' कही जा सकती है। विषय-वस्तु के अनुसार इसके भी (स्थूल और सूक्ष्म) दो प्रकार हो सकते हैं। स्थूल का वैज्ञानिक सत्य में अन्तर्भाव हो सकता है और सूक्ष्म का आध्यात्मिक सत्य में, इसलिए इन पर पृथक् टीका-टिप्पणी की आवश्यकता नहीं।

(२)

वैसे तो किसी भी 'महत्' रचना में पूर्वोक्त तीनों तत्त्व (सत्यं, शिवं, सुन्दरम्) रहते ही हैं, किन्तु सर्वत्र सबकी प्रधानता सम्भव नहीं है। प्रधान तो कोई एक ही होगा। यही कारण है कि प्राचीन साहित्य में वेद-उपनिषद आदि सत्य प्रधान हैं, रामायण-महाभारत आदि शिव-तत्त्व प्रधान और कवि-कुल-गुरु कालिदास की रचनाएँ सौन्दर्य प्रधान। होमर-दाँते की रचनाएँ सत्य-प्रधान हैं, शेक्सपियर-मिल्टन की शिव-तत्त्व-प्रधान और शेली-कीट्स-वायरन की सौन्दर्य-प्रधान। कबीर की रचनाएँ सत्य-प्रधान हैं, तुलसीदास की शिव-तत्त्व-प्रधान और सूर-मीरां-विद्यापति आदि की सौन्दर्य प्रधान।

हिन्दी के नवीन साहित्य में यद्यपि सौन्दर्य-सृष्टि का ही अधिक ध्यान रखा गया है, किन्तु कवियों की वैयक्तिक अनुभूतियों के कारण विभिन्नता आ ही गई है । तदनुसार रवीन्द्रनाथ की व्यंजना-शैली से प्रभावित होकर भी नए कवियों के भाव एक-एक तत्त्व का पृथक्-पृथक् प्रतिनिधित्व करते से मालूम पड़ते हैं ।

निरालाजी कबीर की परम्परा में आते हैं अर्थात् सत्य-प्रधान हैं, प्रसाद जी और महादेवी ही शिव-तत्त्व-प्रधान हैं और पन्त जी सौन्दर्य-प्रधान ।

ज्ञानी कबीर कहते हैं –

"साधो एक आपु जग माहीं ।
दूजा करम भस्म है कृत्रिम
ज्यों दर्पण में छाहीं ।
जल तरंग जिमि जल ते उपजै,
फिर जल माहिं रहाई ।
काया झाँई पाँच तत्त्व की
विनसे कहाँ समाई ।"

और द्रष्टा कवि निराला पूरे विश्वास के साथ अपना विश्व-दर्शन यों प्रकट करते हैं-

"जग का एक देखा तार
कण्ठ अगणित, देह सप्तक, मधुर स्वर-झंकार !
बहु-सुमन, बहु-रंग-निर्मित एक सुन्दर हार,
एक ही कर से गुँथा, उर एक शोभा-भार !
जग का एक देखा तार !"

इसी प्रकार कबीर का एक और पद है-

'साधो, एक रूप सब माहीं
अपने मनहिं विचारिके देखो और दूसरो नाहीं ।'

निराला जी ने भी 'प्रतिपल तुम ढाल रहे सुधा-मधुर ज्योतिधार' वाले अपने सुप्रसिद्ध पद में लिखा है-

जीवन की विजय, सब पराजय,
चिर-अतीत आशा, सुख, सब भय,
सब में तुम, तुम में सब तन्मय
कर-स्पर्श-रहित और क्या है ? अपलक-असार !

निश्चय ही सन्त कबीर की वाणी में कवि के भाव-गीतों की अपेक्षा अधिक ऋजुता पाई जाती है, किन्तु मैं तो यहाँ उनके सत्य (परमार्थ) मात्र पर दृष्टि डाल रहा हूँ । अभिव्यक्ति तो अन्ततः अभिव्यक्ति ही है, तात्त्विक-दृष्टि से दोनों की भावधारा दर्शनीय है ।

कबीर ने 'देखो' कहकर अपने प्रखर अनुभव बड़ी ही दृढ़ता और निष्ठा से प्रकट

किए हैं, मैंने देखा, निराला ने भी अपने गहन चिन्तन उसी सुदृढ़ अनुभूति के साथ, ठीक उसी स्तर से प्रकाशित किए हैं । कबीर कहते हैं-

'तन धर सुखिया कोई न देखा,
जो देखा सो दुखिया हो ।'

इधर निराला ने भी कहा है-

'देख चुका, जो-जो आये थे, चले गये !
मेरे प्रिय, सब बुरे गये, सब भले गये !'

कबीर कहते हैं-

'जोगी दुखिया जंगम दुखिया
तपसी को दुख दूना हो,
आशा तृस्ना सब को ब्यापै
कोई महल न सूना हो !'

और निर्द्वन्द्व निराला कहते हैं-

चिन्ताएँ , बाधाएँ
आती ही हैं, आएँ,
अन्ध हृदय है,बन्धन निर्दय लाएँ,
मैं ही क्या ? सब तो ऐसे ही छले गए !
मेरे प्रिय सब बुरे गए, सब भले गए !!

ऊपर उद्धृत 'जग का एक देखा तार' - वाले गीत में भी ऐसा ही स्वर सुनाई पड़ता है । 'बेला' की गजलों में कबीर के-से 'सत्य' उद्भासित करनेवाले बहुत से पद (शेर) हैं ।

'अमृत के घूँट वे
दुनिया ने जो पिए,
टूटी भेद की दीवार
देखता चला गया !

x x x

उठी निगाह कि कहाँ से
कहाँ हुए हम भी,
दिखा कि ज्योति की छाया
में ह्रास बजता था !

प्रसाद जी शिव-तत्त्व-प्रधान हैं, यह पहले कहा जा चुका है । शिव - लोक-मंगल का पक्ष समर्थित करनेवाला समन्वयवादी होता है । यह 'इदं' को 'अहं' से अन्वित कर लेता है । उसके हृदय-सिन्धु में लघु-लघु लहर 'करुणा की नव अँगड़ाई-सी' उठती है; उसकी आँखें 'करुणा-कादम्बिनी' बनकर बरसती हैं । वह अग-जग के ओर छोर तक अपनी उदार सहृदयता फैलाना चाहता है ।

'तुम हो कौन, और मैं क्या हूँ,
इसमें क्या है धरा, सुनो,
मानस-जलधि रहे चिर-चुम्बित,
मेरे क्षितिज उदार बनो !'

सुख-दुख, आशा-निराशा की द्वन्द्वात्मकता उसे दबा नहीं पाती, वह वहाँ भी एक अपूर्व समन्वय देखता है–

'मानव-जीवन-वेदी पर
परिणय है विरह-मिलन का;
दुख-सुख दोनों नाचेंगे,
है खेल आँख का, मन का ।'

x x x

चेतना-लहर न उठेगी
जीवन-समुद्र थिर होगा,
सन्ध्या हो सर्ग-प्रलय की
विच्छेद-मिलन फिर होगा

'काम', अदूरदर्शी लोग जिसे अकारण ही बदनाम किए हुए हैं, उनकी दृष्टि में मंगलमय श्रेय और सृष्टि की इच्छा का परिणाम है । वह बड़ी ही सहृदयता के साथ याद दिलाता है–

'जिसे तुम समझे हो अभिशाप,
जगत् की ज्वालाओं का मूल;
ईश का यह रहस्य वरदान
कभी मत जाओ इसको भूल !

और जिस नारी को भोग-वासना का यन्त्र मात्र समझने की भूल की जाती है, उसे वह मानव-जीवन के समतल पर बहनेवाली अमृतमयी सुरसरिता समझता है–

'नारी, तुम केवल श्रद्धा हो
विश्वास-रजत-नग-पदतल में
पीयूष-स्त्रोत-सी बहा करो–
जीवन के सुन्दर समतल में !'

वह नास्तिक तो क्या, श्रद्धावान होता है, ईश्वरत्व-परम आनन्द-के प्रति मन-प्राणों से उत्सुकता-उन्मुखता दिखलाता है, किन्तु लोक-कल्याण की उदात्त कामना के कारण वह यह कहना नहीं भूल सकता है कि – 'विजयिनी मानवता हो जाय !'

x x x

पन्त जी 'सुन्दरम्' के कवि हैं । कीट्स और ब्राउनिंग की भाँति वह भी कह गए है–

'अकेली सुन्दरता कल्याणि,
सकल ऐश्वर्यों का सन्धान ।'

और सचमुच ही 'कहाँ है सुन्दरता का पार !' सोचनेवाला कवि-

'सुन्दर, शिव, सत्य कला के कल्पित माप-मान
बन गये स्थूल, जन-जीवन से हो एक प्राण ।'

कहने अवश्य लगा है, किन्तु आज भी वह 'असुन्दर को सुन्दर' बनाने की ही चेष्टा में है। वस्तुत: पन्त की कविता का प्राण सौन्दर्य ही है, प्रयत्न करने पर भी वह उससे परे नहीं हो सकते । जब वह गाँव की ओर नजर डालते हैं, तब यही दिखाई पड़ता है कि-

'फैली खेतों में दूर तलक
मखमल की कोमल हरियाली,
लिपटीं जिससे रवि की किरणें
चाँदी की-सी उजली जाली'

x x x

मरकत डिब्बे-सा खुला ग्राम
जिस पर नीलम नभ आच्छादन,-
निरुपम हिमान्त में स्निग्ध शान्त
निज शोभा से हरता जन-मन ।'

उनका यह परवर्ती वर्णन 'नौका-विहार' की सुन्दर पंक्तियों से सम्पूर्ण समता रखता है -

'सिकता की सस्मित सीपी पर
मोती की ज्योत्स्ना रही विचर'
'गोरे अंगों पर सिहर-सिहर
लहराता ताल-तरल सुन्दर
चंचल अंचल-सा नीलाम्बर ।'

'अस्तु, जब वह मानव-मन की जाँच-पड़ताल करते हैं, स्तर उभार-उभार कर उसकी निधि, उसका संचय देखना चाहते हैं तब भी 'जग के छवि-उपवन' के ही फूलों पर उनकी आँख अटकती है । वह वायु को भी 'निखिल छवि की छवि' कहकर सम्बोधित करते हैं । 'भारतमाता' राहुग्रसित शरदेन्दुहासिनी' दीख पड़ती है । फाल्गुन का सूनापन अनन्त-शिखाओं में सुलगता है ।

इतना ही नहीं, 'छोड़ द्रुमों की मृदु छाया, तोड़ प्रकृति से भी माया, बाले तेरे बाल-जाल में कैसे उलझा दूँ लोचन ?' कहकर प्राकृतिक सुविस्तृत श्री की अर्चा के लिए बाला के बाल-जाल से बच निकलनेवाले कवि का मन सब ओर से सिमट कर जब 'मानव' से आ मिलता है, तब इस नए आकर्षण में भी, सौन्दर्य ही प्रधान हेतु बन बैठता है ! वह कहते हैं-

'सुन्दर है विहग, सुमन सुन्दर,
मानव, तुम सब से सुन्दर-तम !'

इसमें सन्देह नहीं कि मानव के प्रति यह अतिशय स्नेह अनोखा है। तुलनात्मक दृष्टि से, प्रकृति की मोहिनी से मानवीय सौंदर्य की ओर आकृष्ट होना कवि का बौद्धिक परिवर्तन भी प्रकट करता है; किन्तु इसके साथ ही यह भी सत्य है कि कवि-हृदय आज भी सौन्दर्य्य-प्रिय है; सौन्दर्य्य के माध्यम से ही उनकी काव्य चेतना को सही-सही परखा जा सकता है।

(३)

श्रौत और स्मार्त प्रणालियों में जैसा अन्तर है, या गार्हस्थ्य और संन्यास में जैसा विभेद है, सत्य और शिव में भी वह वैसा ही है। जैसे एक शुद्ध ज्ञान है, दूसरा शुद्ध कर्म। मुक्ति दोनों के द्वारा सम्भव है, पथ मात्र में पृथकत्व प्रतीत होता है केवल। किन्तु 'ऋते ज्ञानान्न मुक्तिः' माननेवाले वेदांती कर्म को चित्त-शुद्धि का उपाय मात्र मानते हैं। चित्त-शुद्धि के अनन्तर ही ज्ञान की प्राप्ति सम्भव है। इसलिए कर्म और ज्ञान, उपाय तथा उपेय होकर समन्वित से हो गए हैं।

और सुन्दर ? वह भक्ति या प्रेमस्थानीय है। भक्तगण कर्म और ज्ञान के कायल नहीं होते। यद्यपि आर्त्त जिज्ञासु, अर्थार्थी और ज्ञानी, - इस वर्गीकरण के अनुसार 'तेषां ज्ञानी नित्य-युक्तः एकभक्तिर्विशिष्यते' कहा गया है; किन्तु भक्तगण भक्ति की ही भिक्षा माँगते हैं, उन्हें मुक्ति नहीं भाती। 'विनय-पत्रिका' के प्रारम्भिक पदों में सभी देव-देवियों से भक्तशिरोमणि तुलसीदास जी राम-भक्ति की ही याचना करते हैं, मुक्ति या निर्वाण की नहीं। मैं समझता हूँ; पूर्वोक्त प्रकार से सौन्दर्य-प्रधान कवियों की भी चार श्रेणियाँ हो सकती हैं - और चौथा सर्वश्रेष्ठ होकर भी यही कह सकता है कि-

Beauty is truth, Turth Beauty
That is all ye know,
and all ye need to know.

पहले यह कहा जा चुका है कि मेरी यह व्याख्या कवियों के एक विशिष्ट दृष्टिकोण को ध्यान में रखकर ही कल्पित हुई है। जिन तीन कवियों पर सविशेष प्रकाश डाला गया है, उनमें भी कहीं न कहीं तीनों गुण पाए जाते हैं, किन्तु मैंने 'प्रधान' को ही यहाँ चुना है।

जहाँ इन तीनों - प्रेम, कर्म और ज्ञान का संगम हो, वहाँ 'महत्ता' की सविस्तार चर्चा ही व्यर्थ है। मेरे विचार से रवीन्द्रनाथ वैसे ही महान् हैं, सत्य, शिव और सुन्दर यह त्रितत्त्व उन महामहिम में अपने पूर्ण विभव के साथ सामंजस्य पा गया है।

जनवरी '४४

काव्य में चित्र और संगीत

"The aim of art is beauty, that beauty is recognised by the enjoyment it gives, that artistic enjoyment is a good and important thing because it is enjoyment."
-टाल्सट्वाय

"Beauty is in its Subjective meaning that which in general and necessarily without reasoning and without Practical advantages pleases and in its objective meaning it is the form of an object suitable for its purpose in so far as that object is perceived without any conception of this utility.'
-काण्ट

काव्य-कला को ललित-कलाओं में सर्वश्रेष्ठ मान-सम्मान प्राप्त होता आया है। अवश्य इस सम्बन्ध में आज तक की दी हुई युक्तियाँ मुझे पूरी तरह पसंद नहीं आईं। कारण, अन्य विद्वानों[१] की विभाजन-प्रणाली प्राय- मूर्त्त-अमूर्त्त आधारों को लेकर है, जिसमें काव्य अपनी अमूर्त्त आधारशीलता के लिए प्रख्यात किया गया है। एक ने कदाचित् 'शब्दमूर्तिधरस्यैते विष्णोरंशा महात्मनः' तक दृष्टि फैलाई है, जिस कारण काव्य में भी शब्दों की मूर्त्तिमत्ता से मूर्त्त आधार निकल आया है और फिर लीपापोती कर उसे सर्वश्रेष्ठता प्रमाणित करनी पड़ी है। संगीत की व्यापक प्रभावशालिता ने कुछ ऐसा जादू फैलाया है कि काव्य का पक्ष समर्थित करते हकलाना पड़ता है।

शब्द दो प्रकार के होते हैं,-ध्वन्यात्मक और वर्णात्मक; ध्वन्यात्मक शब्दों से संगीत कला की सृष्टि हुई है और वर्णात्मक शब्दों से काव्य-कला की; संगीत स्वर प्रधान होता है और काव्य व्यञ्जन-प्रधान; ध्वन्यात्मक शब्द निरर्थक होते हैं और वर्णात्मक शब्द सार्थक, इसलिए निरर्थक स्वर सन्धान के कारण संगीत के लिए सभ्यता अनिवार्य्य नहीं; किन्तु काव्य सभ्यता एवं संस्कृति के विकास का परिणाम है; दूसरे शब्दों में, संगीत की अपेक्षा काव्य मानव-जाति की अधिक विकसित अवस्था का सूचक है। यह सब है; काव्य-कला की सर्वश्रेष्ठता का कारण मुझे कुछ और ही प्रतीत होता है।

---

१. 'हीगल' के अनुसार कला के तीन स्थूल विभाग संभव हैं :-

(1) Symbolic Art,

(2) Classical Art तथा

(3) Romantic Art.

प्रथम में वास्तुकला, दूसरे में मूर्तिकला और तीसरे में चित्रकला, संगीतकला एवं काव्यकला आती हैं।

आदिम अवस्था में कदाचित् काव्य और संगीत का एक ही विन्दु से आविर्भाव हुआ होगा; परन्तु कालान्तर में विकास-क्रम से यह दोनों छोर पर पहुँच गए। एक ने नाद-माधुर्य्य को मूल और परिणाम में समान सम्मान देकर स्वर-प्रसार में ही अपनी अन्तिम सार्थकता उद्घोषित की जबकि दूसरे ने सार्थकता को रीढ़ बनाकर भाव-शरीर की प्रभावपूर्ण कल्पना की। इसीलिए स्वर-प्रधान संगीत का नाद-माधुर्य्य साहित्य में गौण हो गया और वाह्य एवं आन्तर स्थितियों, घटनाओं, पदार्थों का सदृश आकलन, प्रकाशन एवं वर्णन संगीत में असम्भव।

निश्चय ही अन्तिम विकास स्वरों का हो अथवा स्वरभरित भावों का; किन्तु रस-सृष्टि दोनों के लिए तुल्य और आवश्यक समझी गई; आनन्द-दान दोनों का एक-सा लक्ष्य रहा। गायक ने स्वरों की सुमधुर योजना से रस-सृष्टि की और कवि ने स्वर-युक्त भाव-व्यंजना से।[१]

स्वर रस-सृष्टि में स्वयं क्षम होकर भी काव्य पदों का आश्रय ग्रहण कर सहृदय-समाज में अपना प्रभाव तीव्रतर कर सके और भाव-व्यंजन स्वरों से हिलमिल कर अपने को और-और मर्मस्पर्शी बना सके। यह तो साहित्य और संगीत का परस्पर आदान-प्रदान हुआ; किन्तु इसके विपरीत जहाँ संगीत का पशु-पक्षियों तक व्यापक प्रभाव देखा गया; वहाँ काव्य-पद से निरपेक्ष उसका स्वर-माधुर्य्य ही पर्य्याप्त (Adequate) समझा गया; ठीक उसी प्रकार विज्ञ-समाज काव्य के उच्च उदात भावों की अभिव्यञ्जना से ही नहीं, तदधिक बाह्य पदार्थों के वर्णन, घटनाओं के सिलसिलेवार स्फुटीकरण से भी चरितार्थ होता रहा। संगीत के समधुर 'सुरों' के लिए वह रुका नहीं रहा।

हाँ, यदि पशु-पक्षियों को काव्य-पदों के माध्यम से स्वर-माधुर्य्य मिलने पर आनन्द की कमी नहीं मालूम होती, तो सहृदय-समाज को भी स्वर-सौंदर्यपूर्ण भाव-व्यञ्जन से अजीर्ण होने का भय नहीं रहता। इस प्रकार दोनों अपने-अपने स्वतंत्र अस्तित्व की रक्षा भी करते आए, मेल-मिलाप बढ़ाकर सहृदय जनों को अधिक-से-अधिक तृप्त भी।

यहाँ यह कह देना अप्रासंगिक न होगा कि काव्य और संगीत जनित आनन्द में प्रकार-भेद होता है। सुस्पष्ट शब्दों में प्रकट कर सकना असम्भव होने पर भी दोनों के श्रवण से एक ही प्रकार की आनन्दानुभूति नहीं होती। इसी प्रकार अधिकारी में भी भेद-बुद्धि स्वाभाविक है। काव्य-तत्त्व के आस्वादक संगीत-रस का उसी अनुपात में आस्वाद नहीं कर सकते। यह ठीक है कि रस-सृष्टि दोनों का लक्ष्य है और रस के लिए स्वर तथा व्यञ्जन उपकरण मात्र हैं; किंतु उपकरणों को चरका देकर रस तक पहुँच सकना सम्भव नहीं है। कारण, कला-जगत् में उपकरणों की महिमा असाधारण है। वैसे तो आनन्द निर्लेप, निरपेक्ष है, इस कारण समरस भी; किन्तु उसके उच्चावच का अनुभव करानेवाले माध्यम तो ये उपकरण ही हैं; यही उसे भिन्न-भिन्न साँचों में ढालकर हमारे मन-प्राणों तक उतार लाने में समर्थ होते हैं, इसलिए इनका सम्यक् ज्ञान न होने पर आनन्द की सम्यक् अनुभूति हो सकना भी असम्भव है।

१. आदि कवि के मुँह से जब आदि-कविता अनायास कढ़ गई तो उस समय उसके भाव ने ही उन्हें विस्मित नहीं किया, बल्कि 'तन्त्री-लय-समन्वित:' ने भी। लव-कुश केवल पदों के पाठक नहीं थे बल्कि – 'गन्धर्व-तत्त्वज्ञौ स्थान-मूर्च्छन-कोविदौ' भी थे।

इतना ही नहीं व्यावहारिक ज्ञान न होने के कारण ही कदाचित् एक सूक्तिकार ने संगीत को 'आपात-मधुर' और साहित्य को चर्वण के अनन्तर अमृत-तुल्य बताया है । आजकल देखादेखी कविगण जो संगीत-सम्बन्धी शब्दों का अपनी तुकबंदियों में व्यर्थ निवेश करने लगे हैं, उससे उनकी अनभिज्ञता ही अधिक बज उठी है; ढोल पीटनेवाले बाँसुरी की तान सुनाते हैं, ढेकी कूटनेवाले वीणा बजाते हैं । इस प्रकार न काव्य और संगीत का आदान-प्रदान होता है और न किसी पक्ष का अभ्युदय ही । कहने का प्रयोजन यह कि चर्वण दोनों ओर अनिवार्य है । काव्य के शब्दार्थ की गहरी पहचान की भाँति ही स्वरों को शुद्ध, तीव्र, कोमल रूपों की बारीकी पहचाननी होती है; तभी स्वर-विस्तार समझ में आता है, मींड़-मूर्च्छनाओं का आनन्द प्राप्त किया जा सकता है ।

जैसे तृतीय श्रेणी का काव्य अनायास समझ में आ जाता है, उसके लिए बहुत विद्या-बुद्धि की आवश्यकता नहीं होती, उसी प्रकार तृतीय श्रेणी का (Parish) संगीत ही 'आपात मधुर' होता है, सबको अच्छा लगता है, श्रेष्ठ संगीत का आनन्द-ग्रहण उतना सरल नहीं है । इसी भाँति गीता प्रेस के गाढ़ रंगोंवाले 'धार्मिक' चित्रों से आनन्दित होना और बात है, और अवनीन्द्रनाथ, नन्दलाल बोस की अंकन-कला से उत्फुल्ल हो सकना और ।

जिससे कोटि-कोटि जनों का मनोरंजन होता है, उस पाश्चात्य संगीत को हम चीखना बड़बड़ाना (noisy) तक कह डालते हैं, उसी प्रकार ओंकारनाथ ठाकुर और फैयाज खाँ का संगीत भी हमें बहुत प्रभावित नहीं करता; यहाँ निश्चयपूर्वक हमारा सीमित-संकुचित ज्ञान अपराधी ठहरता है ।

कुछ ऐसी ही बात चित्र-कला के लिए है, उसकी बारीकी भी अपना सानी नहीं रखती । भावों किंवा पदार्थों की जैसी संघटित, सुसम्बद्ध अभिव्यंजना उसमें होती है और उसका जैसा सुस्थिर सामूहिक प्रभाव पड़ता है, वह गतिशील कलाओं (काव्य और संगीत) में दुर्लभ है । चित्र से काव्य और काव्य से चित्र में आदान-प्रदान भी पूर्वरीति से सम्भव है । इतना होने पर भी जो काव्य-कला को सर्वश्रेष्ठ माना गया है, इसके कारण का सन्धान अत्यन्त आवश्यक तथा उपयोगी प्रतीत होता है ।

वास्तु-कला और मूर्त्तिकला चित्रकला के ही स्थूल रूप हैं; इसी में उनका अन्तर्भाव हो जाता है, इसलिए यहाँ उन पर विस्तृत विवेचन के साथ प्रकाश डालना व्यर्थ होगा । अस्तु, परिवर्तनशील (गतिशील) स्थितियों, घटनाओं और क्रियाओं का वर्णन काव्य में ही सम्भव है, चित्र में नहीं; काव्य की सर्वश्रेष्ठता सिद्ध करने के लिए इतना कहना पर्य्याप्त नहीं मालूम पड़ता।

मेरे विचार से जिस कारण आदि रस (शृंगार) रस-राज कहलाता है, वही कारण काव्य-कला की सिद्ध सर्वश्रेष्ठता की तह में भी है । अर्थात् - जिस प्रकार शृंगार रस सबसे

व्यापक रस है उसी प्रकार काव्य-कला भी सबसे व्यापक कला है ।[1] जैसे उसमें शेष आठों स्थायी भाव, आठों सात्त्विक और सभी सञ्चारी समाविष्ट हो सकते हैं वैसे इसमें भी इतर ललित कलाओं का सन्निवेश सम्भव है । काव्य में छन्दों और अलंकारों की कल्पना क्रमश: संगीत और चित्रकला के समावेश का ही प्रयत्न है ।

श्रव्य और दृश्य - काव्य के दो सुप्रसिद्ध भेद हैं, 'श्रव्य' शब्द से जो सुनने की ध्वनि होती है, वहाँ संगीत का आभास स्पष्ट है, साथ ही 'दृश्य' में चित्र-कला, मूर्त्ति-कला और वास्तु-कला का सहज सामञ्जस्य दीख पड़ता है । इतना ही नहीं, इसमें 'श्रव्य' वाली विशेषताओं के लिए भी गुंजाइश है । इस प्रकार काव्य सकल कलाओं का पुञ्जीभूत स्वरूप सिद्ध होता है । काव्य में जो सुना-सुनाया जाता है वह कोई शब्द-गत वैशिष्ट्य ही हो सकता है; वह मात्रिक तथा वार्णिक छंदों का चमत्कार भी हो सकता है, अनुप्रास, यमक आदि शब्दालंकारों की झंकार भी; उसमें माधुर्य, ओज आदि गुणों का समावेश, गौड़ी, पाञ्चाली प्रभृति रीतियों का सन्निवेश एवं मधुरा, परुषा आदि वृत्तियों का विनियोग एक ही आशय को प्रकाशित करते हैं कि काव्य के लिए संगीत अनिवार्य्य है और उसका समुचित निर्वाह इन्हीं प्रकारों से हो सकता है, अन्यथा जहाँ संगीत अंगी हो जाता है; काव्य संगीत के हाथों कौड़ी के मोल बिक जाता है, वहाँ काव्य काव्य नहीं रह जाता ।

जैसे उच्च कोटि के 'ख्यालिए' सूर-मीरा के भजन गाकर अपनी विशिष्ट कला का प्रदर्शन नहीं करते; भजन गाना तौहीन समझते हैं; उसी प्रकार बैजू बावरे, तानसेन या ओंकारनाथ के पद संगीत की लय-तालों से भरपूर बँधे रहकर भी काव्य की कोटि तक नहीं पहुँच पाते । तो, काव्य में अलंकारों द्वारा चित्र रेखाओं और रंगीनियों का आभास ही दिया जा सकता है, यहाँ उसके सामूहिक प्रभाव के प्रकाश का कोई उपाय नहीं है । कहने का तात्पर्य यह कि काव्य में जिन-जिन कलाओं का समावेश होता है वे उसका अंग होकर रह सकती हैं, और तब सीमित मात्रा में ही आनन्द अभिलाषा से उन-उन कलाओं की ही शरण लेनी होगी ।

लोग रवीन्द्रनाथ को अपवाद समझते हैं, पर यह उनका व्यामोह मात्र है । रवीन्द्रनाथ, सब मिलाकर श्रेष्ठतम कोटि के कवि ही थे, गायक या चित्रकार नहीं । कोई एक ही व्यक्ति इतनी सारी कलाओं का समान रूप से प्रतिनिधि नहीं हो सकता । हाँ, न्यून मात्रा में इन तीनों या इनसे भी अधिक का ज्ञान प्राप्त किया जा सकता है; किन्तु उससे किसी भी दिशा में स-विशेष विकास की आशा व्यर्थ है ।

मैं कहना चाहता हूँ कि दो भाषाओं की ही भाँति दो कलाएँ भी हैं । आनन्द की अभिव्यक्ति की भाषाएँ ही तो वे हैं वे सब, इसलिए एक ही काव्य-पुरुष प्रत्येक भाषा (कला) की चूड़ान्त विशेषताएँ प्रकट कर सकने में असमर्थ है । अत: काव्य-कला और

१. संगीतकला की व्यापकता अन्य प्रकार की होती है क्योंकि वह प्राणिमात्र को प्रभावित करती है; किन्तु काव्य कला इसलिए सबसे व्यापक है कि उसमें सभी कलाएँ सिमटकर समा सकती हैं ।

चित्र-कला के पारस्परिक आदान-प्रदान के पश्चात् भी उत्कर्ष-अपकर्ष के लिए कहीं-न-कहीं अवकाश रह ही जायेगा । कहीं एक बढ़ जायगी तो कहीं दूसरी ।

'सिन्दूर की होली' में चन्द्रकला और मनोरमा के वार्त्तालाप में एक ऐसा ही प्रसंग आया है । मनोरमा ने रजनीकान्त का चित्र अंकित किया है और चन्द्रकला उसके रूप का थोड़े से शब्दों में वर्णन करती है - "उसकी रतनार आँखें.......लम्बी-लम्बी, उसका वह उभरा हुआ मस्तक और उसपर काले बालों की दो-चार लटें, पल भर में उसकी नजर कमरे के चारों ओर दौड़ गई - उसका हँसना तो जैसे एक साथ जूही के असंख्य फूलों का बरस पड़ना था !"

यह सुनकर मनोरमा - चित्र-कला-कोविद मनोरमा आनन्द से उद्वेलित हो उठती है-'तुम्हारा यह शब्द-चित्र तो मेरे इस रेखा-चित्र से बढ़ जाता है !'

चन्द्रकला भी उमगकर पूछती है -'सो कैसे ?

तब मनोरमा एक बड़ी मार्मिक बात बोल जाती है -'चित्रकला की विवश व्याकुलता ही जैसे बोल रही हो ! -'जूही के फूलों की वर्षा तो मैं भी नहीं दिखा सकती !'

यहाँ काव्य-कला बढ़ जाती है; किन्तु इसका दूसरा पहलू भी है जिससे कहीं चित्रकला भी अपनी विजय वैजयन्ती फहराती दिखलाई पड़ती है ! चन्द्रकला ने उधर भी उच्छ्वसित स्वर से संकेत किया है-

'लेकिन मेरा चित्र कल्पना को जगा नहीं सकता और तुम्हारा तो उसे सहस्रमुखी कर देता है ।'

नाटककार ने यद्यपि प्रसंगवश ये बातें यों ही कहला दी हैं, 'साहित्यालोचन' के समान वहाँ इनका तार्किक विवेचन देना सम्भव न था, फिर भी इनसे पूर्वोक्त कलाओं के (अपने-अपने स्थान पर) महत्त्व एवं वैशिष्टय का अच्छा परिचय मिलता है ।

काव्य-कला की सीमा में आई हुई चित्रकला राज्य में पधारे राजा की भाँति अपना पूर्ण प्रभाव नहीं प्रकट कर सकती । वह हमारी कल्पना को जगा भी दे; किन्तु उसे सहस्रमुखी तो सचमुच नहीं बना सकती । फिर भी काव्य-कला की महत्ता इस अंश में माननी ही पड़ती है कि वह अन्यान्य कलाओं की अधिक से अधिक विशेषताओं को सहज ही आत्सात् कर लेती है, जो औरों के बूते से बाहर की बात है ।

काव्य में चित्र निर्माण की अनेक प्रक्रियाएँ हो सकती हैं और उनका वर्गीकरण साहस मात्र कहा जा सकता है; किन्तु जिस प्रकार चित्रकला के अजन्ता, मुगल, राजपूत, आधुनिक आदि स्कूल प्रचलित हैं, और उनकी तूलिकाओं के स्पष्ट विभेद भी मालूम पड़ते हैं । जैसे मुगलकाल की कला के पाँच पहलू थे :-

(१) सज्जा,
(२) प्रकृति,
(३) लघु रेखाएँ,
(४) आखेट दृश्य, और
(५) सुस्पष्ट आकलन ।

राजपूत स्कूल की तूलिका मुख्यत: राधाकृष्ण के मान, मनोबल एवं प्रवास के प्रेमल भावों से ही उत्प्रेरित रही है और आधुनिक काल में श्री अवनीन्द्रनाथ टैगोर के 'बेंगाल स्कूल ऑफ आर्ट' जिसकी विशेषता सूक्ष्म रेखाओं द्वारा भावों का चित्रण है, के अतिरिक्त 'बाँम्बे स्कूल आर्ट्स' भी सविशेष उल्लेख्य हैं। श्री सतीशचन्द्र काला द्वारा उद्धृत 'बाँम्बे स्कूल ऑफ आर्ट' का ध्येय तथा शैली श्री ग्लैडण्टोन के शब्दों में इस प्रकार ज्ञात हो सकता है-

The genuine distinction and remarkable gift of Indian afrtists for decorative compositions, space filling and lineal design is evinced in their humblest pattern to day as it was two thousand years ago in the mural paintings of Ajanta; and this faculty is the foundation on which the Bombay school of art has built up its liberal system of training.

उसी प्रकार यहाँ भी विभाग किए जा सकते हैं। काव्य-निष्ठ चित्र-कला के साधारणतया तीन भेद हो सकते हैं-आधिभौतिक, आधिदैविक और आध्यात्मिक।

आधिभौतिक चित्रकला

आधिभौतिक चित्र-कला बाह्य वस्तु की ओर संकेत करती है, परन्तु वह उसकी सीमा नहीं है। वस्तुत: बाह्य वस्तु में भी चित्र-कला के पूर्वोक्त तीनों भेद आ सकते हैं, इसलिए वर्ण्य विषय की नहीं, किंतु चित्रणकला की सीमा ही इन भेदों को सुस्पष्ट करती है।

मेरे विचार से ये तीनों भेद तीन स्तर के सूचक हैं; ओर इससे अधिक उदार दृष्टिकोण की कल्पना भी व्यर्थ है। उदाहरणों द्वारा यह विषय स्वयं हृदयगंम हो जायगा-

दिवसावसान का समय
मेघमय आसमान से उतर रही है
वह सन्ध्या-सुन्दरी परी-सी
धीरे-धीरे-धीरे।

'सन्ध्या-सुन्दरी' के इस चित्र में रेखाएँ नहीं हैं, ऐसा नहीं जा सकता, प्रत्युत देश-काल की पृष्ठभूमि की दूरी-निकटता, प्रकाश-छाया आदि को भी समेटे हुए उसकी स्वर्णम अंग-यष्टि मानस-चक्षु के सामने आ जाती है। आगे रेखाओं और रंगों की और स्पष्टता है-

तिमिराञ्चल में चञ्चलता का नहीं कहीं आभास
मधुर-मधुर हैं दोनों उसके अधर,-
किन्तु जरा गम्भीर, नहीं है उनमें हास-विलास।
हँसता है तो केवल तारा एक
गुँथा हुआ उन घुँघराले काले-काले बालों से।

इतना होने पर भी मेरे विभाजन के अनुसार यह चित्र आधिभौतिक नहीं, आधिदैविक है। इसका कारण यह है कि इसका आधार ठोस या सहज नहीं है, पूरा चित्र कल्पना के सहारे उतारा गया है और चर्म-चक्षु की अपेक्षा मानस-चक्षु के द्वारा ही सही-सही देखा दिखाया जा सकता है-

अलसता की-सी लता
किंतु कोमलता की वह कली
सखी-नीरवता के कन्धे पर डाले बाँह
छाँह-सी अम्बर-पथ से चली !

इसका सारांश यह हुआ कि आधिभौतिक चित्र का आधार स्थूल होना चाहिए, उसकी रेखाएँ स्पष्ट होनी चाहिए और भरसक उसे चर्म-चक्षु का विषय होना चाहिए। किंतु इतना क़हना भी कदाचित् पर्याप्त नहीं, यहाँ भ्रम के लिए अवकाश सम्भव है-

वह इष्टदेव के मन्दिर की पूजा-सी,
वह दीप-शिखा-सी शान्त, भाव में लीन,
वह क्रूर काल-ताण्डव की स्मृति रेखा-सी,
वह टूटे तरु की छुटी लता-सी दीन-

दलित भारत की विधवा के इस चित्र का आधार यद्यपि स्थूल है, किंतु उपमानों ने उसे आवृत कर सूक्ष्मता में परिवर्तित कर दिया है। इसलिए यह विशुद्ध आधिभौतिक तो क्या, शुद्ध आधिदैविक हो गया है।

उस करुणा की सरिता के मलिन पुलिन पर,
लघु टूटी हुई कुटी का मौन बढ़ा कर
अति छिन्न हुए भीगे अञ्चल में मन को-
दुख-रूखे सूखे अधर,-त्रस्त चितवन को
वह दुनिया की नजरों से दूर बचा कर
रोती है अस्फुट स्वर में !

निश्चय ही यहाँ स्थूल उपमेयों की अपेक्षा सूक्ष्म उपमानों की अस्फुट रेखाएँ अधिक आकर्षक हैं, इसलिए यह आधिभौतिकता की सीमा से ऊपर उठा प्रतीत होता है। इस प्रकार हम देखते हैं कि कल्पना के सहारे सूक्ष्म को स्थूल या जड़ को चेतन बनाने के कारण 'सन्ध्या-सुन्दरी' का और स्थूल को सूक्ष्म और चेतन को जड़ भावों से आवेष्टित करने के कारण 'विधवा' का चित्र भी आधिभौतिक न रह सका। फलतः स्थूल दृढ़ या मूर्त्त आधार को यहाँ सम्पूर्ण अर्थ में ग्रहण करना होगा। इसलिए आधिभौतिक चित्र के ये निदर्शन निर्दोष सिद्ध होंगे-

पेट पीठ दोनों मिल कर हैं एक
चल रहा लकुटिया टेक,
मुट्ठी भर दाने को - भूख मिटाने को
मुँह फटी पुरानी झोली को फैलाता
दो टूक कलेजे के करता पछताता पथ पर आता !

x x x

वह तोड़ती पत्थर

देखा उसे मैंने इलाहाबाद के पथ पर
श्याम तन, भर बँधा यौवन
नत नयन, प्रिय-कर्म-रत मन;
गुरु हथौड़ा हाथ, करती बार-बार प्रहार,
सामने तरु-मालिका अट्टालिका प्राकार !

अथवा-

खुले केश अशेष शोभा भर रहे,
पृष्ठ ग्रीवा-बाहु-उर पर तिर रहे;
बादलों में घिर अपर दिनकर रहे !

अथवा-

हेर उर-पट, फेर मुख के बाल,
लख चतुर्दिक् चली मन्द मराल !

प्रकृति-चित्रण इसका विशिष्ट क्षेत्र हो सकता है; किन्तु दुर्भाग्यवश मानवीकरण की प्रथा प्रचलित हो जाने से वहाँ आधिदैविकता तथा आध्यात्मिकता का एकच्छत्र साम्राज्य स्थापित हो गया है, और शुद्ध प्राकृतिक चित्रण दुष्प्राप्य-सा हो रहा है । अवश्य इसका यह अर्थ नहीं कि अभिधावादियों के विषय-वस्तु-वर्णन को आधिभौतिक चित्र कहा जा सकता है । नहीं, वर्णन और चित्रण में आकाश-पाताल का-सा अन्तर रहता है । वर्णन में उपकरणों की प्रचुरता भी काम आ जाती है; किन्तु चित्रण में तो उन्हें यथाक्रम सजाना होता है । दूसरे शब्दों में 'श्रव्य' को 'दृश्य' बनाना पड़ता है, क्योंकि बिम्बवत् अंकन के बिना वह आखों में नहीं आ सकता ।

'तरणि-तनूजा-तट तमाल तरुवर बहु छाए' सुन्दर वर्णनमात्र है; किन्तु - 'नव उज्ज्वल जल-धार हार हीरक-सी सोहति, बिच-बिच छहरति बूँद मध्य मुकता-मनि पोहति' अथवा 'पैरे जहाँई जहाँ वह बाल, तहाँ-तहाँ ताल में होत त्रिबेनी' में चित्र अंकित करने का आयास है । यह प्रकार चित्र-कला पर ही आधारित होता है, जिसमें अलंकारों की प्रचुरता पाई जाती है; किन्तु 'हेर उर-पट, फेर मुख के बाल' - जैसे अनलंकृत उदाहरण भी चित्र-कला की उत्कृष्टता दरसानेवाले शतशः मिलेंगे । यह 'स्वभावोक्ति' अलंकार नहीं है, इस विषय को अधिक पल्लवित पुष्पित करने का यह उचित स्थान नहीं है ।

गुप्तजी के - 'अञ्चल तट कटि में खोंस कछोटा मारे' अथवा 'उलटा लेट कुहनियों के बल, धरे वेणु पर ठोड़ी' अति सुन्दर आधिभौतिक चित्र है ।

रूपकातिशयोक्ति अलंकार के कतिपय उदाहरणों में चित्रकला का उच्छा विकास देखा जाता है; किन्तु सूरदासजी के 'गिरि पर सरवर सर पर गिरिवर' जैसे पदों में वह स्खलित हो गया है और तुलसीदासजी के-

'खंजन सुक कपोत मृग मीना ।
मधुप भाँति कोकिला प्रवीना ।।' में उसका सर्वनाश ।

किसी भाँति वर्णन की एक प्रणाली में इसे स्थान दिया जा सकता है, किन्तु चित्रण तो यह किसी भी प्रकार नहीं कहा जा सकता।

आधिदैविक चित्रकला

आधिदैविक चित्रण का सबसे स्पष्ट रूप मानवीकरण में देखा जा सकता है। जड़ में चेतन का आरोप मात्र चित्रण नहीं है, वह तो चित्रण की आधिदैविकता का एक हेतु है-

'कहो कौन तुम दमयन्ती-सी हो तरु के नीचे सोई ?
हाय, तुम्हें भी छोड़ गया क्या अलि, नल-सा निष्ठुर कोई !

-में भावना की जितनी मार्मिकता है, उतनी चित्रात्मकता नहीं। चित्र का छायाभास रहने पर भी ऐसे काव्य को चित्रकला के कोष्ठ में रखने का मैं पक्षपाती नहीं हूँ। निम्नलिखित उदाहरण यद्यपि भावना की दृष्टि से इस पद्य से निम्न कोटि का है, परन्तु चित्र की रेखाएँ इसी में दिखाई देती हैं और इस प्रकार यह पहले से श्रेष्ठ है-

नीले नभ के शतदल पर
वह बैठी शारद-हासिनि;
मृदु करतल पर शशि-मुखधर
नीरव अनिमिष एकाकिनि !

और इन पंक्तियों के उत्प्रेरक कवीन्द्र रवीन्द्र के इस प्रभात-संबन्धी गीत में तो यह विशिष्ट चित्र-प्रकार साकार ही हो उठा है :-

चपल भ्रमर, हे कालो काजल आँखी
खने-खने ऐसे चले जाब थाकि-थाकि।
हृदय-कमल टुटिया सकल बँध
बातासे-बातासे मेलि देय तार गंध,
तोमारे पाठाय डाकी,
हे कालो काजल आँखी !
गियाछे आँधार गोपने काँदार राति,
निखिल भुवन हेरो कि आशाय माति,
आछे अंजलि पाति।
हेरो गगनेर नील शतदल खानि
मेलिल नीरव वाणी।
अरुण पक्ष प्रसारि सकौतुके
सोनार भ्रमर आसिल ताहार बुके
कोथा होते नाही जानी।

चंचल भौंरे, ओ काले-कजरारे नैन, तुम क्षण-क्षण में आते और रह-रह-कर चले जाते हो ! यह हृदय-कमल समस्त बन्धनों को तोड़कर वायु में अपनी गन्ध फैला तुम्हें ही बुला भेजता है !

अन्धेरे में छिप-छिपकर चुप-चुप रोने की रात बीत गई । देखो न, संसार किस आशा से मत्त होकर अंजलि फैलाए हुए है ।

आकाशरूपी नील कमल को भी देखो, उसकी नीरवता सवाक् हो उठी है । कुतूहल के साथ अपने अरुण पंख फैलाए हुए, न जाने कहाँ से यह सोने का भौंरा उसके हृदय पर आ विराजा ।

प्रसादजी का पद- 'अम्बर-पनघट पर डूबो रही तारा-घट ऊषा-नागरी' आधिदैविक चित्र का उत्कृष्टतम उदाहरण है ।

जड़ में चेतन का अरोप होने पर उसकी भौतिकता मिट-सी जाती है, वह दिव्य रूप में परिणत हो जाता है, इसलिए उसे आधिदैविक कहना सुसंगत प्रतीत होता है । कहना व्यर्थ है कि इसमें कल्पना प्रधान हो जाती है । जड़ को चेतन या अमूर्त्त हो मूर्त्त कल्पना के सहारे ही बनाया जा सकता है, फिर भी सच्चा कवि अपनी अनुभूतियाँ भर कर उसमें सच्चाई-सी झलका देता है-

वसन विमल तनु-वल्कल
पृथु-उर सुर-पल्लव-दल;
उज्ज्वल दृग कलि कल, पल
निश्चल, कर रही ध्यान !

अथवा-

साथ-साथ नृत्यपरा कलि-कलि की अप्सरा,
ताल लताएँ देतीं करतल-पल्लवधरा !

अथवा-

किसलय-वसना नव-वय-लतिका
मिली मुधुर प्रिय-उर तरु-पतिका
मधुप वृन्द वन्दी-
पिक - स्वर नभ सरसाया !

आदि आधिभौतिक चित्र ही हैं, क्योंकि इनकी भूतता में दिव्य चेतना ला दी गई है ।

इसी प्रकार 'स्कन्दगुप्त' की 'देवसेना' का गीत-चित्र-

चढ़कर मेरे जीवन-रथ में
प्रलय चल रहा अपने पथ में,
मैंने निज दुर्बल पद-बल पर-
उससे हारी होड़ लगाई !

भौतिक और दिव्य भावों से गुँथा है; किन्तु यह अधिदैविकता से भी ऊपर उठा है, इसलिए इसे आध्यात्मिक चित्र कहा जायगा ।

यद्यपि इस प्रकार के विभाजन द्वारा इनकी सीमा-रेखाएँ निर्दिष्ट करना कठिन है,

फिर भी व्यावहारिक दृष्टि से थोड़ी-बहुत मोटी-मोटी बातें बताई जा सकती हैं। आधिदैविक चित्र आधिभौतिक और आध्यात्मिक के बीच की झाँकी है। यह भौतिकता के जितना निकट है, उतना ही आध्यात्मिकता के भी। इसका प्रशस्त रूप मानवीकृत जड़ स्थूल में झलकता है और किसी स्थूल को सूक्ष्म उपमानों से सँवारते समय भी। वहिर्जगत् के साथ अन्तर्जगत् का मिश्रण हुए बिना आधिदैविकता के लिए अवकाश नहीं होता। भौतिक भित्ति पर आध्यात्मिक रेखाएँ और आध्यात्मिक फलक पर भौतिक रेखाएँ आँकना आधिभौतिक चित्रकला है।

कौन तुम शुभ्र-किरण-वसना ?
सीखा केवल हँसना-केवल हँसना !
मन्द मलय भर अंग-गन्ध मृदु,
बादल अलकावलि कुञ्चित ऋजु;
तारक हार, चन्द्र मुख, मधु ऋतु-
सुकृत-पुञ्ज-अशना !

यह 'चाँदनी' का पुलक-भरा चित्र है। और-

मेघ के घन केश,
निरुपमे, नव वेश !
चकित चपला के नयन नव,
देखती हो भू - शयन तब,
मन्द-लहरा पट-पवन, रव
छा रहा सब देश !

यह परम्परा का लहराता हुआ चित्र। इन सब में चेतन का आरोप कर मानवीय भंगिमाएँ भर दी गई हैं। शरीर के साथ प्राणों की तरंगें भी चित्रित हुई हैं, जिनका स्वाभाविक प्रभाव अंग-भंगि पर पड़ा है - और चित्र जैसे बोल उठे हैं !

भारत में मातृत्व का आरोप ही आध्यात्मिक है, फिर यदि उसे 'भारती' और 'कनक शस्य-कमल धरा' कहा जाय तो उसका स्तर और ऊँचा हो जाता है।

कवीन्द्र रवीन्द्र के 'अयि भुवन-मनोमोहिनी' वाले गीत के समकक्षता में निरालाजी का यह आधिदैविक चित्र कितना चमकता है-

भारति, जय, विजय-करे !
कनक-शस्य-कमल-धरे !
लंका पदतल-शतदल
गर्जितोर्मि सागर-जल -
धोता शुचि चरण युगल
स्तव कर बहु अर्थ-भरे !

तृण-तरु-वन-लता वसन,
अञ्चल में खचित सुमन;
गंगा ज्योतिर्जल - कण
धवल धार हार गले !

आध्यात्मिक चित्र-कला

आध्यात्मिक चित्र में मूर्ति - भौतिक आधार को निरर्थक किंवा दूषण समझना चाहिए, जब भी अमूर्त्त की मूर्ति बनाए बिना कला की चर्चा हो ही नहीं सकती। वस्तुतः इस विभाजन के भीतर से मैं गुणों की झलक दिखलाना चाहता हूँ। तामस भाव या तमोगुण आधिभौतिक चित्र का गुण और सात्त्विक भाव या सत्त्वगुण आध्यात्मिक चित्र का गुण। इन गुणों के अनुसार चित्रकला की तीन अवस्थाएँ, तीन श्रेणियाँ और तीन कोटियाँ तैयार होती हैं, उसी-उसी गुण या स्वभाववालों को अपने-अपने ढंग से अच्छी-बुरी, प्रिय-अप्रिय प्रतीत होती हैं।

वैसे इन पाभाषिक विशषणों के भिन्न-भिन्न भाव हो सकते हैं, परन्तु मैंने यहाँ इनका निर्दिष्ट अर्थ में ही प्रयोग किया है। वहिर्जगत्, वाह्य केन्द्रित आदि वहिर्मुख तत्त्वों से अनुप्राणित कला आधिभौतिक कही जा सकती है; वाह्य और अर्न्जगत् की धूप-छाँह, वाह्य और अन्तरिन्द्रिय के आदान-प्रदान से प्रेरित कला आधिदैविक है और अन्तर्जगत् एवं मन-प्राणों तक ही सीमित दिव्य, उदात्त भावनाओं से भरी सूक्ष्म चेतनकला आध्यात्मिक है। यहाँ यह कहना तो पुनरुक्तिमात्र होगा कि इस प्रकार की भावना-जनित तीन श्रेणियाँ प्रत्येक कला में होती हैं, चित्रकला का प्रसंग उपलक्षण भर है।

अधिकांश आलोचकों का निष्पक्ष विवेचन इस निष्कर्ष पर अवश्य पहुँचेगा कि निराला जी अद्‌भुत चित्रकार कवि हैं। शेक्सपियर और कालिदास की भाँति प्रत्येक प्रकार की भावनाओं के चित्र प्रस्तुत करने में उनकी लेखनी तूलिका बन जाती है। इस युग में रवीन्द्रनाथ के अतिरिक्त किसी भी कवि ने निरालाजी के स्तर के आध्यात्मिक चित्र नहीं दिए हैं। किन्तु निरालाजी तो जैसे आध्यात्मिक आलोक-लोक के प्राणी हैं, उनके लिए उस स्तर के भाव सहज हैं और उनके अंकन की अपूर्व, अद्वितीय क्षमता नैसर्गिक।-

आओ मधुर-सरण मानसि, मन
नूपुर-चरण-रणन जीवन नित्
वंकिम चितवन चित चारु मरण !
नील वसन शतद्रु-तन-ऊर्म्मिल,
किरण-चुम्बि मुख-अम्बुज रे खिल
अन्तस्तल मधु-गन्ध अनाविल,
उर-उर तव नव राग जागरण !
पलक-पात उत्थित-जग-कारण,
स्मिति आशा-चल-जीवन-धारण,

शब्द अर्थ-भ्रम-भेद-निवारण,
ध्वनि शाश्वत-समुद्र-जग-मज्जन ।

यह कविता मानसी - काव्य-भारती को सम्बोधित कर लिखी गई है । कवि प्रथम पंक्ति से ही दिव्य-चित्र के उपकरण संज्ञोने लगता है - 'मधुर-सरण' चित्र की गत्यात्मकता, प्रतिमा की सप्राणता व्यक्त करने के लिए प्रयुक्त हुआ है । वह कहता है - देवि मानसि, तुम मन्द-मन्द चल कर मेरे मन मन्दिर में आ विराजो ।

'मानसी' के लिए 'मन-मन्दिर' ही स्वागत के उपयुक्त स्थान हो सकता है और फिर 'मधुर-सरण' - मन्द गति से चलकर उसका आना प्रिय भक्त के अनुकूल जान पड़ता है । यहाँ 'गरुड़ तजि सिधारे' वाली आकुलता - पुरुष-योग्य क्षिप्रता अभिप्रेय नहीं है, क्योंकि देवी का चिर-तारुण्य मन्द मन्थर गति में ही अधिक शोभा प्राप्त कर सकता है । इसी प्रकार 'मानसी' को मन-मन्दिर में बुलाना भी अयुक्त या पुनरुक्त नहीं है । कबीर ने-

'लाली मेरे लाल की जित देखो तित लाल ।
लाली देखन मैं गई मैं भी हो गई लाल ॥'

-वाले दोहे में ऐसी ही अभिव्यञ्जना दी है । वैसे यहाँ भी यह आशंका की जा सकती है कि जब 'लाली' 'जित देखो तित लाल' है तो फिर उसे देखने जाने की कहाँ गुंजाइश है ? अस्तु,

इस चित्र-कला में भावों की सूक्ष्मता और विस्तार देखने योग्य हैं । ऐसा ही दूसरा चित्र-

'तुम्हीं गाती हो अपना गान;
व्यर्थ मैं पाता हूँ सम्मान !' वाले गीत में अंकित हुआ है ।
मेरा दुख अरण्य, किसलय-दल-
ज्वाल, जली काली तुम कोयल;
दैन्य-डाल पर बैठी प्रतिपल
सुना रही हो तान !
भ्रम गोधूलि, धूसरित नभ-तन,
तुम शशि, कला-किरण-दृग-चुम्बन;
ज्ञान-तन्तु तुम, जग-अजान-मन -
शव-शिव-शक्ति महान !

इन चित्रों की सात्विकता वरेण्य है । मनश्चक्षु में उतरते ही ये अपना प्रभाव छोड़ जाते हैं ।

निरालाजी ज्ञानी भक्त हैं, इसलिए इन चित्रों का रेखांकन भक्ति की मसि से हुआ है, किन्तु इनमें ज्ञान का आलोक रंगों का स्थान ग्रहण किए हुए है । यही कारण है कि रंगीनी की चाहक आँखें इस अलौकिक आलोक में चौंधिया जाती हैं ।

दे, मैं करूँ वरण !

जननि, दुख-हरण, पद-राग-रञ्जित मरण !

वासना इन्धन हृदय-तल जले अनल;

-ऐसे चित्रों का प्रकाश प्रत्येक दृष्टि के उल्लास का कारण नहीं हो सकता ।

मैं समझता हूँ, जो भाव सर्वजनसंवेद्य हैं; जिनकी अनुभूति मात्रा मात्र के अन्तर से प्राय: प्रत्येक प्राणी को प्राप्त है, उनका वर्णन कविकर्म का एक प्रिय विषय हो सकता है; किन्तु आदर्श विषय तो वही कहा जा सकता है जो सबकी पकड़ से बाहर होकर भी कवि के अन्तर के आईने में पूरी तरह चमक उठे ! 'उदात्त' एक ऐसा ही विषय है । यहाँ तक बहुत कम कवियों की पहुँच होती है । इसका कारण यह है कि प्रत्येक कवि जन-साधारण से नहीं ऊँचा उठा होता, उसके मन भावों की जो छवियाँ आती हैं, वह साधारण में इसीलिए प्रसिद्ध हो जाती हैं; किन्तु असाधारण भावों के लिए-निर्माता-प्रमाता दोनों को साधना द्वारा प्रकृष्ट सिद्धि प्राप्त करनी पड़ती है ।

फिर ऊँच-नीचे भावों की यथा-तथा अभिव्यक्ति और बात है और उनका ठीक-ठीक चित्रण और । चित्रण कार्य्य अतिकठिन है - यहाँ शब्द-शक्ति की पूरी पहचान जरूरी है । शब्दों द्वारा रेखांकन करना और उसमें शब्दों से ही आभा भरना साधारण साधना का परिणाम नहीं है । इस कला में निरालाजी को जो कमाल हासिल है, उसका जोड़ मिलना मुश्किल है । उन्होंने प्रत्येक प्रकार के भावों को बड़ी ही सफाई से 'चित्रित' किया है, जिसका आभास पूर्वोक्त त्रिविध चित्रणों में अवश्य मिलेगा । उनमें अगर कोई सबसे बड़ा दोष है तो यही कि उन्हें साधारण पाठक नहीं पा सकता-उनकी बारीकियाँ परखने के लिए धैर्य्य अनिवार्य्य है ।

विराट् चित्र

विराट् चित्र विराट् भावनाओं से प्रस्तुत होते हैं । हृदय के हल्के-फुल्के उद्गारों को रेखाओं में बाँधने से यह कार्य्य गुरुतर है । वैसे भी निरालाजी के मन और मस्तिष्क का जैसा गठन है, वह हमेशा हल्कापन से परे हैं, परन्तु विराट् चित्र उनकी निजी विशेषताओं में से है । नवयुग में उनके अनुकरण का प्रयास स्पष्ट है, किन्तु सफलता आजतक सन्दिग्ध । कारण, नवागन्तुकों में सहज विराट् भाव-भावनाओं का अभाव-सा है ।

चित्र-कला के जिन तीन प्रकारों पर ऊपर प्रकाश डाला जा चुका है, विराट् चित्र का उन्हीं में अन्तर्भाव हो जाता है । अर्थात्, तीनों रूपों में विराट् स्वरूप का सन्निवेश सम्भव है । -उदाहरणार्थ, 'सन्ध्या-सुन्दरी' के प्रारम्भिक चित्रों (जिनका उल्लेख किया जा चुका है) में से एक का निरीक्षण किया जाता है ।-

सन्ध्या-सुन्दरी 'सखी नीरवता के कन्धे पर डाले बाँह, छाँह-सी अम्बरपथ से' चलती है । उसके हाथों में कोई वीणा नहीं बज रही, अनुराग-राग का आलाप भी नहीं, उसके नूपुर भी रुनझुन नहीं कर रहे । बस, सब ओर सन्नाटे का आलम है । जैसे सब कहीं सिर्फ एक अव्यक्त शब्द गूँज रहा हो-'चुप, चुप, चुप' !

यहाँ नीरवता किस प्रकार व्यापक, विराट् होती जा रही है, यह उसके क्रम-क्रम

से तह-तह में धीरे-धीरे फैलते जाते 'चुप-चुप-चुप' से अनुमित हो सकता है । कवि इस मौन का विराट् चित्र उपस्थित करता है-

व्योम मण्डल मे - जगतीतल में-
सोते शान्त सरोवर पर उस अमल कमलिनी-दल में-
सौन्दर्य-गर्विता सरिता के अति विस्तृत वक्षः स्थल में-
धीर वीर गम्भीर शिखर पर हिमगिरि अटल-अचल में-
उत्ताल-तरंगाघात-प्रलय-घन-गर्जन-जलधि प्रबल में-
सिर्फ एक अव्यक्त शब्द-सा 'चुप-चुप-चुप'
है गूँज रहा सब कहीं ।

इस चित्र में विशेष रूप से यह दर्शनीय है कि इसका विषय रूप नहीं, भाव है । यह रूप-चित्रण नहीं, भाव का विराट् चित्र है । स्पष्ट है कि अपेक्षित भाव को विराट् रूप में अंकित करना दुरूह, दुष्कर है । विश्वकवि रवीन्द्रनाथ के-

येन रे विवशा हयेछे गोधूलि,
पूरवे आँधार वेणी पड़े खुलि,
पश्चिमेते पड़े खसिया-खसिया
सोनार आँचल तार !

-में ऐसा प्रतीत होता है, जैसे उन्मद वासना से अभिभूत होने के कारण गोधूलि विवश हो रही है; अपने हाथों से छूटती जा रही है । इसीलिए तो देखो न, पूरब की तरफ उसके जूड़े के केश-कलाप खुल-खुलकर बिखरते, फैलते जाते हैं और पश्चिम की तरफ उसका सुनहला आँचल भरे-उभरे वक्षःस्थल से जैसे खिसका-खिसका पड़ता है ।

गोधूलि (सन्ध्या) का विराट् रूप-चित्र है । विराट् इसलिए कि कवि ने पूर्व-पश्चिम - बल्कि चारों दिशाओं को इस चित्र में बाँध लिया है । सन्ध्या समय पूर्व की ओर फैलता अँधेरा गोधूलि का बाल-जाल और पश्चिम की ओर डूबते सूरज की धुलती रंगीनी उसका सुनहला आँचल है !

कवि-कुल-गुरु कालिदास के दो-एक विराट् चित्र देखें, कवीन्द्र रवीन्द्र ऐसों के भी उत्प्रेरक रहे हैं वे ।

महाराज रामचन्द्र चौदह वर्षों के कठिन वनवास के पश्चात् अयोध्या लौटे हैं । उनके स्वागातार्थ सम्पूर्ण नगरी सजाई जा रही है, तोरण-वन्दनवार, वीणा-मृदंग, अगरु-गोरोचन; - रूप, ध्वनि, सुरभि सबकी बहार है । इसी समय महलों के छज्जों, खिड़कियों से अगरु का राशि-राशि धुआँ निकलता और हवा के झकोरे से फैल-फैल जाता है । कवि कहता है कि अरे, वह अगरु का धुआँ कहाँ है, वह तो महाराज की वियोगिनी अयोध्या-पुरी के हवा में झोंके खाते केश हैं ! उनके दीर्घ विरह-व्रत का निश्छल पालन करती एक-वेणीधरा पतिव्रता अयोध्या नगरी के, मिलन-क्षण में उन्हीं के हाथों खोले गए घन, श्यामल कुन्तल-कलाप लहरा रहे हैं हवा में !

प्रासाद - कालागुरु - धूमराजिः
तस्याः पुरो वायुवशेन भिन्ना ।
वनान्निवृत्तेन रघूत्तमेण
मुक्ता स्वयं वेणिरिवाबभासे !

दूसरा चित्र है ऋतु-सन्धि का । शिशिर ऋतु समाप्त हो रही और वसन्त का शुभागमन हो रहा है । इसी समय सूर्य्य का दक्षिणायन काल समाप्त होता है; वह उत्तरायण होने जा रहे हैं । सहवास के कारण दक्षिण-दिशा जैसे उनकी प्रेयसी ही नहीं, व्याही पत्नी-सी हो चुकी है । उसे उनका विरह बहुत अखर रहा है । बहुत इसलिए कि वह उससे विदा ही नहीं ले रहे, बिछड़ ही नहीं रहे, बल्कि 'उत्तर-दिशा' के पास जा रहे हैं । यदि दक्षिण-दिशा की भाँति उत्तर-दिशा भी उनकी प्रेयसी या पत्नी होती तो केवल सौत की-सी ईर्ष्या की नौबत आती ! मगर वह तो गजब कर रहे, कहर ढाने जा रहे हैं । उत्तर दिशा कुबेर की पत्नी है, उससे लम्पटता सूझी है हजरत को ! धर्म-कर्म की कौन कहे, सामाजिक मर्य्यादा या साधारण-सा शिष्टाचार भी भूले जा रहे हैं ! सो बेचारी दक्षिण दिशा उनकी यह दयनीय दशा देख अभिजात पतिव्रताओं की भाँति मर्मान्तिक वेदना की बड़ी ही गीली, सिहरन-भरी साँस छोड़ती है, जिसे सब मलयानिल समझते हैं !

कुबेर-गुप्तां दिशमुष्णरश्मौ
गन्तुं प्रवृत्ते समयं विलङ्घ्य,
दिग्दक्षिणा गन्धवहं मुखेन
व्यलीकनिः श्वासमिवोत्ससर्ज ।

इन चित्रों में रूप और भाव का ऐसा सुन्दर सामञ्जस्य है कि दोनों को पृथक्-पृथक् देख सकने का धीरज जाता रहता है ।

हिन्दी के नवीन पद्य-साहित्य में विराट् चित्रों के खींचने की तरफ कवियों का उतना ध्यान नहीं, जितना छोटे-छोटे चित्रों की ओर है । युक्तप्रान्त, बिहार, मध्यभारत, मध्यप्रान्त आदि एक ऐसी प्रकृति की गोद में है, जहाँ विराट् दृश्यों की अपेक्षा बाग तथा उपवनों के छोटे चित्र ही विशेषतः सूझते हैं, बड़ी-बड़ी नदियों, समुद्र तथा आकाश के उत्तमोत्तम चित्र नहीं मिलते । छोटे रूप की क्षणिक प्रभा में स्थायी प्रभाव न मिलने के कारण रवीन्द्रनाथ कहते हैं -

क्षुद्र रूप कोथा याय बातासे
उड़िया दुइ चारि पलकेर पर !

(छोटा रूप न-जाने कहाँ हवा में दो ही चार पल में उड़ जाता है !)

"काव्य में साहित्य के हृदय को दिगन्त-व्याप्त करने के लिये विराट् रूपों की कल्पना करना अत्यन्त आवश्यक है," लिखनेवाले महाकवि निराला ने अपने अन्याय प्रयोगों की विराट् भावनाओं और उनके विराट् चित्रों से भी अभिनव काव्य-साहित्य को भलीभाँति सजाया है । 'राम की शक्ति-पूजा' में-

देखो बन्धुवर, सामने स्थित जो यह भूधर
शोभित शत हरित-गुल्म-तृण से श्यामल सुन्दर,

पार्वती, कल्पना है इसकी, मकरन्द - विन्दु;
गरजता चरण-प्रान्त पर सिंह वह, नहीं सिन्धु,
दश-दिक्-समस्त हैं हस्त, और देखो ऊपर
अम्बर में हुए दिगम्बर अर्चित शशि-शेखर;
लख महाभाव मंगल पदतल धँस रहा गर्व-
मानव के मन का असुर मन्द, हो रहा खर्व !

एक अदभुत, दिव्य एवं विराट् भाव-रूप-चित्र है । इसकी दिव्यता और रहस्यमयता ने स्वर्गीय महाकवि 'प्रसाद' को भी प्रभावित किया था । 'कामायनी' में उन्होंने इसी प्रकार का एक भाव-रूप अंकित किया है-

मत कहो, पूछो न कुछ, देखो न कैसी मौन,
विमल राका मूर्ति बनकर स्तब्ध बैठा कौन !
विभव मतवाली प्रकृति का आवरण वह नील,
शिथिल है, जिसपर बिखरता प्रचुर मंगल खील;
राशि-राशि नखत कुसुम की अर्चना अश्रान्त
बिखरती है, तामरस-सुन्दर चरण के प्रान्त !

ऐसे ही निरालाजी ने 'सम्राट् एडवर्ड अष्टम के प्रति' में कुछ अनोखे विराट् चित्र आँके हैं । एक देखें-

वैभव विशाल !
साम्राज्य सप्त-सागर-तरंग-दल-दत्त-माल !

जिसके साम्राज्य को सातों समुद्र की शत-शत तरंगें जैसे जयमाल पहनाया करती हैं - इतना विशाल वैभव !

'वन-बेला' के पहले बन्ध में ग्रीष्म ॠतु के ज्वलित विस्तार में पृथ्वी की दहकती, किन्तु कसी-बँधी जवानी का चित्र अपूर्व है,-

पृथ्वी के उठे उरोज मञ्जु पर्वत निरुपम किसलयों-बँधे'

इसी भाँति गर्मी और बरसात के रूपकों के भीतर से महाकवि निराला ने विराट् प्रलय-चित्र भी प्रस्तुत किए हैं ।

ग्रीष्म-

यह सान्ध्य समय
प्रलय का दृश्य भरता अम्बर,
पीताभ अग्निमय, ज्यों दुर्जय;
कर भस्मीभूत समस्त विश्व को एकशेष,
उड़ रही धूल नीचे अदृश्य हो रहा देश !

-वन-बेला

वर्षा-

मोगल-दल बल के जलद यान
दर्पित-पद उन्मद नद पठान
हैं बहा रहे दिग्देश-ज्ञान शर खर-तर,
छाया ऊपर घन अन्धकार,
टूटता वज्र दह दुर्निवार,
नीचे प्लावन की प्रलय-धार ध्वनि हर-हर !

वैसे तो निरालाजी ने चित्र और संगीत-हीन एक पंक्ति भी नहीं लिखी; किन्तु कभी-कभी उनमें कुछ ऐसा लोकोत्तर अनोखापन आ गया है कि देखते ही बनता है ।

व्रज-भाषा काव्य के 'सरस' -युग को एक वर्षा-चित्र में बाँधना अथवा खड़ीबोली (विशेषकर निजी) के 'रुक्ष' काव्ययुग को एक ही ग्रीष्म-चित्र में सजा देना कितनी व्यंजनाओं से साभिप्राय हो गया है, देखिए-

वर्षा - था सर प्राचीन सरस
सारस हंसों से हँस
वारिज-वारिद में बस
रहा विवश प्यार !
जल-तरंग ध्वनि कलकल
बजा तट मृदंग सदल
पैंगे भर पवन कुशल
गाती मल्लार !

-मित्र के प्रति

ग्रीष्म - एक यही आठ पहर
बही पवन हहर-हहर
तपा तपन, ठहर-ठहर
सजल कण उडे:
गए सूख भरे ताल,
हुए रूख हरे शाल,
हाय रे, मयूर-व्याल
पूँछ से जुड़े !

-मित्र के प्रति

इस तरह के चमत्कार-पूर्ण अन्यान्य कितने ही चित्र निराला-साहित्य में भरे पड़े हैं ।

यद्यपि गोस्वामी तुलसीदास की भाँति महाकवि निराला ने भक्ति-चित्र भी प्रचुर परिमाण में प्रस्तुत किए हैं, जिनमें लोकोत्तर आनन्द (भूमा) की न्यूनता नहीं है; किन्तु

मुख्यतः वह कविकुल-गुरु कालिदास एवं कवीन्द्र रवीन्द्रनाथ के समान अपार सौन्दर्य और विराट् चित्रण के भीतर से काव्य और दर्शन का रंग चढ़ाकर चित्रों का अंकन करते हुए सत्य के द्वार तक ले जानेवाले, मानवीय स्फूर्त्ति, सौन्दर्य और भावनाओं के महाकवि ही हैं ।

सच तो यह कि निरपेक्ष, तटस्थ चित्रण के कारण इनका शृंगार भी दिव्य हो गया है । नर-नारी का प्रणय-मिलन यहाँ दो देहों या दो हृदयों के एकीकरण तक ही नहीं सिमटता, प्रत्युत 'शून्य और नीलिमा' की व्यापकता में बँधता है; क्योंकि 'ज्योति-छवि' से 'ज्योति-छवि' का मिलना वर्णित होता है यहाँ । इसी कारण वह विराट् और दिव्य भी हो जाता है।-

डूब गए प्राणों में
पल्लव-लता-भार
का पुष्प-तरु-हार
कूजन-मधुर चल विश्व के हृदय सब-
सुन्दर गगन के भी रूप-दर्शन सकल-
सूर्य्य-हीरक-धरा प्रकृति नीलाम्बरा,
सन्देशवाहक बलाहक विदेश के !

इस प्रकार समस्त विश्व-प्रकृति को आत्मसात् कर लेनेवाले प्रणय के उभार-विस्तार के दिव्य चित्र नई हिन्दी-कविता में कदाचित् ही अन्यत्र कहीं मिलें । कम से कम -

'प्रणय के प्रलय में सीमा सब खो गई !' -जैसे पद तो रवीन्द्र-ऐसे विश्वकवि के काव्य में भी बहुत न होंगे ।

रूप का यह अरूपोन्मुख विकास-विस्तार कवि के सहज स्वभाव में भी है, कला-कृतियों में भी । उनके अनुसार "रूप की सार्थक लघु विराट् कल्पनाएँ संसार के सुन्दरतम रंगों से जिस तरह अंकित हों, उसी तरह रूप तथा भावनाओं का अरूप में सार्थक अवसान भी आवश्यक है । कला की यही परिणति है और काव्य का सबसे अच्छा निष्कर्ष । इस तरह काव्य के भीतर से अपने जीवन के सुख-दुःखमयं चित्रों को प्रदर्शित करते हुए परिसमाप्ति पूर्णता में होगी ।"

कहने का तात्पर्य यह कि निराला ने जीवन के भौतिक और आध्यात्मिक - दोनों पक्षों को अपने काव्यों में चित्रित किया है । चित्रित किया है, वर्णित नहीं; भाषा-टीका-समेत कुछ भी नहीं कहा, इसलिए उपदेश, भाषण या व्याख्या करनेवालों को उनकी कारीगरी-भर खींच पाती है, वह चित्रों के मौन, किन्तु भावाकुल प्राणों को सही-सही नहीं पढ़ पाते । चित्र न बोलते हुए भी बोलते हैं और कान के पर्दे फाड़ देनेवाली चीख प्राण-पटल पर कभी एक रेखा भी नहीं खींच पाती, यह वे महत्त्वाकांक्षा-वश भूल जाते हैं ।

(३)

काव्य और संगीत का स्वाभाविक संयोग प्रथम-प्रथम वैदिक ऋचाओं में प्राप्त होता है और वह प्रवाह अबतक अक्षुण्ण है । सूर्य्य की ओर देखने की शक्ति न रहने पर भी उसकी ज्योति-कीर्ति हम विकसित कमल, तरु-राजि और सम्पूर्ण प्रकृति में देख सकते हैं ।

वैदिक मन्त्रों के काव्य और संगीत से यदि हममें से प्रत्येक का साक्षात् परिचय न भी हो, तो भी आधुनिक काव्यों में उसका विकास-प्रकाश देख सकने का अवसर हमें अवश्य प्राप्त हो सकता है।

प्रसंगवश वैदिक-युग से द्विवेदी-युग तक के काव्य-विस्तार को यहाँ पार्श्व-भूमि में रहने देना है; किन्तु इतनी बात अवश्य याद रखनी है कि इस बीच जैसे-जैसे मानव-जाति का वाह्य और आभ्यन्तर परिष्कार होता गया है, वैसे ही वैसे काव्य और संगीत में भी चढ़ाव-उतार होता रहा है। वैदिक-युग में षड्ज, ऋषभ, गान्धार - तीन ही स्वर प्रचलित थे। 'ओ३म्' की अन्यान्य व्याख्याओं की भाँति एक संगीत-परक व्याख्या भी है। 'अ + उ + म्' उदात्त, अनुदात्त, स्वरित अथवा षड्ज (सा), ऋषभ (रे), गान्धार (ग) स्वरों का प्रतीक माना गया है; किन्तु आठवीं-नवीं शताब्दी तक- 'स-रि-ग-म-प-ध-नि-रतां तां' कहकर व्यापक रूप में वाणी-वन्दना होने लगी थी। सर्वसाधारण सातों सुरों से परिचय प्राप्त कर चुका था। जाने कितने नारद, तुम्बुरु, भरत इस प्रकाश और प्रचार के पीछे होंगे! फिर ग्यारहवीं शताब्दी में पहली बार जयदेव ने काव्य-संगीत का एक अपूर्व स्वरूप उद्‌भावित और प्रतिष्ठित किया, जिसकी परछाईं पन्द्रहवीं शताब्दी में विद्यापति पर पड़ी और तभी से अन्यान्य लोक भाषाओं में भी काव्य और संगीत का यह नवोदित सम्बन्ध फिर-फिर सुदृढ़ किया जाने लगा जिसका विकास कबीर-मीरां आदि में और उद्यान-उद्दीपित प्रसार कवीन्द्र रवीन्द्र, प्रसाद, निराला, पन्त और महादेवी में पाया जाता है।

"यदि अपरूप को रूप के द्वारा अभिव्यक्त किया जाय, तो वाणी के भीतर 'अनिर्वचनीयता' की रक्षा करनी पड़ती है। जिस प्रकार स्त्रियों की सुन्दरता और लज्जा होती है, काव्य की अनिर्वचनीयता भी वैसी ही होती है। वह अनुकरणातीत है। वह अलंकारों का अतिक्रम कर देती है, अलंकारों द्वारा आच्छन्न तो वह कभी नहीं होती।"

भाषा के बीच में इस भाषातीत को प्रतिष्ठित करने के लिए काव्य मुख्यत: दो तत्त्वों को मिलाया करता है-एक चित्र को और दूसरे संगीत को। वाणी के द्वारा जिसे नहीं कहा जा सकता उसे चित्र के द्वारा कहना पड़ता है। इसके अतिरिक्त छन्दों में, शब्दों में, वाक्य-विन्यास में काव्य को संगीत का आश्रय लेना ही पड़ता है। जिसे किसी प्रकार नहीं कहा जा सकता, उसे संगीत के द्वारा ही कहना पड़ता है। जो वस्तु अर्थ का विश्लेषण करने पर अत्यन्त सामान्य प्रतीत होती है, वही संगीत के द्वारा असामान्य हो जाती है। अतएव चित्र संगीत ही काव्य के प्रधान उपकरण हैं। चित्र भाव को आकार देता है और संगीत भाव को गति प्रदान करता है। चित्र देह है और संगीत प्राण है।"

रवीन्द्रनाथ के इस उद्धरण की विशिष्ट पंक्तियाँ काव्य में चित्र और संगीत के स्थान का सम्यक् निर्देश करती हैं। वह वाणी से अव्यञ्जनीय भाव को चित्र द्वारा व्यक्त करने की और वाणी, इंगित, चित्र आदि से भी स्फुट न हो सकनेवाले भाव को संगीत द्वारा परिस्फुट होने की बात बताती है।

शब्द की सामान्य शक्तियाँ जहाँ अपने-आप में कुण्ठित हो जाती हैं, वहाँ चित्र का

आश्रय ग्रहण करने पर भाव सुस्पष्ट हो जाते हैं; किन्तु अन्तर से अन्तरतर के, मर्म के कुछ ऐसे भी अरूप भाव हैं जिन्हें रूप में, चित्र में उतारना सम्भव नहीं, उनकी एकमात्र वाणी संगीत है । संगीत उन्हें गुदगुदाकर उभार देता है; सहृदयों के आस्वादन-योग्य बना देता है ।

गीति-काव्य में अपने प्राणों को अधिक-से अधिक अभिव्यक्त करने के अनन्तर भी व्यक्तिगत रूप से मैं संगीत के प्रति इतना उदार नहीं हूँ । मैं काव्य और संगीत को परस्पर पूरक भर किसी प्रकार स्वीकार कर लेता हूँ । यों तो व्यापकता के विचार से काव्य-कला की सर्वश्रेष्ठता का उल्लेख ऊपर किया जा चुका है, परन्तु यहाँ कुछ और स्पष्टीकरण आवश्यक होगा । यह इसलिए भी कि संगीत के द्वारा जिस अकथ, अनिर्वच की उपभोग-योग्यता का लोहा रवीन्द्रनाथ मानते हैं, उसके अनुवादक आज भी उपलब्ध है ।

संगीत-सम्राट-पूज्य पण्डित ओंकारनाथ ठाकुर एवं संगीत-सार्वभौम श्रद्धेय श्री विनायक नारायण पटबर्द्धन की सत्संगति के अनेक शुभ अवसर मेरे जीवन में आए हैं । उनकी कृपाओं ने ही कदाचित् उनके सम्बन्ध में मुझे मुखर बना दिया है । एक बार पटने में ओंकारनाथजी संगीत के सम्बन्ध में सम्भाषण कर रहे थे । उन्होंने निश्चित रूप से रवीन्द्रनाथ के उपरिलिखित विचार ही दुहराए थे; किन्तु तत्त्वबोध के लिए मैं तब से अबतक एक-रस, उत्सुक हूँ । मेरा मन संगीत की वह तर्क-हीन प्रतिष्ठा नहीं सह पाता । कारण, मैं देखता हूँ कि जिस प्रकार कवि द्वारा अनुन्मिषित भाव संगीत से संवेद्य बनते हैं, उसी प्रकार संगीत के सुरों से किसी भी प्रकार व्यञ्जित न होनेवाले भाव काव्य में स्पष्ट और मर्मस्पर्शी हो जाते हैं । उदाहरणार्थ, 'वर्ड्सवर्थ' की सुप्रसिद्ध कविता 'सॉलिटरी रीपर' के एक बन्ध की परीक्षा करें । वह कहता है-

Behold her single in the field
Yon solitary Highland lass
Reaping and Singing by herself
Stop here or gently pass.

यहाँ चित्रकार Reaping को जिस सहजता से दरसा सकता है; Singing by herself को उतनी मार्मिकता से नहीं । इसी प्रकार अन्तिम पंक्ति की अभिव्यञ्जना उसके लिए दु:साध्य है । किन्तु, संगीत तो न यह चित्र आँक सकता है और न Stop here or gently pass से बड़ी कोई हृदयस्पर्शिनी अभिव्यंजना दे सकता है ।

निरालाजी का ही एक अति सुन्दर काव्य-चित्र है :-

अस्ताचल रवि, जल छल-छल छवि,
स्तब्ध विश्व, कवि जीवन उन्मन;
मन्द पवन बहती सुधि रह-रह,
परिमल की कह कथा पुरातन ।

चित्रकार इसके 'मन्द पवन बहती' तक को तो तूलिका का विषय बना सकता है; परन्तु 'सुधि रह रह' और 'परिमल' की कह कथा पुरातन' को वह किसी भी प्रकार नहीं आँक सकता। संगीतकार ऐसे स्थल में, जिन वेदना-विह्वल सुरों की योजना कर सकता है, वह 'इसी भाव-विशेष' की मार्मिक अतलता को उभाड़ सकने में किसी भी प्रकार नहीं समर्थ हो सकती। हाँ, इस जाति के करुण-आर्द्रभाव मात्र की अभिव्यक्ति के लिए वह सहृदयों के हृदय पर अपने स्वर शर का सफलतापूर्वक प्रयोग कर सकता है। इससे सिद्ध होता है कि संगीत की इस आंशिक न्यूनता की पूर्ति कवि करता है; अथवा कवीन्द्र के-से शब्दों में, - जो भाव संगीत द्वारा छुआ भर जा सकता है उसे सर्व-वेद्य बनाने में काव्य ही समर्थ है।

मैं तो ऐसी सभी भावुक स्थापनाओं को वाग्जाल मानता हूँ। वस्तुतः सभी कलाएँ अपनी-अपनी जगह पर पूर्ण और सर्वश्रेष्ठ हैं। एक की समग्र विशेषताएँ दूसरी में न आ सकती हैं और न बलपूर्वक लाई जाने पर उतनी व्यञ्जक ही हो सकती हैं। इसीलिए, सभी कलाओं की स्वतन्त्र स्थिति, मौलिक मर्य्यादा और अनिवार्य्य आवश्यकता है। यह अवश्य कहा जा सकता है कि इन सभी कलाओं को आयत्त करने की सर्वाधिक शक्ति काव्य में है जिसे प्रतिवाद या पक्षपात न समझकर तर्कों द्वारा सिद्ध किया जा सकता है और अनुभव में लाया जा सकता है।

इसी प्रसंग में कवीन्द्र की इस उक्ति पर भी ध्यान देना चाहिए कि 'जो वस्तु अर्थ का विश्लेषण करने पर अत्यन्त सामान्य प्रतीत होती है वही संगीत के द्वारा असामान्य हो जाती है।'

संस्कृत-साहित्य के स्वाध्यायियों के लिए यह 'अत्यन्त सामान्य' उक्ति है। छठी शताब्दी के 'सुबन्धु' ने भी ऐसा ही कहा है :-

अविदितगुणाऽपि सत्कविभणितिः
कर्णेषु वमति मधुधाराम्।
अनधिगतपरिमलाऽपि हि हरति
दृशं मालती-माला।

सत्कवि-भणिति का अर्थास्वाद करने में अक्षम व्यक्ति काव्य के जिस तत्त्व से कानों में बरसती मधुधारा का अनुभव कर सकता है, वह संगीत-तत्त्व अथवा नाद-माधुर्य्य ही है। 'मधुर-कोमल-कान्त पदावली' के आग्रही जयदेव वाल्मीकि और कालिदास के समक्ष इसीलिए द्वितीय श्रेणी के कवि हैं। संगीत का आग्रह काव्य-तत्त्व को दबा देता है। और, काव्य में संगीत जहाँ सहज भाव से घुल जाता है, वहीं कालिदास और रवीन्द्रनाथ-ऐसे महाकवियों के दर्शन होते हैं। 'काव्यं गीतेन हन्यते' का यही अर्थ है।

सुखद है कि रवीन्द्रनाथ ने जैसा कहा है उनके काव्य में वैसा कहीं नहीं है। उनका काव्य नाद-माधुर्य्य का अनुयायी नहीं है, भले ही वह नाद-हीन न हो ! संगीत के अतिशय आग्रह से यमक और अनुप्रासों का आविर्भाव हुआ है, जिसका कटु परिणाम 'अधम काव्य' नामक तृतीय श्रेणी के काव्य में प्रत्यक्ष है। कवि वहाँ संगीत-तत्त्वों का आवेश-पूर्वक

अभिनिवेश करता हुआ कुत्सित काव्य और दूषित संगीत की ही सृष्टि कर डालता है ।

इसलिए, मैं मानता हूँ कि शिथिल, सामान्य भावों के साथ मिला हुआ उच्च कोटि का संगीत भी द्वितीय श्रेणी का ही काव्य सिरज सकता है । संगीत के द्वारा हुई काव्य की असामान्यता दूसरे दर्जे से ऊँची नहीं होती । काव्य की उच्चता उसकी भावनाओं की मार्मिकता से ही सम्भव है, संगीत तो अधिक से अधिक उसे 'तीव्र' - भर कर देता है ।

काव्य और संगीत का आनन्द-बोध

काव्य और संगीत-जन्य आनन्द में पर्याप्त प्रकार-भेद है । सुरों से तीव्र हुए काव्य के भाव जिन हृदयों को छूते, छेड़ते हैं, काव्य का आधार लिये सुर उनसे दूसरे प्रकार के हृदयों को; अतः अधिकारीभेद भी है । व्यक्ति-विशेष दोनों आनन्दों का समान रूप से उपभोग कर सकता है; किन्तु उसे भी दो प्रकार के आनन्दों का पृथक्-पृथक् अनुभव अवश्य होगा । यह ठीक है कि चरम अवस्था में आनन्द का विभाग-व्यवच्छेद नहीं हो सकता, लेकिन सामान्य स्थिति में होता है और यहाँ उसी के अनुसार गौण व्यवहार किया जा रहा है । मीठा फल चखने और बाँसुरी की दर्दीली तान सुनने में जो आनन्द-भेद है, वह शब्दों द्वारा विवृत न किये जा सकने पर भी अनुभव-गम्य है ही । अस्तु, कुछ और स्पष्टीकरण के अभिप्राय से इस स्थान में दो स्थूल प्रतीकों का सहारा लिया जा सकता है । मैं कहना चाहता हूँ कि संगीत की स्थिति शब्द और अर्थ (भाव) दोनों में सम्भव है, परन्तु अर्थ (भाव) संगीत अधिक मार्मिक होता है । और, चूँकि मेरे विचार से शब्द-संगीत में काव्य की अपेक्षा संगीत ही प्रधान रहता है; वहाँ काव्य का सहज विकास नहीं होता, इसलिए वह द्वितीय श्रेणी का रह जाता है । इसके विपरीत भाव-संगीत में काव्य की मार्मिकता अक्षुण्ण रहती है; प्रत्युत सुरों के सहारे काव्यत्व कुछ अधिक तीव्र और तीक्ष्ण भी हो जाता है । उदाहरणार्थ, जयदेव की सुप्रसिद्ध गीति-कविता -

ललित-लवंग-लता-परिशीलन-
कोमल-मलय-समीरे ।
मधुकर-निकर-करम्बित-कोकिल-
कूजित-कुञ्ज-कुटीरे ॥

के साथ रवीन्द्रनाथ की इन गीत-पंक्तियों की तुलना करें-

'तोमार गान ये कत
शुनिये छिले मोरे
सेइ कथाटि , कवि
पड़बे तोमार मने ।
वर्षामुखर राते,
फागुनसमीरणे -
एइ टुकु मोर शुधु
रइल अभिमान,

भुलते से कि पार
भुलिबेछ मोर प्राण !'

पहली में शब्द-संगीत की प्रचुरता है और दूसरी में अर्थ-संगीत की मोहकता; शुद्ध काव्य-कला की दृष्टि से पहली की अपेक्षा दूसरी को अधिक श्रेय दिया जा सकता है; क्योंकि पहली कविता में न भाव-चित्र है और न मर्म माधुर्य, ढूँढ़-भाल कर जो कुछ पाया जा सकता है वह बातों की एक बात-भर है । उसकी अपेक्षा शब्द संगीत या नाद-माधुर्य्य ही अधिक आकर्षक और मोहक है ।

कवि कहता है कि-

विरहियों की घात में मौत की तरह मुँह बाये वसन्त में कृष्ण तरुणियों के साथ नाच-गा रहे हैं; वन-विहार कर रहे हैं । लोनी-लोनी लवंग-लताओं से लिपटने के कारण मलयानिल की मस्ती देखते ही बनती है ! फिर भौरों का मञ्जु गुञ्जन और कुञ्ज-कुटीर में प्रतिध्वनित होती कोयल की पञ्चम तान !

ध्वनि है कि ऐसे समय बिहार न करने, कृष्ण का साथ न करने पर हाथ मलते रह जाना पड़ेगा; क्योंकि वह वसन्त वियोगियों के लिए ही दुरन्त है ! निश्चय ही यह ध्वनि गूढ़ है और इसमें शब्द-सौष्ठव से अधिक आकर्षण नहीं है ।

किन्तु दूसरे में भाव-संगीत है । कवीन्द्र रवीन्द्र जो काव्य का शरीर चित्र, और प्राण संगीत मानते हैं उसका सुन्दर निदर्शन है । यह विस्मृतिशील निष्ठुर कवि के प्रति उसकी निवेदिता प्रेयसी की मार्मिक उक्ति है कि-

समय-समय पर तुमने जो अपने कितने-कितने गान मुझे सुनाए थे, वह बात रह-रहकर तुम्हें अवश्य याद आती रहेगी, कवि ! यदि किसी कारणवश ऐसा हमेशा सम्भव न भी हुआ तो भी बरसात की, तनहाई में कसमसाती हुई रात में, अथवा फागुन की अलमस्त बयार बहने पर तुम्हें मेरी याद जरूर-जरूर आएगी ! मैं तो अपने मौन मन में केवल यही अभियान सँजोए रहूँगी कि भला सब-कुछ भूल जाने पर भी तुम यह कैसे भूल सकोगे कि किसी समय तुमने मेरे प्राणों को भुला लिया, मोह लिया था?

मैं काव्य और संगीत के ऐसे ही सुमन-सुरभि-संयोग के पक्ष में हूँ । ऐसे स्थानों में काव्य की व्यञ्जनाएँ संगीत के सुरों से तीव्रतर हो जाती हैं; किन्तु उन्हें संगीत को आत्म-समर्पण नहीं करना पड़ता । उद्धृत पदों में जयदेव ने काव्य-तत्त्व की 'रक्षा' का प्रयत्न किया और रवीन्द्रनाथ ने संगीत-तत्त्व की, इसीलिए जयदेव का काव्य द्वितीय श्रेणी का और रवीन्द्र का काव्य प्रथम श्रेणी का हुआ है ।

किन्तु संगीत-जन्य आनन्द की दृष्टि से ठीक विपरीत निर्णय देने की आवश्यकता होगी । सुरों का आनन्द शब्दों का आनन्द नहीं है, बोल-तान, मीड़-मूर्च्छना से, भाव-चमत्कार से अन्य प्रकार का आनन्द प्राप्त होता है । वह विशुद्ध संगीत का आनन्द है ।

महाकवि निराला ने दोनों प्रकार के काव्य-संगीत प्रस्तुत किए हैं; किन्तु स्वयं 'काव्य-संगीत' शब्द मुझे यहाँ काव्य-प्रधान संगीत के ही कुछ उदाहरण देने के लिए विवश

कर रहा है । 'परिमल' का पहला गीत है-

बैठ लें कुछ देर !
आओ, एक पथ के पथिक से
प्रिय, अन्त और अनन्त के
तम-गहन जीवन घेर !
मौन मधु हो जाय !
भाषा मूकता की आड़ में,
मन सरलता की बाढ़ में
जल-विन्दु-सा बह जाय !
सरल अति स्वच्छन्द
जीवन, प्रात-के लघु पात से
उत्थान पतनाघात से
रह जाय चुप, निर्द्वन्द्व !

गीत का तात्पर्य्य यह है :-

इस चलती-फिरती दुनिया में बेचारी साँस को इतनी भी फुर्सत कहाँ कि वह पल भर रुक-ठहर कर फिर-फिर चलने के लिए नई तेजी और ताजगी सँजो ले, फिर हम-जैसे भूलते-भटकते, घूमते-फिरते व्यक्तियों को ही इतना अवसर और अवकाश कौन दे सकता है ? जब कि हम सीधी राह चलना भी नहीं जानते; हमारी सारी उमर डगमग पगों से मंजिल ढूँढ़ते-ढूँढ़ते टेढ़ी-मेढ़ी पगडंडियों पर ही गुजर जाती है !

यह है, फिर भी मैं यह कहे बिना न रहूँगी कि आओ, थोड़ी देर तो हम दोनों साथ-साथ बैठ लें यहाँ । मैं जानती हूँ, हमारी राहें जुदा-जुदा हो सकती हैं, -तुम सान्त-पथ के पथिक हो और मैं अनन्त पथ की; पर इससे क्या ? हमारे जीवन में तम की-सी गहनता समान रूप से व्याप्त है और हम चाहें तो उसे समेटकर क्षण भर के लिए एक हो सकते हैं ।

इस घड़ी मैं नहीं चाहती कि तुम अपने संघर्षशील जीवन का कुछ दु:ख दर्द सुनाना शुरू कर दो या मैं अपने शान्त, सरस जीवन की महिमा बखानने लग जाऊँ, वरन् मैं तो सोचती हूँ कि ऐसी जगह हमारी खामोशी ही कितनी भली हो सकती है ! हम चुप रहकर भी भाषा की वाचालता को किस तरह चुनौती दे सकता है जब हमारे मौन-प्राण चुपके-चुपके पिघलते रहें, - पानी की बूँदों की तरह ढुलकते रहें, इस सहज-सरल भाव से जिसे लम्बी चौड़ी भूमिका बाँधकर बक-बक करनेवाली वाणी किसी भी तरह नहीं व्यक्त कर सकती !

इतनी ही नहीं इस सादी सरलता का असल फल तो यह हो कि हमारा जीवन दुनिया की धोखाधड़ियों, द्वन्द्व-संघर्षों और घड़ी-घड़ी के झूठे चढ़ाव-उतार से एक बार ही बच जाय, - हम स्थिर आनन्द में सम-रस हो जायें, - सुबह-सुबह मलय की हवा के एक हल्के झकोरे से भी बार-बार हिलने-डुलने, हिलकोरे खानेवाले पत्ते की तरह इस कम्पित जीवन को उत्थान-पतन के निष्ठुर-निर्मम आघातों से पृथक् रह कर सहज-सरलता के भीतर से शाश्वत-स्थिर हो रहने का सुअवसर प्राप्त हो !

इस गीत में महाकवि निराला की साक्षात् कविता ही सहृदय, सुधी-जन को इस ऐसी आनन्द-साधना के लिए उच्छ्वसित आमन्त्रण देती जान पड़ती है । यह ठीक है कि सुरों से समादृत होने पर इस गीत का निःशब्द आनन्द अधिक गाढ़ और करुण हो जायगा; सुनकर प्राणों में उतारना तब और आसान जान पड़ेगा, फिर भी इसका काव्यत्व अपने-आप में पूर्ण और स्थिर है ।

'परिमल का ही एक दूसरा गीत है :-

दूत, अलि; ऋतुपति के, आए !
फूट हरित पत्रों के उर से
स्वर-सप्तक छाए ।
काँप उठी विटपी, यौवन के
प्रथम कम्प-मिस, मन्द पवन से
सहसा निकल लाज-चितवन के
भाव-सुमन छाए ।
बही हृदय हर प्रणय-समीरण
छोड़ छोर नभ-ओर उड़ा मन,
रूप-राशि जागी जगती-तन
खुले नयन, भाए ।
देख लोल लहरों की छल-छल,
सखियाँ मिल कहतीं कुछ कल-कल
बही सांस में शीतल परिमल
तन मन लहराए -।

[ऋतुराज वसन्त आ रहे हैं, यही शुभ संवाद ले पहले उनके दूत पहुँचे हैं । खुशी की इस गुदगुदी से, हरे उभरे पत्रों के उर से जैसे सातों सुर फूट पड़े हैं !

देखो न, हरित (सरस) लतिका नव यौवन के प्रथम-प्रथम मन्द-मन्द स्पन्दन से जैसे, जरा-सी हवा लगते ही झूम उठी और लजीली चितवन से हौले छिटकते कोमल, रंगीन मनोभावों की भाँति रंग-विरंगे फूल फूल उठे उसमें !

इतना ही नहीं, विश्व-वन में वसन्त के उतरते पल्लविनी वासन्ती लता की भाँति प्रत्येक नवयुवती कभी पहले न अनुभव किए हुए एक अद्भुत आवेश में तरंगित होने लगी, उसकी भोली-भाली चितवन में रंगीन फूलों से मदिर-मधुर भाव खुलने खिलने लगे ।

प्रेम की पगली हवा सुध-बुध बहाती हुई बहने लगी; मन अकूल-अछोर की ओर उड़ने लगा, किसी भी तरह पकड़ में न आनेवाले अनदेखे-अनजाने को देखने-जानने के लिए छटपटा उठा । सारी दुनिया में रूप और यौवन बिखरा-बिखरा दिखने लगा, - विश्व की इस ऐसी उन्मादक सुन्दरता में जैसे युग-युग की झिंपी-मुंदी आँखें पहले-पहल खुलीं और खूब खुलीं - खुश, अनोखी खुशी में छलकती ।

और, इस सौन्दर्य्य-सिन्धु की, कगारों को छापकर छलकनेवाली तरल-चपल लहरियों को निहारो तो एक बार, उन्हीं की तरह लहराने-फुदकने की साध कलेजे से लगाए सखियाँ जैसे आपस में कल-कल स्वर से सार-गर्भ हारा-परिहास कर रही हों ! अरे, वह अब अपने-आपको बाँध-समेटकर रखतीं भी तो किस तरह ? उनकी अपनी ही साँस में तो मलय समीर की सुरभि और शीतलता बहने लगी है, फिर उनके तन-मन कैसे न झूमते लहराते]

इसमें भाव-भंगियों के तरंगित संगीत से शब्द-संगीत यद्यपि पराजित नहीं हो रहा फिर भी काव्य-जन्य आनन्द अपनी सीमा में संकुचित नहीं - ऊपर का अर्थ-विस्तार इसी आशय का द्योतक है । प्रथम गीत से इसके पद अधिक सुखानुशयी हैं - 'छोड़ छोर नभ ओर उड़ा मन' बेजोड़ है । एक उदाहरण और लें :-

अलि, घिर आये घन पावस के ।
लख ये काले-काले बादल,
नील सिन्धु में खुले कमल-दल;
हरित ज्योति, चपला अति चञ्चल,
सौरभ के, रस के ! -अलि, घिर०
द्रुत समीर-कम्पित थर थर थर
झरतीं धाराएँ झर झर झर;
जगती के प्राणों में स्मर-शर,
बेध गये कसके ! -अलि, घिर०
हरियाली ने, अलि, हर ली श्री,
अखिल विश्व के नव यौवन की;
मन्द-गन्ध कुसुमों में लिख दी,
लिपि जय की हँस के ! -अलि, घिर०
छोड़ गये गृह जब से प्रियतम,
बीते अपलक दृश्य मनोरम;
क्या मैं हूँ ऐसी ही अक्षम,
क्यों न रहे बस के ? -अलि, घिर०

[सखि, वर्षा ऋतु के बादल घिर आए ! अरी, देख न, आकाश में छाए ये काले-कजरारे बादल तो ऐसे दिखते हैं, जैसे नीले रंग के निस्तरंग सागर में नील कमलों की पंखड़ियाँ खुली हों ! और, कौंधती बिजली की हरी रोशनी जैसे उन कमल-पत्रों की अपनी ही हरियाली हो !

सखि री, पावस के रस-भरे, खुशबूदार बादल फिर घिर आए !

झमाझम वर्षा होने लगी । तेज हवा से थर-थर काँपती-सी धाराएँ झर-झर झरने लगीं । ओह ! पावस के इन निठुर-बेदर्द बादलों ने पृथ्वी के प्राणों में प्रेम के कैसे तीखे तीर चुभो दिए, जो मसकते कलेजे में बुरी तरह कसकने लगे !

अरी, इस हरियाली ने तो सारी दुनिया की नई जवानियों की चुनौती दे-देकर उनकी सारी खूबसूरती और खुशी छीन ली। उनके मुखड़े 'किसी अनजान' की सुध आते ही मुरझा गये; किसी अपने से मिलने को उदास हो गए। और इधर पावस के ये विश्वविजयी बादल ठहाका मार कर हँस पड़े कि उन्हें देखकर अपने मन-चीते से मिले बिना - उससे बिछड़कर दूर-दूर रह सकना सारे संसार के नए खूनवालों के लिए एकबार ही असम्भव हो गया। नहीं तो क्या, यह मतवाली खुशबूवाले फूल खिले हैं ? - अरे, यह खुशबू से खिलखिलाते फूल तो उनकी इस ऐसी 'दिग्विजय' की जय-लिपि ही हैं !

मेरे प्यारे जब से परदेश सिधारे - ऐसे सारे सलोने-सुहावने दृश्य उनकी अपलक प्रतीक्षा में ही बीतते रहे कि कभी तो वह इन्हें देखने आएँगे। मैंने सभी ऐसे रसीले अवसर उनकी बाट देखते-ही देखते बिता दिए। क्यों री, क्या मैं सचमुच इसी लायक हूँ कि ऐसे बादल के दिन भी उनकी जुदाई में ही गुजारूँ ? अगर नहीं, तो फिर क्यों न उनपर मेरा इतना अधिकार रहा कि ऐसे समय कैसे भी तरीके से उन्हें पास बुला लेती ? भला देखती नहीं, - कैसे दल-के दल वर्षा के बादल घिर-घिर आए !]

इस गीत में काव्य और संगीत की होड़-सी लगी है। दोनों में से एक की प्रभविष्णुता को अधिक श्रेय देना दूसरे की अनावश्यक अपेक्षा है।' 'नील-सिन्धु में खुले कमल-दल' में काव्यत्व अधिक है या संगीत तत्त्व - कौन कह सकता है ? परन्तु

निशा के उर की खुली कली !
भूषण बसन सजे गोरे तन,
प्रीति-भीति काँपे पग उर-मन;
बाजे नुपूर रुन-रिन रन-झन,
लाज-विवश सिहरी !
खड़ी सोचती नमित नयन-मुख,
रखती पग उर काँप पुलक-सुख
हँस अपने ही आप, सकुच धनि,
गति मृदु-मंद चली !
मूँद पलक प्रिय की शय्या पर,
रखते ही पग, उर धर-धर-धर
काँप उठा वन में तरु-मर्मर -
चली पवन पहली !

[रजनी के 'दिल की कली' खिल उठी - वह जवान हो गई (यानी आधी रात बीत गई !) !

ठीक उसी तरह, जैसे यह अज्ञातयौवना बिना जाने ही आज अभी-अभी जवान हो गई है !

आज सुहागरात है, प्रथम मिलन की गुदगुदाती रजनी। गोरे अंगों में वस्त्र और

आभूषण सजते-सजते ही जैसे आधी रात हो गई। और अब, जब मिलन-मन्दिर की ओर पग बढ़ाती है तो वह उसकी सहमी-सहमी-सी मुहब्बत के सबब मानो, डगमगाने लगते हैं, दिल अपने ही दायरे में सिमटने लगता है; प्राणों में सिहरन होने लगती है ! फिर जब दाब-दाब कर पैर रखने पर भी पायल रुनझुन-रुनझुन बज उठते हैं, तब तो बेचारी लाज की मारी अधमरी-सी हो जाती है !

कितनी-कितनी देर सिर झुकाए कुछ सोचती खड़ी रहती है ! तभी प्राण किसी अनजान सुख से पुलकित हो-हो उठते हैं और वह हौले-हौले पग बढ़ाते मुसकुराती, सकुचाती जाती है !

यों किसी-किसी प्रकार वह प्रियतम की सेज तक पहुँचती है। पर यह क्या ? वह ज्योंही सेज पर पाँव रखती है कि बड़े जोरों से कलेजा धड़कने लगता है - और हाय ! तभी वन में लता-पत्रों का मर्मर स्वर भी सुनाई पड़ने लगता है; - सबेरे-सबेरे की पुलक-भरी हवा बहने लगती है !]

यह नवयुवती रजनी-रानी का वर्णन भी हो सकता है; किन्तु वाच्यार्थ की अपेक्षा व्यंग्यार्थ में अधिक चमत्कार होने के कारण मैंने यहाँ उसी को प्रधानता दी है। इस गीत में निश्चित रूप से संगीत बढ़ जाता है। यहाँ जिन कोमल प्राण-तन्तुओं से काव्य का ताना-बाना बुना गया है, वह काव्य की अपेक्षा संगीत के अधिक निकट है।

इस प्रकार काव्य-संगीत को पहले दो श्रेणियों में विभाजित किया जा सकता है - शब्द-संगीत और भाव-संगीत। शब्द-संगीत में संगीत का रूप अधिक स्पष्ट रहता है; किन्तु भाव संगीत में मार्मिकता अधिक रहती है।

शब्द-संगीत के भी दो भेद हो सकते हैं -अनुप्रास-यमक-प्रधान शब्द-संगीत और नाद-प्रधान शब्द-संगीत। बहुत-से आलोचक इन दोनों को सजातीय समझने की भूल करते आ रहे हैं, ठीक उसी प्रकार, जिस प्रकार वह गीति-काव्य (Lyrics) और गीत-काव्य (Songs) को एक ही समझने की शीघ्रता करते हैं, किन्तु मेरे विचार से ये दोनों ही 'प्रकार' अपनी-अपनी विशेषताएँ स्पष्ट करने की मौलिक क्षमता रखते हैं। उदाहरणार्थ, अपनी कुछ उक्तियाँ उपस्थित कर रहा हूँ।

सरित भरित-रस चली समद-पद
जलनिधि - पथ बल खाती,
उमग-उमग मग पर डगमग पग
धर कल-कल स्वर गाती;
झुकते खुल-खुल मुकुल कोर पर
हवा मचलती चलती -
लता-परी की सुरभि - भरी
प्यारी सारी सरकाती !"

-मेघगीत

इसके प्रथम चरण में अनुप्रास-प्रधान शब्द-संगीत है; किन्तु द्वितीय चरण निश्चित रूप से नाद-प्रधान हो गया है। यहाँ 'उमग-उमग मग पर डगमग पग' को निरा यमक-अनुप्रास समझना शब्दों की नाद-शक्ति एवं तज्जन्य उच्चारण-संगीत के आनन्द का अनुभव न होना ही घोषित करेगा। इसलिए, महाकवि निराला के -

प्रिय स्वतन्त्र-रव अमृत-मन्त्र नव
भारत में भर दे !

और,

कण-कण कर-कंकण प्रिय किण्-किण् रव किंकिणी,
रणन-रणन नूपुर उर-लाज लौट रकिंणी ।'

-को एक ही श्रेणी का शब्द-संगीत नहीं कह सकते। दूसरे में नाद की महिमा से अधिक मधुर और मार्मिक है। काव्य और संगीत दोनों ही दृष्टियों से पहले से दूसरा बढ़ जाता है। मेरे विचार से शब्द-संगीत का काव्योचित विकास नाद-सौन्दर्य के सहारे ही हो सकता है।

भाव-संगीत का विभाजन -प्रकार इससे पृथक् है। सामान्यत: भाव-संगीत को तीन श्रेणियों में विभाजित करना चाहिए और उनका सुस्पष्ट आधार अभिधा, लक्षण और व्यंजना को समझना चाहिए। सर्वोत्तम प्रकार का भाव-संगीत वहीं होगा - जहाँ अधिक-से-अधिक व्यञ्जना शक्ति का उपयोग किया जायगा। कवीन्द्र रवीन्द्र के पूर्वाद्धृत गीत की इन्हीं दो पंक्तियों पर ध्यान दें :-

सेइ कथाटि, कवि, पड़बे तोमार मने
वर्षामुखर राते, फागुन समीरणे !

'वर्षा-मुखर रात्रि में या फागुन की हवा में' कितनी भाव-व्यञ्जना है ! कदाचित् ऐसे ही स्थलों को लक्ष्य कर कवीन्द्र ने काव्य से संगीत को श्रेष्ठतर घोषित किया है कि जो भाव कवि-वाणी में नहीं बँधता, उसे संगीत मुखर कर देता है !

अलंकार-ग्रन्थों में जिसे गुणीभूत व्यंग्य कहा गया है, उसके भेद भी इसी में अन्तर्हित हो जायँगे। हाँ, जहाँ लाक्षणिक अर्थ अधिक समर्थ रहेंगे, उस प्रकार को द्वितीय श्रेणी में और अभिधा-मूलक को तृतीय श्रेणी में रखना उचित होगा। कोई कहे कि यह वर्गीकरण तो शुद्ध काव्य का विषय है, इसे भाव-संगीत नाम देना अनर्थक है, तो मैं निवेदन करूँ कि उसने मेरे भावों को भलीभाँति हृदयंगम नहीं किया; यहाँ मुझे कुछ और स्पष्ट करना होगा।

जैसे काव्य के दो निर्विवाद भेद हो सकते हैं - शब्द-प्रधान काव्य और अर्थ-प्रधान काव्य, उसी प्रकार काव्य-संगीत के दो भेद हो सकते हैं - **शब्द संगीत और भाव संगीत। भाव संगीत में शब्दों का नादात्मक सौन्दर्य नहीं, भावों के मर्म-स्पर्शी स्वर होते हैं, जिन्हें काव्य-सीमा से निश्चय ही ऊपर उठा कर सुनना होगा अन्यथा निरे काव्य-प्रेमी कहीं संगीत का आनन्द-भोग नहीं कर सकते**। अनुरूप दृष्टान्त द्वारा विषय अधिक स्पष्ट हो जायगा। महाकवि की 'गीतिका' का सुप्रसिद्ध गीत है :-

मौन रही हार !
प्रिय पथ पर चलती, सब कहते शृंगार !
कण-कण कर कंकण प्रिय,
किण्-किण् रव किंकिणी;
रणन-रणन नूपुर, उर -
लाज, लौट रंकिणी !
और मुखर पायल स्वर करे बार-बार -
प्रिय पथ पर चलती, सब कहते शृंगार !
शब्द सुना हो तो, अब
लौट कहाँ जाऊँ ?
उन चरणों को छोड़ और
शरण कहाँ पाऊँ ?
बने सजे उर के इस सुर के सब तार !
प्रिय पथ पर चलती सब कहते शृंगार !

एक स्वीया मुग्धा का नैश शृंगार - चित्र है । वह नीरव निशीथ में भूषण, वसन से सज-धज कर अपने पति-देव के रंग महल की ओर, सास-ननद, देवरानी, जेठानी - सबसे चुपके, हौले-हौले, साँस साधे बढ़ रही है । उस घड़ी उसके चपल चित्त में सबसे बढ़कर यही आकुलता है कि इतनी सावधानी बरतने पर भी कहीं किसी को उसका 'उनके' पास यों चोरी-चोरी जाना मालूम न हो जाय ! कि वह दिल-ही-दिल कटकर रह जाती है - हाय रे ! उसके सारे शृंगार उसके सभी गहने जोर-जोर से शोर कर सारी दुनिया को उसका गुमसुम-सा यह मासूम राज जतलाए दे रहे हैं । उसकी कलाइयों के कंगन 'कण्-कण्' करते और कटि की किंकिणी 'किण्-किण्' स्वर भरने लगती है । यही क्यों, उसके नूपुर भी यों 'रणन-रणन' कर उठते हैं कि वह बेचारी हारी-सी, लुटी-सी लज्जा-संकोच से लाल हुई लौट पड़ती है !

और तब तो जैसे उसके मुखर पायल और जोर से शोर मचाना शुरू कर देते हैं कि देखो, वह चुपके-चुपके 'उनके' पास चली जा रही थी !

बंद के पूर्वार्ध में स्पष्ट ही शब्द-संगीत - नाद-व्यंजना है; किन्तु 'और मुखर पायल स्वर करें बार-बार' - भाव-संगीत का सुन्दर उदाहरण है । यहाँ 'मुखर' और 'स्वर' के नाद में वह संगीत नहीं जो कि उसके भाव में, मर्म में है, और जिसे 'और' एवं 'बार-बार' शब्द भलीभाँति व्यक्त कर रहे हैं । मनोवैज्ञानिक अनुसन्धान से सहृदयों को तत्काल अनुभव हो जायगा कि वह चूँकि लाज से लौट पड़ी है, इसलिए भ्रम या सम्भ्रम-वश कदाचित् उसके चरण समयोपयुक्त स-गन्ध मन्दता का, संकुचित शान्ति का अनुसरण न कर सके और पायल जैसे उसकी यह ऐसी कमजोरी भाँप कर ही शहजोर हो गए; बुरी तरह बज उठे ।

मगर महाकवि निराला की कलाकारिता यहाँ इतनी ही व्यंजना देकर नहीं चुप रहती । यहाँ तो 'मुखर पायल' कुछ और स्वर करते - मर्म के रन्ध्र-रन्ध्र को भरते दिखते हैं; निराला

का भाव-संगीत 'और' स्निग्ध-सरस एवं चारु-चटुल हो रहा है यहाँ !

वह कहते हैं कि सचमुच उसके लौट पड़ने, गति में सहसा आवेग एवं क्षिप्रता आ जाने के कारण पायल नहीं बजे, बल्कि उसके इस सातिशय संकोच की खिल्लियाँ उड़ाते हुए 'जैसे' वह ज्यादा जोर से बोलने लगे; "अगर तुम लौट पड़ने की गलती करोगी तो हम शोर मचा कर सबको जतला देंगे कि तुम सब की आँख बचा कर, सब को धोखा देकर अपने प्रियतम के पास चली जा रही थी" - जैसे इसी भाव से वह बुरी तरह बज उठे !

'जैसे' - अर्थात् वातावरण में नहीं उसके नन्हें-से-मन में यह स्वर बार-बार ध्वनित-प्रतिध्वनित होने लगा; गूँजने लगा। इसी का परिणाम गीत के दूसरे बंद में (उत्तरार्ध में) दरसाया गया है।

कहना अनावश्यक है कि यह भाव-संगीत व्यञ्जना-शक्ति के सहारे ही अनुभव एवं आस्वाद के योग्य होता है और यहाँ भी 'और' 'मुखर' तथा 'बार-बार' शब्द पूर्ण रूप से व्यञ्जक हैं। 'और' से व्यञ्जित होता है कि मद-मदिर गति से जाते समय जो वह प्रति-चरण कुछ भाँपना भूल गई थी; चरण-चपलता को लोचनों में ही समेटकर, लाज से लोच को लपेटकर, कौतुक को विस्मित करने का अभिनय न कर सकी थी, उसका रहस्य मुखर पायलों को असह्य हो गया। वह समझ गए कि लौटकर यह लज्जा के ऐश्वर्य से गर्वित नहीं है; यह रस-भरी गगरी न छलककर अपनी पूर्णता से अनुतप्त है, इसलिए उसकी - 'गच्छति पुरः शरीर धावति पश्चादसंस्थितं चेतः' की-सी चित्तवृत्ति का चीत्कार भरकर ही वह जैसे और जोर से बज उठे।

'मुखर' से व्यंजित होता है कि मूक की गहराई का यदि ठीक-ठीक अनुमान नहीं किया जा सका और इसी कारण यह चूक हो गई तो बात और होती, किंतु जो प्रकृति-मुखर है उससे तो ऐसे अवसर पर - किसी की चोरी पकड़ी जाने पर - चुप्पी की उम्मीद बेकार है। उससे तो सदा सावधान रहने की आवश्यकता थी ! बज उठे, यह न पायलों का दोष है और न गुण, यह तो उनकी सहज प्रकृति है। और, प्रकृति इतनी आसानी से नहीं बदलती।

'बार-बार' से व्यंजित होता है कि जितनी देर वह व्यर्थ उधेड़बुन में पड़ी हुई है उतनी देर में तो क्या-से -क्या हो जा सकता है। कहीं कानोंकान सास-ननद, या देवरानी-जेठानी को खबर हो गई, तो बस मन की मन में ही रह जायगी। फिर, यह दिन के पिछले पहर से ही लगातार किया गया अलंकार-शृंगार मिट्टी में मिल जायगा ! एकान्त काटने दौड़ेगा और अगली आधी रात कयामत की रात हो जायगी।

श्रीमती सरोजिनी नायडू की एक सुप्रसिद्ध कविता है-The Patanquin bearers या 'पालकी के कहार', जिसमें चंडीदास के-

ए घोर रजनी, मेघेर घटा;
केमन आइलो बाटे ?
आँगिनार माझे तितिछे बँधुआ,
देखिया परान फाटे !

या शेली के-

All touch, all eye, all ear,
The Spirit felt the fairy's burning speech.

-से भी कहीं बढ़कर भाव-संगीत पाया जाता है ।

एक नई बहू पालकी में 'छूईमुई' -सी सकुची-सिमटी बैठी हुई है और पालकी के कहार उसे उठाए लिए जा रहे हैं । उस घड़ी उनके मन में भावों की लड़ी-सी पिरोई जा रही है । वे अनुभव कर रहे हैं-

Lighty, O lightly we bear her along,
She Swims like a flower in the wind of our song
She skims like a bird on the foam of a stream,
She floats like a laugh from the lips of a dream,
We bear her along like a pearl on a string.

हम उसे हल्केपन के साथ ले जा रहे हैं । वह हमारे गीत की हवा में फूल की तरह तिर रही है; हौले-हौले हिल रही है । वह सोते के फेन पर पंछी के समान बहती चली जा रही है । वह सपने के होठों से फूट पड़नेवाली हँसी की भाँति लहरी है । ओह, हम आनन्द की चिकनाई में फिसलते ही रहे हैं और गाते जा रहे हैं, जैसे पतले-से तार ने एक मोती का दाना उलझा लिया हो ।

Softly, O softly we bear her along,
She hangs like a star on the dew of our song,
She Springs like a beam on the brow of the tide,
She falls like a tear from the eyes of a bride,
Lightly, O lightly we glide and we sing,
We bear her along like a pearl on a string.

हम उसे बड़ी मुलायमियत से लिए जा रहे हैं । वह हमारे संगीत के शिशिरकण पर तारिका-सी झूल रही है । वह स्फार ज्वार पर किरण की भाँति उभर रही है । वह नई बहू की आँखों में आँसू की तरह ढुलक रही है । ओह, हम गाते-गाते हल्के-हल्के फिसलते हुए-से बढ़े चले जा रहे हैं । हम उसे यों लिए जा रहे हैं-जैसे एक तार ने एक मोती के दाने को उलझाए लिए जा रहा हो !

जिस प्रकार शेली के स्काइलार्क की प्रत्येक उपमा उसकी अरूप अनुभूति का मांसल रूप प्रस्तुत करती है उसी प्रकार प्रस्तुत गीत का प्रत्येक उपमान भावना के संगीत को प्राणों की लोल हिलोर पर झुलाता चलता है ।

काव्य में चित्र-संगीत के अन्यान्य रूपों पर मैंने 'मेघगीत' की भूमिका में तथा अन्यत्र भी बहुधा आलोक बिखेरा है, यहाँ निरालाजी के शब्दों में इतना ही निवेद्य है कि - ''कविता की समाराधना कर सिद्ध हुए संसार के बड़े-बड़े साहित्यिक - कवि-कलाकार किसी भी वीर, बड़े संत तथा बड़े राजनीतिक से बड़ा महत्त्व रखते हैं । इन्हीं निर्मल चित्रों

तथा भावनाओं से धुली हुई आत्माएँ संसार के प्रत्येक प्रदेश के मनुष्यों में साम्य तथा मैत्री-स्थापना का अपार प्रेम भरकर सरिताओं की तरह दिगन्त-विस्तृत हो गई हैं। मनुष्यों की सहानुभूति, स्नेह, प्रेम, ममता और करुणा ने सहस्रों धाराओं में फूटकर अपने हृदय के अमृत से मनुष्यों को सिक्त कर दिया है।''

सौंदर्य का आत्मा से ऐसा ही घनिष्ठ संबंध है। सौंदर्य्य का अस्तित्व ही वस्तु तथा मन की एक आदर्श इकाई निर्भर है। यह सामंजस्य जितना ही निविड़ होता है भावना की सचाई उतनी ही निखरती जाती है। तब सौंदर्य ही सत्य बन हाता है - The beautiful then becomes Sublime'. -E. Recijac.

मई '४४

निराला की काव्य-कला

अनवरत अपराजित आधुनिक हिन्दी-कविता के सम्मानोन्नत ललाट-पट्ट पर आज जो अनुपम सुषमामयी सौभाग्यरेखा अंकित है, उसमें निराला के प्रतिभासमान कुंकुमकण भी सम्मिलित हैं ।

यह सत्य है कि पन्त-प्रसाद-निराला की लोकप्रियता की उभयकूलप्लाविनी कल्लोलित त्रिवेणी में निराला की पाटलसलिला काव्यधारा 'सरस्वती' का पद पूर्ण करती रही है, पर विशेषता के तात्त्विक अनुसन्धान के समय उनकी यही गोपन प्रवृत्ति लोक की कलुषित राग-द्वेष दृष्टि की ज्वाला से परे, चिर-द्रुति और चिर-शीतलता का कारण हो सकती है । जटिलता और कठिनता का कलंकी निराला का काव्य वस्तुत: कितना व्यापक और महान् है – यह भविष्यत् के समीक्षकों की अन्तर्दृष्टि तथा अन्त: शक्ति की अपेक्षा करनेवाली बात है, पर इस समय तो उनकी ओर दृष्टिपात करने पर संस्कृत के एक कवि के वही शब्द मेरे मुँह से अकस्मात् निकल पड़ते हैं, जो उसने मरुस्थल को लक्ष्य कर रहे थे, – "हे मरु ! इस विशाल विश्व का वैसा कोई भी अनर्थ बाकी नहीं बचता, जो तुम्हारे बाँटे नहीं । तुम्हें खुद हमेशा भीतर-ही-भीतर जलते रहना – अन्त: सन्ताप का अविरत अनुभव करना पड़ता है । कोई बटोही तुम्हारी तरफ रुख तक नहीं फेरना चाहता । लेकिन हाँ, यह सब कुछ न होने पर भी तुम निरर्थ-निष्फल नहीं हो । तुम्हारी वजह से एक बहुत बड़े अर्थ की सिद्धि होती दिखती है । और वह यह कि थोड़ी-सी बूँदों की पूँजी पर इतराते चलनेवाले बादलों की असलियत तो तुमने भलीभाँति समझा ही दी है कि तुम्हारे माथे पर गरजने-तरजने के अलावा वे और क्या-क्या कर सकते हैं !"

जबकि जमाने से जमाने का साहित्य 'छबीली भठियारिन, तोता-मैना' रहता आया है; राधेश्यामी रामायण की लाख-लाख प्रतियाँ बाजारों में हाथों-हाथ खरीदकर जनता अपनी परिमार्जित रुचि तथा मानसिक उच्चस्तर का पता बताती रही है तब यह गैरमुमकिन मालूम पड़ता है कि इस 'जनता-जनार्दन' के युग में, जन-साहित्य की रीति-नीति के कतई खिलाफ-

भारत के नभ का प्रभापूर्य्य
शीतलच्छाय सांस्कृतिक-सूर्य्य
अस्तमित आज रे, तमस्तूर्य्य दिङ्मण्डल,
उर के आसन पर शिरस्त्राण
शासन करते हैं मुसलमान,
है ऊर्म्मिल जल, निश्चलत्प्राण पर शतदल !

-ऐसी रचना में कोई 'शिरस्त्राण' या तमस्तूर्य्य'-ऐसे पदों का मार्मिक सौन्दर्य, काव्यगत ओज अथवा 'है ऊर्म्मिल जल, निश्चलत्प्राण पर शतदल' में शब्दों के बेरोक बहाव के भीतर से सचमुच ही लहराती हुई लहरों को देखने के लिए अपने अमूल्य समय को खतरे में डालना पसन्द करे ! विशेषतया तब, जबकि बिना किसी अड़चन के, प्रसाद-गुण और वैदर्भी रीति से युक्त गुप्तजी का साहित्य प्राप्त होता हो-

पवन कुसुम-पट झटक रहा है,
भौंरे को यह खटक रहा है,
दोनों का मन अटक रहा है,
इनमें ही अनुकूलो !

सो कोई कारण नहीं कि समष्टि (Majority) से बगावत की साध न रखते हुए भी मैं निराला की कविता-सिकता से 'नव उज्ज्वल जलधार' निकालने की फालतू कोशिश करूँ । पर एक बात है, मुझे ढाक से हरे भरे घने जंगलों से उतनी खुशी नहीं होती, जितनी 'तुर्की' (मुजफ्फरपुर) स्टेशन के पास खड़े उस अद्भुत, एकाकी पेड़ को देखकर होती है, जिसका नाम किसी को नहीं मालूम, जिसके फल से किसी का मुँह मीठा नहीं हुआ, पर कहते हैं जिसके जोड़ का एक ही पेड़ कहीं इतनी बड़ी दुनिया में पाया जाता है ।

संस्कृत में कालिदास की कविता के जितने प्रशंसक हैं, उतने समझदार नहीं । हो भी नहीं सकते । कारण, तारीफें कुछ अन्धविश्वास की तरह फैलती जाती हैं, जाँच के वक्त सचाई की आँच के आगे वे मोम की तरह पिघल पड़ती हैं । मैं अपवाद पर विवाद करना नहीं चाहता । हाँ, तो कालिदास की कविता के हल्केपन की तारीफ में जो आप दूर-दूर उड़नेवाले हैं, वे उसकी गुरुता कैसे समझ सकते हैं इसीलिए आलोचना-ग्रन्थों ने कविता को हमेशा सहृदय-हृदय-संवेद्य ही कहा है । और तब भी कवि को यह कहने का सम्पूर्ण अधिकार है कि-

कौन जान सका किसी के हृदय को ?
सच नहीं होता सदा अनुमान है !

साहित्य में चाहे समाज की मूर्ति ही विराजमान रहती हो, कवि चाहे समाज का प्रतिनिधि ही हो, पर साहित्य - उच्च तथा प्रौढ़ साहित्य कभी भी जन-साधारण की - सर्वसमाज की वस्तु होने के लायक नहीं, क्योंकि साहित्य और समाज में जितना सामंजस्य है, उतना ही भेद भी है; साहित्य समाज से हमेशा उन्नत स्तर पर रहता है ।

यदि कालिदास की कविता समाजवादियों की धारणा-सी केवल सरल होती, तो जब संस्कृत के अहलजबाँ लोग भी थे, न तो उसके अर्थ का अनर्थ किया जाता और न मल्लिनाथ क... यह लिखने की जरूरत पड़ती-

कालिदासस्य कविता दुर्व्याख्याविषमूर्च्छिता,
...जीवनी टीका तामद्योज्जीवयिष्यति ।
एषा स...

और फिर उतने बड़े विद्वान टीकाकार क... इस नन्हें-से काम के लिए आत्मप्रशंसा करने की, जबर्दस्ती उसे पेंचदार या अत्यन्त दुरूह बताकर यह ...ऐसा पद्य लिखने की भी कोई आवश्यकता न होती-

कालिदासगिरां सारं कालिदासः सरस्वती,

चतुर्मुखाऽथवा साक्षाद् विदुर्नान्ये तु मादृशाः !

इसे केवल नम्रता-निदर्शन नहीं कहा जा सकता। कहना हास्यास्पद भी होगा। इससे यह सिद्ध होता है कि ऊँची कविताएँ सर्वसुगम नहीं होती और यह भी कि सिर्फ सादगी ही ऊँची कविताओं की पहचान नहीं है।

वर्णविन्यास-कला

१

सुन्दर शरीर के माध्यम से उदात्त आत्मा का अवतार अत्यन्त दुर्लभ है। कृष्ण की मोहिनी मूर्ति में ईश्वर की सफल-कलाओं का समावेश मानना सौन्दर्योपासना का ऐसा ही आवेश है। सुन्दर भाषा ही कविता की शरीर-सुषमा है। भीतरी गुणों के सम्यक् परिचय से वंचित रहने पर भी बाह्य-सौन्दर्य अपनी ओर आकृष्ट किये बिना नहीं रहता।

ललित-लवंग-लता-परिशीलन-
कोमल-मलय-समीरे,
मधुकर-निकर-करम्बित-कोकिल-
कूजित-कुंज-कुटीरे

सुनकर शायद ही कोई व्यक्ति व्याख्या के लिए अड़ा रहेगा। इसीतिए सुबन्धु ने 'वासवदत्ता' में बताया है-

अविदितगुणापि सत्कविभणितिः
कर्णेषु वमति मधुधाराम्,
अनधिगतपरिमलाऽपि हि हरति
दृशं मालतीमाला।

अन्तर्दर्शन से पहले मैं उसी - काव्य के शरीर स्वरूप भाषा-गत सौन्दर्य, अर्थात वर्णविन्यास कला से यहाँ आरम्भ करता हूँ।

काव्य की भाषा 'भारवि' के शब्दों मं 'प्रसन्न-गम्भीर पदा' हो या 'जयदेव' की उक्ति के अनुसार 'मधुर-कोमल-कान्त-पदावली वाली, किन्तु उसे Pope की अनुभूति के अनुरूप "It is not enough no harshness gives offence, The Sound must seem an echo to the sense" होना ही चाहिए। मेरा ख्याल है कि निरालाजी ने अपनी कविताओं में अधिक-से-अधिक भावानुकूल भाषा का प्रयोग किया है। वह कालिदास या वर्ड्सवर्थ की भाषा की भाँति सरल या स्वाभाविक भले ही न हो, पर टेनिसन या भवभूति की भाषा के समान 'नाद-प्रधान' तो है ही।

निराला जब ओजस्वी छन्द लिखते हैं, माइकेल और मिल्टन से भी आगे बढ़ते दीख पड़ते हैं, अपने अजस्त्र विद्युत् प्रवाह और सजल-मेघ-मन्द्र ध्वनि (Sound) के कारण। 'तुलसीदास' और 'राम की शक्ति-पूजा' उनकी इस शक्ति के उज्ज्वल उदाहरण हैं। माइकेल या मिल्टन में यदि उद्दाम उद्वेग है तो निराला में आँधी-तूफान; उनमें अगर बिजली की कड़क है तो इनमें बज्र का निर्घोष।

ये अश्रु राम के आते ही मन में विचार,
उद्वेल हो उठा शक्ति-खेल-सागर अपार,
हो श्वसित पवन-अनचास, पिता-पक्ष से तुमुल,
एकत्र वक्ष पर बहा वाष्प को उड़ा अतुल
शत घूर्णावर्त, तरंग भंग उठते पहाड़
जल-राशि राशि-जल पर चढ़ता खाता पछाड़,
तोड़ता बन्ध-प्रतिसन्ध धरा, हो स्फीत-वक्ष
दिग्विजय अर्थ प्रतिपल समर्थ बढ़ता समक्ष,
शत-वायु-वेग बल, डुबा अतल में देश-भाव,
जलराशि विपुल मथ मिला अनिल में महाराव,
वज्रांग तेजघन बना पवन को, महाकाश
पहुँचा, एकादश रुद्र क्षुब्ध कर अट्टहास ।

-'राग की शक्तिपूजा'

समग्र 'पैराडाइज लॉस्ट' या 'मेघनाद-वध' में सन्तुलित भाव भाषा के आवेग से उन्मत्त इसके मुकाबले का ओजस्वी 'बन्द' मिलना मुश्किल है ।

करना होगा यह तिमिर पार
देखता सत्य का मिहिर द्वार
बहना जीवन के प्रखर ज्वार में निश्चय,
लड़ना विरोध से द्वन्द्व-समर
रह सत्य-मार्ग पर स्थिर निर्भर
जाना, भिन्न भी देह, निज घर निःसंशय ।
कल्मषोत्सार कवि के दुर्दम
चेतनोर्म्मियों के प्राण प्रथम
वह रुद्ध द्वार का छाया तम तरने को
करने को ज्ञानोद्धत प्रहार
तोड़ने को विषम-वज्र द्वार
उमड़े भारत का भ्रम अपार हरने को !

-तुलसीदास

यह है निराला की ओजस्विनी, तेजस्विनी अपनी वाणी । जैसी आवेगपूर्ण उद्भावनाएँ, वैसी ही मेघमन्द्र भाषा !

भादो के उमड़े काले बादलों में शरद के सूर्य की कितनी प्रखर ज्योति कैद है ! कैसी अग्नि-वीणा में कैसा आग का राग !

मैं इसे ही वर्णविन्यास-कला कहता हूँ । यह शब्द-कला अनुप्रास या यमकादि से विशेष बहुमूल्य है । यह कष्ट-क्लिष्ट या अधम काव्य कहकर टाल देने की चीज नहीं ।

एते ते कुहरेषु गद्‌गदनदद्‌गोदावरी वारयः

यहाँ गकार या दकार के अनुप्रास मात्र के लिए कवि भवभूति ने 'गद्‌गदनदद्' नहीं लिखा है, प्रत्युत उनके इन्हीं वर्णों ने गद्‌गद शब्द करती हुई गोदावरी की नीरधार की साफ और सच्ची तसवीर उतार दी है ।

नजरुल इस्लाम की अधिकांश काव्य कृतियों में इस कला का प्रभुत्व है । और निरालाजी में तो 'The sound must seeman echo to the sense' का मर्म प्रत्येक पदविन्यास पर मालूम किया जा सकता है ।

१. झूम-झूम मृदु गरज-गरज घन-घोर,
राग अमर अम्बर में भर निज रोर ।
अरे वर्ष के हर्ष,
बरस तू बरस-बरस रस-धार,
पार ले चल तू मुझको,
दिखा मुझको भी निज गर्जन-भैरव संसार ।
उथल-पुथल कर हृदय मचा हलचल
मेरे पागल बादल ! चल रे चल
धँसता दल-दल
हँसता है नद खल खल-
बहता, कहता कुलकुल-कलकल-कलकल !

–'परिमल'

२. मौन रही हार
प्रिय-पथ पर चलती सब कहते शृंगार !
कण-कण पर कंकण
प्रिय किण-किण रव किंकिणी
रणन-रणन नूपुर उर लाज लौट रंकिणी;
और मुखर पायल स्वर करें बार-बार
प्रिय पथ पर चलती सब कहते शृंगार !

–'गीतिका'

३. अस्ताचल रवि जल छल-छल छवि
स्तब्ध विश्व -कवि जीवन उन्मन,
मन्द पवन बहती सुधि रह रह
परिमल की कह कथा पुरातन !

–'गीतिका'

४. घोर शिशिर, डूबा जग अस्थिर,
तिमिर-तिमिर हो गए दिशा-पल,

प्रति तरंग पर सिहर अंग भर,
व्याकुल तरुणी तरणी चञ्चल !

५. मधु ऋतु रात मधुर अधरों की
पी मधु सुध-बुध खोली
खुले अलक, मुँद गए पलक-दल
श्रम-सुख की हद हो ली !

–'गीतिका'

प्रत्येक कविता के शब्द अपने भावों को आत्मनैव नवेदित कर रहे हैं । खुले दल की सुरभि आप अपनी पहचान-अपने कुसुम के रूप-नाम बता रही है ।

प्रथम पद-बन्ध के गाते समय ऐसा मालूम पड़ता है, जैसे सचमुच सामने के आसमान में बादल-दल झूम रहा, मँड़ला रहा, गरज रहा हो; सचमुच ही कोई उन्मद नद कल-कल कुल-कुल करता बह रहा हो ! इसमें 'टेनिसन' की-

I chatter over stony ways,
In little sharps and trebles,
I buble into eddying bays,
I babble on the Pebbles.

The Brook.

I babble on the pebbles जिस प्रकार 'ब्रूक' की अपनी ही बोली जान पड़ती है, उसी प्रकार का नाद सौन्दर्य धँसता दल दल, हँसता है नद खल-खल में मिलता है । नद की 'खल-खल' हँसी, कल-कल कहते बहना अनमोल है ।

दूसरे में, कंकण-किंकिणी और नूपुर की धुन सुन रुक-रुक कर डगमग पग रखती, सहृदय वधू की मुग्ध आशंकाओं से किसे सहानुभूति न होगी ! कण-कण, किण-किण, रणन-रणन की ध्वनि-तरंगें मुखर आभूषणों की खुली बगावतें हैं ।

तीसरे में, सन्ध्या-समय सूर्य के अस्ताचल पर पहुँचते ही एक अजीब उदासी, सन्नाटा छाया हुआ है, धीरे-धीरे बयार डोल रही है, पानी जैसे 'छल-छल' रो रहा है । ऐसे स्तब्ध-उदास धूम्र धूमिल वातावरण की सृष्टि करने में ध्वनिमय - अस्ताचल रवि, जल छलछल छवि - पद कितना सफल है ! इसके सामने शेली की

The Sun is warm, the sky is clear.
The waves are dancing fast and bright.

या वर्ड्सवर्थ की

It is a beauteous evening, calm and free,
The holy time is quiet as a Nun
Breathless with adoration: the broad Sun
Is sinking down in its tranquility.

ये पंक्तियाँ प्रचुर भावभरित रहने पर भी कैसी सूनी-सूनी-सी लगती हैं !

चौथे में, प्रति-तरंग पर सिहर अंग भर या सौध शिखर पर प्रात मनोहर, कनक गीत तुम अरुण चरण धर पढ़ते समय जयदेव के निन्दति चन्दनमिन्दुकिरणमनुविन्दति खेदमधीरम् या विद्यापति के काम कम्बु भरि कनक सम्भु परि ढारत सुर-सरि-धारा की सारी माधुरी मुँह में भर जाती है ।

और पाँचवें में, खुले अलक मुँद गए पलक दल प्रणय की खुशबू-भरी साँस से हौले-हौले हिलती मोती की ललित लड़ी की तरह अपनी शृंगार-सुषमा को स्फुट कर रहा है ।

ऐसे शब्दों के संचयन में, सुगुम्फन में कितनी तन्मयता, कितनी बारीकी है - यह कवि के साथ एकतान होकर आप अनुभव करना चाहिए । कहीं ओज, कहीं माधुर्य, कहीं शृंगार और कहीं कारुण्य की यह सर्वत्र सफल सृष्टि कवि की कितनी सच्ची साधना की परिचायिका है-यह भी निष्पक्ष भाव से विचार करना चाहिए । मैंने तो उदाहरणों में इसीलिए विविधता का आश्रय लिया है । ओज और माधुर्य का तो निरालाजी ने समान रूप से सर्जन किया है - जैसे शृंगारिक और दार्शनिक भावों का । इसके प्रमाणार्थ सिर्फ 'जागो फिर एक बार' की दोरुखी तसवीर देखना भी काफी होगा । 'माधुर्य की स्फूर्ति में' कवि कहता है-

प्यारे ! जगाते हुए हारे सब तारे तुम्हें
अरुण-पंख तरुण-किरण
खड़ी खोल रही द्वार,
जागो फिर एक बार !
आँखें अलियों-सी किस मधु की गलियों में फँसी
बंद कर पाँखें ?
पी रही हैं मधु मौन ?
अथवा सोईं कमल-कोरकों में ?
बंद हो रहा गुँजार ?
जागो फिर एक बार !

एक ओर से सुकुमार शृंगार का सुन्दर रंगीन चित्र देता है-

अस्ताचल ढले रवि,
शशि-छवि विभावरी में चित्रित हुई है देख,
यामिनी-गन्धा जगी,
एकटक चकोर-कोर दर्शन-प्रिय
आशाओं-भरी, मौन भाषा - बहु-भावमयी,
हेर रही चन्द्र को चाव से,
शिशिर-भार-व्याकुल कुल खुले फूल झुके हुए,
आया कलियों में मधुर
मद-उर-यौवन-उभार
जागो फिर एक बार !

दूसरी तरफ से दर्शन का सूर्योज्ज्वल प्रकाश दिखलाता है-

सत श्री अकाल
भाल-अनल धक-धक कर जला,
भस्म हो गया था काल
तीनों गुण, ताप त्रय
अभय हो गए थे तुम
मृत्यंजय व्योमकेश के समान
अमृत-सन्तान तीव्र भेद कर सप्तावरण मरण-लोक
पहुँचे थे वहाँ, जहाँ आसन है सहस्रार !
जागो फिर एक बार !!

यह द्विविध निर्माण 'प्रियप्रवास' और 'चोखे चौपदे' की भाषा की तरह केवल द्विविधा में डाल देनेवाला नहीं, रससिद्ध कवि के शाब्दिक तथा आर्थिक सन्तुलन, साहित्य तथा दर्शन के मर्मस्थान पर समान अधिकार - एक शब्द में महाकवित्व का व्यंजक है ।

२

पण्डितराज जगन्नाथ ने छन्दोबन्धन में लयमय विश्राम दे-देकर स्वर-व्यंजनों की आवर्त्तमयी एक ऐसी कल्लोल ध्वनि दी है, जिससे उनके काव्योद्यान में हमेशा मधुमास कोयल की कूक और भौंरे का गुंजार भरता रहा है । मेरा यह अभिप्राय नहीं कि वैसे नाद सौन्दर्य पर उनसे पहले या बाद के अन्य कवियों ने दृष्टिपात किया ही नहीं किन्तु उन्होंने अपनी समस्त रुचिर रचनाओं के भीतर उसे गौरव देकर उसके संगीत माधुर्य या अंगभंगि के प्रति जो अपना आन्तरिक आग्रह प्रकट किया है, इसलिए मैं उन्हें ही इस सूक्ष्म सौन्दर्य का पहला पारखी मानता हूँ । वैसा शब्दबन्ध भावों को सँवारकर उन्हें और अधिक स्पष्ट तथा आकर्षक बना देता है । मैं उसे महज अनुप्रास न कहकर सौन्दर्य के ही अम्बुधि की स्वर्णाभ तरंग कहूँगा, यों रूप में हाड़-चाम की तरह वह भी शब्दों की आवृत्ति या curl के अतिरिक्त और कुछ नहीं ।

अमन्द-मिलदिन्दिरे निखिल-माधुरी-मन्दिरे
मुकुन्द-मुख-चन्दिरे चिरमिदं चकोरायताम् ।

x x x

कलिन्द-नग-नन्दिनी-तट-सुरन्द्रमालम्बिनी
मदीय-मति-चुम्बिनी भवतु काऽपि कादम्बिनी ।
तावत्कोकिल ! विरसान्
यापय दिवसान् वनान्तरे निवसन्
यावन्मिलदलिमाल:
कोऽपि रसाल: समुल्लसति !
विलोलद्वानीरं तव जननि तीरं श्रितवताम् । इत्यादि ।

इनमें 'इन्दिरे' के स्वल्पविराम के अनन्तर 'मन्दिरे' और 'चन्दिरे' की आवृत्तिभंगि; 'नन्दिनी' के श्रवणसुखद उच्चारण करने पर 'लम्बिनी', 'चुम्बिनी' और 'कादम्बिनी' का सरस संगीत; 'विरसान्' के बाद 'दिवसान्'; 'अलिमाल:'; के पश्चात् 'रसाल:' का रसनारसाल अधरस्पर्श और वानीरम्' के साथ 'तीरम्' का धीर मिलन सहृदयों के लिए विशेषतया प्रमोदप्रद है ।

ऐसे आवर्त्तों का सुन्दर उपयोग Shelley ने भी अपने Cloud में किया है-

I bring fresh showers for the thirsting flowers.

From my wings are shaken the dews that waken.

यहाँ भी 'शावर्स' और 'फ्लावर्स', 'शेकेन' और 'बेकेन' में वैसी ही संगीत माधुरी मिलती है । तुलसीदास, रवीन्द्रनाथ प्रभृति महान् से महत्तर कवियों से भी यह कला अछूती नहीं रही है । किन्तु निरालाजी ने अपनी समस्त कमनीय कृतियों में इसकी प्रतिष्ठा की है-

(क) यौवन की माया-सा आया
मोहन का सम्मोहन ध्यान
x x x
किस विनोद की तृषित गोद में ।
x x x
कह, सोया किस खंजन-वन में
उन नयनों का अंजन-राग ?
x x x
चमक रहे अब किन तारों में
उन हारों के मुक्ता-हीर ? -'परिमल'

(ख) जग के रंगमंच की संगिनि ।
x x x
प्रिय स्वतन्त्र रव अमृत मन्त्र नव ।
x x x
वहाँ स्नेह की प्रतनु देह की बिना गेह की बैठी नूतन ।
x x x
काट अन्ध उर के बन्धन स्तर ।
x x x
बजे सजे उर के इस सुर के सब तार !
x x x
वर्ण गन्ध धर मधु मरन्द भर ।
x x x
नील डोर का हिंडोर चढ़ी-पैंग रहता ।

-'गीतिका'

x x x

(ग) अन्ध-प्रगति-बन्ध, किया

सिन्धु को प्रयाण ।

x x x

लता-कुञ्ज में मधुप-पुञ्ज के गुन-गुन-गुन गुञ्जन में ।

x x x

श्याम तन, भर बँधा यौवन,

नत नयन, प्रिय-कर्म-रत मन ।

x x x

जैसे पार कर क्षार सागर

अप्सरा सुघर

सिक्त-तन-केश, शत लहरों पर

काँपती विश्व के चकित दृश्य के दर्शन-शर ।

x x x

मैं जीर्ण-साज बहु-छिद्र आज,

तुम सुदल सुरंग सुवास सुमन ।

'-अनामिका'

विशेष विवरण की आवश्यकता नहीं, स्वयं पढ़कर ऐसे छन्दबन्ध की विशेषता उच्चारण की सुकरता और मिठास के द्वारा अनुभूत हो सकती है । मैं अपनी ओर से इतना ही कहना पर्याप्त समझता हूँ कि यहाँ इस जिस वर्णविन्यास-कला पर लिख रहा हूँ, वह अशास्त्रीय नहीं है । महाकवियों ने - शब्दार्थौ च तुलाधृताविव - शब्द और अर्थ को बराबर पैमाने पर तोला है । उन्होंने शब्द सौन्दर्य को तरह देनेवाले के लिए महत्त्व प्रदर्शन न कर लिखा है - शब्दार्थौ सत्कविरिव द्वयं विद्वानपेक्षते, यानी सत्कवि शब्द और अर्थ दोनों की अपेक्षा समानरूप से करता है । रमणीयार्थप्रतिपादकः शब्दः काव्यम् का विशकलन करते समय स्वयं पण्डितराज ने काव्यं श्रुतम्, अर्थो न ज्ञातः उदाहरण देकर शब्द की महत्ता प्रकट की है । जब श्रवण-मात्र से किसी शब्दावली को काव्य कहा जा सकता है, तो निश्चय ही उसमें ओज, माधुर्य, सन्तुलन, संगीत रहने चाहिए ।

'वक्रोक्तिजीवितम्' के रचयिता कुन्तल ने इस कला को 'वर्णविन्यासवक्रता' कहा है । उन्होंने लिखा है-

एको द्वौ बहवो वर्णा बध्यमानाः पुनः पुनः

स्वल्पान्तरास्त्रिधा प्रोक्ता वर्ण-विन्यास-वक्रता

वर्गान्तयोगिनः स्पर्शाः द्विरुक्तास्तलानादयः

शिष्टाश्चरादिसंयुक्ताः प्रस्तुतौचित्यशोभिनः

क्वचिदव्यवधानेऽपि मनोहारिनिबन्धना
सा स्वराणामसारूप्यात्परां पुष्णाति वक्रताम् ।

–'द्वतीयोन्मेषे'

ऊपर जिन अनेक उदाहरणों में मैंने इस कला के वैशिष्ट्य या बारीकी की ओर संक्षेप में संकेत किया है, वहाँ गूँजते हुए श्रुतिसुखद शब्द भावों के आवरण नहीं, आभरण हैं ।

काव्य की भाषा ओजस्विनी हो या मधुर, किन्तु उसे सुन्दर तो होना चाहिए । निराला जी ने सुन्दर से सुन्दरतर भाषा के नमूने हिन्दी को दिये हैं–

जटिल जीवन नद में तिर तिर
डूब जाती हो तुम चुपचाप
सतत द्रुत-गति-मयि अयि फिर-फिर
उभर करती हो प्रेमालाप !

x x x

देख दिव्य छवि लोचन हारे ।
रूप अतन्द्र, चन्द्र मुख, श्रम रुचि,
पलक तरल तम मृग-दृग-तारे !

३

भातीय समीक्षा पद्धति के अनुसार ध्वनि कविता की आत्मा कहलाती है । जिसके काव्य में जितनी ही अधिक ध्वनि-प्रवणता होगी, वह उतना ही महान् कवि माना जायेगा । आचार्य आनन्दवर्द्धन का कहना है–

सरस्वती स्वादु तदर्थवस्तु
निःस्यन्दमाना महतां कवीनाम्
अलोकसामान्यमभिव्यनक्ति
प्रतिस्फुरन्तं प्रतिभाविशेषम् ॥

–'ध्वन्यालोक'

ध्वनि का मर्म मालूम किये बगैर शब्दों की कीमत समझ में नहीं आ सकती । और जिसने शब्दों की कीमत नहीं जानी, आँधी की तरह एक की जगह ग्यारह शब्दों को उड़ाया किया, वह जनता का प्रतिनिधि कवि होकर भी सत्साहित्य की दृष्टि से नगण्य ही रहेगा । आज बाजार में जिस प्रकार की कविताएँ गाजर-मूली की तरह टके सेर बिक रही हैं, उनमें ध्वनि तत्त्व का नाम तक नदारद है । उनके सिद्धहस्त रचयिता इस व्यर्थ 'पदार्थ' की जिज्ञासा भी नहीं रखते । मजाक यह कि उलटे वे ही ध्वनिप्रवण गम्भीर काव्य लिखनेवालों को कृत्रिम कहकर अपनी ओर Born poet होने का इशारा करते हैं । अस्तु । यहाँ मैं निरालाजी की, सार्थक शब्दों का चरितार्थ प्रयोग करनेवाली अन्तर्दृष्टि के कुछ नमूने पेश कर रहा हूँ । सहृदय पाठक देखें, उन शब्दों से भावों को कितना उत्कर्ष, कितना प्रकर्ष प्राप्त हुआ है !

१. सखी नीरवता के कन्धे पर डाले बाँह
छाँह-सी अम्बर पथ से चली ।

-'सन्ध्या कुमारी'

२. डोलती नाव, प्रखर है धार,
सँभालो जीवन-खेवन-हार ।

-'खेवा'

३. ऐ त्रिलोकजित् इन्द्र धनुर्धर ।
४. आज मिटेगी व्याकुल श्यामा के अधरों की प्यास ।

-'बादल राग'

५. क्यों हमारे ही लिए वे मौन हैं
पथिक, वे कोमल कुसुम हैं ? -कौन हैं ?

-'नयन'

पहले पद्य में 'नीरवता की सखी' शब्द 'सन्ध्या कुमारी' की प्रशान्त प्रकृति व्यक्त कर रहा है और 'कुमारीत्व' भी । महत्कुल (बल्कि स्वर्गलोक) की बालिका होने के कारण वह प्रकृति से गम्भीर है, तभी उसने 'शान्ति' को सखी बनाया है ! और फिर चूँकि कुमारी है, उसे किसी सखी की भी जरूरत हुई ।

'कन्धे पर डाले बाँह' कहने से उसका नवयौवनात्व' प्रतीत होता है । तभी तो वह सखी के कन्धे से कन्धा जोड़े लिपटी-लिपटी-सी चल रही है और तभी तो उसमें शैशवसुलभ चपलता की अपेक्षा गाम्भीर्य-गरिमा ही अधिक है । 'छाँह-सी' कहने से यह ज्ञात होता है कि वह कितनी तन्वंगी तथा सुकुमार है ! एक कुमारी के लिए सुकुमारी होना सहज स्वाभाविक है । इसीलिए वह अकेली चल भी तो नहीं रही, सखी के कन्धे पर बाँह डाले हुए है !

'अम्बर-पथ से चली' से उसका 'परी' होना प्रतीत होता है । जिस रीति से वह आसमान से उतर रही है, वह मानुषी हो ही नहीं सकती । फिर 'अम्बर-पथ' शब्द चरणों-तलवों की कोमलता भी बतलाता है । वह जैसे सूखी जमीन पर चलने के लायक नहीं, सिर्फ अम्बर-पथ से ही चल सकती है । एक बात और । आकाश का पर्यायवाची कोई भी अन्य शब्द यहाँ उतना नहीं फब सकता, जितना 'अम्बर' शब्द । ऐसा लगता है, जैसे वह धुनी-रुई-वाले, सफेद, मुलायम गलीचेदार (अम्बर) रास्ते से चली है ।

'गीतिका' के

अम्बर-पथ से मन्थर सन्ध्या श्यामा
उतर रही पृथ्वी पर कोमल-पद भार ।

में भी इसी भाव की रक्षा की गयी है । इसी प्रकार रे कुछ न हुआ तो क्या वाले गीत में-

सब छाया से छाया,
नभ नीला दिखलाया ।

कहकर 'नभ' शब्द की कीमत जाहिर की गयी है । वहाँ अम्बर या व्योम शब्द सूपयुक्त नहीं हो सकता था । कारण, 'नभ' ऐसा श्रीहीन मालूम पड़ता है, जैसे सचमुच ही उसकी चमक (भा) छीन ली गयी हो । इसीलिए तो नीला-नीला दिखलाई पड़ता है !

दूसरे में, जीवन-खेवन-हार का जीवन शब्द इतना अधिक जीवन रखता है कि कोई भी दूसरा प्रतिशब्द उसका मुकाबला नहीं कर सकता । इसी प्रकार 'गीतिका' के-

गर्जित जीवन झरना
उद्देश्य - पार पथ करना ।

या 'अनामिका' के-

पथ पर मेरा जीवन भर दो,
बादल हे अनन्त अम्बर के,
बरस सलिल गति ऊर्म्मिल कर दो !

में 'जीवन' का सजीव सुप्रयोग किया गया है । इसे 'श्लेषालंकार' मात्र कहकर नहीं हटाया जा सकता, क्योंकि यह तो हृदय से आश्लेष करनेवाला साक्षात् जीवन (प्राण) है, बाहरी चटक-मटक के लिए अलंकारभाव नहीं ।

तीसरे और चौथे में, बादल पर अर्जुन का सुरूप खड़ाकर त्रिलोकजित् इन्द्र धनुर्धर विशेषण दिया गया है । कवि कहना चाहता है कि अर्जुन कठिन तपस्या के बाद त्रिलोकविजयी इन्द्र का धनुष प्राप्त कर अब श्यामा (द्रौपदी) के अधरों की प्यास मिटाने के लिए लौटा आ रहा है ।

यह वही श्यामा है जो उसके प्रस्थान के समय खुलकर रो भी न सकी थी, आँसुओं को अमंगल की निशानी समझ रही थी । और यह वही श्यामा है जिसकी एक चितवन को, आँसुओं की मुसकान से गीली चितवन को अर्जुन पाथेय की तरह लेकर चला था ।

[कवि भारवि ने उस समय की कैसी साफ तसवीर दी है-

तुषारलेखाकुलितोत्पलाभे (पंकज-कोष ओस-कन जैसे)
पर्यश्रुणी मंगलभंगभीरुः
अगूढभावाऽपि विलोकने सा
न लोचने मीलयितुं विषेहे ।
अकृत्रिमप्रेमरसाभिरामं
रामार्पितं दृष्टिविलोभि दृष्टम्,
मनः प्रसादाञ्जलिना निकामं
जग्राह पाथेयमिवेन्द्रसूनुः ।]

रूपक भी बादल पर है, जो सचमुच इन्द्रधनुष धारण किये हुए है, सचमुच ही जो श्यामा (पृथ्वी) की प्यास मिटाने के लिए आया है । और 'श्यामा' से भी ज्यादा फबीला तो यहाँ 'प्यास' है, जो प्राकृतिक सत्य की हैसियत से भी वस्तुतः पानी लिये हुए के प्रति है ।

और पाँचवे में, 'कौन हैं' शब्द का मूल्य कौन दे सकता है ? पथिक से नयन

कहना चाहते हैं कि अगर वे (जिनके लिए वह ग्रीष्म, वर्षा, शीत के दिन गिनते रहे हैं) कुसुम सुकुमार नहीं, तो पत्थरदिल जरूर होंगे ! पर वे ऐसा कहें कैसे, कितनी जबर्दस्त ममता है उनपर ! इसी सुन्दर, सुगम्भीर भाव को कवि 'कौन है' कहकर बतला रहा है । इसी प्रकार-

स्मेऽयं दम्भधृतव्रतः प्रियतमे कर्त्तुं किमप्युद्यतः ।

में 'किमपि' शब्द के द्वारा बहुमूल्य भाव की स्फूर्त्ति हुई है ।

जब उदयन को यह कहा गया कि पद्मावती का पाणिग्रहण किये बिना उन्हें उनकी प्रियतमा वासवदत्ता नहीं मिलने की, तब उसे पाने की आकुल उत्कण्ठा से ही जैसे उन्होंने व्याह के बचन दे दिये । वासवदत्ता के प्रति अपने खुले दिल के उमड़ते हुए प्यार की सुध आते ही वे हैरान हो गये । सोचने लगे, नये व्याह के लिए झटपट हामी भरकर उन्होंने प्यार की कैसी सच्ची पहचान बतायी ! ऐसे ही अन्तर्द्वन्द्व के समय उन्होंने उपर्युक्त पंक्ति कही है- "प्रिय ! तुम्हारे परम प्रेम का दम्भ करनेवाला मैं आज कुछ ('किमपि' जो महापाप से भी बढ़कर होने के सबब जैसा जबान पर लाने के लायक नहीं) और ही करने को उतारू हो गया हूँ ।"

जो हृदय की वेदना बहुत-बहुत भावों से भी नहीं व्यक्त हो सकती थी, उसे ही सुप्रयुक्त एक शब्द - 'किमपि' सुस्पष्ट कर रहा है । इस कला का नाम कुन्तक ने 'संवृतिवक्रता' बतलाया है । 'कौन हैं' में भी निश्चय ही इसी का प्रदर्शन हुआ है ।

प्रसादजी का एक प्रशंसित गीत है-

बीती विभावरी जाग री,
अम्बर-पनघट पर डुबा रही
तारा-घट ऊषा नागरी ।

इसमें सुखद पदों का कोमल कलरव है । 'उषा नागरी' का गगन के पनघट पर तारा रूपी घट डुबाना कमाल का चित्र है । फिर 'भैरव' राग का यह मधुर रूप भी कम प्रशंसनीय नहीं । पर जहाँ तक उपर्युक्त अन्वर्थशब्दप्रयोग की कला का सम्बन्ध है, यह उस सुषमा से वंचित ही है । कारण, 'विभावरी' 'अम्बर' आदि शब्द सार्थक नहीं, केवल उच्चारणसंगीत की संगति के लिए आये हुए हैं । इसके साथ निरालाजी का एक गीत देखें-

यामिनी जागी
अलस पंकज-दृग अरुण,
मुख तरुण अनुरागी ।

इसमें शब्दसंगीत तो प्रीत करनेवाला है ही, अर्थगाम्भीर्य भी वरेण्य है । एक शब्द है 'यामिनी' । इसका अर्थ होता हे प्रहरोंवाली । बताया जा रहा है कि उसे (प्रेयसी को) 'वह' रात जगकर बितानी पड़ी है, जिसके प्रहर-प्रहर पहाड़ हो रहे थे । अब प्रातःकाल उसके पंकज-दृग अरुण तथा अलस हो रहे हैं, जिनमें प्रिय (तरुण) के मुखदर्शन का अनुराग भरा हुआ है ।

एक तो वे रात भर (जिसके प्रतिप्रहर पर उसका ध्यान रहा है । यह प्रहर भी

क्षण-क्षण, पल-पल का उपलक्षणमात्र है) जगने के कारण लाल थे ही, फिर उनमें प्रिय का राग भी भरा है, जैसे इसलिए उनकी ललाई और गाढ़ी हो गयी है !

इसके अतिरिक्त रूपक में स्वाभाविक सत्य है । रात बिताने के बाद प्रातः काल पंकज अरुण (सूर्य) के तरुण-मुख के अनुरागी होते ही हैं ।

दूसरा शब्द है 'पंकज' । यह इंगित करता है कि इस समय उसकी आँखें 'अरविन्द' या 'इन्दीवर' नहीं, 'पंकज' हो रही हैं । वे वाष्पकलुषित या अश्रुपंकिल होने के कारण कमल की नहीं, पंकज की प्रभावाली दीख रही हैं । क्या 'अरविन्द' या 'इन्दीवर' इस भाव को व्यक्त कर सकता था ?

तीसरा शब्द 'अरुण' और चौथा 'अनुरागी' है । यहाँ 'रक्त' या 'प्रेमी' कहने से जो विद्रूपता आती, वह कल्पनैकगम्य है ।

इस प्रकार सार्थक शब्दों की उज्ज्वल तूलिका से काव्य भावना की जो तसवीर तैयार होती है, उसे झटपट देख लेने या Over look करने से कैसे काम चल सकता है !

सोने का पानी या रंगीली देखकर खरीदी जानेवाली तसवीर नन्दलाल बोस या अवनीन्द्रनाथ के धुँधले-मटमैले पेंसिल-स्केच से मुकाबला करने की चीज नहीं । पजनेस और निराला की तुलना कैसी गजब की सूझ है !

४

निरालाजी ने सभी रसों में कविताएँ लिखी हैं और सर्वत्र रसानुसारिणी भाषा का प्रयोग कर अच्छी तरह दरसा दिया है कि शब्दसंकलन-कला में वे अपना सानी नहीं रखते । जहाँ भाषा का ओज भावों की तेजस्विता का व्यंजक नहीं, वहाँ भरसक उन्होंने उन्मद पदों का प्रयोग नहीं किया । समस्तशब्दों द्वारा ओजःसृष्टि करने की रूढ़ि के भी वे कायल नहीं हैं । कवि की आन्तरिक शक्ति के बिना पदों में विद्युद्गति आ नहीं सकती । निरालाजी कोष के जकड़े शब्दों को अपनी शान से शान चढ़ा, जगमगाकर प्रयोग में लाये हैं । इसीलिए उनके समस्त और असमस्त - दोनों प्रकार के पद अपने सहज ओजस्वी स्वरूप में दीख पड़ते हैं ।

समस्त पद-

राघव-लाघव, - रावण-वारण, - गत-युग्म-प्रहर
उद्धत-लंकापति-मर्दित-कपि-दलबल-विस्तर ।

असमस्त पद -

लौटे युग दल, राक्षस-पदतल पृथ्वी टलमल
बिंध महोल्लास से बार-बार आकाश विकल ।

-राम की शक्ति-पूजा

भयानक चित्र में, दिशाकाश को काँपते हुए ओजस्वी शब्दों का यह 'स्टेंजा' भी कितना उज्ज्वल, कितना उदात्त उतरा है ! -

मोगल-दल-बल के जलद यान
दर्पित-पद उन्मद नद पठान

हैं बहा रहे दिग्देश ज्ञान, शर खर तर
छाया ऊपर घन अन्धकार
टूटता वज्र दह दुर्निवार
नीचे प्लावन की प्रलय-धार ध्वनि हर-हर ।

-तुलसीदास

इसमें तुलसीदास के समय की भारतवर्ष की स्थिति का संक्षिप्त वर्णन है - चढ़ी हुई मोगलों की सेना बादल की तरह है; जमीन पर पठान लोग जैसे दर्प से बहते हुए नद हैं । वे ऐसी तीर--जैसी प्रखरतर गति से यहाँ के लोगों के दिशा और देश के ज्ञान को बहा रहे हैं । इस प्रकार ऊपर गहरा अँधेरा छाया हुआ है और न रोका जानेवाला वज्र टूटता है, नीचे (पठानों द्वारा) बाढ़ की प्रलय की धारा बह रही है,'हर-हर (हरण कर, हरण कर) की ध्वनि आ रही है ।

निराला के अलावा इस युग का और कौन-सा कवि हिन्दी-कविता की आत्मा ही नहीं, अंगयष्टि को भी इतना प्रौढ़ सबल बना सका है ?

भावों का तारतम्य

भावों का अनिन्द्य सौन्दर्य, आन्तरिक उल्लास झंकृतिपूर्ण सुललित शब्दों को सफल बना सकता है । यदि रमणीयता शब्दों ही भर में रही, भाव उनके आनुपातिक न हुए तो उस काव्य की तुलना उस वाचाल व्यक्ति से की जा सकती है जो बोलता तो खूब है, पर करता कुछ भी नहीं । यानी गरजता भर है, बरसता कभी नहीं; शरत्काल के बादल-सा है । सुन्दर-से-सुन्दर भावों को प्रकट करने के लिए सुन्दर-से सुन्दर शब्द उपकरण मात्र हैं । शब्दों की यहीं तक वास्तविक प्रशंसा है, यहीं तक सफलता है । हम सुन्दर शब्दों के द्वारा सुन्दर भावों की अभिव्यक्ति पसन्द करते हैं, पर इसमें सन्देह नहीं कि हमारा लक्ष्य भावों का सुनना ही होता है ।

यत्राकृतिस्तत्रा गुणा वसन्ति । किन्तु आकृति मात्र को 'गुणाः' रूप से ग्रहण करना ठीक नहीं । इसीलिए आचार्यों ने कहा है -'शब्दार्थौ सहितौ काव्यम् ।' निरालाजी का वर्णविन्यास जितना सफल-निर्मल है, भावों का तारतम्य भी उतना ही सजल ।

अगर ऊँची उड़ान लेनेवाला ही कवि कहलाता तो घुग्घू वगैरह को कवित्व के दायरे के चारों ओर मँड़राने के लिए छोड़, चील वगैरह पंछी कभी से महाकवि-पद पर प्रतिष्ठित होते । और यदि सुदूरदर्शिता ही काव्यकला का मापक यन्त्र होती तो निःसन्देह जटायु के वंशज सर्वश्रेष्ठ कलाकार सिद्ध होते । मतलब यह कि चिड़ियों से बढ़कर जलचर या थलचर कभी कवि होने का दावा नहीं कर सकते, विशेषतः 'छायावाद' का सवाल सामने आने पर; क्योंकि विहग-वृन्द अनादिकाल से 'अनन्त-पथ-पथिक' होने की सचाई पेश कर सकते हैं । तो क्या कवित्व का सारा रहस्य इसी चिड़िया होने में है ?

आर्यसमाजी और आर्यधर्मियों में यह विवाद कभी नहीं होता कि वे दोनों वेदों के अनुगामी नहीं हैं । पर सबके अनन्तर उनमें इतना अवश्य रह जाता है कि एक ही मंत्र पर

वे दोनों अलग-अलग राग अलापते हैं । वह भी शंकर या रामानुज की भाँति नहीं, सूर या कबीर की अपार भक्ति और ज्ञानधार की पारदर्शिता के समान भी नहीं, महज ढोल और ढोलक की तरह । इसमें कौन अर्थ और कौन अनर्थ करता है यह कहना खतरे से खाली नहीं । हाँ, तो चील ने ऊँची उड़ान लेने के बाद आज तक कौन-सा विश्वजनीन सन्देश विश्व को सुनाया या विश्व उससे निकट भविष्यत् में सुनने की आशा रखता है, यही समझना होगा; और जटायुवंशी दूरतर प्रदेश से किस वस्तु का निरीक्षण करता है, इसका भी निरीक्षण करना होगा । उत्पतन और दर्शन की इसी विभिन्नता ने एक को पंछी और दूसरे को कलाकार बनाया है । यों भी कल्पना की आँखें और उसके पर अबतक नहीं नजर आये, पर उसकी ऊँची उड़ान को सूक्ष्मदृष्टिवालों ने निहाल हो-होकर देखा है । मतलब यह कि केवल उड़ान भरने या अणुवीक्षण-यन्त्र के मात करनेवाली करामाती पांखोंवाली आँखों की बदौलत कोई चिड़िया तो आसानी से बन सकता है, पर कवि हर्गिज नहीं । और उत्पतन या दृष्टि की उपयुक्त शक्ति के अनुपात से प्राप्त प्रौढ़ि का प्रकर्ष मनुष्य को विद्वान, अधिक-से-अधिक कवि भी बना दे सकता है, पर महाकवि नहीं, महाविद्वान् भी नहीं; कारण, देखकर लिखी चीजें चाहे जितनी खुबसूरत हों, तोते की टें-टें वाली विद्वत्ता चाहे जितनी भी व्यापक हो, वह जीवित कदापि नहीं । जीवन तथा प्रकृति के बाह्य और अन्तर सौन्दर्य की अनुभूतियाँ वास्तविक विद्वत्ता की विभूतियाँ हैं । फलतः एक महाकवि के लिए कल्पनाएँ, अनुभूतियों और उनके औचित्य-अनौचित्य, उपादेयता-अनुपादेयता आदि का संयम, विवेक, विभेद करनेवाली प्रयोगोन्मुखी विद्वत्ता - सब अपेक्षित है । मैं जानता हूँ कि इन तीनों गुणों का सामंजस्यपूर्ण सम्मिश्रण (Harmonious Combination) बहुत कम देखने को मिलता है । कालिदास की उक्ति है कि गुणराशि के एकत्र राशिकरण में विधाता की कृपणता विख्यात है - **प्रायेण सामग्रयविधौ गुणानां पराङ्मुखी विश्वसृजः प्रवृत्तिः** । पर यह विचार भी तो सर्ववादिसम्मत है कि महाकवि होना सर्वसुलभ नहीं । **येनास्मिन्नतिविचित्रकविपरम्परावाहिनि संसारे कालिदासप्रभृतयो द्वित्रा पञ्चषा वा महाकवय इति गण्यन्ते** । इसीलिए राशि-राशि कवियों के बीच भी दो ही चार, कालिदास आदि, महाकवि कहे जाते हैं ।

आज हिन्दी के असंख्य नवीन कवियों में जो दो-चार महाकवि कहलाने के योग्य हैं, उनमें निरालाजी का उच्चतम स्थान है । इनकी कविताओं में अलौकिक कल्पना, प्रगाढ़ अनुभूति तथा प्रौढ़ विद्वत्ता प्राप्त होती है । काव्य के तीन समुदित हेतु 'प्रतिभा', 'लोक, शास्त्र तथा प्राचीन काव्यों के अनुशीलन से प्राप्त निपुणता' और 'अभ्यास' - इनके माननीय काव्यों में प्रत्यक्ष प्राप्त होते हैं ।

हृदय तथा मस्तिष्क - क्रमशः काव्य और विज्ञान का उद्गम-क्षेत्र माना जाता है । दूसरे शब्दों में, विचार प्रधान प्रत्येक शास्त्र को मस्तिष्क तथा अनुभूतिप्रधान केवल काव्य-साहित्य को हृदय कहने की परिपाटी चल पड़ी है । पर मेरा ख्याल है कि ऐसा कहना किसी भावुक व्यक्ति का भावुकता के प्रति ललित उद्गारमात्र है । अवश्य रस मानसगोचर होने के कारण काव्य की आत्मा की हैसियत से काव्य को भी हृदय की वस्तु बना देता है; पर जिस सामग्री

से रस का परिपाक होता है उसका संकलन तो बिना बुद्धि का सहारा लिये, बिना मस्तिष्क को सम्मान दिये होने योग्य नहीं । इसीलिए यद्यपि काव्य सरस गुलाब के फूलों का हृदयहारी हार है, कलाकार का उद्देश्य यद्यपि फूलों का ही गुम्फन करना है, किन्तु तथापि गुलाब के फूलों का संचय कँटीली डार से होने के कारण कोमल उँगलियों को क्षत-विक्षत करना ही होगा । शुष्क कह कर उपेक्षित-बुद्धि या मस्तिष्क को बाद देने पर भावुकता प्रलाप का अपर पर्याय हो जायगी । **त्रिकालदर्शिनी बुद्धिः** । वर्त्तमान के साथ ही अतीत तथा अनागत को देखने की शक्ति बुद्धि में है । अतएव कवि को 'क्रान्तदर्शी' कहा जाता है - 'कवयः क्रान्तदर्शिनः 'क्रान्त' का अर्थ दृष्टि से अतिक्रान्त, आँखों से ओझल वस्तुजात है, जिसे कवि देखता है । निश्चय ही यह बात बुद्धि, मस्तिष्क या कल्पना से ही साध्य है । शकुन्तलानाटक के सप्तम अंक में कालिदास ने विमान द्वारा स्वर्ग से उतरते हुए दुष्यन्त का चित्रण किया है - **शैलानामवरोहतीव शिखरादुन्मज्जतां मेदिनी - इत्यादि** । क्या उन्होंने विमान पर चढ़कर इसका अनुभव किया था ? कदापि नहीं । किन्तु आज कोई विमान पर चढ़कर उस चित्रण की सचाई का अंदाज लगा सकता है । इससे यह सिद्ध होता है कि कलापक्ष में केवल भावुकता से काम नहीं चल सकता । शेक्सपियर की कलाकृतियाँ कल्पनाशक्ति की प्रबलता पर सुस्थित है । मिल्टन का 'पैराडाइज लॉस्ट' प्रौढ़ कल्पनाशक्ति का प्रत्यक्ष प्रमाण है । संस्कृत के सफल काव्यनाटक तीन-चौथाई कल्पना, मस्तिष्क या बुद्धि तथा एक हिस्सा हृदय मिलाकर निर्मित हुए हैं । आज के कुछ उच्छृंखल भावुकतावादी चाहे अपने को कालिदास, शेक्सपियर, मिल्टन, रवीन्द्रनाथ सबसे बढ़कर समझें - पर उनकी समझ वास्तविकता से कोई वास्ता रखती नहीं मालूम पड़ती । अस्तु । निरालाजी ने बुद्धि और हृदय - दोनों को समान रूप से सम्मानित किया है । कहना न होगा, इसीलिए उनका काव्य स्थिर तथा गम्भीर हुआ है । मैं यहाँ उनके कुछ भावों का संक्षिप्त परिचय दूँगा ।

(क) अन्धकार में मेरा रोदन
सिक्त धरा के अंचल को करता है छन-छन,
कुसुम कपोलों पर वे लोल शिशिर कण !
तुम किरणों से अश्रु पोंछ लेते हो,
नव प्रभात जीवन में भर देते हो !

-'परिमल'

कवि कहता है - अन्धकार में मेरे आँसू पृथ्वी के श्यामल अंचल को प्रतिपल सिक्त करते रहते हैं । उसके (पृथ्वी के) कोपल-कुसुमों पर वही तो चपल ओस-कण बनकर झलमल करते हैं ! किन्तु तुम अपनी किरणों (करों) से आँसुओं को पोंछते हो और जीवन में नवल प्रभात ला देते हो ।

दुःख-निशा के अन्धकार में जब कवि रोता है तो उसका रोदन किसी कोने से छुपकर नहीं होता, उससे समस्त प्रकृति सिक्त हो उठती (Personified) है । पृथ्वी का गीला आँचल, पृथ्वी के खिले-खिले गालों - फूले फूलों पर काँपते हुए ओस के बूँद, उसी के

आँसुओं के कण हैं तो ! (१) अर्थात् कवि के आँसू किसी व्यक्ति के आँसू नहीं, समस्त विश्वप्रकृति के प्रतिनिधि आँसू हैं । उसके आँसुओं से अशेष पृथ्वी के उर-नयन भीगे हुए हैं । (२) अर्थात् कवि का दुख अपना दुख नहीं, उसके अन्तर में समाये हुए सम्पूर्ण जगत् का दुख है, इसीलिए उसके आँसू पुँछ जाते हैं, वह प्रकाश में विहँस उठती है; इसीलिए उसके जीवन में नवजीवन आते ही समस्त संसार में स्वर्णिम प्रभात फैल जाता है । (३) अर्थात् कवि के आँसू भी व्यर्थ नहीं बहते, उससे सारा संसार सिक्त होता है; सहानुभूति पाता है, संवेदनशील बनता है, नहीं तो वह महज मिट्टी-पत्थर का ही रह जाता ।

हाँ, वह 'रात' के 'अन्धकार' में रोता है, विश्व में अपने अश्रुओं का प्रदर्शन करने के लिए प्रभात की प्रभा में नहीं । उस मसय - पृथ्वी पर स्वर्गीय सजल प्रभात के उतरते ही तो वह भी फूलों में खिलखिलाने लग जाता है ।

कैसा आदर्श आशावाद ! ईश्वर पर आस्था रखकर यह अश्रुसिक्त उच्छ्वास ! फिर प्राकृतिक वैज्ञानिक सत्य भी - रात के अँधियाले में ओस का गिरना, सुबह सूरज की किरणों से उसका पुँछ जाना ! साथ ही अश्रु की विश्वजनीनता को विशद करने के लिए सुप्रयुक्त 'धरा' में आँचल, कपोल के सिंचन द्वारा कैसा सर्वांग-सुन्दर चित्र !

(ख) दे मैं करूँ वरण
लांछना इन्धन हृदय-तल जले अनल,
भक्ति-नत-नयन मैं चलूँ अविरत सबल,
पार कर जीवन-प्रलोभन-समुपकरण !
प्राण-संघात के सिन्धु के तीर मैं-
गिनता रहूँगा न कितने तरंग हैं !
धीर मैं ज्यों समीरण करूँगा तरण ।
दे मैं करूँ वरण ।

- 'गीतिका'

माँ, सकल दुःख-द्वन्द्वों को मेटनेवाला, अपने चरण-राग से रंजित मरण मुझे दो, मैं उसे वरण करूँ ! मैं उसी मरण को वरण करूँगा जो तुम्हारे अरुण चरणों के रंग में रँगा हुआ होगा ।

मेरे हृदय-तल में जलते हुए अनल के लिए लांछनाएँ इन्धन हों । मैं अपनी ही आग में अपने सकल कलंक-कल्मषों को जलाकर खाक कर सकूँ । मेरे नयन विनयनत रहें और मैं जीवन के प्रलोभनों को पार करता हुआ, सबल होकर निरन्तर सत्यपथ से चलता रहूँ ।

प्राण-संघात के सिन्धु के किनारे पहुँचकर मैं लहरें नहीं गिनने लगूँगा, मैं तो धीर-समीर के समान उसे अनायास ही तैरकर पार कर लूँगा - माँ तुम मुझे अपने चरणों के रंग में रंगा हुआ मरण वरण करने के लिए दो ।

'भक्ति-वेदना-विकल इस गीत के प्रत्येक पद की सार्थकता, पद और भाव का अन्योन्याश्रित सम्बन्ध सौन्दर्य आत्मनिरीक्षण की वस्तु है । 'गीतांजलि' के किसी भी श्रेष्ठ गीत के साथ तुलना करने पर यह लघु न होगा ।''

(ग) सुमन भर न लिये सखि, वसन्त गया ।

x x x

विवश नयनोन्मादवश हँसकर तकी
देखती ही देखती री मैं थकी
अलस पग, मग में ठगी-सी रह गई
मुकुल-व्याकुल-श्री-सुरभि वह कह गई
-सुमन भर न लिये सखि, वसन्त गया !

–'परिमल'

'सखि' वसन्त बीत गया, पर तूने फूल तो चुने ही नहीं !' कितना द्रावक है ! एक 'भर' शब्द के द्वारा कवि उसकी कितनी भारी भूल की ओर इशारा करता है – जहाँ न केवल फूल चुनने थे, अपितु उन्हें भर-भर कर रखना था (कितनी आकुलता का अभिव्यंजन है !) वहाँ उसने जबर्दस्त चूक की । आँखों के नशे से पागल हो हँसती-हँसती बहार का जुलूस ही देखती-देखती अलसा उठी, थक गयी । और तब तक, जब तक उसके पैरों में थकान रही, वह खोई हुई की तरह अकचका कर रास्ते में ही रही कि कलियों की नाजुक खूबसूरती, तेज खुशबू यह कहती हुई बह गयी, गुजर गयी-''री सखी ! अब वसन्त तो बीत गया, पर तूने कुछ भी फूल न चुने ।''

यह ऐसा पछतावा हमलोगों के जीवन के कितने अधिक निकट है ! भला, हम यह कैसे न कहें कि जीवन का अतिशय सन्निकर्ष पाकर ही कोई ऐसी पंक्तियाँ लिख सकता है ।

रवीन्द्रनाथ के 'भैरवी गान' के भावुक नायक ने भी इसी प्रकार अविकच आकुल उद्‌गार प्रकट किया है-

शेषे देखिब, पड़िल सुख-यौवन फूलेर मतन खसिया
हाय वसन्त वायु मिछे चले गेल श्वसिया,
सेइ ये खाने जगत् छिल एक काले
सेइखाने आछे बसिया ।

अर्थात् – फिर अन्त में देखूँगा कि मेरा ही सुखद यौवन फूल की तरह चू पड़ा, झर गया, वसन्त-समीर व्यर्थ ही उच्छ्‌वास छोड़ता हुआ चला गया और तब भी संसार ज्यों-का-त्यों अपनी जगह पर मौजूद है ।

किन्तु उसके ऐसे चिन्तन में Mental conflict से अधिक उपर्युक्त सखी की-सी सखेद वेदना की मार्मिकता नहीं है ।

(घ) सखि, वसन्त आया ।
किसलय-वसना नव वय-लतिका
मिली मधुर-प्रिय-उर तरु-पतिका
मधुप-वृन्द बंदी, पिक-स्वर नभ सरसाया
सखि वसन्त आया ।

–'गीतिका'

री सखी, देखो न, वसन्त आ गया ! कोपलों की गुलाबी सारी पहनकर, नवयौवना लतिका अपने प्रिय तरु की छाती से लिपट गयी (यह जैसे राजा-रानी का वैवाहिक प्रणय मिलन हुआ, इसीलिए -) झुण्ड-के झुण्ड भौंरे - ये बन्दीजन गान करने लगे ! और इतना ही क्यों ? वन के राजा रानी का यह मंगलमय विवाह केवल भूतल में ही उछाह फैलानेवाला नहीं; देखो न, स्वर्ग में भी कितना सजीव उल्लास छाया हुआ है । आसमान में कोयल की मतवाली पंचम तान उसी स्वर्गीय आनन्दगान का प्रतीक है तो !

कितना मधुर तथा मनोहर भाव चित्रण है यह ! संस्कृत-साहित्य में इस आशय के अनेक वर्णन प्राप्त होते हैं । श्री हर्ष ने 'नैषधीयचरित' में लिखा है-

नवा लता गन्धवहेन चुम्बिता
करम्बितांगी मकरन्दसीकरैः
दृशा नृपेण स्मितशोभिकुड्मला
दरादराभ्यां दरकम्पिनी पपे ।

अर्थात् - नयी उम्रवाली लता मलयानिल (किन्तु यहाँ 'गन्धवह' शब्द उसकी विलासिता, व्यसनप्रियता व्यक्त कर रहा है; मतलब कि वह खुशबू का शौकीन है, खूब इत्र वगैरह लगाये है) से चूमी जाने पर पसीने-पसीने हो गयी है । ये मकरन्द-विन्दु पसीने की ही पहचान हैं । कलियों में मुसकुरानेवाली है वह, और रागावेश से मानो जरा झूम भी रही है । राजा नल की आँखें उसे भय और प्रेम दोनों प्रकार से निहारती रहीं ।

कालिदास का भी एक सरस पद्य है-

पर्य्याप्त-पुष्प-स्तवक-स्तनाभ्यः
स्फुरत्प्रवालोष्ठमनोहराभ्यः
लतावधूभ्यस्तरवोऽप्यवापु-
विनम्रशाखाभुज-बन्धनानि ।

-'कुमारसम्भव'

फूलों के गुच्छे जिनके नवोदित स्तन हैं, मन्द-मन्द हिलते हुए लाल पल्लव ही फड़कते हुए ओठ - ऐसी रूपसी बहुओं-सी बालवल्लरियों का आलिंगन (झुकी डालों की भुजाओं का बन्धन) पेड़ों ने पाया ।

इन दोनों संस्कृत-पद्यों से, भावों की गरिमा की दृष्टि से, 'गीतिका' के गीत सुन्दर हैं । कालिदास ने लता के स्तन, होंठ और बाजुओं का जैसा वर्णन किया है - उसे स्थूल चित्र ही कहा जा सकता है । श्रीहर्ष का चित्रण उससे अधिक सूक्ष्म, सुन्दर एवं सुकोमल है । **मकरन्द-सीकरैः करम्बिता** और 'दरकम्पिनी' में छवि की बारीकी देखते ही बनती है । किन्तु 'गीतिका' की 'नव-वय-लतिका' अति नवीन है । उसकी गुलाबी साड़ी में जितनी चमक है, उतनी ही तरु को पति-रूप से वरण करने में उसकी भाव-स्वच्छ, पवित्रता, सादगी । श्रीहर्ष की लता वारवनिता-सी जैसे अपनी छवि-छटा की छुरी से आप ही घायल है, पर यह ललित लतिका अपने मंगलमय वैवाहिक गान-वाद्यों से जैसे जमीन और आसमान दोनों को गुंजित कर रही है; स्वर्ग और पृथ्वी दोनों में उल्लास फैला रही है ।

(ङ) खुले केश अशेष शोभा भर रहे
पृष्ठ-ग्रीवा बाहु-उर पर तर रहे
बादलों में घिर अपर दिनकर रहे
ज्योति की तन्वी, तड़ित्द्युति ने क्षमा माँगी,
यामिनी जागी।

कवि कहता है कि उसके केशों की अशेष छवि का भला कौन बखान करता, जो गुच्छ-के-गुच्छ खुल-खुलकर उसकी पीठ, गरदन, छाती और बाजुओं पर तैरते-से (floating hair) दीख पड़ते थे (अंगों का कैसा सजल सान्दर्य, पिच्छिल छवि ध्वनित होती है !) और उनके बीच उसका गोरा-गोरा चमचम चमकता मुखड़ा, ऐसा मालूम पड़ता था, जैसे श्यामल बादलों की राशि सूरज को घेर रही हो। वह तो जैसे ज्योति ही की बनी हुई थी, तभी तो बिजली की छन पर चमक उठनेवाली रोशनी ने उससे माँफी माँग ली थी। वह उसका क्या मुकाबला करती ?

संस्कृत के एक कवि ने-

तरन्तीवांगा निस्खलदमललावण्यजलधौ

अर्थात् ''अपने ही उच्छल, उज्ज्वल लावण्य के लहराते हुए समुद्र में उसके अंग-अंग तैरत-से-लगते हैं'' लिखकर 'पृष्ठ-ग्रीवा-बाहु उर पर तिर रहे' - ऐसे सौन्दर्य की सृष्टि की है।

रवीन्द्रनाथ के-

अंगे-अंगे यौवनेर तरंग उच्छल
लावण्येर माया-मन्त्रे स्थिर, अचंचल
'-विजयिनी'

में संस्कृत-पद्य से भी ज्यादा बारीकी और गहराई है। संस्कृत की सुन्दरी के अंग-अंग अपने 'लावण्य-जलधि' की तरंगों पर तैरते हैं, तो रवीन्द्र की रूपसी के अंग-अंग में यौवन ही तरंगित हो रहा है, वह स्वयं तो सौन्दर्य के जादू से जैसे हिलती-डोलती तक नहीं,-अजान-सी उस चपल रहस्य के पहचानने में ध्यान-मग्न हो गयी है।

इधर निरालाजी ने भी इतनी ही सुन्दर पंक्तियाँ लिखी हैं-

घेर अंग-अंग को
लहरी तरंग वह प्रथम तारुण्य की !
-'प्रेयसी'

(च) चल-चरणों का व्याकुल पनघट
कहाँ आज वह वृन्दाधाम ?
x x x
किस विनोद की तृषित गोद में
आज पोंछती वे दृग-नीर ?
-'यमुना'

(छ) हम अगर बहते मिले
क्या कहोगी भी कि हाँ पहचानते
या अपरिचित खोल प्रिय चितवन
मगन बह जावगे पल में-
परम प्रिय सँग अतल जल में ।

–'निवेदन'

(ज) किसके स्वर से आज मिला दोगी वर्षों का गान ?
आज तुम्हारा किस विशाल वक्षःस्थल में अवसान ?
आज जहाँ छिप जाओगी
फिर न हाय ! तुम गाओगी ।

–'तरंगों के प्रति'

(झ) नीड़स्थ पक्षी की तम-विभावरी गई,
विस्तृत अनन्त पथ गगन का मुक्त हुआ,
मुक्त पंख उज्ज्वल प्रभात में
ज्योतिर्मय चारों ओर
परिचय सब अपना ही !
स्थिर मैं आनन्द में चिर-काल जाल-मुक्त
ज्ञानाम्बुधि बीचि-रहित ।

–'जागरण'

(ञ) सुमन चुने जाने के ज्यों भय
भीरु थर-थराते तरु-किसलय ।
x x x
मेरा दुख अरण्य, किसलय दल-
ज्वाल, जली तुम कोयल
दैन्य-डाल पर बैठी प्रतिफल
सुना रही हो तान !
खो न जाय वह चपल बाल-गति
डरती हुई चली यौवन-प्रति ।
x x x
दीपित दीप-प्रकाश, कञ्ज छवि
मंजु-मंजु हँस खोली ।

–'गीतिका'

(च) इस पद्य में कवि 'यमुना' से पूछता है कि ''बता, वह वृन्दावन क्या हुआ, जहाँ तरे पनघट पर भी अगणित गोप-गोपियों के चंचल चरण दीख पड़ते थे ?'' पर उस

भाव की स्फुरण इतनी ही ऋजुरीति से नहीं हो रही, कवि ने 'चल चरणों का व्याकुल पनघट' कहकर इसमें 'कुछ और' जोड़ दिया है। अर्थात् उस जड़ पनघट में तब इतनी सरसता आ गयी थी कि वह उन चरणों की प्राप्ति का जैसे स्वयं अभ्यासी हो गया था, उन सुकुमार चरणों की स्पर्श-सुषमा का स्वयं आनन्द लूट लेता था; तभी तो वह उसके लिए व्याकुल था। 'पनघट' की ऐसी व्याकुलता सहृदयों को सचमुच ही शान्ति प्रदान करनेवाली है।

यह भी कवि की 'यमुना' के ही प्रति उक्ति है-"ऐ यमुने ! जिन गोप-बालाओं को कभी यहाँ श्याम के विरह में तड़पते देखा था, जलते देखा था; आज वे कहाँ बैठ कर आँचल में आँसू पोंछ रही हैं ?" यहाँ उक्त पूर्व से भी बढ़कर अपूर्व भावभंगी है। कवि कहता है, वे ग्वालिनें किस विनोद की प्यासी गोद में (अर्थात् जो गोद आश्लेषादिजन्य आनन्द की पिपासा लिये हुए थी; जिसे सिर्फ हँसी-खुशी, राग-रंग ही पसंद था) आखों का नीर पोंछ रही हैं ! यह जैसे उसकी प्यास मिटाने का करुणापूर्ण प्रयत्न है ! जबकि श्याम के विरह-ताप से सारा शरीर ही तप्त हो रहा था, गोद का प्यासा होना कितना नैसर्गिक, सुकुमार तथा कलापूर्ण है; फिर आँसुओं से उसकी प्यास बुझाना तो और भी अधिक चमत्कारकारी या touching है।

(छ) प्रेमी - जिसकी प्रेमिका प्रेमिकामात्र है, अपनी नहीं, कल ही किसी दूसरे की भी हो सकनेवाली - उससे कहता है कि "कुछ दिनों बाद, जब हम दोनों की जीवनधारा समय समीर से आन्दोलित होकर दो विभिन्न दिशाओं की ओर मुड़ेगी, तुम किसके साथ होगी, यह कौन जाने ! पर ऐ प्रिये ! अगर उन दिनों मैं कहीं बहता हुआ-अति पतित दशा में तुम्हें मिला, तो क्या तुम मुझे पहचानोगी ! - यह सोचोगी कि कभी इससे मेरा प्रेम नहीं तो परिचय अवश्य था ? या इस अपरिचित (अपरिचित नहीं, तो क्या ! यह ऐसी पहचान इस प्रकृत चपल चितवन के लिए कितनी स्थायी होगी ? आज मुझे हेर रही है, कल दूसरी तरफ रूख फेर लेगी, अगर मैं यही समझता कि आज की मैत्री चिरन्तन है, तो मुझे इस प्रकार अविश्वास या आशंका प्रकट करने की क्या आवश्यकता होती ?) गैर-पहचानी प्यारी चितवन को खोलती - दूसरी ओर मुड़कर मुसकुराती हुई अपने 'परमप्रिय' के साथ नवीन सुख के अतल जल में डूब जाओगी ?

इस पद्य में 'बहते' तथा 'परमप्रिय' - पदों द्वारा भावों को प्राप्त होनेवाली उद्दाम उत्तेजना, उज्ज्वल उत्कर्ष पर क्षण-भर दृष्टिपात करना चाहिए। कवि कहलाना चाहता है, "यह जो उच्छृंखल प्रेम की परम प्रखर धार है, आज हम दोनों जिसकी ललित लोल लहरियों पर लहरा रहे हैं, तैर-तैर कर किलोल कर रहे हैं, निश्चय ही कभी नित्यसुख की साधक नहीं हो सकतीं, इससे मुझे मानव-जीवन का लक्ष्य-कूल कदापि नहीं मिल सकता, मुझे भविष्य में उत्थान-कल्याण या सुख-भोग की कल्पना नहीं करनी चाहिए, विशेषतया तब, जबकि तुम्हारा साथ भी छूटनेवाला है-इसलिए अगर मैं कहीं 'बहता' हुआ मिला।

'परम-प्रिय' में बड़ा ही मार्मिक व्यंग्य छिपा हुआ है। वह कहता है कि "उसके भाग्य की बात कौन करे, मुझे छोड़कर तुम जिसके पास चली जाओगी, जिसकी वजह से

भविष्यत् में मेरे बहने तक की सम्भावना है । इसलिए वह तो जरूर ही प्रिय (मुझ) से बढ़कर परमप्रिय होगा । जिसे पाकर तुम आनन्द के अपार पारावार में डूब जाओगी, अपने आज के इस परिचित - प्रिय को पहचानने लायक भी शायद नहीं रह सकोगी, उसके परमप्रिय होने में भला संशय ही क्या है ?'' इस कविता में पश्चिमी शैली के स्वतन्त्र प्रेम (Free love) का वर्णन है ! भावों में भारतीय अपनापन नहीं; पर उच्छ्वसित भावुकता है । कम-से-कम शब्दों में कितना अधिक अर्थ-गौरव भरा हुआ है !

(ज) कवि तरंगों से पूछता है - ''तुम जिस उमंग, उल्लास से बहती चली जा रही हो, बताओ तो सही, आज अपनी समस्त साधना किसे समर्पित करोगी ? आज किसके स्वर से अपना वर्षों का एकान्तगान मिला दोगी ? आज किस विशाल वक्षःस्थल में विश्राम ग्रहण करना चाहती हो ? जहाँ तुम छिप जाओगी, और हाय ! अब से यह तुम्हारा गान मुझे सुनने को नहीं मिलेगा ?'' इस पद्य में कवि की भावतन्मयता विलोकनीय है । यह 'हाय' शब्द जैसे उसके हृदय की अपनी ही पुकार है । ये तरंगें जैसे उसकी अपनी हैं कोई - प्रकृति के साथ उसके हृदय की ऐसी ही एकाकारता है, उनके छिपने पर जैसे उसकी कोई प्रिय वस्तु खोई जा रही है । वह अधीर होकर उच्छ्वास छोड़ता है-'हाय' अब से तुम गाओगी भी नहीं !'

(झ) कवि विशुद्ध दार्शनिक - योगी के समान जब आत्मसाक्षात्कार करता है, तो उसके प्रबुद्ध हृदय की केवल ज्योति, केवल भूमा ही शिष्ट रह जाती है । कहा गया है कि-भिद्यते हृयग्रन्थिश्छिद्यन्ते सर्वसंशयाः, क्षीयन्ते चास्य कर्माणि तस्मिन् दृष्टे परावरे ।'' अर्थात्, उस 'पर तथा अवर' के दर्शन होते ही हृदय की ग्रन्थि खुल जाती है, सभी संशय-सन्देह छिन्न-भिन्न हो जाते हैं । साधक के सब बाह्य कर्म भी क्षीण हो जाते हैं । तभी एकेन विज्ञातेन सर्व विज्ञातं भवति । इसी स्थिति का वर्णन है । घोंसले में पड़े हुए पंछी की अँधेरी रात बीत गयी । [अपनी ही दैहिक मर्यादा में सीमित 'आत्मा' (अहम्) का अज्ञानान्धकार दूर हुआ] गगन का विस्तृत अनन्त पथ मुक्त हो गया । अखिल-निखिल विश्व को आत्माकार देखने लगा । इस उज्ज्वल प्रभात में मुक्त-पंख होकर उड़ान भरते ही कोई अनजान नहीं नजर आता । एक ही पहचान सबकी है - ज्योति, अर्थात् सब ओर केवल ज्योति-ही-ज्योति दीख पड़ती है । (यही 'भूमा' का स्वरूप है, ''यत्र नान्यत् पश्यति, नान्यच्छृणोति, नान्यद्विजानाति'') जहाँ अपने से अतिरिक्त न और कुछ दीख पड़ता है, न सुन पड़ता है और न ज्ञात ही होता है । और, जहाँ अपने से विभिन्न और कुछ दीख पड़ता है, वही 'अल्प है, अज्ञान है, दुःख है । सुख केवल ज्ञान में - भूमा में है । ज्ञान आनन्दमय है ।

जो निज मन परिहरै विकारा
तौ कत द्वैत-जनित संसृति-दुख
संशय, शोक अपारा ।

-तुलसीदास

मैं द्वन्द्वरहित आनन्द में आत्मरूप से स्थित हूँ । ज्ञान का समुद्र वीचिविहीन है । यहाँ ज्वार-भाटे, उत्थान-पतन की तनिक भी आशंका नहीं ।

यह जिस स्थिति (Mood) का द्योतक पद्य है, निराला, Browning - ऐसे दार्शनिक कवियों के जीवन में उसकी अनेकशः सम्भावना होती है। 'गीतांजलि', 'नैवेद्य', 'खेया', 'सोनार तरी' आदि के अनेक गीत कवीन्द्र रवीन्द्र के किसी ऐसे ही 'मूड' - विशेष के हैं। उनके लोकजीवन से उन अलौकिक भावों की तुलना नहीं करनी चाहिए, क्योंकि तब वे दिव्य-भाव केवल हवाई कल्पनाएँ, स्वर्णिम स्वप्न ही मालूम पड़ेंगे।

(ञ) १. यद्यपि हवा के हल्के झोंके से पेड़ की कोपलें हिल-डोल रही हैं, पर कवि कहता है कि ऐसा नहीं, काँपने का कारण कुछ और ही है - उन्हें इस बात का बड़ा डर है कि कहीं उनके प्यारे फूल चुन न लिये जायँ! 'भीरु' और 'थरथरात' इस आलंकारिक भाव को और भी अधिक स्मरणीय बना रहे हैं। जैसे सुकोमल किसलयदल सचमुच ही डर गये हों; सचमुच थरथर करने लगे हों, - कितनी बहुमूल्य निधि की लूट का भय है उन्हें!

२. तुम्हीं गाती हो अपना गान, व्यर्थ मैं पाता हूँ सम्मान नामक गीत में निर्विष्ण हृदय से कवि अपनी व्यर्थता बताता हुआ - किसी अज्ञात शक्ति को सारा श्रेय प्रदान कर रहा है। उसका कथन है कि वह यन्त्रपरिचालित, निमित्तमात्र है। वस्तुतः किसी दूसरे के ही द्वारा गान गाया जाता है और वह गान भी उसी का अपना है। यहाँ आध्यात्मिक तो है ही, पर कवि के Melancholic mood का उच्छ्वास स्पर्श यह जैसे काव्य साधना को लक्ष्य कर है। वह कहता है - मेरा दुख अरण्य है, घनघोर जंगल, जिसका कहीं ओर-छोर नहीं - नवाति ताम्र किसलय - पेड़ों की टहनियों में नयी निकली लाल-लाल कोपलें, मेरे ही अन्तर के अंगारे हैं। और तुम मेरी दीनता की विनत लता पर कूकनेवाली कोयल, (मेरी कविता !), उसी अंगारे में जल कर जैसे काली पड़ गयी हो!

४. होली - मधुयामिनी में प्रिय-पति का स्वकीया के साथ शृंगार वर्णन है। रंगमहल में एक ओर चिराग जल रहा है और वह हँसती-हँसती धीरे-धीरे अपने मुखकमल को प्रकाश में ला रही है। पद्य में है - कंज-छवि मंजु-मंजु हँस खोली, अर्थात् मधुर-मधुर हँसती हुई उसने कमल की छवि खोली, कमल की शोभा को विकास दिया। यों तो चिराग को सामने देखकर उसे अनायास हँसी आ जाती है और धीरे-धीरे उसका खिला हुआ, कमल-सा मुखड़ा सामने आता है। पर यहाँ वह चिराग सूरज का प्रतीक-सा प्रतीत होता है। इसलिए उसपर नजर पड़ते ही उसका मुख-कञ्ज मृदु-मृदु खुलता और खिलता जाता है। कैसी सुन्दर कल्पना है! यह कंज का स्वभाव है कि वह सूर्य के ही सामने खुलता-खिलता है। और यहाँ तो चिराग को देखते ही वह शर्मिंदा होकर मुसकुरा देती है - यही जैसे उस छवि का खुलना है!

२

उद्यान में भाँति-भाँति के फूल खिले हुए हों, उनकी छवि देखने योग्य ही होती है; पर यदि एक कविता में अनेक भाव हों वे सब पृथक्-पृथक्, परस्पर असम्बद्ध हों तो उनकी कुरूपता भी देखने ही योग्य होगी - वे भाव क्यों न जनकनन्दिनी के इन्हीं विद्युत्स्फुरित भावों की तरह आँकी जायगी -

प्रकृति की सारी सौन्दर्य-राशि लज्जा से
सिर झुका लेती जब देखती है मेरा रूप
वायु के झकोरे से वन की लताएँ सब
झुक जातीं, नजर बचाती हैं -
अंचल से मानो है छिपाती मुख
देख यह अनुपम स्वरूप मेरा ।

-'पंचवटी-प्रसंग'

आधुनिक अनेक कवियों की कविताओं में भावों के परस्पर असम्बन्ध का दोष प्रायः पाया ज़ाता है । परन्तु निरालाजी ने विभिन्न भाव सुमनों की पावन वनमाला बड़े ही कौशल से बनायी है, वह कविता देवी के गले में बहुत-बहुत फबती है, उन्हें स्वयं भी विश्वास है-

लिखो, दिया है पहना
किसने यह हार बना
भारति उर में अपना
देख दृग थके ।

-'मित्र के प्रति'

परन्तु इसके पूर्व उन्होंने बड़ी कड़ी साधना की है, कठिन श्रम किया है, -'तुलसीदास', 'राम की शक्ति-पूजा' प्रभृति महत्कविताओं में उनका श्रम सुस्पष्ट लक्षित हो जाता है । जहाँ तक वे classical हैं, सर्वत्र ही उन्हें नियम-संयम, शास्त्र-अभ्यास की उच्च अनुवर्त्तिता करनी पड़ी है, चतुरस्र सौन्दर्य की सुरक्षा के लिए सन्नद्ध शैली का आश्रय ग्रहण करना पड़ा है । उनके प्रखर पाण्डित्य तथा प्रदीप्त प्रतिभा का सार्वभौम परिचय भी वहीं प्राप्त होता है । 'सरोज-स्मृति', 'सेवा-प्रारम्भ' आदि कविताएँ उनके कवि हृदय में मधुस्तर स्तर से अपने-आप आविर्भूत हुई हैं । यहाँ हृदय पक्ष ही सबल है, इसलिए इनमें पूर्वोक्त कविताओं -जैसी अलौकिक चमत्कारकारिता नहीं, मर्मस्पर्शिनी प्रिय भावना है ।

कुछ लोगों की उग्र सम्मति पाण्डित्यपूर्ण कविताओं के विरोध में होती है । माघ-मिल्टन-माइकेल, अतएव, उनके विचार से बहुत बड़े नहीं - यहाँ मेरा मत उनसे नहीं मिलता । मेरा कहना है कि जो पाण्डित्य रसपोषक, दोषों का दूरतः परिहार कर निरवद्य सौन्दर्य की सृष्टि करने में सर्वथा समर्थ हो, कवि को उसकी अपेक्षा अवश्य करनी चाहिए; पर जो केवल प्रदर्शन के लिए - कमजोरों पर रोब गालिब करने भर के लिए हो, उसकी, उसे रस-व्याघात-हेतु समझकर, उपेक्षा कर देनी चाहिए । जो कुछ हो, मुझे 'शिशुपाल वध', स्थलविशेष को छोड़कर नीरस नहीं लगता; 'मेघनाद वध' में सौन्दर्य से अधिक 'शक्ति' देखकर भी द्रुति कम नहीं होती, 'They also serve who only stand and wait' का विद्वान् कवि मिल्टन हृदयहीन नहीं प्रतीत होता और सबसे बढ़कर यह कि सस्ती भावुकता का मैं दीवाना नहीं । मैं उच्चकोटि के काव्य को जनता (अपढ़, निरक्षर भट्टाचार्य्यों) की वस्तु नहीं

मानता, पहले लिख चुका हूँ और सरलता के कारण सुप्रसिद्ध कालिदास आदि को भी तथाकथित जनता नहीं समझती, खूब समझ चुका हूँ। निरालाजी ने कठिन-से-कठिन तथा सरल से सरल निर्माण कर दोनों ही मतों की मान्यता स्वीकृत की है। दोनों ही प्रकार के पाठक उनसे परिचित होंगे।

अब भावसम्बद्धता के कुछ उदाहरण यहाँ प्रसंगप्राप्त हैं -

'बादल' कविता में "सव्यसाची (अर्जुन) से तुम अध्ययन अधीर" से आरम्भ किया हुआ रूपकात्मक भाव, "तुम आये; रथ का घर्घरनाद, तुम्हारे आने का संवाद" प्रभृति पंक्तियों से पुष्ट होता हुआ "आज मिटेगी व्याकुल श्यामा के अधरों की प्यास" पर परिसमाप्त होता है। इन बाईस पंक्तियों में कहीं भी क्रमभंग या असंयम नहीं। 'जुही की कली', 'जागृति में सुप्ति थी', शेफालिका', 'जागो फिर एक बार', 'कवि', 'प्रेयसी' आदि मुक्तवृत्तों की सृष्टि तो और भी अधिक भावक्रम से संघटित है, वहाँ छन्दों भर की मुक्ति है, भाव परस्परसम्बद्ध, जकड़े ही हुए हैं।

निरालाजी की सबसे बड़ी कविता 'तुलसीदास' है। इसका आरम्भ मुगलकाल के भारत का वर्णन करते हुए, तुलसीदास जी के आविर्भाव से होता है। उस समय हिन्दू संस्कृति को यवनों के आक्रमणों से जो सांघातिक चोट पहुँची थी, प्रथम उसी का संक्षेप में दिग्दर्शन है। कवि कहता है -

" 'भारत' के आकाशमण्डल को प्रभामय बनानेवाला हिन्दू-संस्कृति का सूर्य क्रमशः ठंडा पड़ता हुआ आज अस्त हो गया। अब सब ओर अन्धकार ही अपनी विजय दुन्दुभि बजाने लगा है, उसी का एकच्छत्र साम्राज्य अशेष दिशाओं में स्थापित हो चुका है। हिन्दुओं के शिर की रक्षा करते हुए मुसलमान उनके हृदय पर शासन कर रहे हैं - वे हिन्दुओं को एक बार ही मारना या मरने देना नहीं चाहते हैं। इस प्रकार भारतीयता की जलधारा ऊपर-ऊपर से तो लहरें ले रही है पर उसके प्राण-स्थान कमल में स्पन्दन नहीं है। सन्ध्या-समय शतदल की भास्करविकस्वर सुषमा दुष्प्राप्य होगी ही।

"यह शत-शत वर्षों की भारतीय संस्कृति की, आकुंचित भृकुटि और कुटिल भालवाली संध्या सजल जलदावली की भाँति भारत के सम्पूर्ण गगनमण्डल को व्याप्त किये हुए है, उसी की छाया में देश के सब प्रान्त क्रमशः पराजित होकर, घिर-घिरकर आ रहे हैं। पहले पंजाब हारा, तब कोशल, बिहार और फिर तो सभी हारते चले गये।

"कालिंजर, जो वीरों का दुर्गम गढ़ था, अब उन्हीं 'सिंहों' के लिए पिंजड़ा - बंदीगृह बन गया है। हाँ, इस संकट के समय सब सोये ही नहीं रह गये, हिन्दुओं ने चुपचाप इस्लाम का प्रभाव नहीं स्वीकृत कर लिया। आर्य संस्कृति के सम्मान की रक्षा के लिए, आन-बान-शानवाले कितने-कितने वीर-बाँके अपनी-अपनी जान पर खेल गये! कुछ नपुंसक, नामर्द राजों ने वश्यता, दासता भी स्वीकृत कर ली! इस प्रकार अन्ततोगत्वा इस्लाम की विजय हुई, भारतीय जीवन विदेशी संस्कृति से प्रभावित होकर धीरे-धीरे उसी के अनुरूप ढल चला। दूसरे शब्दों में, भारतीय संस्कृति के सूर्य के अस्त होने पर इस्लाम-संस्कृति के

चन्द्रमा का उदय हुआ - देश में वैज्ञानिक विलासिता उट्टहास करने लगी । जैसे पानी में बहता हुआ फूल लक्ष्यहीन, उद्देश्यच्युत होता है, उसी प्रकार यह देश भी नवीन संस्कृति के प्रवाह में गतिविधिहीन होकर बह चला । इसने अपना मौलिक ज्ञान एकदम ही खो दिया । उस प्रवाह का जल यद्यपि इसे बार-बार 'छल', 'छल', 'छल' कह रहा था; पर अब यह इतना मोहजड़, वासनावधिर या मन्त्रमुग्ध हो चुका था कि इसे कल-कल रव ही सुनाई पड़ता था । छल की बात सुनकर भड़क उठने की शक्ति एकदम ही नष्ट हो चुकी थी । अब यह उस प्रवाह की शोभा बढ़ानेवाला, किनारे पर की चट्टान-जैसा था । ठीक इसी समय तुलसीदास जी का राजापुर में आविर्भाव हुआ । तुलसीदासजी का शैशव, कैशोर सब उज्ज्वल, प्रतिभापूर्ण रहे । आरम्भ भविष्य की सौभाग्य सुषमा का सूचक निकला । प्रभात दिवस की दशा का दिग्दर्शक हुआ । उन्होंने शनैः-शनैः शारीरिक, मानसिक सब प्रकार का विकास प्राप्त किया । अपने समवयस्कों में प्रमुख रहे, सर्वश्रेष्ठ हुए-

युवकों में प्रमुख रत्न-चेतन,
समधीतशास्त्र काव्यालोचन
जो, तुलसीदास, वहीं ब्राह्मण-कुल दीपक,
आयत-दृग, पुष्ट-देह, गत-भय,
अपने प्रकाश में निःसंशय,
प्रतिभा का मंद-स्मित परिचय, संस्मारक ।

''एक दिन वे अपने सखाओं के साथ चित्रकूट गये । वहाँ की पावन वनभूमि देखकर उनके हृदय में एक अतिनवीन प्रकाश आया । उन्हें मालूम हुआ, जैसे वहाँ के अणु-अणु उनसे कुछ निवेदन कर रहे हैं-पर उनकी अस्पष्ट भाषा के धूमिल प्रकाश में लुकते-निखरते भावों को वे साफ-साफ पढ़ नहीं सके । चिन्ता में डूब गये । जैसे प्रकृति के ये मनोभाव पूर्वपरिचित हों, उन्हें सही-सही पहचानने की कोशिशें करने लगे । उन्होंने देखा, प्रकृति उन्हें छाती से लिपटा लेने के लिए जैसे अपनी बाहुवल्लरी फैला रही थी -

भर लेने को उर में, अथाह
बाहों में फैलाया उछाह !

वह कह रही थी, 'कवि ! क्या देख रहे हो ? मैं तो अब पहली-सी नहीं रही, मेरी छवि छिन गयी, धूल में मिल गयी; दासता पाश में बँधकर मेरे अंग-अंग झुलस गये । तुम मुक्ति के अमृतगान गाओ ना ! फिर एक बार जड़ देश में नवजीवन का संचार करो । सब दुखी हैं, अज्ञानजन्य यातनाएँ भोगते हुए करुण क्रन्दन कर रहे हैं, तुम इन्हें अपने ज्ञान लोक में ले आओ, सुख-शान्ति के सन्देश सुनाओ, इनका उद्धार करो ।

बह कर समीर ज्यों पुष्पाकुल
वन को कर जाती है व्याकुल
हो गया चित्त कवि का त्यों तुल कर उन्मन,
वह उस शाखा का वन विहंग

उड़ गया मुक्त-नभ निस्तरंग
छोड़ता रंग पर रंग, रंग पर जीवन ।

''फूलों की खुशबू से लदी हुई हवा जैसे वन के मन को व्याकुल कर देती है, तुलसीदास का हृदय भी प्रकृति का यह ऐसा मूक-मुखर सन्देश सुनकर उसी प्रकार उन्मन हो गया । वह पंछी जो पार्थिव पिंजरे से सीखचों से घिरा था, उन्मुक्त आकाश की ओर अबाध गति से उड़ चला, अगोचर सत्य के सन्धान में, उज्ज्वल प्रकाश-प्राप्ति की आस से धीरे-धीरे रंगीनियों को छोड़ता हुआ, पार करता हुआ ।

''किन्तु उसी क्षण वहाँ अनन्त आकाश में उन्हें अपनी प्रियतमा की प्रेममयी प्रतिमा दिखलायी पड़ी, जो इस दुष्पार पथ पर दुस्तर नदी की भाँति ज्ञात हुई । उसी के प्रेम-पाश में पड़ कर उनका मन असिद्ध साधक के समान विचलित हो गया । सम्पूर्ण प्रकृति अपनी प्रेयसी के रंग में रंगी लगने लगी । रास्ते भर वे उसी मोह-माधुरी का पान करते हुए सखाओं के साथ घर वापस आ गये ।

''इधर रत्नावली का भाई उसे लिवाने आया । वह तुलसीदास के प्रेमाम्बुधि में ऐसी तीव्र वासना से डूब गयी थी कि उसे कभी नैहर (मातृकुल) की याद तक नहीं आती । जब भाई ने व्यंग्य और उपालम्भ सुना-सुनाकर उसकी सुषुप्त शालीनता को जागरित किया, वह अवसर मिलते ही नैहर जाने को प्रस्तुत हो गयी । और ज्योंही तुलसीदास कुछ सामान खरीदने के ख्याल से बाजार की ओर गये, त्योंही वह भाई के साथ भाग गयी । लौटने पर तुलसीदास ने सूना घर देखा और तुरंत ताड़ लिया कि वह मायके चली गयी । फिर क्या था ? वह भी उसी समय ससुराल चल दिये ।

''और, नीरव निशीथ में सालियों, सलहजों के मृदु-मधुर हास-परिहास के अनन्तर विदा लेने पर, रत्नावली तुलसीदास के पास आकर खड़ी हुई । इसके पहले वह भाभियों की फवतियाँ सुन-सुनकर ऐसे कामुक पति की गति पर सिर धुन चुकी थी । घर में क्षण भर सन्नाटे का आलम रहा । फिर,

कुछ समय अनन्तर, स्थिर रहकर
स्वर्गीयाभा वह स्वरित प्रखर
स्वर में झर-झर जीवन भर कर ज्यों बोली;
अचपल ध्वनि की चमकी चपला,
बल की महिमा बोली अबला,
जागी जल पर कमला, अमला मति डोली-
''धिक् धाए तुम यों अनाहूत,
धो दिया श्रेष्ठ कुलधर्म धूत,
राम के नहीं, काम के सूत कहलाए;
हो बिके जहाँ तुम बिना दाम,
वह नहीं और कुछ-हाड़, चाम !
कैसी शिक्षा, कैसे विराम पर आए !

''पपीहे ने स्वाती की बूँदों की जगह जब वज्र प्रहार पाया तो उसके होश दुरुस्त हो गये। वह कामात्मता अंगारों से जलते अक्षरों से क्षर ही नहीं, क्षार-क्षार हो गयी। और, तुलसीदास के मन का मानव, जो मरा जा रहा था, उस अलौकिक आलोक के प्रिय स्पर्श से केवल जी ही नहीं उठा, अमर हो गया, चिरन्तन हो गया!

रत्नावली ने जैसे अपनी ही ज्वाला से अपनी रूपराशि जला डाली थी, तुलसीदास उसकी वह अरूपता देख विनत हो गये। उन्होंने उससे, उसी के दिये हुए ज्ञानलोक को ब्रह्मलोक में विकीर्ण करने के लिए जैसे, हमेशा के लिए विदा ले ली। और, तब 'आविष्ट देवी की सहज नारी' की आखों में आँसू की बूँदें छल-छला आयीं। लेकिन अब तुलसीदास के चरण तो अशरण, अवश-से अनन्त अज्ञात की ओर बढ़े चले जाते थे।''

सम्पूर्ण काव्य का यह ऐसा संक्षिप्त सार मनोयोग पूर्वक देख लेने के बाद, मेरे विचार से, यह कहना अनावश्यक ही होगा कि यह कविता किस प्रकार मनोवैज्ञानिक सूत्रों से अनुक्रम गुँथी हुई है!

अब मैं निरालाजी की निर्मल-सजल कविता 'सरोज-स्मृति' से कुछ पंक्तियाँ - जो सम्बद्ध भावों और अनुभवों से भादो की घनघटा की भाँति उमड़ी-घुमड़ी हैं - लिखकर इस प्रसंग को यहीं समाप्त करूँगा। 'सरोज-स्मृति' कवि की अट्ठारह वर्षों की एकमात्र कन्या, सरोज कुमारी की मृत्यु पर लिखी हुई कविता है। इस प्रकार की, कई पश्चिमी कवियों (ग्रे, आर्नल्ड आदि) की कविताएँ मैंने पढ़ी हैं; पर यह एक अत्युक्तिहीन सत्य है कि 'सरोज-स्मृति' की मिश्रकला उनमें से किसी में भी नहीं।

ऊनविंश पर जो प्रथम-चरण
तेरा वह जीवन-सिन्धु-तरण
तनये, ली कर दृक्-पात तरुण
जनक से जन्म की विदा अरुण।
गीते मेरी, तज रूप-नाम
वर लिया अजर शाश्वत विराम
पूरे कर शुचितर सपर्याय
जीवन के अष्टादशाध्याय
चढ़ मृत्यु-तरणि पर तूर्ण-चरण
कह, ''पितः, पूर्ण-आलोक-वरण
करती हूँ मैं, यह नहीं मरण
सरोज का ज्योतिश्शरण-तरण!''

अशब्द अधरों का सुना भाष,
मैं कवि हूँ, पाया है प्रकाश-
मैंने कुछ, अहरह रह निर्भर
ज्योतिस्तरणा के चरणों पर।

जीवित कविते, शत-शर-जर्जर
छोड़कर पिता को पृथ्वी पर
क्या गई स्वर्ग तू यह विचार
"जब पिता करेंगे मार्ग पार
यह अक्षम अति, तब मैं सक्षम
तारूँगी कर गह दुस्तर-तम ?"

कहता तेरा प्रयाण सविनय
कोई न अन्य था भावोदय
श्रावण-नभ का स्तब्धान्धकार
शुक्ला प्रथमा, कर गयी पार ।

ये पंक्तियाँ लगातार कही गयी हैं; किन्तु कहीं-कहीं विशृंखल-सी भी लगती है; पर बात ऐसी है कि बीच-बीच में कवि का अपनी ओर मोड़ लेना विशृंखलता नहीं, कला प्रदर्शन है । यह कला पन्तजी ने भी अनेकशः दरसायी है । सूक्ष्म निरीक्षण आवश्यक है ।

किस छवि, किस मधु के मधुर भाव ?
किस रँग, रस, रुचि से किसे चाव ?
कवि से रे किसका क्या दुराव !

–'गुंजन'

यहाँ **कवि से रे किसका क्या दुराव** बिलकुल मालूम पड़ता है, पर वह वैसा नहीं । कारण, कवि अपनी ओर मोड़ लेते हुए – जैसे, देखूँ सबके उर की डाली का अपना अधिकार जतलाना चाहता है । वह यह बतलाना चाहता है कि कवि से किसी का क्यों वैमनस्य होगा, इसलिए उसे सब अपना दिल खोल-खोल-कर दिखलायेंगे और वह देखेगा । यद्यपि यह शक्ति उसे जन्म से प्राप्त है, पर ऐसा कहना ही तो कला है । अन्यथा-

जीने-मरने में खेद नहीं
हँसने-रोने में भेद नहीं
यह शाश्वत, इसमें छेद नहीं

–कश्चित्

को भी कविता कहने की कसम खानी पड़ेगी, जहाँ कुछ 'दार्शनिक तथ्य' शृंखलित शब्दों में झटित प्रतीत्यर्थ किये गये हैं ।

३

जिस तरह निरालाजी की कविताओं के आरम्भ, परिपोष परमप्रतिभामूलक हैं, उसी प्रकार उनकी सुन्दर परिसमाप्ति भी । ब्रजभाषा-काल में घनाक्षरी और मनोहरण की अंतिम पंक्ति ही पूरी कविता की जान होती थी, पर यह बात संस्कृत-साहित्य में बहुत कम, प्रायः नहीं है । अँगरेजी Finishing touch की बड़ी पूछ है । आधुनिक कविताएँ उसी से प्रभावित हैं । रवीन्द्रनाथ की 'उर्वशी', 'भैरवी' और 'अभिसार' तथा अन्य अनेकशः कविताओं की

परिसमाप्ति बड़ी ही अद्भुत, बड़ी ही महत्त्वपूर्ण है । 'गीतांजलि' भी समाप्ति की इस कला से ओतप्रोत है । पर मैं यहाँ अपने कवि की ही इस कला के दो-चार उद्धरण दूँगा, जो मेरा प्रकृत विषय है ।

(क) सर्वप्रथम 'तुलसीदास' कविता को देखिए । छः सौ पंक्तियों की इस कविता का आरम्भ-

भारत के नभ का प्रभापूर्य
शीतलच्छाय सांस्कृतिक सूर्य
अस्तमित आज रे.........

कहकर किया गया था, तब तुलसीदास ने जन्म ग्रहण किया था, पर ज्ञानप्राप्ति के बाद (जैसे उन्हीं के द्वारा सांस्कृतिक रश्मि का पुनः प्रसार हुआ हो !) उन्होंने बाहर निकलते ही देखा-

संकुचित खोलती श्वेत पटल
बदली, कमला तिरती सुख-जल
प्राची-दिगन्त-उर में पुष्कल रवि-रेखा ।

यह है परिसमाप्ति की कला । अस्त से आरम्भ किया, फिर सूर्योदय पर ही समाप्ति की । जैसे एक ही रात्रि में तुलसीदास ने सारे व्यामोह तम को पार कर प्रकाश पा लिया ।

(ख) 'मित्र के प्रति' कविता में-

कहते हो, नीरस यह बन्द करो गान
कहाँ छन्द, कहाँ भाव, कहाँ यहाँ प्राण
था सर प्राचीन सरस, सारस हंसों से हँस,
वारिज वारिद में बस, रहा विवश प्यार
जलतरंग ध्वनि कल-कल, बजा तट मृदंग सदल
पैंगें भर पवन कुशल गाती मल्लार ।

से शुरू कर, अपनी सकल साधनाओं और उन्मुक्ति के मुक्त विचारों से समलंकृत कर, पूर्ण विश्वास और प्रकाश में परिसमाप्ति की गयी है-

लखो दिया है पहना, किसने यह हार बना,
भारति-उर में अपना, देख दृग थके ।

(ग) 'प्रथम-प्रभात' कविता में-

प्रथम चकित-चुम्बन-सी सिहर समीर
कँपा स्रस्त अम्बर के छोर

-ऐसी अतिशय भाव-भरी पंक्तियों से प्रारम्भ कर, और-

वातायन में कर-कोमल आघात ।

-ऐसे चटुल स्पर्श से सहृदयों का हृदय गुदगुदाते हुए, प्रकाश से समाप्ति की गयी है :-

जग कर मैंने खोला अपना द्वार
पाया मुख पर किरणों का अधिकार ।

यहाँ यह कला विकास की सीमा पर पहुँच गयी है । उसकी विस्तृत विवेचना अवश्य यहाँ सम्भव नहीं । इस दिग्दर्शन को आत्ममनन का इंगितमात्र समझना चाहिए ।

इसी प्रकार **निशा के उर की खुली कली** - नामक गीत में-

मूँद पलक प्रिय की शय्या पर,
रखते ही पग, उर धर-धर-धर
काँप उठा वन में तरु-मर्मर,
चली पवन पहली ।

से समाप्ति करते हुए अपनी प्रतिभा का आश्चर्यकर आलोक दिखलाया है । शब्दों की सरलता के कारण तो भाव किसी भी सहृदय से तुरत मैत्री कर लेते हैं ।

'शेफालिका कविता में-

बन्द कंचुकी के सब खोल दिए प्यार से
यौवन-उभार ने
पल्लव-पर्यंक पर सोती शेफालिके ।

-ऐसी मधुर कोमल पंक्तियों से आरम्भ कर शृंगार रसात्मक भावों की समाप्ति, अमरविराम पर की गयी है, और यह दार्शनिकता प्राकृतिकता से सूनी भी नहीं । जैसे उसके सत्यपथ पर पहुँच जाने की प्रमाणस्वरूप यह सचाई दिखलायी गयी हो-

आशा की प्यास एक रात में भर जाती है,
सुबह को आली, शेफाली झर जाती है ।

'सन्ध्या-सुन्दरी' कविता की समाप्ति-कला भी विलोकनीय है-

दिवसावसान का समय,
मेघमय आसमान से उतर रही है ।

से आरम्भ की गयी चित्रमयी कविता की सुन्दर परिसमाप्ति अत्यन्त कठिन है, विशेषतया तब जबकि केवल तसवीर बनाना कवि का लक्ष्य नहीं । पर इसका उद्धरण मैंने जब-जब दिया है, तब-तब तसवीर ही के प्रसंग में । यहाँ इसकी परिसमाप्ति पर एक दृष्टि डालनी चाहिए । कवि ने इसे किस प्रकार भावचित्र पर, अन्तश्चित्र पर समाप्त किया है ! जब संध्या धीरे-धीरे उतर आती है, तब आगे उसका विराम कहाँ होता है ? कवि कहता है-

अर्द्धरात्रि की निश्चलता में हो जाती जब लीन ।

जिस प्रकार वह सखी 'नीरवता' के कन्धे पर डाले बाँह छाँह-सी अम्बर से उतरी थी, उसी प्रकार निशीथ की नीरवता में ही उसने अवसान भी पाया । प्राकृतिक सत्य की हैसियत से भी ऐसे समय संध्या अन्तर्हित ही हो जाती है-पर कविता यहीं समाप्त नहीं होती, कवि ने उस प्रकृति के साथ जो प्रणय स्थापित किया था, जिसकी वजह से वह अमूर्त्त होकर भी सौन्दर्य की प्रतिमा प्रतिभासित हो रही थी-

हँसता है तो केवल तारा एक
गुँथा हुआ उन घुँघराले काले-काले बालों से ।

और

अलसता की-सी लता
किन्तु कोमलता की वह कली ।

आदि विविध सौन्दर्य भंगिमाएँ उसके प्रत्यंग में तरंगित होती दीख रही थीं-अब उसका विरह उसे सताने लगा, वह नीरव निशीथ में भी शांति की कल्पना नहीं कर सकता -फिर ?

विरहाकुल कमनीय कण्ठ से
आप निकल पड़ता तब एक विहाग ।

इसे 'समाप्ति की कला' कहते हैं ।

और एक 'उदाहरण' देकर मैं अनपेक्षित विस्तार के भय से यह प्रसंग यहीं समाप्त करूँगा ।

बीती रात सुखद बातों में प्रात पवन प्रिय डोली
उठी सँभाल बाल मुख लट पट दीप बुझा हँस बोली
रही यह एक ठठोली ।

ये पंक्तियाँ 'नयनों के डोरे लाल गुलाल भरे खेली होली' नामक, शृंगार रस की कवि की एक श्रेष्ठ कविता की, समाप्ति की हैं । इसमें जिस शृंगार, सौन्दर्य का प्रदर्शन किया गया है, उसकी पूरी व्याख्या में बहुत ज्यादा जगह घिरेगी, मैं यहाँ अन्तिम स्पर्श पर ही विचार करना चाहता हूँ । इस कविता को खत्म करना बड़ा खतरनाक था, यह पूरी पढ़कर कोई भी सहृदय समझ सकता है, विशेषतया नग्नता न आने देने का प्रयत्न रखने पर । पर कवि ने इसके अवसान में कमाल कर दिया है-प्रातःकाल स्वास्थ्यप्रद अनुकूल वसन्तसमीर का सुखस्पर्श पा तरुणी उठती है, पूरी रात तो सुखद बातों (कितना आच्छादन है !) ही में बीत चुकी थी-[उसने उस रात को बिताया नहीं, क्योंकि यह तो भार का व्यंजक होता; वह खुद बीत गयी, जैसे उसे अभी उसकी और आकांक्षा बनी थी !] और सर्वप्रथम मुख, लट, पट आदि सँभालती हुई चिराग बुझा देती है (यहीं - इसी बुझाने में, कला का प्रकाश मिलता है; क्योंकि अब तक सबसे अधिक उसे वह चिराग ही खटक रहा था, जैसे उसी की लाज ने उसे 'अनबोली' कर रखा था, अब तो उसे गुल करती हुई, तुरत हँसकर बोलती ही है । दूसरे - 'खुशी के वक्त में क्या काम जलनेवालों का ?' ठहरा) और जरा मुसकुराती हुई कहती है-'वह तो एक दिल्लगी थी ।' क्या 'दिल्लगी' है !

उपसंहार

इस प्रकार अभिव्यंजना की दिशा में विविधविध व्यंजनाओं का चमत्कार प्रदर्शित कर निरालाजी ने इतिवृत्तात्मक हिन्दी-काव्य का नये सिरे से शृंगार किया है । उनके अथक प्रयत्नों के परिणामस्वरूप अब हिन्दी-कविता विश्व की सभी समृद्ध भाषाओं की समकक्षता में खड़ी की जा सकती है; - सभी सुसम्पन्न साहित्यिक कृतियों से - विषय, वातावरण एवं व्यंजनाओं के अनुरूप - उसकी तुलनात्मक समीक्षा की जा सकती है । यहाँ यह निर्दिष्ट होना आवश्यक है कि इस युगान्तर उपस्थित करने की प्रक्रिया में सर्वत्र निराला के साथ पन्त का नाम स्वर्णाक्षरों में अंकित है । ई० सन् १९२० के लगभग से एक युग तक हिन्दी-कविता के सम्पूर्ण सौन्दर्य विवर्त्त या रूप-रस-सौरभमय वासन्तिक विकास का अर्थ ही निराला और पन्त है ।

१९३६

निराला जयन्ती

आज निराला अस्सी साल के हो गए । हो नहीं गए, होते तो हो जाते ! नहीं, हम ऊँचे चढ़ कर कहते हैं; वह हैं, वही वही तो हैं !

ऊपर-ऊपर जाने वाले और होंगे, वह तो हमारे बीच के, फक्कड़ किस्म के आदमी हैं, बेदरो-दीवार से एक घर में रहते हैं, हम सुखन और हम–जुबाँ लोगों को फबतियां कसते देखते सुनते हैं तो जरा फफोले फूट जाते हैं, वरना मौन ही बाँधे रहते हैं !

ई० सन् १८८६ में परमहंस देव श्री रामकृष्ण ने महासमाधि ली थी और उनके महासमाधि लेने के ठीक दस वर्षों बाद १८९६ में उन्हीं के बंगाल में, (बर्दवान के पास ही महिषादल में, परमहंस देव का कामारपुकुर गाँव भी बर्दवान से महज २४-२५ मील के फासले पर है) निराला ने जन्म ग्रहण किया और वह आजीवन उन्हीं के अलौकिक अनुभव से प्रभावित रहे और कभी 'अन्तर्दशा' और कभी 'अर्द्धबाह्य' स्थिति में ही जिए । खाँटी दुनियबी वह कभी न हुए ।

१९०२ में जब विश्ववन्द्य स्वामी विवेकानन्द कुण्डलिनी शक्ति जागरित करते हुए निर्विकल्प समाधि में सदा की नींद सो गए, तब निराला केवल सात वर्ष के थे; पर जैसे भक्त सूर भगवान श्री कृष्ण को सखा समझते थे, निराला ने भी जीवन भर स्वामी विवेकानन्द को अपना गुरु भाई ही माना, जब भी निराला के दार्शनिक और आध्यात्मिक गठन पर दूसरे-दूसरों से कहीं अधिक स्वामी विवेकानन्द के व्यक्तित्व और कृतित्व की सीधी और गहरी छाप है ।

साम्प्रदायिक दृष्टि स्वयं स्वामी जी की न थी, वह निराला को गली में पड़ा हुआ पत्थर न मानते । विकास की दिशाएँ भले ही भिन्न थी, परन्तु वीर दोनों एक से थे, धीर गंभीर और मुक्त पुरुष भी । दोनों की दृष्टि जड़ता को हलचल में डाल देने वाली थी ।

निराला के मन की सागर-सी विशालता और गहराई, आकाश-सी स्थिरता और शान्ति पद-पद स्वामी विवेकानन्द की याद दिलाती है । और उनका बाह्य तो उदात्त व्यक्तित्व का अपराजेय, अनुल्लङ्घ्य स्वरूप प्रस्तुत करता ही है ।

दोनों की निर्भयता विश्व-विदित है । स्वाभाविक सौजन्य दूसरे के दुर्गुणों पर जब रोष बन कर उमड़ पड़ता, निःसंगता तब भी संगिनी बनी रहती क्योंकि प्रतिपक्षी के जिन उत्कृष्ट गुणों पर उनकी दृष्टि पड़ती, वह वहीं की हो रहती ।

विवेकानन्द की जन्म-शती कब की [१९६३ ई० में] मनाई जा चुकी, निराला अभी अस्सी साल के हुए हैं । बीस साल बाद [१९९६ में] इनकी भी जन्म-शती मनाने के लिए हम अभी से कमर कस कर बाँधे बैठे हैं । जिनकी कमर झुक गई है उनसे मशाविरा

लेना मना है, निराला ठहरे ग्रीक-कद पाँच फुट साढ़े ग्यारह इंच लम्बे जरूरत से ज्यादा चौड़े; और चढ़े मोढ़ों के कसरती बदनवाले । अब बरगद के ठूँठ को कोई क्या गवाह बनाए कि हम अपनी तमन्ना की गाँठ ढीली न पड़ने देंगे; हमें चंद रोज बाद तेरे ही नीचे सूर्यमुखी की खेती करनी है !

परिणति समान होने पर भी प्रत्येक जीवन यात्रा एक-सी नहीं होती । न उसके प्रथम पद-क्षेप से कोई निर्दोष निष्कर्ष निकाला जा सकता है, न बीच के पड़ावों का अटपटापन उसके अन्तिम निर्णय का नियामक होता है । अनुभूतियों के साथ व्यक्तित्व बदलता जाता है और कभी-कभी वह इतना बदल जाता है कि पहले के व्यक्तित्व से उसका तालमेल बैठाना ही कठिन हो जाता है ।

परमहंस देव जैसे सहस्रदल उज्ज्वल कमल थे, जो सूर्य की ऊर्ध्वगामिनी किरणों के स्पर्श से क्रमशः एक-एक दल खोल कर खिले थे । विवेकानन्द मानस-सरोवर के सुवर्ण-वर्ण राजकमल थे जिसे सूर्य की किरणों ने झुक-झुक कर खिलाया था । निराला भी शतदल कमल हैं, मगर इन्हें कीचड़ में खिलना पड़ा, क्योंकि इनके इच्छा और कर्म रामकृष्ण-विवेकानन्द की भाँति सदा समरस न रहे; इच्छा की धूल उड़ी, कर्म में पसीना बहा, कीचड़ मच गया । नयन-नक्श वही, कदाचित् उनसे भी अधिक आकर्षक थे; किन्तु इस शतदल के प्रत्येक दल के आसपास की हवा ज्ञान-भानु की निष्पक्ष किरणों को हिला-डुला कर जब-तब सपक्ष बना देती थी, तभी उन आँकी-बाँकी किरणों से कभी सारी पाँखुरियाँ एक-सी न खुलीं । सुगन्ध की गूँज-भरी लपटें उठीं; पंखड़ी-पंखड़ी नए-नए रंगों में नहाई, तेज-तेज झोंकों ने यहाँ-वहाँ किञ्जल्क-कण बिखेरे; देर-सबेर सब हुआ, मगर यह महक वातावरण के तन-मन को बेधकर अनायास आत्मा तक न पहुँच सकी, न पहुँचाई जा सकी ।

निराला एक नितान्त निरीह किन्तु संभूत स्वाभिमानी तपस्वी की भाँति जीवन संग्राम में उतरे ।[१] जब से सुध सँभाली, सुपास कभी पास न फटका । बेशक हूँके नहीं, यतीमखाने की जिन्दगी फिर भी उन्हें कभी न जची । 'तृणादपि सुनीचेन सहिष्णुना' की सीख सपने में

१. जीवन का लक्ष्य निरे बाल्यकाल से है परमपदलाभ । रामकृष्ण मठ के संन्यासी मुझ पर विशेष कृपा रखते हैं । स्वामी प्रेमानन्द ने कहा था, तुम्हारा विचार ठीक है ।

मेरा दृढ़ विश्वास है कि मुझ पर ईश्वर की कृपा है, परन्तु उपस्थित स्थिति मेरी क्रमोन्नति पर बाधा डाल रही है । मेरे सिर पर मातृ-पितृ हीन छः नबालक (नाबालिग) भतीजे आदि का पालन-भार अर्पित है । इसलिए अभी मैंने नौकरी करना स्वीकार किया है । लड़कों को सबालक (बालिग) करके अपने लक्ष्य पर बढ़ूँगा ।

जगन्नियन्ता का नियम है कि सेवा सेव्य की आत्मा पर तृप्ति की, और सेवक की आत्मा पर शुद्धि की छाप लगाकर दोनों के उन्नति-मार्ग को साफ करती है । मनोराज्य के इस नियम को मैं निश्छल हो कर प्रणाम करता हूँ । -निराला

(आचार्य महावीर प्रसाद द्विवेदी को सन् १९१९ में लिखे गए पत्र से ।)

रास नहीं आई । ऊँच-नीच सुनना उन्हें गवारा न हुआ ।

यहाँ तो जो बहा-बहा फिरे, वह बहार पर आए । दबने की जगह निराला बहक कर बोले । फिर क्या ? अंतड़ियाँ गले पड़ीं ।

उन्होंने एक के बाद एक तदबीर निकाली । तकदीर का पलड़ा हर बार भारी पड़ा । उन्हें होना था कुछ और, 'एक अच्छा नौकर' न हो सके ।

निराला नौकर न हो सके, आर्थिक खतरों के किनारों पर लटकते हुए जिन्दगी बसर करना पसन्द किया, इसमें क्या अन्धेर मचा ? उनमें मामूली तरह गुजारा करने और फाके करने की ताकत थी, गजब तो तब टूटा, जब निराला ने 'स्वामी' होना भी नापसन्द कर दिया और उनकी अस्मिता के अग्निकुण्ड में नित नए प्रश्नों की घृताहुतियाँ पड़ने लगीं । शारीरिक, मानसिक और आध्यात्मिक–कोई भी परत कमजोर न थी, पर कोई परदा रखने वाली भी न थी,–एक को दूसरे का जहर लगता था । चस्मपोशी करना किसी को न आया था ।

यही निराला हैं जिन्होंने किसी भी एक विशिष्ट जीवन-दर्शन का आजीवन पीछा नहीं पकड़ा,[१] उस वेदान्त और अध्यात्म का भी नहीं जिसके वह सबसे बड़े कवि हैं । जीवन की उत्कट आस्था ने उन्हें बार-बार आध्यात्मिक शिखर से बौद्धिक स्थण्डिल भूमि पर उतारा, स्वतन्त्र जीवनानुभूति का कुछ ऐसा चस्का लगा कि खुलते-खुलते से तीसरे नेत्र पर अपनी बाँह रख दी और बिना हिले-डुले मानवीय चेतना की धड़कनें तेज करने लग गए[२] और निर्धूम

---

१. मैंने 'मैं' – शैली अपनाई
देखा दुखी एक निज भाई
दुख की छाया पड़ी हृदय में मेरे,
झट उमड़ वेदना आई ।

–परिमल : अधिवास

२. पेट-पीठ दोनों मिल कर हैं एक,
चल रहा लकुटिया टेक,
मुट्ठी भर दाने को–भूख मिटाने को
मुँह फटी-पुरानी झोली को फैलाता–
दो टूक कलेजे के करता पछताता पथ पर आता ।

–परिमल : भिक्षुक

"एक मात्र अध्यात्म-ज्ञान ही हमारे दुःख-समुदय को चिरकाल के लिए दूर करने में समर्थ है । और-और ज्ञान अत्यन्त अल्प समय के लिए हमारे छोटे-मोटे अभावों को पूरा करते हैं । केवल आत्म-विषयक ज्ञान द्वारा ही अभाव-वृत्ति चिर काल के लिए विनष्ट हो सकती है । इस कारण मनुष्य की सबसे बड़ी सहायता आध्यात्मिक साहाय्य प्रदान करना ही है ।

जो मनुष्य को परमार्थ ज्ञान प्रदान करने में समर्थ हैं, वही उसके सबसे बड़े उपकारी हैं ।"

स्वामी विवेकानन्द

अग्नि की भाँति निरभ्र ज्योति की जगह उन्होंने घास-पात-भरी हरी धरती पर पीठ-लगे पेट देखने शुरू कर दिए ।

–यहाँ सागर के तरंग-गर्जन के साथ उस पर प्रतिबिम्बित सुनहली किरणों की चमक भी है । छूँछे बच-बचाव का कोई सवाल ही नहीं पैदा होता । यूँ कहें कि बाँट भी आए और बचा भी लाए ।

हमने मानस-सर के राजकमल के रूप में स्वामी विवेकानन्द को और जीवन के कर्दम में खिले कमल के रूप में निराला की चर्चा की है । कमल दोनों ही हैं । स्तर-भेद है, विकास के स्थल को लेकर । एकरस उठान और मुड़-मुड़ कर छिटकने वाली मुस्कान में 'अन्तरं महदन्तरं' है । तभी विवेकानन्द की वाणी नील गगन में गूँजती है और निराला का दर्द सर्दी से सँवलाई हुई धरती में जम जाता है । यों कमल दोनों हैं ।

निराला कहते हैं :–

विचार साहित्य का ज्ञान-काण्ड है । उपयोगी साहित्य या कर्मकाण्ड की बातें उसमें कम होती हैं । आज राजनीति के प्राबल्य से उपयोगी साहित्य की बातें ही प्रबल हैं ।

मैं इस उपयोगी साहित्य को कथमपि कम महत्व नहीं देता, फिर भी, जैसी पहले की धारणा है कि **कर्मकाण्ड ज्ञानकाण्ड की पुष्टि के लिए है** अतः महत्त्व और सम्मान में वह ज्ञानकाण्ड से नीचे है–ज्ञान उसकी परिणति है, मैं छोड़ नहीं सकता, क्योंकि यह सत्य है, और **खण्ड सत्य नहीं, अखण्ड सत्य है ।**

आज के प्रचलित या उधार लिए कुछ वादों के धक्के भारत के कर्म समन्वित ज्ञान को अपने अज्ञान के कारण लग रहे हैं, उनके विशेषज्ञों से मुझे यही कहना है कि वे वैज्ञानिकता में आगे हैं, यह वे प्रमाणित कर सकते हों तो करें; मैं जानता हूँ, वे नहीं कर सकेंगे; रोटी न मिलने का कारण अज्ञान है, ज्ञान नहीं; अकर्मण्यता भी अज्ञान के कारण बढ़ती है ।

जो अधिक से अधिक बढ़े हुए उदार हैं, वे एक आदमी के नाते भारतीय विचार शुद्धि से और कितना आगे बढ़ सकते हैं, देखेंगे । भारत में विचार शुद्धि के लिए धन ही नहीं, समाज, शरीर और मन भी देना पड़ता है, तब विश्व-मानवता की पहचान होती है । हमारे पीड़ित, अशिक्षित, पतित, निराश्रय, निरन्न मानवों का तभी उद्धार होगा; तभी भारत की भारती जाग्रत कही जायगी; तभी उसकी अपनी विशेषता सर उठाएगी ।

ताज्जुब नहीं कि उनकी निर्मात्री प्रतिभा को इससे लाभ हुआ हो । भौतिक और आध्यात्मिक भित्तियों के फेर-बदल से उनकी आँकी तस्वीरों में रंगों और रेखाओं की विविधता बढ़ी हो, ताजगी बनी रही हो और इस प्रकार किसी एक ही रंग में सिर से पाँव तक डूबे हुओं से वह भिन्न दिखते हों ।

मैंने उन्हें सताईस साल तक करीब से निरखा-परखा, खामोशी का छोर छूता उनका धीमा और अस्पष्ट स्वर कान उठाकर सुना और बादल-बिजली की-सी गड़गड़ाहट और कौंध -भरी कड़क भी मेरे कानों में देर-देर तक प्रतिध्वनित होती रही है, मैं निःसंशय हूँ; किन्तु

बहुतेरे उनके सामान्य विशेष को रेखांकित करने में असमर्थ हैं,–विराट् में बाह्य एवम् आभ्यन्तर विरोधों को समाहित करने की प्रखर शक्ति से अनभिज्ञ वे अपने स्वर में उदासी का पुट देकर कहते हैं; आखिर निराला क्या चाहते हैं ? कुछ चाहते भी हैं या जो मुँह में होता है, कह देते हैं ? कभी वह उदास-से उस पार पहुँचना चाहते हैं, कभी बहुत खुश-खुश इसी किनारे के रेत के दूहों पर सौ-सौ जान निछावर करते हैं । कभी उन्हें सब आदमियों के सदमे घेरे होते हैं और कभी बेहद खुरदरे चेहरों में करुण सौम्यता दिखती है ।

अब इन सारी घुटी हुई आवाजों और असम्बद्ध फुसफुसाहटों को कोई क्या कहे ?

क्योंकि उनका जिजीविषा और रचना-सम्बन्धी समग्र आयास एक अद्‌भुत आध्यात्मिकता लिए हुए है । वह अपने नैसर्गिक गुणों के अनुसार कर्मानुष्ठान में लगे रहे, परम पद की प्राप्ति का लक्ष्य फिर भी कभी कर्मों के अंटे पर न चढ़ा । आँखें चारों तरफ रहीं–विवशता, विक्षोभ, विद्रोह, प्रतिशोध,–कभी कोई भाव, कभी कोई जब-तब डबडबा भी आया, छठे-छमासे छलका भी; बाह्य उद्वेग, किन्तु आन्तर ऐकान्तिकता पर भरसक हावी न हुआ । वह हर स्थिति जी लिए, उद्दाम जिजीविषा ने ही ज्यों अनजानते उन तमाम परस्पर-विरोधी और असम्बद्ध स्थितियों को स्वतः सुनियोजित कर दिया हो !

'सरोज-स्मृति' की आग्नेय पंक्तियों में ज्यों निराला को जीवन की जय-पराजय से ऊपर उठाकर उनकी अडिग, अदम्य सृजन-क्षमता का ही इतिहास लिखा गया हो !! कैसे अँधेरा चाँदनी के तार बजाता है ! कैसे तरल तरंगों को अन्दर ही दाब कर नदी का किनारा बुदबुदाता है !

'वह शर-क्षेप, वह रण-कौशल' एक ओर, और–'तब भी मैं इसी तरह······लिखता अबाध-गति मुक्त-छंद' –एक ओर !

देखें वे हँसते हुए प्रवर,
जो रहे देखते सदा समर,
एक साथ जब शत घात घूर्ण-
आते थे मुझ पर तुले तूर्ण
देखता रहा मैं खड़ा अपल
वह शर-क्षेप, वह रण-कौशल !
व्यक्त हो चुका चीत्कारोत्कल
क्रुद्ध युद्ध का रुद्ध कण्ठ फल !

– –

तब भी मैं इसी तरह समस्त
कवि-जीवन में व्यर्थ भी व्यस्त
लिखता अबाध-गति मुक्त छन्द,
पर सम्पादकगण निरानन्द
वापस कर देते पढ़ सत्त्वर
दे एक-पंक्ति-दो में उत्तर ।

–सरोज स्मृति

साहित्य की तरह अध्यात्म के आकाश में भी सब एक-से प्रकाशवान नहीं हैं, कोई चाँद-सूरज-जैसा है तो कोई निर्मल नक्षत्र-जैसा । स्वामी विवेकानन्द के प्रवचनों में निराला-जैसा बाह्य-विरोध और आभ्यन्तर अन्विति का अविरल आभास मिलेगा । परमहंसदेव श्री रामकृष्ण में नहीं, क्योंकि वहाँ वीणा के सातों तार एक ही स्वर में बजते हैं । निराला ने परमहंसदेव के पुञ्जीभूत प्रशान्त तेज को भी मुक्तचिन्तन एवं घनीभूत संवेदनाओंवाली अपनी कविता में तद्वत्-अनायास और सजीव उतारा है, और स्वामी विवेकानन्द की अतीत और वर्तमान, पूर्व और पश्चिम, स्वप्न और यथार्थ के झंझावातों से निरन्तर जूझती हुई मेधा का भी प्रतिनिधित्व किया है ।

राजा राममोहन राय उन्नीसवीं शताब्दी के आरम्भ में धर्म और समाज-सम्बन्धी चिन्तन के क्रम में जातीय मन की तामसिकता, गतानुगतिकता और निष्क्रियता के विरुद्ध युद्ध छेड़कर जो सक्रियता दिखा गए थे, शताब्दी के समाप्त होत-होते विवेकानन्द के जीवन में भी हू-ब-हू वैसी ही सक्रियता दिखाई दी कि जिसने एक नए सांस्कृतिक आन्दोलन के भीतर से जातीय जीवन को बहुत कुछ अभीष्ट लक्ष्य तक पहुँचा दिया ।

जिन दिनों स्वामी जी नैनीताल में रह रहे थे, सिस्टर नवेदिता से सुस्पष्ट कहा था कि उन्होंने राममोहन का तीन विषयों में अनुसरण किया है; वेदान्त के व्यवहार और प्रचार में, स्वदेश-भक्ति और उसके प्रचार में और हिन्दू-मुस्लिम के प्रति समान दृष्टि रख कर पनपनेवाले स्वदेश प्रेम में । राजा राममोहन राय की मननशीलता, सहृयता और दूर-दृष्टि का परिचय उक्त कार्य-कलाप से प्रकट होता है, विवेकानन्द को उसने विशेष रूप से आकृष्ट किया, और धर्म तथा समाज चिन्ता से सम्बद्ध उन तीनों रूपों से आकृष्ट किया, और धर्म तथा समाजचिन्ता से सम्बद्ध वे तीनों विषय उन्हें उत्तराधिकार-स्वरूप अनायास प्राप्त हो गए । विंशति शताब्दी के प्रारम्भ में विवेकानन्द द्वारा आविष्कृत-परिष्कृत ऐसे कितने ही विषय निराला को उत्तराधिकार में मिले जिनके कारण वह हिन्दी में इस बंग-तरंगित सांस्कृतिक नवजागरण के अप्रतिम अग्रदूत बने । पूर्व-पश्चिम की अन्तरावलम्बित सभ्यताओं के भीतर से जो एक नई जातीय संस्कृति बंगाल में जन्म ले रही थी, निराला समस्त भारत-भारती में उसके सर्वोत्तम कवि सिद्ध हुए ।

यह अपने मन के सर्वोच्य भावों को सुसज्जित शब्दों में बिखेरने वाली श्रद्धा की प्रगल्भता नहीं, विवेक-पूर्ण वचन है । निराला ने स्वयं कहा है :-'बंगाल में रहकर परम हंस श्री रामकृष्णदेव तथा स्वामी विवेकानन्द जी के साहित्य से मैं परिचय प्राप्त कर चुका था, दो एकबार [१९२०-२१] श्री रामकृष्ण मिशन, बेलूड़, दरिद्रनारायणों की सेवा के लिए भी जा चुका था, श्री परमहंसदेव के शिष्य-श्रेष्ठ पूज्यपाद स्वामी प्रेमानन्द जी महाराज को महिषादल में अपना तुलसी-कृत रामायण का सस्वर पाठ सुना कर उनका अनुपम स्नेह तथा आशीर्वाद भी प्राप्त कर चुका था ।'

यों निराला ने बाल्यकाल से अपने जीवन का लक्ष्य परम-पद-लाभ बताया । यदि उनका बाल्यकाल अतिरिक्त धार्मिक वातावरण में न बीता होता तो वह यह बात मुँह से न

निकालते । इस बात की गिरह लगा ली थी गुदड़ी के लाल ने, जभी गुलाब चटकने के वक्त सूर-तुलसी के भक्ति गीत गाते थे । लिखा है : 'हमारे यहाँ की जैसी संस्कृति थी, मैं बचपन से संतों की सूक्तियों पर भक्ति करता हुआ विशेष रूप से ईश्वरानुरक्त हो चला था ।' ऐसे ही उन्होंने अपनी दार्शनिकता,–निगूढ़ तत्त्व-चिन्तन और उसके अनुकूल-प्रतिकूल परिणामों की भी फिर-फिर चर्चा की है । प्रश्न है, यह सारे संस्कार उन्हें उस उम्र में और कहाँ मिले, ज्ञान-विज्ञान की यह आग लगी कैसे, यह अटकन-बटकन का खेल तो था नहीं जो अटकल-पच्चू खेल लेते ?

मैं इसे उनके पैतृक सिपाहियाने संस्कार का बिलोम मान लेता, नजर दौड़ाने पर ऐसे ही गालिब नजर आते हैं; किन्तु साहित्य, संगीत, धर्म, दर्शन, समाज, शिक्षा, राजनीति-सभी क्षेत्रों में उस काल का बंगाल अग्रगामी था और वहीं जन्म से युवावस्था तक साधना-रत निराला की नित्य-प्रगल्भ, नित्य-वाचाल सर्वतोमुखी प्रतिभा के विकास-प्रकाश के कोई और प्राक्तन, इदानीन्तन करण कारण ढूँढ़ें जायँ, यह कुछ जँचता नहीं है । उनके उर्वर मस्तिष्क ने उस काल के बंगाल के प्राय: सर्वोत्तम को समग्रता में आत्मसात् कर लिया, और उसका उपस्कारक समझकर उत्तर भारत के दूसरे विशिष्ट संतों, योगियों, तांत्रिकों और भक्त कवियों को ही नहीं, वेद, उपनिषद, गीता, रामायण, महाभारत वाली पूरी आर्ष-परम्परा को भी यथासम्भव स्वाध्याय और प्रवचनों द्वारा स्वायत्त कर लिया, यह अत्यधिक विस्मयकारी होने पर भी अतयन्तिक है ˙ उस काल के लिखे हुए उनके दर्जनों दार्शनिक, आध्यात्मिक, और धार्मिक लेख इस निष्कर्ष के प्रत्यक्ष प्रमाण हैं ।

पुस्तक-रूप में उनके क्रमिक और सतत प्रकाशन न होने के कारण कुछ अच्छे आलोचकों तक को यह भ्रम है कि उनकी विचारधारा का परिचायक गद्य-साहित्य प्राय: 'परिमल' के पीछे का है, क्योंकि वह अब उनके कट्टे लगा है । जबकि वास्तविकता इसके सर्वथा विपरीत है । निराला आरम्भ से ही 'गद्य में पद्य में समाभ्यस्त' हैं । चाहे यह किसी के तलवों से लगे, मगर हकीकत का तकाजा है कि मैं कहूँ : अगर कोई हचर-मचर करके आलोचक बनना चाहे निराला का, तो उसे निराला की अपनी भाव-धारा और विचारा-धारा में भी अवगाहन करना होगा और इसमें उनका आरम्भिक ('परिमल' से पहले का) साहित्य प्रेरणाओं के उत्स के रूप में कदाचित् अधिक अनुसन्धेय सिद्ध होगा । नहीं तो 'परिमल' का पहला ही गीत जैसे अब तक आलोचकों के गले के नीचे नहीं उतरा गलफटाकी कितनों ने की, ऐसे ही पूरब-पच्छिम के आलोचना के तत्त्वों से कुछ खट से निकाल कर नाक पर रख देनेवाले चपरगट्टू आलोचक उनकी दुरतिक्रम दुरूहता या बेतरबीपन पर बेतरह प्रवचन पिलाकर ही उलटी साँस लेने लगेंगे या फिर खुफिया पुलिस की ऐंठ अकड़ के साथ 'राम की शक्ति-पूजा' की नंगाझोली लेना शुरू कर देंगे । ऐसे निराला के बारे में किसी को चाहे जितनी जानकारी हो जाय, निराला की कविता तो उसके पल्ले पड़ने से रही । और तब अपने अचूक, अकाट्य तर्कों के बल उझकते और अखण्ड पाण्डित्य के बोझ से झपकते हुए विदग्धों की ओर शीतल सुगन्ध की तरंगें उठाते हुए निराला सस्मित स्वर में फूटेंगे :

समझ नहीं सके तुम,

हारे हुए झुके तभी नयन तुम्हारे प्रिय !

यह सब आत्म-चेतना के उन्मेष काल की उनकी अनेक दार्शनिक, धार्मिक और आध्यात्मिक गद्यपद्यात्मक समर्थ रचनाओं के उद्‌गम के सन्धान के क्रम में कहा जा रहा है। उन दिनों स्वामी विवेकानन्द उनके अक्षय प्रेरणा-स्रोत थे। उन्हीं के दार्शनिक, धार्मिक और सामाजिक सिद्धान्तों ने उन्हें मनन चिन्तन की ऐसी ठोस जमीन दी थी। तुलसीकृत रामायण में अद्वैत तत्त्व उन्हें यों ही नहीं सूझता था। सच तो यह कि मानसिक दासता-पाश में बँधे, रूढ़ियों की घनी छाया में घिरे हुए इस देश को वैचारिक मुक्ति और नए आदर्शों का विश्वजनीन प्रकाश और कोई दे भी कैसे सकता था। **नवजागरण काल में भारत की आत्मा को नया जन्म देने वाला ऐसा दूसरा हुआ ही कौन ?**

जैसे परमहंस देव चिन्तन के उन्मुक्त आकाश में स्वच्छन्द विहार करते थे, विवेकानन्द न कर सके, क्योंकि वह धरती की आह-कराह अनसुनी करने में असमर्थ थे। उनका ओजस्वी और तेजस्वी स्वर विश्व को सबल और पुरुषार्थी बनकर कर्म-रत रहने का ही संदेश दे सका।

विवेकानन्द पाँच फुट साढ़े आठ इंच लम्बे थे तो निराला पाँच फुट साढ़े ग्यारह इंच। ज्ञान-विज्ञान की वाडवाग्नि अन्तर में धू-धू करती रही; किन्तु आर-पार के सैकत पाषाण तट लहरों के हाहाकार से आन्दोलित होते रहे। वह अध्यात्म-शिखर से सहज ही नहीं उतरते, विस्फोट और क्रान्ति की उत्तेजना फिर भी उनकी सुदृढ़ मांस-पेशियों में बिछलती रहती, और संघर्षशील धरती पर वेदान्त और समाजवाद में सैद्धान्तिक समन्वय न स्थापित कर उन्होंने व्यावहारिक विषमताओं की ज्वाला में अपनी ही आहुति दे दी।

स्वामी विवेकानन्द ने भारत की आत्म-विस्मृत जनता में उच्च नैतिकता जगाने का प्रयास किया था, उसे औपनिवेशक दासता के उत्पीड़न से उन्मुक्त करने के सपने भी देखे थे। निराला पर उनके मानव-सेवा और सर्व-सामान्य को सुख-स्वातन्त्र्य प्रदान करने के विश्वासी सन्देशों का ही सर्वोपरि प्रभाव पड़ा। शेष का सम्बन्ध विशुद्ध ब्रह्मवर्चस से था और कहना न होगा, १८९६ ई० की दो फरवरी (संवत् १९५३) की वसन्त पञ्चमी को जन्म ग्रहण करनेवाले निराला का १९११ ई० में न केवल विवाह हो चुका था, वह सन् १९१७ तक एक पुत्र और एक पुत्री के पिता भी हो चुके थे। शास्त्रों में लिखी हिदायतें दीमकों की धरोहर हो गईं, निराला के उभरते जीवन में वह कुछ नयापन ला सकीं तो यही कि नवे दर्जे में पढ़ते वक्त घर की पूजार्चा देख कर, पाठ सुन कर जो धर्म पर अन्ध श्रद्धा हो गई थी; एक दृढ़ धारणा बँध गई थी कि म्लेच्छों की विद्या धन के लिए है, ज्ञान के लिए नहीं, वह तर्क की कसौटी पर खरी न उतरी। अर्थ की आवश्यकता ने पुराने मानों को उलट-पुलट कर रख दिया। अब नई स्फुरणाओं से जीवन को कौन चमकाए ! कौन दे गहराई, लोच और गति कि नव-निर्माण के लिए विशृङ्खल श्रमशील हो उठे ! न हुए अनासक्त योगी, कवीन्द्र रवीन्द्र-जैसे युगद्रष्टा कवि तो हो सकते हैं ! मनुष्य के उज्ज्वल भविष्य का द्रष्टा छन्दों के बन्धन से मुक्त नए स्वर में मानवीय संवेदनाओं के नए स्तर तो उरेह सकता है।

कहते हैं, सन् '१६ में 'जुही की कली' खिल चुकी थी। भाषा और भावों की कितनी मुश्किल मंजिलें पार की जा चुकी थीं अन्तर्गृह के अन्दर की मिट्टी की तहों के नीचे से, बालू की परतों के भीतर से और प्रालेय के लिहाफ से प्रच्छन्न प्लावन में लुढ़कते-पुढ़कते शृङ्खलित शिलाखण्डों की आड़ से, 'जुही की कली' इसकी पहचान के लिए पर्याप्त थी।

सूक्ष्म और अप्रत्यक्ष कारण का प्रत्यक्ष कार्य में आविर्भाव भी इससे अभिहित होता था कि तुलसी की रामायण से आवागमन बने रहने और सूर-सागर पी चुकने पर भी उस वयस का स्वाभाविक अभिनिवेश किस ओर था, अनन्य मन से कवि किससे अनुरक्त था!

'जुही की कली' 'शेफाली' और 'जागृति में सुप्ति थी'–जैसी रचनाओं पर शेली-बायरन-जैसे यूरोप के रोमैण्टिक कवियों का प्रभाव हो या उन्हीं की भावधाराओं के मूर्त सम्मिश्रण और कालिदास तथा भक्तिकाल के प्रायः सभी कवियों के रस-भावों में सदयः स्नात रवीन्द्रनाथ का हो, सूर-तुलसी या रामकृष्ण-विवेकानन्द का तो वह कदापि न था। यहीं से निराला के अन्तर्मन में द्वैधीभाव का आरम्भ हुआ जो अन्त तक पीछा करता रहा। 'अमिय-गरल शशि-सीकर रविकर' की सहज स्वीकृति ने उन्हें एकरसता से बेशक बचाया और आधुनिक हिन्दी-कविता की हर पीढ़ी को वह प्रासंगिक और ताजा लगे; किन्तु यह जटिल जीवन-दर्शन उन्हें सुबोध या सहज-ग्राह्य न बनने दे सका। कवि-कल्पना आर्षवाणी में ढल गई। गगन-मगन मन सुरसरि के समान मृण्मय जगत् में नहीं उतरा। कदाचित् प्रत्येक बौद्धिकता की यही नियति है–वह श्री अरविन्द की 'सावित्री' हो या श्री निराला की 'तुलसीदास', 'राम की शक्ति पूजा'–जैसी कूटस्थ कालजयी कृतियाँ। इनके द्वारा कविता के नए प्रतिमान का निर्माण हुआ; ये अनेक आलोचकों की जीविका का साधन भी बनीं; कवि की महार्घ उपलब्धियाँ न हुईं तो बस जन-मानस की अमन्द मन्दाकिनी।

बंगलामुखी बौद्धिकता श्रद्धा-भक्ति की अतिरिक्त आर्द्रता से नमनीय होती है। कबीर या तुलसी में क्या कम बौद्धिक बगूले हैं? अनुभूति की उत्कट यथार्थता किन्तु उन्हें कोरे विचारों के सैकत स्तर से कुछ अधिक गहरे ले जाती है।

निराला की योगभ्रष्ट दार्शनिकता जहाँ तत्त्वों की सांकेतिक व्याख्या नए प्रतीकों या अनचीन्ही भाषा में करती है, वहाँ वह पञ्चदशी या योगवासिष्ट की वर्चस्विता नहीं दरसाती; कवित्व की दार्शनिक गरिमा का अतिक्रमण कर सांगीतिक चिद्विलास-जैसी जान पड़ती है। यद्यपि निराला ही हिन्दी के ऐसे एकमात्र दार्शनिक कवि हैं जो अपने कोमल-कठोर कवित्व में कहीं छिछली भावुकता को प्रश्रय नहीं देते और प्रतीकात्मक भावुकता पर भी मनीषा के अंकुश को तरजीह देते हैं।

इसे प्रकारान्तर से यों कह सकते हैं कि हिन्दी का प्राचीन अथवा मध्ययुगीन काव्य परम्परा द्वारा पिष्ट स्वल्प उपादानों और ग्रन्थानुमोदित कुछ अनिश्चित तथ्यों का काव्य है और पाश्चात्य प्रभावित अनेक आयामों वाला आधुनिक काव्य संश्लिष्ट जीवन की तर्क-पूर्ण वैचारिकता और संक्रान्त मानसिकता की गहनतर अनुभूति की मौलिकता लिए हुए है। इसके आस्वादन या अनुशीलन की भंगिमा युग परिवर्तन के साथ सम्पर्क स्थापित किए हुए

आधुनिक कवियों की व्यक्ति-सत्ता के आत्मप्रकाश की सूक्ष्मतर समीक्षा पर निर्भर है। गतानुगतिक सौम्य रसबोध को युग के परिप्रेक्ष्य में तीक्ष्ण विश्लेषण का सामना करना पड़ता है। अनुशीलित रसग्राहिता सतर्क वैचारिकता की अपेक्षा करती है कि हम सम्भावना के पूर्वाभास को भावावेश में पूर्ण परिणति न मान बैठें! अस्तु, पन्द्रह-सोलह की (१९११) सुकुमार अवस्था में जो गार्हस्थ्य की गरुआई शादी के सबब आई थी, वह (१९१८) बाईस की उम्र में खत्म हो गई, आधुनिक रत्नावली-सी मनोहरा देवी के आकस्मिक स्वर्गवास से। उस समय वह केवल अट्ठारह वर्ष की थीं।

'जुही की कली' (१९१६) बीस की उम्र में लिखी गई थी, पच्चीस की उम्र में तो निराला लिख रहे थे :

एक बार भी यदि अजान के
अन्तर से उठ आ जातीं तुम,
एक बार भी प्राणों की तम-छाया में
आ कह जातीं तुम–
सत्य हृदय का अपना हाल,
कैसा था अतीत वह, अब यह
बीत रहा है कैसा काल!

निराला की चारित्रिक दृढ़ता एवं निर्लेप साधना की यह प्रत्यभिज्ञा है कि वह कैसी सन्दिग्ध परिस्थिति में ज्ञान की अखण्ड ज्योति जलाए रहे! किन संस्कारों के परिणामस्वरूप महान आघातों की धूम-राशि में उनकी स्वच्छ आत्मा की आग लपटें उठाती रही!!

एक ओर संसार का भयानक भँवर; आर्थिक विपन्नता मेघमाला की तरह हर घड़ी माथे पर मँडलाती हुई, दूसरी ओर अपने दोनों बच्चों के अलावा चार बच्चे चचेरे भाई बदलू प्रसाद जी के, कि जिन छहों के पालन-पोषण का भार उस अलमस्त पर जो कभी गृहस्थी की गिरफ्त में न आया; छँटा-छँटा फिरा; छक्का-पंजा करना न जाना!

साधना की कोई कड़ी फिर भी न टूटी। ज्यों-त्यों खे ले गए। अपने बच्चों को नानी की गोद में डाल कर चारों भतीजों को महिषादल बंगाल ले गए। वहीं राज्याश्रित हो कर भी आने जीवन-जलयान के मस्तूल पर नजर टिकाए रहने से जब-तब मस्तूल का ध्वज ही उच्छ्वास-पवन में फड़फड़ाता दिखाई देता था और हल्की-गहरी साँसों से उठती अभाव-सागर की छोटी-बड़ी लहरें जलयान से खेलती हुई-सी कभी उसे थपकती, कभी हिला-झुला देती थीं, इस ओर ध्यान देने का जैसे कभी अवसर ही न मिला। परिणाम प्राय: प्रकट था [१९१९-२०] राग दरबारी गाते दो साल में ही गला बैठने लगा और १९२१ में उन्हें एक मामूली से विवाद में ऐसा अनुभव हुआ कि यह सरासर उनके पौरुष और मनुष्यत्व का अपमान है। उन्होंने बड़ी नर्मी से अपना कठोर इरादा इस्तीफे के रूप में जाहिर किया और चुपचाप अपने गाँव लौट आए। पलट कर उन्हें यह देखना भी गवारा न हुआ कि उनका इस्तीफा मंजूर हुआ या नहीं। आँखों पर हथेलियों का साया कर धुँधली रेत और अंधेरे में

सोए पड़े किनारे को भी न देखा कि ये लहरों के झूले तो यहीं रह जाते हैं, जलयान क्या, मामूली-सी नाव भी अब छिछले मे तिरने से रही। अगर यहीं हाथ-पाँव गुमेट कर गहरी नींद सोने का इरादा नहीं, तो पाँव-पाँव चलकर तुरत किसी भुरभुरे किनारे की टोह लेनी होगी।

आयु को देखते यह सम्मुख आया अमंगल झपट-जैसा था। प्रियजनों के सामूहिक ओर युगपत् वियोग से ही डूबा जाता था। अब गृहस्थाश्रम में क्या लगना ?

अब तो परमपद की प्राप्ति के लिए प्रस्थित जीवन के पथ के काँटे टूट गये; कुहक को निरस्त करनेवाले सत्य के सन्धानी की, एकान्त श्रेय ने, जैसे झझक निकाल ली अहैतुकी और अप्रतिहत आत्मप्रसादनी भक्ति के झटके झेले बिना गांठ खुलने की कोई सूरत भी तो नहीं नजर आती। जब ईश्वर अकिंचन-गोचर है, ऐश्वर्य, विद्या आदि से मदान्ध दृष्टि को कभी नहीं दखिाई देता, तभी तो उससे ऐसी प्रार्थना की जाती है कि–

'विपदः सन्तु नः शश्वत्तत्र तत्र जगद्गुरो
भवतो दर्शन यत् स्यादपुनर्भवदर्शनम्।'

–श्रीमदभागवत

कि मेरे कदम-कदम पर अड़चनें आएँ; झड़बेरी के काँटे की तरह आफतें मेरे तन-मन में उलझी रहें, अगर ऐसे में ही प्रभु के दर्शन होता है जिनकी वजह आवागमन के झंडे तले और न आना पड़े।

कि प्रभु कृपापात्र बनाने के लिए ही तो किसी के अपने पराये हर लेते हैं, कि न रहे बांस, न बने बांसुरी। कोई अपना नहीं तो राग किससे हो; कोई पराया नहीं तो द्वेष भी किसी से क्योंकर हो ? और जब राग-द्वेष की कोई जगह न बची तब बुद्धि के चल-विचल होने का सवाल ही नहीं पैदा होता। ऐसे में भक्त एकतान चित्त से भगवान से लौ लगाता है। उसकी अनन्यविषया मति गंगा की धारा की भांति करुणावरुणालय से मिलकर तदाकार हो जाती है।

निराला की न हुई तो प्रज्ञावाद के कारण न हुई, क्योंकि अन्तः प्रज्ञात्मक ज्ञान प्रज्ञावाद से स्वतन्त्र और उन्मुक्त होता है। अन्तः प्राज्ञिक ज्ञान को प्राज्ञिक या बौद्धिक की कोटि में नहीं लाया जा सकता। फिर-

'अनेक जन्मसंसिद्धस्ततो याति परांगतिम्, तो अन्तिम वचन है।'

धर्मपत्नी मनोहरा देवी के महाप्रयाण के पश्चात् डलमऊ (ससुराल) के अवधूत-टीले पर बैठकर निराला जब लाशों का दृश्य देख रहे थे, कुल्ली ने प्रकारान्तर से श्रीमद्भागवत वाली युक्ति ही दी थी।

''मैं जानता हूँ, आप मनोहरा को बहुत चाहते थे। ईश्वर चाह की जगह मार देता है, होश कराने के लिए।

–फिर भी निराला ने होश सँभाला ? वह इस अतिरिक्त रिक्तता में डूबे-खोए रह सके ? उनके मस्तिष्क के मूर्च्छित विचार और हृदय के सुषुप्त भाव जगे ? परम पद की स्पृहा में और तीव्रता आई ?

निराला के जटिल व्यक्तित्व को अन्तर्विरोध के मलवे के नीचे से ढूँढ़ निकालना कोई आसान काम नहीं, बौखला कर परतों के बाद परतें हटाने पर भी यही पता चलता है कि उनके मानवीय गुणों को गौण बनाकर मुक्ति पिपासा के लिए आध्यात्मिक अन्तः सलिला के किनारे गंगाजली उठाना ठाले के खयाल बाँधने से अधिक नहीं है। निराला ने खुद को कम नहीं ठोका-बजाया है; यों ही नहीं मंजिलें मारी हैं; चर्चित होने के लिए बार-बार पसीना पोंछा है, अधखुली हरी-हरी आँखें समझ में न आनेवाले अंदाज में, बेसुध-सी नीलिमा में देर-देर तक गाड़ी हैं, मगर ठाठ खड़ा कर भी लेते तो मुफलिसी के सबब बुद्धि ठिकाने न रहती, पंजे में न ला पाते अपने उल्टे टँगे ध्येय को। श्रेय और प्रेय का यह द्वन्द्व धार्मिक कम, दार्शनिक अधिक उनके आदि ओर अन्त के अनधीत गीतों में उभर कर आया है। बेशक उनकी आत्मा इस जन्म के पूर्व ही पर्य्याप्त उन्नत हो चुकी थी फिर भी उसे तीव्र संवेग की अपेक्षा थी, समाधि और प्रज्ञा उसे दुर्दर्श के निकट पहुँचा सकती थीं। संस्कार की बात, वह बाह्य एवं अन्तः प्रकृति को मनः संयम से वश में न ला सके और उनकी उदात्त-आत्मा ब्रह्मरूप में व्यक्त न हो सकी। मन्दराचल ने समुद्र मथ डाला, आप धुलकर उज्ज्वल न हुआ। बिम्ब को आईना भा गया, वह उसी का हो रहा।

ब्रह्मा ने शंकर से वर माँगा कि मैं तुम्हें पुत्र-रूप में प्राप्त करना चाहता हूँ, इस अत्यारोहण से वह अपूज्य हो गए और विष्णु ने वर मांगा कि मैं आपका दास हुआ चाहता हूँ तो उनकी घर-घर पूजा होने लगी।

बेशक कबीर की तरह निराला ने भी यह कहानी झुठला दी; पूर्वार्जित अपूर्व क्षमता–सारे खारे समुद्र को पी जाने की अपनी जन्मजात योग्यता के कारण, द्रष्टा की स्वरूम में अवस्थिति के कारण नहीं। निराला ने अपनी अन्तिम कविता में और एक फेरे को स्वीकारा है। यों वह मुक्ति के लिए अनेक जन्मों तक बाट जोहते रह सकते थे। इन्द्रियों के साक्ष्य पर अविश्वास तक जानेवाला उनका मनःसंयम भावों की बहुलता और इच्छाओं की अधिकता से तब दब न सकेगा। परन्तु इसबार तो कुछ ऐसा हुआ कि–

'स्वप्न-जटित जीवन कैशोर
उच्छृंखलता की गह डोर
खींच रही थी अपनी ओर

–प्रथम प्रभात

और इसी कारण-

'जब कड़ी मारें पड़ी, दिल हिल गया,
पर न कर चूँ भी कभी पाया यहां,
मुक्ति की तब युक्ति से मिल खिल गया
भाव, जिसका चाव है छाया यहाँ।'

–अध्यात्म फल

सत्रह साल के निराला चौदह साल की पत्नी से साहित्य और संगीत में पिछड़ जाने

के एहसास से ससुराल से पट्टा तुड़ाकर भागे थे, जब कि अंग्रेजी, बंगला और संस्कृत के अतिरिक्त वह ब्रज-अवधी भाषाएँ भी जानते थे, साथ ही उन्होंने तुलसीकृत रामायण में दखलयाबी भी हासिल की थी।

ऐसे ही उस उम्र के लिहाज से उनका संगीत-ज्ञान भी काफी मँजा हुआ, पालिशदार और चटकीला था। जब उन्हें कुछ वक्त की चीज सुनाने के लिए कहा गया तो वह सुनानेवाले को संगीतर्मज्ञ समझकर गद्‌गद हो गए थे और फिर गाते वक्त ताल के साथ श्रोता का सिर न हिला और गलत जगह 'सम' समझकर उसने 'ह:' किया तो निराला ने तुरत गाना बन्द कर दिया था ये सारी घटनाएँ सन् १९१२-१३ के आसपास की हैं।

अगले पाँच वर्षों में रात दो-दो, तीन-तीन बजे तक जगकर उन्होंने खड़ी बोली और उसके साहित्य की गहरी अभिज्ञता प्राप्त की ली, अभ्यास द्वारा संगीत विद्या में भी प्रवीणतर हो गए। सन् '१८ तक निराला स्वाध्याय और लगन की बदौलत उस बुलंदी पर पहुँच गये थे जिस पर दुनिया के इने-गिने मेहनती इन्सान ही पहुँच सकते हैं। मुराद बर आई। खुशमिजाजी बढ़ चली। गद्य-पद्य में अपनी खास खुसूसियत (eminence) जाहिर होने लगी अब वह झुरमुट मारकर मनोहरा जी के आगे खड़े न होंगे, गरब-गरूर की बात करेंगे तो वह गाल मारने-जैसी हर्गिज न होंगे। जुही की कली वह सुन ही चुकी है। उनकी जानकारी के दायरे की खड़ी बोली में और कहीं भाषा का यह प्रवाह दिखा था ? कितने ही दिन ड़ोर पर लगाकर लड़खड़ाती हुई खड़ी बोली को निराला ने कविता में ऐसे चलना सिखाया है।

हाय रे ! ऐसे ही में तो वह चल बसीं। नोक झोंक का सारा मजा किरकिरा हो गया ! बहुतेरा जी चाहता होगा-अब देखती ! मगर अब बेबसी में ऐंठ-ऐंठ कर रह जाने के अलावा क्या हो सकता था ?

आखिर मनोहरा देवी के सरस सांगीतिक स्वर और बोल मारने, बोली कसने के अंदाज में उस दिन कहे हुए एक वाक्य (जब तुम्हें आती ही नहीं तब हिन्दी में कुछ नहीं है।) ने ऐसा क्या गजब ढाया होगा, असर सुनने में आया है-

'प्रपेदिरे प्राक्तन जन्म विद्या:'।

-कालिदास

'एके बारे सकल पर्दा घुचिए दाओ तारे !

-टैगोर

मगर यह सब तो एक बात की बात है तब मुख्य क्या है 'कान्तासम्मित उपदेश' या कोई प्रखर मुखर वाक्-प्रवाह जिसने उन्हें कभी विशेष भाव से प्रभावित किया ? एक निर्दिष्ट लक्ष्य की ओर बहा ले गया या निराला के अपने ही मन-मस्तिष्क की प्रचुर सम्पदा ने आर्थिक स्थिति की नगण्यता की उपेक्षा कर प्रतिभान्दोलित स्वच्छन्द जीवन-धारा को यथेष्ट परिणाम में मोड़ने का स्वयं ही कठोर ब्रत ले लिया ? इस असर के असरार का अता-पता मालूम हो तो कैसे ? पताका फहरानेवाले पते की सुनाते कहाँ है ?

मेरा मन कहता है कि जैसे हारे हुए ग्रीस की सभ्यता-संस्कृति ने विजेता रोम को

कहीं गहरे छुआ, प्रभावित किया था वैसे मनोहरा देवी के आकस्मिक निधन ने ही आत्मगौरव के सपनों का रंगमहल ढहाकर निराला को वीराने में कठोर सत्य के सामने तनहा खड़ा कर दिया। अब मनोहरा जी का कहा एक-एक शब्द शिराओं में चींटी की तरह रेंगता उनका स्वर निराला के घन-निदान में बिजली-सा कौंधता रहता होगा।

यही निराला हैं कि जब किसी के प्राण काल के ऐसे कराल कवल में पड़कर होठों पर आ जाते तब वह साहित्य और संस्कृति, कला और दर्शन के चिंतन में निशीथ के निष्कम्प प्रदीप बने रहे, उनकी सर्वतोमुखी प्रतिभा काली कसौटी पर रेखाएँ खींच कर तपते सोने का खरापन परखने लगी।

सूर्यकान्त के सुनहरे दिन की लहर पर मनोहरा की मौत की रात श्याम सागर सी फैल गई। निर्वेद-भरा अन्धकार आरपार की स्याही को घुटे-घुटे उच्छ्वासों से गहराए दे रहा है। आँखें अतल में जाने कहाँ डूबती चली गई हैं, पर निराला क्या इस अँधेरे के आगे हथियार डाल देगा ?

काम्य, निषिद्ध, नित्य, नैमित्तिक एवं उपासना कर्मों का प्रसार प्रकाशित न हुआ तो क्या हुआ, उनका प्रयोजन बुद्धि की शुद्धि तथा चित्त की एकाग्रता ही तो है, सो उसकी निराला में कमी नहीं। बेशक वह फलों-लदे पेड़ की छाँव में अंगराइयाँ लेने गए, परन्तु तब भी अपना उद्देश्य भूले नहीं क्योंकि उन्हें नित्य-अनित्य वस्तुओं का विवेक है; ऐहलौकिक एवं पारलौकिक फलों के भोग से विराग है, साथ ही शम, दम, उपरति, तितिक्षा, समालून और श्रद्धा-रूपी छह प्रकार की सम्पतियों से मोक्ष की इच्छा के सफलीभूत होने का मार्ग बहुत पहले मालुम हो चुका है। वह शुद्ध चैनन्य स्वरूप जीव और ब्रह्म की एकता (non-duality) को वेदान्त की प्रमेय जान चुके हैं, अब उन्हें 'सामित्पाणि' होकर किसी ब्रह्मनिष्ट श्रोत्रिय के पास जाने की आवश्यकता नहीं रही।

अब कोई रास्ता खाली न रहा कब पावों के डग-मगा उठने का सवाल पैदा होता ? जकड़ने-वाली शृंखलाएँ झनझना कर टूट गईं, क्षितिज ज्यों परिधि पार कर गया ! हर घड़ी मुक्ति का नशा-सा छाया रहता। नई रश्मि-रेखाओं में उघरती हुई दृष्टि ने अपने भविष्य का जो रूप देखा, स्वयं निर्माण भी कर लिया।

मेरे ही अविकसित राग से
विकसित होगा बन्धु दिगन्त !
अभी न होगा मेरा अन्त !1

मूषक-वृतिवाले महत्त्वाकांक्षी अपने चोखे दाँतों से निराला काव्य को परत दर परत कुतरते रहते हैं, उदासीनों और निष्प्राणों पर से निराला की निरन्तरता और तीव्रता अचानक ही बह जाती है और जो पर्वत की फटती हुई छाती नहीं देख सकते उन्हें रस के निराले स्रोत दिखेंगे भी तो कैसे !

एक महान प्रकाश के क्रमिक आविर्भाव (Gradual dawning of a great light) का आभाष निराला के तरुण तमालवन में है। उस अंधेरे में उनकी उजली मुस्कान किसी

की भी आँखें चुँधिया देती है । सँभल-सँभल कर, बहुत मुलायमियत से तरल तिमिर में तैरना होगा, ...बुदबुदा कर आगाह किये देती है । मिट्टी के ऊपर-ऊपर बहती हुई हवा । बौद्धिक लड़ाई लड़ने की चुनौती यह नहीं देती, इसे किसी से लाग-डाँट नहीं । तभी इसे सामग्रिक-जीवन (Integral life) की काम चलाऊ की व्याख्या भी नहीं भिंगोती । फिर भिंची मुट्ठियाँ हवा में हिला-हिलाकर जोर-जोर से चींखने चिल्लाने से भी क्या ? हरी बेल की कोरी तुमड़िया सब तीरथ करि आई ।

अपने तईं कोई रंग स्वच्छन्द (absolute) नहीं, सापेक्ष है; केवल नहीं; परिवर्त्तनीय है; किन्तु मन की व्याकुलता किस टुंटे को टोहती है, प्राणों की व्यग्रता किस छाया तरु की छहरीली छाँह में बाँह फैलाकर नींद लेने कहती है ! रंग चूना या रंग उड़ना इसी पर निर्भर करता है । यों तो योग क्षेम के लिये भी योग का अभ्यास किया जा सकता है, अवश्य उससे योग का उद्देश्य पूरा न होगा ।

जीवन का वैयक्तिक अस्तित्व न स्वीकारे, उसे एक व्यापक प्रवाह मात्र मान ले, तो किसी की जीवनी--जो आत्मिक उन्नति के लिये किये गए व्यक्तिगत प्रयासों की समष्टि हुआ करती है, निरी बक-बक कहलाए !

कहते हैं, जैसे किसी फूल की एक अपनी गन्ध है, किसी मनुष्य का निजी व्यक्तित्व भी कुछ-कुछ वैसे ही होता है ।

निराला के वास्तविक व्यक्तित्व को उनके अन्तर्यामी ही जाने । जिसे हम जानते हैं वह कदाचित् उनका वांछित व्यक्तित्व है-हमारे समक्ष अत्यन्त यत्नपूर्वक विन्यस्त उनके उद्‌बुद्ध जीवन और प्रबुद्ध वाणी की विशिष्टता से ओतप्रोत ।

आज की जिंदगी उकताहट भरे सफर जैसी है, हम किसी भी दिलचस्प जिंदगी की पूरी और सारी सादगी और शान्ति के साधारणीकरण में अक्षम हो, किसी के सतत संघर्ष, टूटन और बिखराव पर झूम-झूम कर बरसते हैं । ऐसे, कहना न होगा, निराला व्यक्तित्व छूट जाता है और हम उसमें अपनी सूझ-बूझ का मामूली सा हिस्सा गला कर तृण तोड़ते हैं कि लो, वह अटूट लौह व्यक्तित्व ही टूट गया !

निराला टूटा तो टूटने से रहा कौन ?

Holmes के साथ सोचने पर मुझे विद्यारण्य याद आते हैं; जिन्होंने धूलिधूसर धूमिल कार्यकलाप को विलास कहा है और उसका सम्बन्ध बद्धमूल अज्ञान से जोड़ा है, जो कि नि:शेष अनर्थों का एक अकेला कारण हुआ करता है कि चिकित्सा-विहीन विषय में किसी की प्रत्ययैकतानता निराला जैसी हो । निराला के चेहरे पर लापरवाही दिखती है घबड़ाहट नहीं । जो बीजा वह काटा--जैसी अविकल्प लड़खड़ाहट नहीं, ऐसी लयात्मक स्थिरता कि उसके आकाश का छोटे-से-छोटा एक तारा भी बेसुरा नहीं गा रहा ।

यह व्यक्तित्व कवि-कल्पित या अवास्तविक नहीं हो सकता । जीवन से असंगत और असदृश हो तो अंधेरे का जुगनू हो सकता है, धूल-धूप में एक सा निष्कम्प-प्रभ सूर्य कैसे होगा ?

कहना न होगा, निराला का यह आकांक्षित व्यक्तित्व उनकी अपनी ही व्यथा की चोट से गढ़ा गया है। इसने विश्वव्यापी वेदना को अपनी विकल-विह्वल रश्मियों से बांध कर ज्योतिष्मति उन्मुक्ति दी है। अब इसकी आर्त, किन्तु गहन अन्तर्वेदना जन जन के पंकिल मन में कमल बन कर विकसित हो रही है।

क्योंकि, इसकी विशद दृष्टि में सर्वजन का समग्र जीवन उद्‌भासित हुआ है। कहीं रूप का निर्झर-झरा है कहीं अरूप का आलोक फैला है!

क्योंकि इसका एक-एक शब्द श्रुति-संवेदना (Auditory sensation) और दृष्टि संवेदना (visual sensation) का ही उद्दीपक नहीं है, गन्ध स्पर्श और रस-संवेदनाएँ जगाने की भी अपूर्व क्षमता रखता है, कोई भी विमर्श रूप, मन और निश्चयात्मिका बुद्धि से इसे आप देखें सुनें, पहचानें और महसूस करें! निजी और नितांत एकांत–मानो मन को भाव संवेदना की सीप में ढाल देता है। उसकी अनन्वयता को लक्ष्य कर कहना होगा-

बहुशः प्रलपन्तु बावदूकाः
त्वयि सादृश्यमनेकरुप्यभाणम्
वयमद्‌भुतकान्ति रूप वेषै
र्भवदौपम्यनिरूपिकां न विद्मः

गूंज उठाती हुई खामोशी, आड़ में खड़े पहाड़ को कोई आप ही सुने देखे!

निराला के पिता पंडित रामसहाय तिवारी की पहली पत्नी का नाम रुक्मिणी था। उनसे कोई संतान नहीं हुई थी। जब वह बंगाल पुलिस में भर्ती हुए, तब रुक्मिणी स्वर्ग सिधार चुकी थी। इधर १६अगस्त, सन् १९५६ को निराला सदल-बल पहली और अंतिम बार इलाहाबाद से फतेहपुर गए थे। इसी फतेहपुर जिले के चांदपुर गाँव की उनकी अपनी अनामिका माँ थी। उस यात्रा के दौरान निराला ने डा० शिव गोपाल मिश्र से अपने ननिहाल की फिर-फिर चर्चा की थी। निराला अभी मुश्किल से तीन चार के थे, जब उनकी चाँदपुर की अनामिका माँ का स्वर्गवास हुआ था।

'सुकुल की बीबी' कहानी में जिस माँ का उल्लेख है वह सगी माँ नहीं गढ़ाकोला की चाची या महिषादल के ज्वाला प्रसाद शुक्ल की पत्नी जैसी कोई धर्म माता थीं।

क्रन्दन से चिहुँक कर भेंटता हूँ कि इतनी कच्ची उम्र में माँ की मौत का सदमा अकेले मुझे ही नहीं मेरे दोनों रहबरों–निराला और पृथ्वीराज को भी उठाना पड़ा था–सालति है नटसाल-सी क्यौहू निकसति नाहिं।

तब भी ऐसे ही निराला के झोपड़े के सामने की सड़क बटोहियों को बटोरे रहतीं थी, दाएँ-बाएँ खड़ी झुग्गियाँ आपस में काना-फूसी करती रहती थीं। वहाँ कुछ नहीं होता था तो बस नटखट निराला अटपटापन पी कर उमड़ने वाला किसी का मगन मन!

वही निराला अन्त तक अकेला रहा। उसके सामने की सीधी सड़क भीड़-भाड़ में डूबी रही, जिससे उसकी आवाज अनसुनी ही लौट-लौट आई। सब दिन पेट के लाले पड़े रहे। सीधी सड़क वाले कहाँ से कहाँ निकल गए। निराला के ही नक्शेपा से जो

भले ही नई-नई पगडंडियाँ बनीं, वे भले ही पा-प्यादे चलने वालों के काम आई हों, सर्र से निकल जाने वाली सवारियों ने तो उधर रुख तक न किया, और जब से दुनियां है, जमाना सरसराती हुई सवारियों का ही रहा ।

फौजी जमादार राम सहाय तिवारी असहाय निराला पर भरकस प्यार बरसाते सड़क के दोनों ओर छाँह फैलाए हुए पेड़ की तरह अपने ही ऊपर धूल-धूप सहते कि सूरज से सूरज न टकराए; हीरे पर धूल न जमे ! जो बालक अतीन्द्रिय वस्तु को ध्रुव सत्य मान कर उसकी उपलब्धि के निमित्त अपना सर्वस्व होमने वाला था, उसकी प्राथमिक सुरक्षा के लिये पिता की वात्सल्य-विह्वलता देखते बनती थी । मानव जीवन का सर्वोच्च लक्ष्य जिसे पृथ्वी पर आँख खोलते ही दिखने लगा था; दुस्तर वासनाओं का ग्रास होते होते जो अप्रतिहत ऊपर उठता हुआ अविचल आध्यात्मिक शिखरों पर अपनी अगम ज्ञान-राशि में समुद्भासमान होने वाला था, उस विराट की वामन बाल लीला के लिये उन्मुक्त आकाश और विशुद्ध प्रकाश की तलाश करते पिता थकते न थे ।

ग्यारह की उम्र में निराला का उपनयन-संस्कार हुआ । वर्ण-आश्रम के अभ्युदय काल में उपनयन-संस्कार वेदाध्ययन के द्वार उद्घाटित करता था । निश्चय ही निराला ने कालान्तर में वेदाध्ययन भी किया, अवास्तविक (apparent) जीवन को वास्तविक, धन्य-जीवन[१] (Blessed life) बनाने के निमित्त कठोर तपस्या भी की; किन्तु अभी तो यह व्यवस्थित स्कूली शिक्षा की ओर अग्रसर करने का माध्यम भर बन सका ।

१९०७ ई० में बंगला-मातृभाषा वाले महिषादल के उच्च विद्यालय में निराला की अँग्रेजी शिक्षा का आरंभ हुआ जो मैट्रिक की परीक्षा में गणित में अनुत्तीर्ण होने तक ज्यों-त्यों चली । इस अवधि में उन्होंने अंग्रेजी बंगला के अलावा हिन्दी-संस्कृत में भी अच्छी योग्यता अर्जित कर ली ।

मैंने निराला के समान शब्दों के पूर्ण उच्चारण और छन्दों को अस्खलित गति के साथ संस्कृत श्लोकों का पाठ करते पण्डित-प्रकाण्डों तक को नहीं सुना है ।

अभी निराला नवीं कक्षा तक ही पहुँचे थे कि उनका विवाह हो गया (१९११ ई०) और उसी के साथ लिखने-पढ़ने का स्कूली सिलसिला भी प्रायः समाप्त हो गया । वह कई वर्षों के व्यवधान के बाद मैट्रिक की परीक्षा में बैठे थे और साहित्यिक अभिरुचि के गहन और आत्यन्तिक हो जाने के कारण[२] गणित के पत्रों में पद्माकर के चुहचुहाते कवित्त-सवैए लिखकर जैसे उन्होंने इस हिसाबी-किताबी संसार को अपने भविष्य के जीवन के ध्रुवतारे का अता-पता बता दिया । खेल-कूद प्रतियोगिताओं में निराला आगे रहते । व्यायाम और अखाड़े-

---

१. धन्य जीवन कहाँ मातः प्रभात धन !

गीतिका

२. मैं कवि हो चला था फलतः पढ़ने की आवश्यकता न थी । प्रकृति की शोभा देखता था । कभी -कभी लड़कों को समझाता भी था कि इतनी बड़ी किताब सामने पड़ी है, लड़के पास होने के लिये सर के बल हो रहे हैं; वे उद्भिद् कोटि के हैं । लड़के अवाक्

बाजी के शुरू से ही शुरू से ही शौकीन रहे । संगीत-विद्या के वाद्य और गायन दोनों विधाओं पर उनका समान अधिकार था । नाटकों में अभिनय भी किया करते थे । अवधी, ब्रज, हिन्दी, बंगला, अंग्रेजी में धारा प्रवाह बोल लेते थे । उद्भाविनी प्रतिभा बंगला और ब्रज-अवधी-खड़ी-बोली में उनसे शुद्ध सुन्दर तुकबंदियों की सृष्टि भी कराती रहती थी कि जिन के भ्रूण से आधुनिक हिन्दी कविता के प्रतीक-पुरुष का आविर्भाव होने वाला था ।

दृष्टि से मुझे देखते रहते थे, मेरी बात का लोहा मानते हुए । पर मेरा भाव बहुत दिनों तक नहीं रहा । जब आठ-दस रोज इम्तहान के रह गये, एक दिन जैस गाड़ी छूटने लगी । ख्याल आते ही कि फेल हो जाऊँगा प्रकृति में कहीं कविता न रह गई । संसार के प्रिय मुख विकृत हो गए, पिताजी की पतित मूर्ति प्रेत की जैसी भयंकर दिखी; माताजी कि स्नेह की वर्षा में अविराम बिजली की करक सुनाई देने लगी, वंश मर्यादा की रक्षा के लिये विवाह बचपन में हो गया था-नवीन प्रिया की अभिन्नता की जगह बंकिम दृगों का वैमनस्य-हलाहल क्षिप्त होने लगा; पुरजनों के प्रगाढ़ परिचय के बदले प्राणों को पार कर जाने वाली अवज्ञा मिलने लगी ।

किताब उठाने पर भय होता था, रख देने पर दूने दबाव से फेल हो जाने वाली चिन्ता । फलतः कल्पना में पृथ्वी-अंतरिक्ष पार करने लगा । कल्पना की वैसी उड़ान आज तक नहीं उड़ा । वह मसाला ही नहीं मिला । अन्त में निश्चय किया, प्रवेशिका के द्वार तक जाऊँगा, धक्का न मारूँगा, सभ्य लड़के की तरह लौट आऊँगा ।

अस्तु, सबके साथ गया । और-और लड़कों ने पूरी शक्ति लगाई थी, इसलिये परीक्षाफल के निकलने से पहले, तरह-तरह से हिसाब लगा कर अपने-अपने नम्बर निकालते थे; मैं निश्चित, इसलिए निश्चिंत था । मैं जानता था कि गणित की नीरस कापी को पद्माकर के चुहचुहाते कवित्तों से मैंने सरस कर दिया है फलतः परीक्षा-समुद्र-तट से लौटते वक्त दूसरे तो रिक्तहस्त लौटे; मैं दो मुट्ठी बालू लेता आया । घर में पिता, माता, पत्नी, परिजन सबके लिये आवश्यकतानुसार उसका उपयोग किया ।

मेरे अविचल कण्ठ से यह सुन कर कि सूबे में पहला स्थान मेरा होगा-अगर ईमानदारी से पर्चे देखे गए, लोग विचलित हो उठे । पिता जी तो गर्व से गर्दन उठाये रहने लगे । पर ज्यों-ज्यों फल के दिन निकट होते आए, मेरी आत्मा की वल्लरी सूखती गई । वह जगह मैंने नहीं रक्खी थी कि पिताजी एक साल के लिए माफ कर देते । घर छोड़े बगैर निस्तार न देख पड़ा ।

एक दिन माताजी से मैंने कहा-''जगतपुर के जमींदारों ने बारात में चलने के लिए बुलाया है; और ऐसा कहा है, जैसे मेरे गए बगैर बारात की शोभा न बन पड़ती हो ।'' जमींदारों के आमंत्रण से माताजी छलक उठीं । पिता जी को पुकार कर कहा-''सुनते हो, तुम्हारे सपूत जमींदारों के यहाँ उठने-बैठने लगे हैं; बारात में चलने का न्योता है ।''

पिता जी प्रसन्नता को दबाकर बोले-''तो चला जाय; जो कहे, कपड़े बनवा दो और खर्चा दे दो !'' एकांत में पत्नी जी मिलीं, बड़ी तत्परता से बोलीं-''वहा नाच देख कर भूल ना जाइयेगा ।''

इस प्रकार विभिन्न दिशाओं में प्रसारित होने वाली उनकी सहज सहस्रधात्मा शक्ति जब अपना आलोक निखार रही थी, तब फिर सींध बाँधने के बजाय गणित के सींग पर मारने की क्या वजह हो सकती थी ?

निराला लय के पक्के रहे । ताल की एक-एक मात्रा पर उनका स्वर सधा था । मात्रिक-वर्णिक छन्दों में वह स्वर-व्यंजन की गिनती करते थकते न थे; फिर क्यों उन्हें गणित एक आँख न भाया ? मैं कहूँ,–गणित के ऊँपट डाल कर उनकी असफलता का सन्धान निरा गाल बजाना होगा !

परमहंस देव भी पाठशाला के प्रमुख छात्र थे । उनकी मेधा अद्‍भुत थी, किन्तु कोई

''राम भजो'', मैंने कहा–''क्व सूर्य प्रभवो वंशः क्व चाल्प विषया मतिः ।''

''मैं इसका मतलब भी समझूँ ?'' वह एक कदम आगे बढ़ कर बोली, मन में निश्चय कर कि तुलना में मैंने उन्हें श्रेष्ठ बतलाया है, समझ कर मैंने कहा–''कहाँ तुम्हारी बाँस-सी कोमल दुबली देह से सूरज का प्रकाश वह जहर की भरी मोटी रंडी ।''

''चलो'' कह कर वह गर्व-गुरु-गमन से काम को चल दीं ।

समय पर कपड़े बने, और खर्चा भी मिला । पश्चात् यथासमय, जगतपुर के जमींदारों की बारात के लिये रवाना हो कर कुछ दूर से राह काट कर ऐन गाड़ी के वक्त मैं स्टेशन पहुँचा । वहाँ ससुराल का टिकट लिया । रास्ते भर में खासी मुहर्रमी सूरत बना ली । ससुरालवाले देखते ही दंग हो गए । ससुर जी, सास जी और-और लोग घेर कर कुशल पूछने लगे । मैंने उखड़ी आवाज में कहा–''गाँव में एक खेत के मामले में फौजदारी हो गई है । दुश्मनों में कई घायल हुए हैं; इसलिये पिताजी की गिरफ्तारी हो गई है । गिरफ्तार होते वक्त उन्होंने कहा है, अपने ससुर जी से विवाह के क़रार वाले बाकी ३०० रुपये लेकर, दूसरे दिन जिले में आकर जमानत से छुड़ा लेना ।''

ससुर जी सन्न हो गए । सासु जी रोने लगीं, और-और लोगों को काठ मार गया । ससुर जी के पास रुपये न थे पर सासु जी घबराई कि ऐसे मौके पर मदद न दी जायेगी, तो त्रिपाठी जी कैद से छूट कर अपने लड़के की दूसरी शादी कर लेंगे । इस विचार से नथ, करधनी, पायजेब आदि कुछ गहने रेहन कर १५० रु० मुझे देते हुई बोलीं–''बच्चा, इससे ज्यादा नहीं हो सका । हम तो तुम्हारे सदा के ऋणी हैं, फिर धीरे-धीरे पूरा कर देंगे । त्रिपाठी जी से हाथ जोड़कर हमारी प्रार्थना है ।''

मैंने उन्हें सांत्वना दी कि बाकी रुपये लेने मैं उनके घर कभी न आऊँगा । एक विपत्ति की बात थी, वह इतने से टल जायेगी । सासु जी मारे आनन्द के रोने लगीं । मैंने बड़ी भक्ति से उनके चरण छुए और यथासमय स्टेशन आ कर कलकत्ते का टिकट कटाया ।

यहाँ से मेरे नए जीवन की नींव पड़ी । मैं ज्यों-का-त्यों एक बार धोका खाकर बराबर धोखा खाता रहा । एक परीक्षा की तैयारी न करके कभी पास न हो सका–कितनी परीक्षाएँ दीं ।

–निराला

उन्हें गणित पढ़ा कर देखता ! वह भाव नाट्य में, भावाभिनय में स्वयं तदाकार हो जाते थे; नाटक देखने के शौकीन तो अन्त तक बने रहे; देवी-देवताओं की मूर्तियाँ एक कला-कोविद की भाँति गढ़ लेते थे; पुराणों की धार्मिक कहानियाँ सुनते-सुनाते अघाते न थे । यह सब तो था ही; बस, गणित में अभिरुचि उत्पन्न करना असम्भव था । निराला के लिये शैशवावस्था में मातृवियोग और नवयौवन में पत्नी तथा पिता के वियोग जैसे-आकस्मिक या अकारण न थे-उनकी काव्य-साधना में तीव्रता लाने के लिये ही उन्हें यह कठोर कृपा प्राप्त हुई थी । उसी प्रकार हिसाबी-किताबी बन कर चित्रगुप्त की कचहरी में अपनी बेबाक जिन्दगी का जाली दस्तावेज पेश करना कदाचित् उनकी सतत् साधना का साध्य न था ।

मन-लिप्त उर्वरक से लहलहाती सभ्यता और चंदन-चर्चित श्यामायमान संस्कृति का निगूढ़ अन्तर हिन्दी के मुक्त जन न जानें, वह मधुशाला से लौटे दार्शनिकों की बच्चों की-सी बातों में आ जाएँ अपनी दुर्योधनी दृष्टि से युधिष्ठिर की द्यूत-दुर्बलता पर प्रवचन करें तो उन्हें कौन रोक सकता है ? गणित की मदद से वह अभावों के सही व-कलम-खास आँकड़े पेश कर सकते हैं; किन्तु शुकदेव, चैतन्य, राम-कृष्ण-जैसे प्रज्ञा की मशाल जलाए हुए उन्मत्तों को धुएँ मे लपेटने का इनका प्रयास देश-काल से अवच्छिन्न तथा पूर्वाग्रही होने के कारण उपहासास्पद ही होगा ।

पण्डितराज को किस विवशता में लिखना पड़ा होगा : 'वने पुष्पफलाकीर्णे पुरीषमिव सूकरः' ।

आज भी इसकी प्रासंगिकता को चुनौती नहीं दी जा सकती ।

कीचड़ में पड़े कमल की ज्ञान-भानु से ही आँख अटकी,[१] तम-प्रेमियों को इस ओर आँख उठा कर देखने की फुर्सत कहाँ ?

---

१. यौवन-मरु की पहली ही मंजिल में,
अस्थिर एक किरण-सी झलकी आशा,
मैं क्या जानूँ है यह जितनी सुन्दर,
भरी हुई उतनी ही तीव्र पिपासा ।
छिपकर आई, क्या जाने क्यों आई,
शायद सब पर ऐसे ही आती है ।
चमक चौंककर चकचौंधी में सबको
डाल, खींचकर बल से ले जाती है ।
तृष्णा मुझमें ऐसे ही आई थी,
सूखा था जब कंठ बढ़ी थी मैं भी,
बार-बार छाया में धोखा खाया,
पर हरने पर प्यास पड़ी थी मैं भी ।
धीरे-धीरे एक बाग में आई,
भरा हुआ तालाब एक था पाया
दूर देख कुछ सोई मैं छाया में,
जागी तब न प्यास थी और न माया ।

बन्द कमरे का वहशी चौरस्ते की जिन्दगी पर चौकी बैठाता और चौचंद पारता है, बला से ।

किसी साधु-संन्यासी के बदन पर चाहे जितनी राख मली जाए वह जोकर नहीं बनता । हाँ, बिल्ली के भागों छींका टूटने पर वह परमार्थ का पाठ पढ़ाए या कोई छुटा छरिन्दा देवालय में घुसने पैठने की हिमाकत करे तो उस खुदगर्ज पर बेशक कड़ी निगाह रखनी पड़ेगी । यों तो चाहे किसी महापुरुष की ही लाश क्यों न पड़ी हो, कुत्ता उसे नोचने-घसीटने से कभी बाज नहीं आएगा ।

१९७६

महाकवि निराला और मैं

जीवन भर निराला स्नेह बांटते-लुटाते रहे, मगर जब खुद से मुखातिब हुए, तब यही लिखा :–

"मुझे स्नेह क्या मिल न सकेगा ?
स्तब्ध, दग्ध मेरे मरु का तरु
क्या करुणाकर खिल न सकेगा ?"

x x

"स्नेह निर्झर बह गया है,
रेत ज्यों तन रह गया है !

जीवन का यह विरोधाभास उनकी काव्य साधना में भी सर्वत्र विद्यमान है । उनकी परस्पर-विरोधी अनुभूतियां बड़े-बड़े को चक्कर में डाल देती हैं :–

"खण्डित करने को भाग्य-अंक
देखा भविष्य के प्रति अशंक !"

x x

"दुख ही जीवन की कथा रही,
क्या कहूँ आज, जो नहीं कही !"

निराला की बहिर्मुखी और अन्तर्मुखी प्रवृत्तियां एक समान जागरूक थीं । उनके बाह्य संघर्षों को लक्ष्य किया जाता, पर उनके अन्तःसंघर्ष तो और अधिक तीव्र तथा सबल थे । वह कुछ करना भी चाहते थे और कुछ होना भी ।

कविता करनेवाले बहुतेरे हैं, निराला, कबीर, सूर, तुलसी की परम्परा में आकर अमर हो गए । उनका कृतित्व फिर-फिर आलोचित होगा, उनका व्यक्तित्व फिर-फिर विवेचित; पर निराला सूक्ष्म-से-सूक्ष्म तत्त्वों के आलोचक-विवेचकों से भी यह कहने के हमेशा हकदार बने रहेंगे :-

"हूँ दूर, सदा मैं दूर !"

निराला के निकट संपर्क में मैं सन् '३५ में आया । काशी हिन्दू विश्वविद्यालय का विद्यार्थी था । छात्रावास में रहता था । अभी बस दो-चार पत्रों का आदान-प्रदान मात्र हुआ था कि एक दिन आचार्य श्री नन्ददुलारे वाजपेयी के साथ निराला मुझे ढूँढ़ते हुए आ गए ।

वे दिन थे, जब निराला का प्रताप मध्याह्न की ज्योति में था ।

मैं तब हिन्दी कविता की वर्णमाला सीख रहा था । दूसरों का, उपहास के योग्य,

अनुकरण करता था । एक दिन बच्चन जी आचार्य सीताराम चतुर्वेदी जी के साथ छात्रावास के ऊपरी हॉल में तशरीफ लाए और ईरानी नूर के प्याले ढुलका गए तो उस रात उन्हीं की नकल उतारने लगा ।

फिर एक दिन निराला के 'तुलसीदास' की शामत आई । मैंने उस छन्द में उन्हीं पर एक कविता लिख डाली :

शेली-रवीन्द्र-नन्दित-निनाद
हिन्दी-उर्वर-उर पर अबाध
छवि-छायावाद-अगाध-जलधि-जल छाया,
उसकी चंचल लहरों में स्थिर,
गुरु-ग्राह-मकर-कर से घिर-घिर
पौरुष-प्रगल्भ कवि एक लभ्य-चिर आया !
परिपुष्ट-काय अनपाय-द्योति,
तम-तोम-होम-कर-ज्वलज्ज्योति,
भारती-आरती, सुधा-ज्योति लौ-विभ्रम
उद्दाम-प्रतिभ अतिशय प्रशान्त
आयत-दृग दीप्त-ललाट कान्त
परतेजोऽसह श्री सूर्यकान्त रवि-मणि-सम !

क्या इसी प्रशस्ति पर रीझ कर वह खिंचे चले आए थे ? नहीं निराला ऐसे न थे । उन्होंने तो पूरी कविता पढ़ कर इसे न छापने की ही नेक सलाह दी थी । फिर उनके इस अप्रत्याशित स्नेह का कारण क्या था ?

मैंने सत्ताईस-अठाईस वर्षों में जो समझा, मेरे विचार से उसका कारण यह था कि निराला के दिल और दिमाग में एक मकम्म्लि संघर्ष छिड़ा रहता था । साहित्य और कला के विश्वजनीन विकास के लिए उनका दिमाग पच्छिम के आसमान में उमड़ता-घुमड़ता था, पर उनका दिल रूम-झूम कर भारत की भूमि पर ही बरसता था ।

सन् '३५ के प्रारम्भ मे मेरी संस्कृत कविताओं के प्रथम संकलन 'काकली' का प्रकाशन हुआ था । उसमें परम्परा के श्लोक भी थे और परम्परा से हट कर लिखे गए, गीत, सेटायर और मुक्त छन्द भी । निराला ने पढ़ा तो फड़ककर लिखा– **'मैं इसमें अपने तारुण्य की नई पहचान पाकर चकित हो गया ।'**

वह आए थे उसी चमत्कारी का कार्टून देखने । हाय रे ! मेरे सारे प्रयोग भी तो उन्हीं के थे ! वर्ना मेरी क्या मजाल कि संस्कृत की लौह शृंखला को झकझोर कर झनझना देता ।

मैं साहित्याचार्य, वेदान्ताचार्य और शास्त्राचार्य हूँ, इस कारण मेरे नाम के आगे 'आचार्य' विशेषण नहीं जुड़ा । यह दान भी निराला का ही है । उन्होंने अट्ठारह की उम्र से मुझे 'आचार्य' कहना शुरू कर दिया था । एक बार मैंने लिखा भी था : 'निराला जी, आचार्य

कह कर आपने एक बच्चे को बूढ़ा बना दिया।''निराला-विश्वविद्यालय' की वही 'आचार्य' उपाधि आज मेरी एकमात्र ढाल है, कैसी-कैसी तलवारें हैं यारों के पास !

काशी नागरी-प्रचारिणी सभा में गुप्त जी की स्वर्ण-जयन्ती मनाई जाने लगी तो वह मुझे देखने के लिए बुला ले गए। प्रसाद जी और राय कृष्ण दास जी पहली पंक्ति में बिराज रहे थे। निराला ने अपने साथ मुझे वहीं बिठलाया। यथासमय स्वयं गुप्तजी की काव्य-कला पर बोले और भाषण समाप्त करते-करते एक शिगूफा भी छोड़ दिया कि अब आचार्य जानकीवल्लभ शास्त्री गुप्त जी पर संस्कृत में भाषण करेंगे। सुनकर मैं पानी-पानी हो गया, पर बचने का कोई उपाय न था। धारा-प्रवाह संस्कृत में, मुँह में जो आया, बोलता चला गया। लौटने पर उस दिन प्रसाद जी का जो प्रसाद मिला वह अन्त तक समृद्ध ही होता रहा।

निराला जब कभी काशी आते और हरिऔध जी, प्रसाद जी या विनोदशंकर व्यास जी के यहाँ जाने लगते जो मुझे अवश्य अपने साथ ले जाते। किसी गोष्ठी में जाते और कोई बड़ी कविता सुनाते समय अटकते तो मेरी ओर देखते थे। मैं आगे के बन्द बोल देता था। उन दिनों उनकी सारी कविताएँ मुझे बरजबान याद थीं।

'गीतिका' के प्रकाशन के समय निराला एक लम्बे अरसे तक काशी में पंडित वाचस्पति पाठक के घर ठहर रहे थे। मैं लिखना-पढ़ना छोड़ कर अधिक-से-अधिक समय तक उन्हीं के पास बैठा रहता था। कैसे-कैसे लोग उनसे मिलने आते थे, कैसी-कैसी बातें वह कहते सुनते थे, मेरा कुतूहली शैशव उनमें रस लेने का प्रयास करता था।

एक बात मैं तब भी समझता था और अब भी समझता हूँ कि उनकी सारी बातें किसी की भी समझ में कभी नहीं आईं, पर उन्हें सुनते सब बड़ी दिलचस्पी से थे।

स्वच्छन्दता निराला की प्रकृति में थी। वह उनके भी कायल न थे जिनके नाम की माला जपते थे। उनकी विनम्रता भी निरभिमान न थी—माँ से चरण-राग-रञ्जित मरण मांगते समय भी वह कह सकते थे :-

"प्राण-संघात के सिन्धु के तीर मैं
गिनता रहूँगा न कितने तरंग हैं,
धीर मैं ज्यों समीरण करूँगा तरण !
दे मैं करूँ वरण !!"

पर उनका स्नेह निश्छल था। उसमें उस नाटकीयता का सर्वथा अभाव था जो शिष्टता और व्यावहारिकता में फूलती-फलती है। उनकी निश्छलता ग्रामीणता के स्तर की थी जो किसी समय नागरिक को खटक भी सकती थी। अनगढ़ निराला की निर्मल मलिनता से बिगड़-खड़े हुए को निश्चय ही पन्त और महादेवी की सुरुचि से सन्तोष होता था।

उनका आवास शामेगरीबां के ऐसा था। जिसमें हर रम्माज मुसलसल सफर की थकन मेटने के खयाल से आता और उनके अविरत, अक्रम श्रम से प्रेरणा ग्रहण कर अपना फलसफा बदलने पर आमादा हो जाता।

उनके तलवों में बिवाइयां फटी होतीं, पावों में मैल के पर्त्त पर पर्त्त बिछे होते।

लुंगी गन्दी रहती, पर होठों पर मुसकान ऐसी खिलती, आँखों से रोशनी ऐसी फूटती और आईने-सा पारदर्शी अन्तर ऐसा चमकता कि जीवन-साहित्य का एकमात्र सच्चा अलंकार विरोधाभास ही प्रतीत होता ।

प्रकट कारण के अभाव में भी वह भाव-विभोर से देर-देर तक हँसते थे । उस समय उनके कपोल शिशुओं के-से सुर्ख हो जाते थे । ऐसे ही खामोश होते तो घड़ी-दो-घड़ी बुत बने रहते और फिर बोलते तो जैसे गंगा-जमुना के संगम पर चिरलुप्त सरस्वती सहसा उमड़ पड़ती ।

मैं रोदां होता तो निराला को देख लेने के बाद कोई और मालन ढूंढ़ता; रोरिक होता तो हिमालय का सबसे ऊँचा शिखर इतने दिनों तक विश्व की आँखों से ओझल न रहता ।

मैंने लगभग तीस वर्षों तक कैसी-कैसी और कितनी-कितनी मुद्राओं में निराला को देखा ! किसी और का हृदय होता तो चित्राधार बन जाता । मगर मैं तो एक शब्द-चित्र भी न आंक सका ।

निराला ने जितने पत्र मुझे लिखे थे[१] उतने शायद किसी एक को नहीं मगर मेरी गरीबी ऐसी कि न मैं उन्हें छिपा सका, न छपा सका । गरीबी में प्रतिभा जल जाती है; जवानी ढल जाती है और सही मूल्यांकन करने के पूर्व निराला चला जाता है । क्या हुआ, कुछ पत्र भी सहृदय मित्रों के हाथों गायब हो गए । फिर भी अभी सौ डेढ़ सौ मेरे अभिमान के प्रमाण-पत्र हैं । उनमें कुछ निबन्धों-जैसे हैं । पत्रों के साथ चित्र और चित्रों के साथ, उनकी हस्तलिपि में कितनी ही छोटी-बड़ी कविताएँ । उनकी सुन्दर लिपि में वे कविताएँ ब्लॉक बनने के योग्य हैं ।

और तो और, उन्हें कहीं कोई मानपत्र दिया गया है तो उसकी प्रति भेजने में भी वह नहीं चूके हैं ।

सन् '३६ में निराला ने मुझे अपनी पढ़ी 'शेली ग्रन्थावली' भेंट की थी, '४२ में अपनी नज्में और गजलों का प्रसिद्ध संग्रह 'बेला' मुझे ही समर्पित किया था और अभी महाप्रयाण के कुछ ही दिन पूर्व अंग्रेजी में एक प्रमाण-पत्र भी लिख कर दिया था ।

पटना और गया के कवि-सम्मेलनों में मेरी कविताएँ सुन कर उन्होंने मुझे चालीस -पचास रुपए इनाम के तौर पर दिए थे । काशी में जब उनकी स्वर्ण जयन्ती मनाई जा रही थी, वह मुझे वे कपड़े पहनाने के लिए व्यग्र हो उठते थे जो उस विशेष अवसर पर उनके पहनने के लिए खरीद कर लाए गए थे । वह जब किसी भी प्रकार मानते न दिखे, मैं पड़ोस के मकान में बेझिझक घुस गयां । दिन में बच निकला तो रात कवि-सम्मेलन में गिरफ्त हो गया । उस कवि-सम्मेलन में बच्चन जी और दिनकर जी में होड़ मची हुई थी । मैंने एक गीत-'किसने बांसुरी बजाई' केदारा में गाकर सुनाया तो निराला जी उठ खड़े हुए और मेरे नाम ढाई-सौ मूल्य का 'मनोहरा' स्वर्ण-पदक घोषित कर दिया । कलकत्ते में हीरक-जयन्ती के अवसर पर उनके सम्मान में आयोजित एक गोष्ठी की अध्यक्षता कर रहा

१. अब 'निराला के पत्र' नामक मेरा ग्रन्थ राजकमल प्रकाशन से प्रकाशित हो चुका है।

था । आयोजकों की ओर से सौ-सवा-सौ रुपयों का एक बटुआ निराला जी को मेरे हाथों अर्पित होना था। मैंने उनकी ओर बटुआ बढ़ाया तो वह सदा की भाँति सगर्व बोले-"मैं क्या करूँगा ? तुम रखो !"

किसी के सुझाव पर रामकृष्ण जी का नाम लिया तो बताया : 'और तुम कौन हो ?'

इसी प्रकार मेरे ब्याह के मौके पर वह बहू के लिए सैकड़ों रुपयों का सामान लेकर आए थे । मनोहरा-पदक तो संयोजकों के उदार उदर का मोदक बन गया, पर ये रुपए निराला ने समय-समय पर मेरी अकिंचनता को दुलराने के क्रम में खरचे थे । मेरी अकिंचनता आज भी वैसी ही है । उनके श्राद्ध के अवसर पर निराला गंज गया तो रास्ते में ही लुट-पिट कर, सर्वहारा बन कर । उन्हीं से सीखे पदों में-

"आमि बेंधेछि काशेर गुच्छ
आमि गेंथेछि शेफालि-माला ।"

मैं न गा सका । बस, गुनगुना सका तो यही-

"तोमार बुके शोभा पावे
आमार दुःखेर अलंकार !"

उतनी बड़ी आँखें रखकर भी निराला कीच और काँच को पहचानने में धोखा खा गए । मेरे मरु-जीवन में उनका स्नेह व्यर्थ बरसा । "फूले फलै न बेंत जदपि सुधा बरसहि जलद"-गोस्वामी जी ने यों ही नहीं लिखा था ।

जैसी करनी वैसी भरनी । अकिंचन का साथ दिया, उसका प्रतिफल कृतघ्नता के रूप में उन्हें जीते जी भी मिला, बाद में भी मिलेगा । किसी भावी सत्ताधारी की प्रतिभा परखी होती तो वह उनके लिए कुछ ऊँची आलोचनाएँ खरीद देता; किसी बड़े पुरस्कार के लिए एक हंगामा खड़ा कर देता ।

सन् '६१ में निराला के श्राद्ध-दिवस पर लिखित ।

-०-

'तुलसीदास' : एक सामान्य समीक्षा

आधुनिक कवियों में 'निराला' ही ऐसे हैं जिनकी काव्य महिमा को लक्ष्य कर उपनिषद् एवं ऑगस्टाइन की निम्नलिखित सूक्तियाँ दुहराई जा सकती है–

"यस्यामतं तस्य मतं, मतं यस्य न वेद सः !"

"If not asked, I know; if you ask me, I know not."

आज हिन्दी में ऐसा कोई दृप्त आलोचक नहीं, जो 'निराला' को समग्रता में समझने का दावा कर सकता हो ! कोई उन्हें अकारण ही ज्ञान वैराग्य सिखलाने लगता है; कोई उनकी एक पंक्ति लेकर पूंजीवाद की मिट्टी पलीद करता है । कोई उन्हें पलायन-पंथी कहकर मेढ़क की तरह साँस फुलाता है तो कोई प्रगतिशील सिद्ध कर माथे का पसीना पोंछने लगता है । तात्पर्य्य यह है कि आलोचक अपने-अपने साँचे में उन्हें जैसे-तैसे ढाल लेते हैं; तोते की रट-रटाए कुछ पारिभाषिक शब्दों को उनकी उक्तियों के साथ खपा देते हैं और फिर चुपके से चलते बनते हैं । किन्तु निराला है, जो बड़े धीरज के साथ अपने सभी समालोचकों को विश्वस्त स्वर में यह कह दे सकते हैं–"हूँ दूर, सदा मैं दूर !"

अमर कृति

कोई भी कलाकार अमरता की पिपासा से कदाचित् ही निर्माण करने बैठता हो । भावनाओं का उच्छल आवेग जब उसे विकल कर देता है, वह उनकी अभिव्यक्ति के लिए जैसे विवश हो जाता है । यह दूसरी बात है कि कभी उसकी किसी रचना की भावनाओं में इतनी भव्यता गौरव-गरिमा या विश्वजनीनता अनुस्यूत हो और उनकी अभिव्यक्ति में इतनी शक्ति एवं अनुभूति हो कि हम उसे अमर कृति कहने के लिए बाध्य हो जाएँ । –निराला का 'तुलसीदास' एक ऐसी ही कृति है ।

आहार्य्य गुणों से जो वस्तु निर्मित होती है, वह अनोखी होने पर भी प्राण-हीन प्रतीत होती है; किन्तु जिसके भीतर कलाकार अपनी साधना के समग्र समारोह के साथ विराजता है; जिसमें उसका व्यक्तित्व पूर्णरूपेण प्रतिष्ठित होता है, वह वस्तु स-प्राण ही नहीं, स-तेज भी होती है ।–'तुलसीदास' एक ऐसी ही वस्तु है ।

यहाँ व्यक्तित्व की बात आती है । ओछा और छिछला व्यक्तित्व भी व्यक्तित्व ही है, कला-कृति में वह भी यथारूप प्रतिफलित होता है; किन्तु तदनुसार ही वह कलाकृति भी ओछी और छिछली होती है । इसके विपरीत जहाँ व्यक्तित्व प्रौढ़ि तथा गाम्भीर्य्य से महिमामय रहता है, वहाँ कला-कृति भी वैसी ही प्रौढ़, गम्भीर और महिमामयी होती है । गम्भीर-से-गम्भीर कलाकार की भी समय विशेष पर हल्की मनःस्थिति (light mood) सम्भव है; किन्तु

'तुलसीदास' निःसन्देह एक परम प्रौढ़ कलाकार की चिन्तन-घन मनःस्थिति में निर्मित गम्भीरतम कला-कृति है ।

ऐसा प्रतीत होता है, जैसे वर्षों से निराला के मस्तिष्क में जो ऊँची कल्पनाएँ पुंजीभूत हो रही थीं; जो घनीभूत भावनाएँ हृदय में द्वन्द्व मचाए हुए थीं, उन सबका सूक्ष्म प्रतिबिम्ब 'तुलसीदास' के आदर्श-पटल पर पड़ गया है । उनके जीवन की जटिलता इसकी भाषा में वाणी पा गई है; उनकी विशृंखल दार्शनिकता यहाँ कड़ी-कड़ी में जुड़ गई है और उनकी नित्य उन्मुक्त भावना इसके छन्दों की कारा में भी आत्मा की मुक्ति को भलीभाँति दरसा सकी है । उनकी मननप्रियता ने इस रचना को अन्तर्मुखी बना दिया है; उनकी जीवन संगिनी उदात्त चिन्तनशीलता ने इसे मनावैज्ञानिक घात-प्रतिघातों से गतिमय आवेग कर दिया है । उनकी सौन्दर्य्य-पिपासु दृष्टि ने इसे प्रकृति और जीवन के संश्लिष्ट चित्रों से सजा दिया है और दिशाकाश को घेर कर छा जानेवाले उनके विशाल व्यक्तित्व ने इसके अण-परमाणुओं तक को महान् बना दिया है ।

'तुलसीदास' में राजनीति के साथ धर्म का और काव्य के साथ दर्शन का अदभुत समन्वय है, इसलिए इसमें शक्ति और सौन्दर्य्य का अ-लोक-सामान्य चमत्कार दृष्टिगत होता है । इसमें एक प्रकृति के साथ दूसरी का सामञ्जस्यपूर्ण सौष्ठव है । एक संस्कृति के साथ दूसरी की द्वन्द्वात्मकता कुछ इस प्रकार चित्रित है कि जड़-चेतन-संघर्ष के परिणामस्वरूप अपने-आप यथार्थ के ऊपर आदर्श का प्रभुत्व प्रतिष्ठित हो गया है । ऐसा नहीं कि आदर्श-प्रतिष्ठा कवि का संकल्पित-पूर्व अनुष्ठान हो ! नहीं, उसने दो स्पर्द्धाशील शक्तियों को पारस्परिक संघर्ष के लिए बेरोक छोड़ दिया है; किन्तु परिणाम में अन्तर्ज्योति बाहरी रंगीनियों पर विजय प्राप्त कर लेती है । 'तुलसीदास' की भौतिक विलास-लालसा जैसे विदेशी वस्तुवाद का प्रतीक है और आध्यात्मिक विजय आर्य्य-संस्कृति की ही विजय है !

इतने सांस्कृतिक आवेष्टनों एवं दार्शनिक चिन्तनों से अनुक्षण अनुप्राणित रहकर भी जो 'तुलसीदास' काव्य-कला के उत्तुंग शृंग पर जा विराजा है; इसमें कवि की भावना और दार्शनिक के विवेक ने जो एक ही सूत्र में सहज भाव से अनुस्यूत होकर लोकोत्तरता ला दी है, वह गम्भीर काव्य के प्रौढ़ प्रेमियों के लिए विशेषतया दर्शनीय है ।

संस्कृति और दर्शन का उल्लेख जान-बूझ कर किया गया है । निराला ने इन दोनों को यहाँ पार्श्व-भूमि की भाँति नहीं ग्रहण किया, अपितु इनके सम्बन्ध में उनके कुछ नए चिन्तन, नए प्रयोग हैं । 'तुलसीदास' को हृदयंगम करने के लिए उनकी इन सभी उपपत्तियों, मान्यताओं, स्थापनाओं से भी भली भाँति परिचय प्राप्त कर लेना चाहिए ।

प्रयोगशाला में निराला

निराला प्रारम्भ से ही साहित्य की प्रयोगशाला में रहे हैं और तभी से नई-नई टेकनीक और नई-नई उद्‌भवानाओं को सहृदय-समाज के सम्मुख प्रस्तुत करते रहे हैं । यह दूसरी बात है कि उनकी वैधानिक विविधता का लोहा मानने पर भी अभी तक उसका स-विधि अध्ययन नहीं किया गया और वैसी विश्लेषणात्मक समीक्षा के बिना व्यापक प्रचार प्रसार भी अपेक्षाकृत अल्प हुआ ।

प्रयोगकर्त्ता दो प्रकार के पाए जाते हैं--एक अपने किसी सफल प्रयोग को लोकप्रिय बनाने के लिए विज्ञापन और प्रचार करते रहनेवाले-उसकी बारीकियों-विशेषताओं की छानबीन करते-कराते शाखा-प्रशाखाओं तक फैल जानेवाले, और दूसरे, प्रथम प्रयोग के पूर्ण होते-होतें दूसरे प्रयोग के द्रव्य-संधान में व्यस्त हो जानेवाले। निराला इसी प्रकार दूसरे प्रकार के प्रयोगकर्त्ता हैं। अपने स्वच्छन्द छन्द के प्राथमिक प्रयोग-काल में उनकी मनोवृत्ति कुछ-कुछ पूर्व प्रकार की भी थी; किन्तु उसके पश्चात् वे निश्चित रूप से दूसरे प्रकार में आ गए। जहाँ तक विविधता का प्रश्न है, प्रयोगकर्त्ता का द्वितीय स्वरूप अधिक श्लाघ्य समझा जा सकता है। उसकी विविध-विध भावनाओं की ग्राहिका शक्ति और तदनुसार उन्हें विविध प्रकार से प्रकाशित करने की निपुणता ठीक-ठीक यहीं समझ में आती है। किन्तु इसमें जमकर काम करने की कम गुन्जाइश रहती है। **इसलिए उनका कोई भी विधि-विधान सुदूर तक पूर्ण प्रभावशाली नहीं हो पाता। जबतक जन-समाज अपनी रूढ़ि का परिष्कार, परिमार्जन करता-करता उसके किसी नवोदित कला-स्तर तक पहुँचने की चेष्टा करता है, तबतक वह अन्य नूतन उद्भावना में पूरी तरह प्रवृत्त हो चुकता है। यद्यपि किसी जीवित भाषा या साहित्य की चेतना इतनी प्रखर होनी चाहिए कि वह ऐसी सारी प्रवृत्तियों को सहज ही ग्रहण करती चले; किन्तु ऐसा अवसर कम आता है। इस प्रकार उसके बहुतेरे प्रयोगों को उतनी ही तीब्रता से सामाजिक प्रश्रय न मिलने के कारण उसे तात्कालिक सफल व्यापकता कदाचित् ही मिल पाती है।** मेरे कहने का तात्पर्य्य तो है नहीं कि साहित्य की प्रगतिशील परम्परा में कभी वैसा स्वर्ण सुयोग नहीं आता जब निष्पक्ष सहृदयता के साथ उसका एक-एक चमत्कारकारी प्रयोग परीक्षित होता हो। नहीं, सुधी-समाज उस समय उसका मूल्यांकन अवश्य करता है और कृतज्ञतापूर्वक विकास के इतिहास में उसे समुचित स्थान प्रदान करता है। लगभग दो हजार वर्षों के बाद कालिदास को गेटे और रवीन्द्रनाथ-जैसे प्राणों की पहचान रखनेवाले मनीषी समीक्षक मिले थे। जो हो अनासक्त निराला ने 'तुलसीदास' वाली कलावृत्ति को भी 'राम की शक्ति-पूजा' लिखने के बाद चलता कर दिया और स्वयं दूसरी ओर मुड़ गए।

स्वच्छन्द छन्द के प्रयोग और प्रचार में असाधारण सफलता प्राप्त करने के पश्चात् कोई दूसरा कवि 'मेघनाद-वध' - जैसा महाकाव्य लिख डालता; गीति-काव्य को तादृश लोकप्रिय बना चुकने के बाद 'सूर-सागर' जैसी अक्षय्य रसनिधि भर देता और 'तुलसीदास', 'राम की शक्ति-पूजा' - जैसी महत्तम कल्पनाओं को सान्दर्य्य की गोचर भूमि में मूर्तिमती बना देने के अनन्तर 'कामायनी' से भी अधिक उच्च-उदात्त उपहार साहित्य-संसार को समर्पित कर देता; किन्तु नई-नई उद्भावनाओं के अद्वितीय अवतार निराला ने ऐसा कुछ भी नहीं किया। वह एक के बाद दूसरे नए साँचे की ही सोचते रहे; नए-नए प्रयोगों में ही अपने को उलझाए रह गए।

'तुलसीदास' और 'कामायनी'

आज सहृदय-समाज में 'कामायनी' की बड़ी धूम है । 'प्रसाद' जी की कतिपय अन्यान्य सुप्रसिद्ध कलाकृतियों से भी इसे अधिक कीर्ति और प्रतिष्ठा प्राप्त हुई है । वस्तुतः मननशील मानव-जाति का चिरन्तन चिन्तन इतने सुचारू रूप से शायद ही अन्यत्र नूतन काव्य में चित्रित मिले ! किन्तु इतने से भी 'तुलसीदास' का उसकी 'पार्श्वच्छवि' बनना दुरन्त दुर्भाग्य ही है । छायावाद-रहस्यवाद की प्रथम प्रौढ़ प्रबन्ध-कृति 'तुलसीदास' है, जिसे किसी सीमा तक 'कामायनी'–की पूर्वपीठिका कहना भी असंगत नहीं है । 'तुलसीदास' में ऐसे कई दोष हैं-जिनके कारण उसे 'कामायनी'–सी श्रद्धा नहीं नसीब हो सकती; किन्तु उसमें कुछ ऐसे गुण भी हैं जिन्हें कितनी भी कामायनियाँ नहीं छिपा सकतीं । सच तो यह कि रुक्षता से उपेक्षित 'तुलसीदास' हिन्दी के विकसित काव्य की गगन-भेदिनी उच्चता का प्रामाणिक मानदण्ड है ।

प्रसादजी के अनुयायी कदाचित् यह सत्य स्वीकृत करते झिझकेंगे कि उनका निखरा हुआ कवि-रूप पन्त और निराला की क्रान्तियों का परिणाम है; क्योंकि इन दोनों के अभ्युदय के पूर्व प्रसादजी या तो ब्रज-रज रमाए साँकरी गली की कांकरी चुनते या द्विवेदी-युग के गद्यात्मक पद्यों से पृथक् शैली की कविता के लिए ताने-बाने ही बुनते दिखलाई पड़ते हैं । यह ठीक है कि कालान्तर में सौभाग्यवश साधन और साधना की सम्पन्नता के कारण वह इन दोनों ही से अधिक गम्भीर साहित्य की सृष्टि करने में समर्थ एवं सफल सिद्ध हुए । ठीक उसी प्रकार 'तुलसदास'–जैसे रहस्यात्मक, मनोविज्ञान-प्रधान कथा-काव्य ने उनके तपःपूत 'कामायनी'–जैसे अन्तर्मुख महान प्रबन्धकाव्य के लिए जैसे 'मिहिर-द्वार' उद्घाटित कर दिया ।–'पूर्वरंग प्रसंग्य नाटकीयस्य वस्तुनः ।'

'तुलसीदास' की अन्तर्मुखता को ही नहीं, पन्त और निराला की अन्यान्य प्रकाशन-शैलियों को भी प्रसादजी ने आत्मसात् कर लिया है । उदाहरणार्थ 'कामायनी' के प्रारंभिक सर्ग की ध्वंसावशेष देव-संस्कृति के वर्णनवाली पंक्तियों को पन्त जी के 'स्वप्न' और निराला की 'यमुना' से तुलित कर देखना चाहिए । वस्तुतः 'कामायनी' छायावादी युग की समस्त विशेषताओं का पुञ्जीभूत प्रतीक है । उसके भीतर भाषा और भावाभिव्यक्ति की एक युग की सामूहिक साधना निहित है, ज्वलंत व्यक्तित्व के माध्यम से प्रकाश में आई हैं । वस्तुतः वह समष्टि की ही शक्ति है, व्यष्टि तो प्रतिनिधित्व करने की ही योग्यता दरसा सकी है ।

प्रसंगवश मैं पहले कह आया हूँ कि निराला ने काव्य-कला अथवा जीवन-दर्शन को गतानुगतिक रूप में नहीं ग्रहण किया । उन्होंने अपनी ही विशिष्ट दृष्टि से मानव, समाज, राष्ट्र एवं विश्व को देखा और साहित्य के पृष्ठों पर आँका है । मैं समझता हूँ, 'तुलसीदास' के अनुशीलन में उनकी उन उपपत्तियों को सामने रखने से काफी सहूलियत होगी । मुझे विश्वास है कि 'तुलसीदास' समझने का चरम अर्थ निराला को ही सांगोपांग समझ लेना है । निश्चय ही यह उनकी प्रतिनिधि रचना है जिसमें वह अपनी सम्पूर्ण विशेषताओं से सुसज्जित दीख पड़ते हैं । इसीलिए मैंने यहाँ अपेक्षित सामान्य समीक्षा से ही प्रारम्भ कर सूक्ष्मता की ओर बढ़ना समुचित समझा ।

वस्तु-विधानः आख्यान

वाल्मीकि पहले डाकू थे, फिर महर्षि और महाकवि हो गए । सूरदास पहले चिन्तामणि की अनियारी चितवन से बिंधे थे, बाद मर्मस्पर्शी पदों के प्रणेता हो गए !–ऐसी-ऐसी कहानियाँ जन-साधारण में असाधारण रीति से प्रचलित पाई जाती हैं । गोस्वामी तुलसीदास जी भी ऐसी ही अनुश्रुति से परे न हो पाए । उनके छन्दों के संघटन एवं मर्य्यादा-पुरुषोत्तम के आश्रय से काव्य के लोकमंगलकारी स्वरूप की पूर्ण प्रतिष्ठा देखकर कदाचित् कृपावश जन-समाज ने उन्हें अपनी ही पत्नी 'रत्नावली' की प्रेम-वासना में अत्यधिक आसक्त प्रख्यात किया । निश्चय ही ऐसी किंवदन्ती का कुछ निगूढ़ रहस्य होता है । मेरे विचार से शब्द-ब्रह्म का साक्षात्कार हो जाने के पश्चात् 'कविर्मनीषी' की सहसा आलोकित ब्राह्मीवाणी के प्रति जनसमाज द्वारा समर्पित श्रद्धाञ्जलि ही प्रकारान्तर से ऐसी अनुश्रुति का स्वरूप धारण कर लेती है । फिर भी उसके भीतर से जैसे एक ही ध्वनि सुनाई पड़ती रहती है कि-'एक वारे सकल पर्दा घुचिए दाओ तारे !' –जिस पर तुम्हारी कृपादृष्टि होती है, उसके कुल पर्दे तुम एक ही झिटके में, एक ही साथ, हटा देते हो । 'भिद्यते हृदय-ग्रन्थिश्छिद्यन्ते सर्वसंशयाः ।' अर्थात् जनता निश्छल हृदय से यह स्वीकार कर लेती है कि ये कवि इतर जनों की भाँति अन्धकार में भटकनेवाले नहीं, बल्कि स्वयं प्रकाशलक्ष्य पर पहुँचकर उसे ही ढूँढ़ते फिरनेवालों को सीधा रास्ता दिखा गए हैं, स्वयं प्राप्त कर निःस्वार्थ भाव से दूसरों में वितीर्ण कर गए हैं; स्वयं भलीभाँति समझकर, सुलझकर नासमझों की उलझनें सुलझा गए हैं । अवश्य ये भी पहले साधारण जनों के ही समान थे; किन्तु जब ये पथ-प्रदर्शन का कार्य करने लगे, ब्राह्मी के अलौकिक आलोक से आचूल-मूल आलोकित हो चुके थे ।

आजकल के तुक पर तुक बैठा लेनेवालों के लिए इस ऐसे विरोधाभास या विकासक्रम की कम ही सम्भावना रह गई है । एक ओर तो यंत्र-युग उनकी डायरी तक छपा सकने का दम्भ दरसाता है, लौह-लेखनीवाले ढेर-के-ढेर आलोचक उनकी शव परीक्षा तक कर सकने की सामर्थ्य प्रकट करते हैं; दूसरी ओर काफी छानबीन के बाद भी उनका चिरसञ्चित 'न-कुछ-पन' उन्हें नगण्यता से ऊपर नहीं उठा पाता । अटपटी भाषा में कुछ यों ही अंटसंट बक जानेवाले की गहरी जानकारी से यदि किसी बैठे-ठाले का क्षणिक मनोरंजन हो सकता है तो हो; किन्तु उससे सामाजिक जीवन के लिए बल संबल नहीं प्राप्त हो सकता । सच तो यह कि सात्त्विक दान के योग्य उनके पास निधि होती ही नहीं । जो थोड़ा-बहुत चोरी-डकैती का माल रहता है, वह किसी भी कीमत पर चोर-बाजार में चला दिया जाता है । उनके आचार और विचार के बीच खुदी गहरी खाई 'अन्धेनैव नीयमाना यथाऽन्धाः' (अन्धा अन्धों को राह दिखाने चला) की उक्ति चरितार्थ करती है ।[१] उमर खैयाम या गालिब

१. कबीर ने कहा है–

'जाका गुरु भी अंधला, चेला खरा निरंध ।
अंधै अंधा ठेलिया, दूंन्यूं कूप पडंत ।'

के शागिर्द शराब की खुमार में चाहे जितनी ऊँची फिलासफी झाड़ें शंकर और विवेकानन्द का स्वाध्यायी उसे प्रलाप ही समझेगा। कारण और कुछ नहीं, स्वयं उन्हीं के विचार और आचार का पारस्परिक विद्रोह है। सच तो यह कि अनुभूति-रहित ज्ञान मदिरालय का उन्मत्त व्याख्यान ही है। 'ज्ञानं भार: क्रिया बिना' हमारा पुराना नारा है।[१]

अस्तु, तुलसीदासजी पहले परले सिरे के विलासी थे। प्रेम की चोंचलेबाजी में ही अपने जीवन और यौवन की सार्थकता समझते थे। यहाँ तक कि अपनी जीवन-सहचरी–'गृहिणी सचिव: सखी मिथ: प्रिय शिष्या ललिते कलाविधौ'–को केवल 'अनंग-रंग-संगिनी' बनाए हुए थे, उसे कभी पिता के घर नहीं जाने देते थे। किन्तु अधिकता चाहे जिस वस्तु की हो, उसकी प्रतिक्रिया हुए बिना नहीं रहती। और एक दिन उस सर्वग्रासी प्रेम को धता-बताकर 'रत्नावली' चुपके-चुपके मायके चल दी। फिर क्या था, तुलसीदास का 'बिहारी सतसई' वाला विरह चर्राया। वह उसी समय सिर के बल चलकर ससुराल आ धमके। यह देख रत्नावली को क्रोध हो आया, उसने उन्हें कड़ी फटकार बताई। तब से उनका जी संसार की ओर से उचट गया। वह अपनी वायु-वेग इन्द्रियों को वश्य बनाकर एकबार ही 'गोस्वामी' (जितेन्द्रिय) हो गए।

प्रस्तुत पुस्तक में यदि यह आख्यान यथा-प्रकृति अंकित किया गया होता, तो भी निराला की अलौकिक कवि-प्रतिभा इसमें चार-चाँद लगा देती; किन्तु उन्होंने इसे स-विशेष सजाया-सँवारा है, फिर इसकी तेजस्विता के विषय में क्या कहना! कई छोटी-छोटी बातें भी प्रमुखता प्राप्त कर अपनी ओर आकृष्ट करनेवाली हो गई हैं। जैसे आज के वस्तुवादी वैज्ञानिक युग को पूर्व-वर्णित हृदय-ग्रन्थि के वैसे आकस्मिक विघटन से कदाचित् आपत्ति होती; राम की ओर वृत्ति के उन्मुख होने मात्र से 'मानस'–रचना की योग्यता की कल्पना क्लिष्ट और अन्ध-श्रद्धा-पूर्ण प्रतीत होती; इसलिए क्रान्तदर्शी निराला ने आख्यान को मनोवैज्ञानिक आधार देकर ऐसे सारे कुतर्कों की जड़ ही खोद दी है। यहाँ तुलसीदास पहले से ही विद्वान और कवि बताए जाते हैं। कवि सुलभ-प्रकृति-प्रेम भी उनमें परले सिरे का पाया जाता है। चित्रकुट की शान्त प्रकृति उन्हें कर्तृत्व-पक्ष का उपदेश देती जान पड़ती है। मन 'भोरे-भोरे' जैसे उस ऊँचाई को छू-छूकर लौट आता है। उनके महान बनने में बस एक ही व्यवधान रह जाता है–रत्नावली के प्रति प्रगाढ़ प्रेम, जिसे स्वयं रत्नावली ही मेट देती है और फिर तो सब ओर प्रकाश का प्लावन ही प्लावन लोचन-गोचर होता है।

इस प्रकार सौ छन्दों अथवा छ: सौ पंक्तियों के इस लघुकाय खण्ड-काव्य में भी चार उपखण्डों की कल्पना की जा सकती है। प्रारम्भिक साठ पंक्तियाँ प्रथम उपखण्ड में आती हैं जिनमें तुलसीदास के प्रादुर्भाव के समय का सांस्कृतिक वातावरण वर्णित है। द्वितीय में तुलसीदास के चित्रकुट-भ्रमण का वृत्तान्त आता है, जिसमें प्रकृति के साथ उनके मनोभावों

१. जायसी ने भी कहा है–अगुआ सोइ जेइ देखा!
सो का उड़ैन जेहि तन पाँखू; लेइ सो परासहि बूड़त साखू।
जस अंधा धरै कर संगी, पंच न पाव होइ सहलंगी।'' 'पद्मावत'

के आदान-प्रदान का, बुद्धि और भावना के द्वन्द्व का, दूसरे शब्दों में उनके मानसिक आरोह-अवरोह का सजीव चित्रण किया गया है। तृतीय में रत्नावली के पितृगृह-गमन से लेकर तुलसीदास के उसी क्षण, उसके पीछे-पीछे ही, वहाँ पहुँच जाने तक का भाग लिया जा सकता है जिसमें रत्नावली के भाई का उपदेश-सन्देश तथा बाजार से घर और घर से श्वसुर पुर तक चले-चले जाते तुलसीदास के संकल्प-विकल्पों की रंगीन चित्रावली आ जाती है। और, चतुर्थ में कथानक एवं कवित्व का अन्तिम बिन्दु (climax) 'यत्परो नास्ति' के रूप में निरूपित होता है।

और अधिक सूक्ष्मता से निरीक्षण करने पर चारों स्तरों में पृथक्-पृथक् काव्य-तत्त्वों की प्रधानता मालूम पड़ती है। प्रधानता का तात्पर्य यह नहीं कि कहीं कोई तत्त्व सर्वात्मना असंकीर्ण होकर प्रकट हुआ है। वस्तुतः इन सब द्रव्यों के समुच्चय से एक ही सुविशद चित्र अंकित किया गया है।

प्रथम स्तर का चित्र समाज और राजनीति से अनुप्राणित है, जो ऐतिहासिक अनुसन्धान का परिणाम कहा जा सकता है, जिसमें स्वभावतः अनुभूति की अपेक्षा कल्पना प्रबल एवं प्रवण हो जाती है; फिर भी जिसे विशुद्ध-बुद्धि कवि ने अपनी संवेदनाओं और समवेदनाओं से सजीव कर दिया है। कला-विलास की तो बात ही क्या, वह चित्र वहाँ विशेषतया प्रयोजनीय हो गया है। उन संघटित वर्णनों के भीतर से निराला जैसे यह दरसाना चाहते हैं कि तुलसीदास का प्रादुर्भाव कोई आकस्मिक घटना नहीं, किन्तु अवश्यम्भावी परिणाम था। भारत की जो तात्कालिक धार्मिक, सांस्कृतिक किंवा सामाजिक, राजनैतिक स्थिति थी, उसीने जैसे तुलसीदास को भाग्य-विपर्य्यय के लिए अपने बीच प्रकट कर लिया, एक कसमसाते हुए अभाव को जैसे परिपूर्ण भाव प्राप्त करना ही था! और तदनुसार ही तुलसीदास भी–

"करने को ज्ञानोद्धत प्रहार
तोड़ने को विषम वज्र-द्वार
उमड़े भारत का भ्रम अपार हरने को।"

द्वितीय स्तर में मनोविज्ञान का प्रभाव अधिक प्रभाववान् है। इतना ही नहीं, इसमें छाया-रहस्य की अनुरञ्जकता भी वासन्तिक विकास तक पहुँच गई है। पुरुष के साथ प्रकृति का ऐसा रागात्मक सम्बन्ध नई कविताओं में कदाचित् ही अन्यत्र देखने को मिले। पुरुष-कवि का नारी-प्रकृति के प्रति प्रेम-पीड़ा उद्दाम निवेदन वैसा महार्घ नहीं; किन्तु प्रकृति का पुरुष के प्रति ऐसा सजल आकर्षण, आत्म-निवेदन सुदुर्लभ है। असल बात यह कि 'अभिज्ञान शाकुन्तल' के समान यहाँ भी प्रकृति स्वरूपतः मानव की सहचरी हो गई है। प्रकृति को मानवीय रूपक में लाकर उससे आलाप-संलाप कराना और कला है, परन्तु प्रकृति को प्रकृति ही रहने देकर उसे अपना अन्तरंग बना लेना कलाकार के असामान्य आध्यात्मिक विकास का ही प्रकाशक कहा जायगा। कालिदास ने वैसा ही किया है, और यहाँ निरालाजी में भी वह उल्लास अनायास आ गया है।

विश्लेषण के लिए पन्तजी के प्रकृति-प्रेम की परीक्षा करें। वह कहते हैं–

"छोड़ द्रूमों की मृदु छाया
तोड़ प्रकृति से भी माया
बाले, तेरे बाल-जाल में कैसे उलझा दूँ लोचन !"

यहाँ बाला के बाल-जाल से वितृष्णा नहीं, अपितु प्रकृति की उससे और घनी शीतल छाया को लक्ष्य कर कवि का विवेकशील व्यामोह प्रकट होता है । मोह ऐसा कि उसने बारी-बारी से दोनों ओर अच्छी तरह देखभाल लिया है, प्रकृति का पलड़ा सौन्दर्य्य-सार के भार से हल्के-हल्के झुक रहा है, इसलिए वह उसे ही अपनाना चाहता है, उसे इसी ओर अधिक लाभ की सम्भावना दीख पड़ती है ।

विशेष व्याख्या की आवश्यकता नहीं, ध्वनि का मर्मज्ञ सहज ही अनुभव कर लेगा कि कवि प्रकृति के साथ अभी तादात्म्य स्थापित नहीं कर सका है, उसके वेश विन्यास का वह आग्रही तो है; किन्तु उसके प्राण-पट पर वह अपनी मधुर मूर्ति अंकित नहीं कर पाया है ।

एक दूसरा उदाहरण लें; जिसमें प्रकृति-प्रेमी पन्तजी इस स्थिति से बहुत आगे आ गए हैं; इसके अव्यवहित उत्तर-काल में प्रकृति के मर्म तक उनकी पहुँच हुआ ही चाहती है–

"स्तब्ध ज्योत्स्ना में जब संसार
चकित रहता शिशु-सा नादान
विश्व के पलकों पर सुकुमार
विचरते हैं जब स्वप्न अजान
न जाने नक्षत्रों से कौन
निमन्त्रण देता मुझको मौन !"

यहाँ भी चाँदनी से धुले नीरव निशीथ का चारु चित्र जितना चमकता है, नक्षत्रों से मिला मौन आमन्त्रण उतना नहीं । कारण यह कि अभी निमंत्रण की ही यंत्रणा चल रही है, प्रकृति के प्राणों के प्रांगण से पहले भी कभी उन्मुक्त विहार नहीं हुआ; प्रकृति ने अपने घर बुलाकर अभी तक प्रेमी का वरण नहीं किया–अपने आपको उसके हाथों सौंप उसने पूर्ण परितृप्ति की सांस नहीं ली । फलतः अभी एक सूक्ष्म अन्तराल रह ही गया है; जिससे सांकेतिक प्रयोग से आगे का संयोग नहीं आया ।

इसके विपरीत 'तुलसीदास' की भाव-तन्मय प्रकृति का अवरोधरहित अनुराग देखिए, वह पल छिन गिनती न जाने कब की उपेक्षिता प्रेयसी है 'कवि' की, जो उसे देखते ही सिसकियों-भरे मोतियों में फूट पड़ती है–

"तुम रहे छोड़ गृह मेरे कवि !
देखो, यह धूलि-धूसरित छवि
छाया इस पर केवल जड़ रवि खर दहता !"

इस विरह-निवेदन में जो युग-युग की बिछड़ी-प्रिया के प्राणों की पीर है वह

उसके कवि के साथ चिरकालिक मिलन की ही पहचान है । इसीलिए यहाँ न स-भय, स-संकोच है और न सावधानी से, सँभलकर किया हुआ वार्तालाप । यह तो युग-युग तक घुल-मिलकर किसी बेबसी से विलग हुए, बिछड़े 'जनम-मरन के साथी' से प्रकृति-प्रेयसी का आर्द्रस्वर प्रणयोपालम्भ-सा है ।

तृतीय स्तर में वासना की अतिशयता से लौकिक मान्य मय्यर्यादाओं के उल्लंघन की क्रिया-प्रतिक्रिया आती है । यहाँ कवि ने व्यावहारिक दृष्टिकोण से तुलसीदास के आचरणों की परीक्षा की है । उनका उन्मत्त प्रेम किस प्रबल वेग से उनसे सामाजिक रीतियों, विश्वकाम्य मर्य्यादाओं को पदमर्दित करवाता है, इसका रोमाञ्चक वर्णन दिया गया है । बड़े कौशल से कवि ने तुलसीदास के स्पर्द्धाशील काम-समारोह को विफल किया है । जो आँधी आने ही वाली है, उसके लिए कवि ने जिससे सबको पहले ही सावधान कर दिया है-सन्नाटे में ला दिया है-

"कुछ काल रहा यों स्तब्ध भवन
ज्यों आँधी के उठने का क्षण !"

और चतुर्थ स्तर में आध्यात्मिक चमत्कार दर्शनीय है । उतनी ऊँची शिक्षा-विद्या, बुद्धि, विवेक को जब तुलसीदास अपनी प्रियतमा के चरणों पर निछावर करने आते हैं तब वह अबला कही जाने वाली विश्व-बल की महिमा अनल-प्रतिमा की भाँति उनके विषय-व्यामोह को जलाकर क्षार-क्षार कर देती है । और तभी, तुलसीदास का बुद्धिस्थ सारस्वत संस्कार सहसा आलोकित हो उठता है; वह ज्योति-विच्छुरित साक्षात् सरस्वती के रूप में रत्नावली को देखकर सिहर जाते हैं । इतना ही नहीं, रत्नावली के ज्ञान-बाण से जब उनका काम-मृग आहत हो जाता है, उन्हें दिव्य दृष्टि प्राप्त हो जाती है, तब इस सद्यः परिवर्त्तित दृष्टि से वह प्रथम-प्रथम रत्नावली को ही देखते हैं । जिन आँखों ने रत्नावली को उच्छल यौवन की उन्मद उमंग-तरंगों में लहराते देखा था, उन्होंने-

"देखा, शारदा नील-वसना
हैं सम्मुख स्वयं सृष्टि-रशना
जीवन-समीर-शुचि-निःश्वसना वर-दात्री;
वीणा वह स्वयं सुवादित स्वर
फूटीं तर अमृताक्षर-निर्झर
यह विश्व हंस, है चरण सुघर जिस पर श्री ।"

"राते ओ' प्रभाते" के कवीन्द्र रवीन्द्र कुछ चुहल से, कुतूहल से, जो एक ऐसी ही छवि देखकर विस्मित चमत्कृत हुए थे कि-

"राते प्रेयसीर रूप धरि
तुमि एसेछ प्राणेश्वरी,
प्राते कखन देवीर वेशे
तुमि समुखे उदित हेसे !"

उनकी ज्वलित दीप्ति ऊपर की पंक्तियों में जगमग कर रही है । प्रसंगानुकूल कवीन्द्र में सौम्य, मनोरम कौतुक भर है; किन्तु यहाँ तुलसीदास की वासना से अलसाई आँखें तो ज्ञानाञ्जन की शलाका से उन्मीलित होते ही जैसे चकाचौंध में आ गई हैं ! यहाँ कवि की दार्शनिक आभा शत-शत रंगीन रश्मियों में विकीर्ण हो गई है; निराला की अपनी आयत्त की हुई आध्यात्मिक महिमा यहाँ पर काव्य के वर्ण-वर्ण में निखर उठी है । यहाँ का चित्रण भगवान् श्रीकृष्ण के विश्व-रूप-दर्शन के पश्चात् गाण्डीवी की मोह-मुक्ति सदृश नहीं है–जैसा मैंने अपने 'गीता और गीताञ्जलि' नामक प्रबन्ध में प्रकट किया है; गीता की दार्शनिक उठान में काव्यपक्ष निर्बल पड़ गया है, किन्तु यहाँ काव्य और दर्शन दूध-पानी की तरह घुल-मिल गए हैं । गीता द्वारा हुए 'आवरण-भंग' में (अर्जुन के) भय, सम्भ्रम एवं आवेग भी उभर आए हैं; किन्तु यहाँ तो तुलसीदास का अपने ही भीतर से विकास हुआ है । जो उनके अन्तराल में अनन्त काल से संचित हो रहा था, और बाहर स्फुरित होने के लिए जैसे स्थिति-विशेष की प्रतीक्षा भर कर रहा था–वही, केवल वही बाह्य विश्व में उच्छ्वसित हो गया है । कैसे कहूँ कि यहाँ मोह पर ज्ञान या जड़ पर चेतन ने ही नहीं, किन्तु दर्शन पर काव्यकला ने भी विजय प्राप्त कर ली है, उसके उत्तुंग शृंग पर अपनी विजय-वैजयन्ती फहरा दी है !

यहीं जीवन के संश्लिष्ट चित्र के रूप में भी 'तुलसीदास' को एक नजर देख लें । सामान्यतः एक सजीव चित्र में फलक, कूची और रंगों के अतिरिक्त चित्रकार की कल्पना भावना की गहराई देखनी चाहिए । कैसे फलक पर किसी भी शैली के रंखांकन में, धुलाए रंगों की बारीकी में चित्रकार का निजी व्यक्तित्व सबसे अधिक उभरा हुआ मालूम देता है । कहना न होगा, कला के सच्चे पारखी के लिए चित्र-फलक पर उगी कैसी भी आड़ी-तिरछी रेखा प्रायः नहीं रहती । कारण, कला जिन अणु-परमाणुओं के सम्यक् संकलन से परिपूर्णता प्राप्त करती है, पारखी के लिए उनमें से एक भी त्याज्य या उपेक्षणीय नहीं । यदि चित्र-फलक विशाल या लघु है तो क्यों है, यदि बरौनियों के रेखांकन में तूलिका का हल्का-सा आकुञ्चन या किञ्चित् प्रसारण प्रतीत होता है तो क्यों होता है, यदि दो विरोधी रंगों को दो ओर से मिलाते-मिलाते यों घुला दिया गया है कि वे अपनी-अपनी प्राकृतिक प्रभा बिना पछताए ही खो बैठे हैं और एक तीसरे अनूठे रंग (भाव) की ओर सूक्ष्म संकेत कर रहे हें, तो फिर ऐसा क्यों किया गया है–ये ऐसी छोटी-मोटी सभी बातें परीक्षक पहली ही दृष्टि में भाँप लेता है, जब कि इतर जन उस चित्र को विचित्र या रहस्यमय कहकर अपनी नासमझी पर गम्भीरता का श्यामल-घन आवरण डालने की पूरी चतुराई दिखलाते हैं । किसी कलाकृति की गोल-मटोल प्रशंसा–'असमझवार सराहिबो, समझवार को मौन' की याद दिला ही देती है । व्यवसायी कलाकार ग्राहक-जनता की असंख्यता देख-देख कर बादल की तरह गड़गड़ा सकता है; किन्तु साधक की तो इने-गिने भावक-सहृदयों पर ही टकटकी बँधती है । कला-जनता के लिए समर्थित होकर अत्यन्त स्थूल स्थल पर टिकी रह जाती है; क्योंकि कला-पारखी तो कलाकार की ही भाँति विरल होते हैं, यद्यपि आज दिन ऐसा कहना

उपहासास्पद हो सकता है । यदि ऐसा न होता तो 'रे गंधी मतिमंद तू अतर दिखावत काहि' या 'गुन ना हेरानो गुन गाहक हेरानो है' का रोना क्योंकर सुनाई देता ?

कला का जीवन-पक्ष भी वैधानिक पक्ष को चरका देकर नहीं चल सकता । आत्मा के अधिवास के लिए शरीर-यष्टि की भाँति कला-प्राण की प्रतिष्ठा एवं प्रकाश के लिए उसके सुन्दर साँचे-ढाँचे की भी अवश्य आवश्यकता होती है । यह दूसरी बात है कि 'विष-रस-भरा कनक-घट जैसे' की उक्ति चरितार्थ करती हुई, कभी सुन्दर शरीर में जघन्य आत्मा ही घर घालती दिखाई दे, जैसी रीति-युग में दिखाई देती है; किन्तु केवल इसीलिए 'यत्राकृतिस्त्रय गुणा वसन्ति' की सार्वभौम अनुभूति प्रलाप नहीं हो सकती । जो हो, अभी मैं जीवन का पक्ष लेकर चित्र पर सरसरी निगाह दौड़ा रहा हूँ ।

भारत अपने नाम से ही दार्शनिक है । वस्तुवादी जड़ता को चेतन की सुधा पिला-पिला कर इसने अपने 'भा' में 'रत' रहने के अनेकशः प्रमाण दिए हैं । केवल आधि भौतिक उन्नति का विषाक्त परिणाम पश्चिमी देशों में प्रत्यक्ष है । बिना त्रिविध (आधिभौतिक, आधिदैविक, आध्यात्मिक) उत्कर्ष के जीवन में सन्तुलन नहीं आ सकता । ऐसा उत्कर्ष अबतक केवल भारत में ही देखा गया । यहाँ के वेद, पुराण, दर्शन, स्मृति, काव्य–सबमें उसी का संक्षिप्त या विस्तृत चित्रण-विवरण अथवा संकेत है । आज जिस प्रत्यक्ष प्रमाण की जय-जय सुनाई पड़ती है, वह केवल उथली बुद्धि की विजय है । यहाँ तो प्रत्यक्ष की प्रामाणिकता के बाधक इतने सारे दोषों का उल्लेख है, जिन्हें जानकर कदाचित् ही कोई अनजान बन पाये ! भारतीय दर्शन जीवन के कर्तृत्व पक्ष की उपेक्षा, करनेवाला कभी न रहा । 'दार्शनिक' कहते ही जो हम एक अकर्मण्य, आलसी, स्वप्नगगन-बिहारी की निकम्मी कल्पना कर बैठते हैं वह वस्तुतः हमारे अज्ञान का ही समर्थन करती है । जो 'जड़' की उपेक्षा करता है वह भला 'जड़ता' की उपेक्षा कैसे न करेगा ! दर्शन तो चेतना का ही दूसरा नाम है । बाह्य प्रकृति की बारीकियों की छानबीन 'विज्ञान' करता है और अन्तःप्रकृति के अणु-परमाणुओं की परीक्षा ज्ञान, दर्शन । इस प्रकार ज्ञान और विज्ञान किसी सीमा तक परस्पर पूरक ही नहीं, समान सम्मान के अधिकारी भी हैं; क्योंकि दोनों के सन्तुलन से जीवन का वास्तविक विकास सम्भव है, यह मैं पहले ही लिख चुका हूँ । ब्रह्मसूत्र के निर्माता व्यास, गीता का सन्देश सुनानेवाले श्रीकृष्ण और दिग्विजयी शंकर का कर्तृत्व ही दर्शन की कर्मठता सिद्ध करने के लिए पर्य्याप्त है ।

समुचित विकास एवं प्रकाश के लिए जीवन जिन सामग्रियों, जैसे उपकरणों की अपेक्षा करता है, 'तुलसीदास' में उन्हें हम विधि-विधान-समेत देख सकते हैं । भारत की अपनी अस्तोन्मुख संस्कृति तुलसीदास को उत्पन्न करती है । वह किसी व्यक्ति, ग्राम या जनपद के नहीं, जन्म से ही भारतीय संस्कृति के औरस होते हैं । वह जिस वंश या वर्ण में जन्म् ग्रहण करते हैं वह तबतक ज्ञान का ही प्रतीक समझा जाता था; कम से कम उसकी आज-जैसी अधोगति तो नहीं हो पाई थी । और, उसी के सामाजिक संस्कारों को लेकर वह पढ़ते हैं; बढ़ते हें । क्रमशः उनकी बुद्धि प्रखर से प्रखतर हाती है, हृदय कोमल से कोमलतर

बनता है । विचारों में परिष्कार और भावनाओं में तीव्रता के साथ वह आगे बढ़ते हैं । उन्हें प्रकृति का उन्मुक्त प्रांगण भी प्रिय है, जहाँ ज्ञात-अज्ञात-रूप से सपक्ष कल्पनाओं और उद्दीप्त अनुभूतियों के क्रीड़ा-कौतुक से मन-प्राणों को नई स्फूर्ति प्राप्त होती है । वह अपने सुहृदों-सखाओं के साथ वन-विहार करने जाते हैं तो केवल 'झरने-झाड़ी-कण्टक' देखकर ही घर नहीं लौट आते, अपितु उन्हें वहाँ अव्यक्त भाषा, अस्फुट ध्वनि सुनाई पड़ती है जिसे वह मनोयोग-पूर्वक सुनते हैं—सुनकर समझने की, हृदयंगम करने की चेष्टा करते हैं । एक अस्फुट चमत्कारी भाव उन्हें अपनी ओर खींचता है जिसमें वह दूर-दूर तक खिंचे चले जाते हैं । इस प्रकार प्रकृति उनके मन का मन्थन कर, उससे निकले रत्नों को उन्हें ही समर्पित कर देती है । वह कोई अल्हड़, उच्छृंखल नहीं, विवाहित गृहस्थ युवक हैं । निश्चय ही उनके उद्दाम यौवन में गार्हस्थ्य के उत्तरदायित्व की अपेक्षा रस-लोलुपता अधिक है; किन्तु वह जैसे भाव-प्रवण हैं, कालान्तर में सुदृढ़, प्रौढ़ परिपक्व होना उनके लिए आयाससाध्य नहीं । रत्नावली उनकी धर्मपत्नी ही नहीं, प्राणाधिका प्रेयसी भी है । वह उसी के प्रेम में उन्मत्त हैं, अभी अन्य उत्तरदायित्वपूर्ण विषयों की ओर उनका झुकाव नहीं होता । वह जब प्रकृति के मनोरम वातावरण में प्रशान्त चित्त से विपन्न आर्य्यावर्त्त एवं आर्य्य संस्कृति के सम्बन्ध में सोचते और उसके उद्धार के लिए बद्ध-परिकर होना चाहते हैं, तब केवल रत्नावली का प्रेम ही उन्हें उस समय उत्साहहीन कर देता है । वह सोचने लगते हैं कि रत्नावली को छोड़कर संसार के कैसे भी कार्य्य के लिए अपने को प्रवृत्त करना उनके लिए किसी भी प्रकार उचित नहीं । ऐसा होने पर भी यह देखना आवश्यक है कि वह देश-काल की गति-विधि का परिचय ही नहीं दखते, उसके सम्बन्ध में अपने कर्त्तव्याकर्त्तव्य को भी जब-तब सोचते रहते हैं । अपनी पत्नी के प्रेमाम्बुधि में वह आकण्ठ मग्न हैं, सही किन्तु अन्धे नहीं हुए हैं । विवेक के साथ-साथ भावना भी रह-रहकर उनके मन-प्राणों को कुरेदने लगती है । समाज या जाति, देश या राष्ट्र, धर्म या संस्कृति के सम्बन्ध में उतनी गहराई तक सोचनेवाला व्यक्ति प्रेमान्ध नहीं हो सकता । और यदि है तो उसकी उस तीव्र वृत्ति को मोड़ मिलने भर की देर है, वहाँ भी वह गहरा रंग लाए बिना नहीं रह सकती । ऐसा ही होता है ।

रामायण की मन्थरा की भाँति रत्नावली का भाई वह विश्वजनीन कार्य्य सम्पादित करता है । तुलसीदास अपनी कोमल भावनाओं की सोपान-परम्परा से जितनी ऊँचाई तक चढ़ चुके थे वह उन्हें वहीं से औंधे-मुँह धकेल देता है । वह रत्नावली को अपनी उल्टी-सीधी, व्यंग्यमयी, मर्मस्पर्शिनी बातों में बहलाकर अपने घर ले आता है । तुलसीदास को पहलीबार रत्नावली की ऐसी निमर्मता पर भी प्रगाढ़ प्रेम प्रदर्शित करने का अवसर मिला । उन्होंने उसी समय वहाँ पहुँचकर जैसे यह भलीभाँति दरसा देना चाहा कि अरी ओ निष्ठुर, तुम मुझे विश्व-वन में एकाकी छोड़कर भले ही चुपके-चुपके यहाँ चली आई, किन्तु मैं तो तुम्हारे बिना एक क्षण भी वहाँ न रह सका ! यह तो हुआ, परन्तु उनकी प्रियतमा अबतक माँ-बहनों के बीच आकर शील-शालीनता-शालिनी जगज्जननी के रूप में परिवर्तित हो चुकी थी । उसे अपने पति के इस वासना-ज्वलित प्रेम पर करुणा नहीं आई, ग्लानि हुई । उसका सुषुप्त

मातृत्व की हाला पिए नारीत्व ज्वालामुखी बन गया। वह अल्हड़ पाँवों से बेदर्दी से कुचली नागिन-सी फुफकार उठी, जिसका गरल-गलित फेन तुलसीदास पर दहकते अंगारे-सा पड़ा। उनकी आक्रोश-दलित भौतिकता उसी उल्का पिण्ड से एकाकार हो गई। किसी साधु-संन्यासी की फक्कड़ी साखियाँ सुन-सुनकर जो उन्मत्त राग-श्मशान की आग-सा धुँआता रहता वह अपने 'अन्तरतम' की एक ही कलेजे से कढ़ी हुई फूँक से धधक कर उज्ज्वल क्षार हो गया।

यह गोस्वामी तुलसीदास का चरित्र-चित्रण नहीं, 'तुलसीदास' का जीवन-संश्लिष्ट चित्र है, जिसे महान् कवि ने सुचतुर चित्रकार की भाँति बड़ी ही बारीकी से अंकित किया है।

भाषा और संस्कृति

भावों की ही भाँति भाषा की भी अपनी संस्कृति होती है। यदि शैली को व्यक्ति माना जाय तो निश्चित रूप से उसके व्यक्तित्व का उभार या निखार इसी संस्कृति पर निर्भर करता है जो भाव-भाषा के सन्तुलन का परिणाम है। जैसे किसी व्यक्ति का व्यक्तित्व उसकी बाह्य साज-सज्जा से ही सम्पूर्णतया संबद्ध नहीं, अपितु उसके आचार-विचार, किंवा सभ्यता-संस्कृति पर स-विशेष सुप्रतिष्ठित रहता है, उसी प्रकार शैली का व्यक्तित्व भी सभ्यता-संस्कृति की ही अधिक अपेक्षा करता है।

स्थूलतया मैं सभ्यता-संस्कृति को आचार-विचार शब्द से अभी अभिव्यक्त करूँ। सभ्यता जैसे आचार है और संस्कृति विचार। जिस प्रकार ज्ञान तक पहुँचने का श्रद्धा सोपान है-'श्रद्धावान् लभते ज्ञानम', उसी प्रकार आचार के द्वारा विचार तक पहुँचा जा सकता है। यहाँ कोई बावदूक वादी अन्योन्याश्रय सम्बन्ध दरसाने का साहस कर सकता है और वट बीजवाले दृष्टान्त से अपने पक्ष को समर्थित-अनुमोदित करने की सामग्री भी पर्य्याप्त रूप में प्राप्त कर ले सकता है, किन्तु जिन्हें 'अप एव ससर्जादौ तासु बीजमवासृजत्'-जैसी शास्त्रीय उक्ति पर विश्वास न हो; अथवा महाकवि कालिदास की यामाहु: सर्व-बीज-प्रवृतिरिति'-जैसी काव्य पंक्ति कल्पना-जल्पना मात्र प्रतीत हो, मैं समझता हूँ, उनकी सहज-चेतना भी अज्ञात भाव से बीज की आदिम अवस्था पर अनास्था न प्रकट करेगी। और तब मैं कहूँ कि आचार बीज है और विचार वट-वृक्ष; आचार के अनुसार ही विचार का परिष्कार होता है।

व्यवहार में भाषा को भावों का माध्यम माना जाता है; किन्तु मुझे यहाँ एक सूक्ष्म संकेत करना है। भार ग्रहण करना और भारवाही होना, यह दोनों दो बातें हैं। भरत ने राम-राज्य का भार ग्रहण किया था और गधा चन्दन का भारवाही होता है। अर्थात् ज्ञान-विज्ञान-पूर्वक अथवा श्रद्धा-भक्ति-युक्त होने पर भार का प्रकार अन्य हो जाता है और बेबसी से-ढोई जानेवाली वस्तु की अच्छाई-बुराई जाने बिना ही-केवल बोझ समझकर ढोए जाना और बात है।* भक्त जब प्रात: काल से ही डाली में फूल-विल्वपत्र सहेजता, कटोरियों को धोता-माँजता, चन्दन घिसता, धूप-दीप नैवेद्य की व्यवस्था करता कितने ही घंटे बिता देता

* कवीन्द्र के शब्दों में-

तोमार पताका यारे दाओ तारे वहिवारे दाओ शकति,
तोमार सेवार महत्प्रयास सहिवारे दाओ भकति।

है, तो क्या उसे इसमें समय एवं शक्ति का नाश ज्ञात होता है ? पूजन से पृथक्-अतिरिक्त यह सारा का सारा कार्य्य-कलाप भारवत् प्रतीत होता है ? कदापि नहीं ? प्रत्युत वह बड़े ही सन्तोष के साथ यह अनुभव करता रहता है कि "यद् यत् कर्म करोमि तत् तदखिलं शम्भो तवराधनम् । ठीक उसी प्रकार भाषा जब भावाभिव्यक्ति के समय अपनी अनुरक्ति प्रकट करती दिखलाई दे तो उसे भारवाहिनी कदापि नहीं कहा जा सकता । वाल्मीकि, व्यास, कालिदास अथवा तुलसी-सूर-मीरां की भाषा ही ऐसी ही है । वह जैसे उनके भावों को ग्रहण कर कृतकृत्यता का ही अनुभव नहीं करती । पुलकित-रोमांचित हो-होकर इठलाती, बलखाती, बलैयाँ लेती चलती है । किन्तु, उसे ही जब केशव, पजनेस आदि के सामने खींच घसीट कर लाया जाता है तो वह बेचारी हाँफती, पसीना पोंछती किसी-किसी तरह उनके विचारों का बोझ बर्दाश्त कर पाती है । निश्चित रूप से तब उसे भारवाहिनी की उपाधि ग्रहण करने के लिए विवश होना पड़ता है । इस प्रकार भावों के माध्यम-स्वरूप भाषा को दो कक्षाओं में रखा जा सकता है और उसे क्रमशः भाव-ग्रहिणी उपाधियों से अभिहित भी किया जा सकता है ।

एक प्रकार और है । नर-सिंह रूप में जैसे मनुष्य और सिंह की आकृतियों का एकीकरण है, अथवा गणेश की मूर्ति में गज-मानव-सम्मेलन दृष्टिगत होता है, किन्तु दर्शक की आँखों के आगे फिर भी यह सुस्पष्ट होते विलम्ब नहीं लगता कि कहाँ से कहाँ तक मानवीय श्री है और कहाँ से कहाँ तक सिंह अथवा हाथी की आकृति, उसी प्रकार कुछ कवियों में उपरिवर्णित भाषा के दोनों ही रूप मिलते हैं । ढूँढ़नेवाले तो सूर-तुलसी में भी वैसे स्थल प्राप्त कर ले सकते हैं, स्वयं मैं सूर और विद्यापति की कूटोक्तियों के विपक्ष में हूँ; किन्तु प्रधानता के अनुसार व्यवहार होता और असिन्दग्ध रूप से इन महाकवियों की भाषा कूट-स्थल को छोड़ कर, सर्वत्र प्राञ्जल एवं गतिशील है । आधुनिक कवियों में, निराला की कविताओं में भाषा के उक्त दोनों ही रूप पृथक्-पृथक् प्रतीत होते हैं, उनके स्वतन्त्र व्यक्तित्व का वासन्तिक विकास दोनों ही स्थानो में सुस्पष्ट अनुभूत होता है । निश्चय ही सूर और विद्यापति की कूटोक्तियों के सदृश भी उनके पद हैं, किन्तु उन्हें छोड़ देने पर भी सहृदयता की दृष्टि से वह न सूर के समीप आते हैं और न वाग्वैदग्ध्य के अनुसार विद्यापति के निकट । कुल मिलाकर उनकी भाषा-संस्कृति तुलसीदास से अधिक मेल खाती है । तुलसीदासजी ने रामचरितमानस, विनय पत्रिका, कवितावली आदि में विभिन्न प्रकार की भाषाओं का प्रयोग किया है और निरालाजी ने भी 'परिमल', 'गीतिका', 'अणिमा', 'तुलसीदास'–जैसे काव्य ग्रन्थों में भाषा-सम्बन्धी अनेकानेक कौशल प्रदर्शित किए हैं । तुलसीदासजी का नाम मैं जानबूझ कर ले रहा हूँ और जैसा कि पहले स्थापित कर चुका हूँ उनकी भाषा-भाव-ग्राहिणी है, भाव-भार-वाहिनी नहीं, आगे चलकर निराला की भाषा का भी वैसा ही रहस्य प्रकट करूँगा ।

किन्तु मैं अभी भाषा-संस्कृति पर अपने कुछ विचार व्यक्त कर रहा था । सुस्पष्ट शब्दों में मैं भाषा को माध्यम मात्र नहीं मानता । माध्यम तो वह है ही; किन्तु माध्यम के अतिरिक्त भी वह कुछ है ।

एक ही स्त्री किसी की पुत्री, किसी की पुत्रवधू, किसी की बहन और किसी की पत्नी होती है । इतना ही नहीं, इस प्रकार के अनन्त-विस्तार सम्बन्धों की सम्भावना उसी एक को उद्देश्य कर हो सकती है । महाकवि कालिदास ने तो "गृहिणी, सचिवः सखी, मिथः प्रिया-शिष्या ललिते कलाविधौ" लिखकर केवल पत्नी-रूप में ही उसके और इतने स्वरूपों का माधुर्य्य दरसा दिया है ।[१] परन्तु व्यवहार-सम्बन्धी इतने-इतने बन्धनों के रहते हुए भी क्या स्त्री का स्वतन्त्र अस्तित्व न माना जाना चाहिए ? 'न स्त्री स्वातन्त्र्यमर्हति'-जैसा रूढ़ उत्तर इसके लिए पर्य्याप्त नहीं; क्योंकि यहाँ स्त्री उपलक्षण मात्र है, उसके स्थान पर पुरुष, बालक, बुद्ध, तोता, मैना आदि कुछ भी रखकर सोचा जा सकता है ।

भाव-तत्त्व की निगूढ़ता तक को सहज ही झाँक लेनेवाला सहृदय यहाँ उसके बन्दी शरीर में उन्मुक्त आत्मा को ही क्या, मन-प्राणों को भी चुहल-कलरव करते देख, अवश्य इसे नख-शिख-वर्णन अथवा कवि की पतित मनोवृत्ति समझने की भूल न कर उसके प्रेमाविष्ट मधुर व्यक्तित्व का मूल्य आँकेगा ।

मैं इसी मनोवैज्ञानिक-भाव-तत्त्व का रसानुभव करनेवाली प्रज्ञा को सहृदयता कहता हूँ । क्या ऐसी सहृदयता उपरिवर्णित स्त्री अथवा बाँदियों की स्वतन्त्र सत्ता का चरम परिहार स्वीकार कर सकती है ? 'हाँ' कहनेवाले के लिए मेरे पास आग्रह-दुराग्रह की 'तू तू-मैं मैं' वाली शब्दावली नहीं है । उनके मत से भाषा भावों का माध्यम मात्र ही सिद्ध होगी । हाँ, जो सहृदय 'नहीं' के पक्ष में हैं, मैं उनका आशय कुछ और स्पष्ट करूँगा, क्योंकि उनके मत से भाषा की स्वतन्त्र सत्ता है । वह केवल भाव-ग्राहिणी अथवा भाव-वाहिनी ही नहीं है ।

वस्तुतः यह ग्राहिणी-वाहिनी-वाला भेद इच्छा-अनिच्छा-मूलक होने के कारण ही अलग-अलग अनुभूत होता है, और जैसा कि मैंने बाँदियोंवाले दृष्टान्त में बताया है कि राजशासन से जो बाँदियाँ है, वे ही अपनी विशेषताओं से रानी की प्रिय सखियाँ बन जाती है; फिर भी उन दोनों भावों से पृथक् उनकी स्वतन्त्र सत्ता सम्भव है, उसी प्रकार भाषा को भी ग्राहिणी-वाहिनी के रूप में देखकर ही न सन्तुष्ट हो जाना चाहिए; अपितु उसके स्वतन्त्र व्यक्तित्व की अनुभूति करनी चाहिए, क्योंकि मेरे विचार से यही अनुभूति उसकी वास्तविकता का ठीक-ठीक पता बताती है ।

तो, भाषा संस्कृति तक पहुँचनेवाली सभ्यता ही नहीं है, विचार को छू लेनेवाला आचार ही नहीं है; अपितु अपने व्यक्तित्व में वह स्वयं संस्कृति है; स्वयं विचारशील है ।

शरीर को आत्मा समझना दार्शनिक दृष्टि से माया का प्रथम अभिशाप है किन्तु रामकृष्ण परमहंस जैसे-पहुँचे हुए महात्मा ने शुद्ध करते-करते शरीर को आत्मा-जैसा ही निर्मल निर्विकार बना लिया था । यह ऐसा शरीर-शुद्धि का आग्रह शरीर के प्रति व्यामोह का

१. आदि कवि ने भी सीता के लिए कुछ ऐसा ही कहलाया है-

इयं सा यत्कृते रामश्चतुर्भिः परितप्यते कारुण्येनानृशंस्येन शोकेन मदनेन च

स्त्री प्रणष्टेति कारुण्यादाश्रितेत्यानृशंस्यतः पत्नी नष्टेति शोकेन प्रियेति मदनेन च ।

-'वाल्मीकि-रामायण'

परिणाम नहीं माना जा सकता। भाषा को शरीर-स्थानीय समझनेवालों को लक्ष्य कर ही मैं ऐसा कह रहा हूँ। सच तो यह कि शुद्धि का प्रथम उपाय भूत-शुद्धि ही है; किन्तु भाषा संस्कृति तक ही सीमित नहीं।

महाकवि मिल्टन के 'लिसिडस' (Lycidas) से डाक्टर जॉन्सन प्रसन्न न थे; यद्यपि 'लिसिडस' ऑग्ल भाषा की श्रेष्ठतम कविताओं (Master Pieces) में से है। मिल्टन की काव्य-शैली रूढ़ किंवा गतानुगतिक (Traditional) न होने पर भी उनकी भाषा सहज चेतना को आनन्दित करने में अक्षम रही।

वैसे तो पूर्व्वोक्त सभी महाकवियों की शैली में यत्र-तत्र दुरूहता है किन्तु निरालाजी के 'तुलसीदास' में शैली तथा छन्द (Diction and verse) की सघनता; व्याकरण और कोष के अप्रचलित 'धराऊँ-रखाऊँ' शब्दों (Archaisms of vocabulary and grammar), नहीं-नहीं, नवनिर्मित शब्दों की सांकेतिकता एवं प्रयोगात्मकता देखने योग्य है, जिस कारण साधारण पाठकों के लिए 'तुलसीदास' दुरूह या क्लिष्ट ही नहीं, अज्ञेय हो गया है।

राबर्ट ब्रोजेज की भाँति डाक्टर जान्सन-जैसे काव्य-पाठकों को मूर्ख न कहकर असहृदय कहना मुझे भी पसन्द होता, यदि मैं 'तुलसीदास' की जैसी भाषा के सोलहो आने पक्ष में होता; परन्तु दुर्भाग्यवश मैं अपने को वैसी स्थिति में नहीं पाता। इतनी जटिल भाषा के समझने पर सहृदयता नहीं निर्भर करती, और प्रौढ़ पाठकों के आगे जटिलता का प्रश्न ही व्यर्थ है।

स्वयं निराला ने अपने साहित्य और भाषा नामक निबन्ध में इस सम्बन्ध का विचार अत्युग्र शब्दों में अभिव्यक्त किया है–'भाषा-क्लिष्टता से सम्बन्ध रखनेवाले प्रश्न हिन्दी की तरह अपर भाषाओं में नहीं उठते। हिन्दी को राष्ट्रभाषा माननेवाले या बनानेवाले लोग साल में तेरह बार आर्त्त चीत्कार करते हैं–भाषा सरल होनी चाहिए, जिससे आबाल-वृद्ध समझ सकें। मैंने आज तक किसी को यह कहते हुए नहीं सुना कि शिक्षा की भूमि विस्तृत होनी चाहिए जिससे अनेक शब्दों का लोगों को ज्ञान हो, जनता क्रमशः ऊँचे सोपान पर चढ़े।''

यह भावना बड़ी दिव्य है, किन्तु इस ठौर मुझे कुछ और ही निवेदन करना है। शैली की जटिलता भाषा की क्लिष्टता के कारण हुआ करती है, किन्तु भाषा की क्लिष्टता केवल बड़े-बड़े शब्दों के प्रयोग से ही सम्बन्ध नहीं रखती, अपितु उसका घनिष्ठ सम्बन्ध वाक्य रचना से भी है। निराला ने ही अनेकशः समस्त संस्कृत पदों का इतना सहज प्रयोग किया है कि वहाँ क्लेश-विशेष की कदापि सम्भावना नहीं–

किसलय-वसना नव-वय लतिका
मिली मधुर प्रिय-उर तरु पतिका।

–गीतिका

अथवा

जग के रंगमच की संगिनि
अयि परिहास-हास-रस-रँगिणि

उर-मरु-पथ की तरल तरंगिणि

-गीतिका

ऐसे उदाहरणों में भाषा-क्लिष्टता का आरोप नहीं हो सकता । इतना ही नहीं, स्थल-विशेष 'तुलसीदास' में भाषा और ओजस्विनी शैली के निदर्शन हो सकते हैं-

बहकर समीर ज्यों पुष्पाकुल
वन को कर जाती है व्याकुल
हो गया चित्त कवि का त्यों तुलकर उन्मन;
वह उस शाखा का वन विहंग
उड़ गया मुक्त नभ निस्तरंग
छोड़ता रंग पर रंग, रंग पर जीवन ।

अथवा

विधि की इच्छा सर्वत्र अटल;
यह देश प्रथम ही था हत-बल;
वे टूट चुके थे ठाट सकल वर्णों के !

आदि-आदि बन्ध प्रौढ़ पाठकों के लिए मुक्त ही सिद्ध होंगे । किन्तु यदि इसी प्रकार के काव्य-बन्ध से पूरा 'तुलसीदास' ओत-प्रोत होता हो कदाचित् मुझे यह प्रबन्ध लिखने का सौभाग्य नहीं प्राप्त होता । वहाँ तो-

भारत के नभ का प्रभा-पूर्य्य
शीतलच्छाय सांस्कृतिक सूर्य्य
अस्तमित आज रे, तमस्तूर्य्य दिङ्-मण्डल !

से श्रीगणेश ही हुआ है । कहना व्यर्थ है कि यह भाषा और शैली निराला की नकद अपनी है, केवल संस्कृत शब्दों का बहुलता पूर्वक गुम्फन होने के कारण इसे संस्कृत-गर्भित शैली कह देने भर से काम नहीं चलेगा ।

गोस्वामी तुलसीदासजी को

मंगल-मुद-सिद्धि-सदनि,
पर्व-शर्वसेश-वदनि,
ताप-तिमिर-तरुण-तरणि-किरण-मालिका ।

अथवा

जयत्यंजनी-गर्भ-अभोधि-संभूत
विधु विबुध-कुल-कैरवानन्दकारी
केसरी-चारु-लोचन-चकोरक-सुखद
लोकायन-शोक-संताप-हारी ।

-जैसी भाषा और शैली अथवा कवि-सम्राट् हरिऔधजी की-

रूपोद्यान-प्रफुल्ल-प्राय-कलिका राकेन्दु-बिम्बानना

तन्वंगी कलहासिनी सुरसिका क्रीड़ा-कला-पुत्तली
शोभा-वारिधि की अमूल्य मणि-सी लावण्य-लीलामयी
श्री राधा मृदु-भाषिणी-मृग-दृगी माधुर्य्य-सन्मूर्ति थीं ।
किंवा मेरी ही-

झलमल-मुक्तादल-नव-जल-धर
जलधर-कुन्तल-जाला,
कज्जल-कल चपला-चल-लोचन,
गोरोचन-रुचि-भाला
विमल-वलाका-'माला', सुरधनु-
अनुरंजित-वर अम्बर,
मदिर-मन्द-मन्थर-गत आगत,
स्वागत पावस-बाला !

की जैसी भाषा और शैली का संस्कृत-गर्भित कहा जाना समुचित है । यद्यपि इन तीनों में भी सूक्ष्म भेद प्रतीत होता है; किन्तु इसमें सन्देह नहीं कि इसका मेरुदण्ड संस्कृत का है । यहाँ भाषा और शैली सम्पूर्ण रूप से संस्कृत की संस्कृति पर निर्भर है ।

निराला के 'तुलसीदास' की भाषा संस्कृत-गर्भित भले ही प्रतीत हो किन्तु उसकी शैली संस्कृत की कदापि नहीं है, और मुझे यह कहते संकोच न करना चाहिए कि यदि वह शैली हिन्दी की भी नहीं, अंगरेजी की है, अथवा संस्कृत-हिन्दी-अंगरेजी-बंगला की खिचड़ी है तो उसे निराला की निजी देन, नूतन प्रयोग कहना ही ठीक होगा ।

शेक्सपियर की भाषा की सम्यक् अवगति के लिए अभिनव व्याकरण का निर्माण किया जा सकता था, किया गया; किन्तु यहाँ 'कालिदास की निरंकुशता' की परम्परा में 'निराला का प्रमाद' लिख कर भी तो काम चलाया जा सकता है, यद्यपि मौलिक भाव-भाषा के अनगिनत नमूने पेश कर निराला अपना 'वश्य-वाक्' होना सिद्ध कर चुके हैं ।

अस्तु, मुझे अभी भाषा-शैली के सम्बन्ध में ही निवेदन करना है । निराला के 'तुलसीदास' की शैली दुरूह और जटिल, प्रसिद्ध-अप्रसिद्ध शब्दों के सघन प्रयोगों के कारण ही नहीं, विशृंखल वाक्यों के कारण आधिक है, और इस प्रकार ऊबड़-खाबड़, उखड़े-उखड़े-से वाक्यों के भाषा-शैली की जटिलता पर पड़े प्रभाव की चर्चा कर 'भाव-चर्य्या' के अनुसार कवि का विचार प्रस्तुत किया जा रहा है ।

बड़े-बड़े साहित्यिकों ने प्रकृति के अनुकूल ही भाषा लिखी है । कठिन भावों को व्यक्त करने में प्राय: भाषा ही कठिन हो गई है । जो मनुष्य जितना गहरा है, वह भाव तथा भाषा की उतनी ही गम्भीरता तक पैठ सकता है, और पैठता है । साहित्य में भावों की उच्चता का ही विचार रखना चाहिए । भाषा भावों की अनुगामिनी है ।"

प्रबन्ध के प्रारम्भ से ही मैं भाषा के स्वतन्त्र व्यक्तित्व पर कहता आ रहा हूँ । भाषा भावों की अनुगामिनी होती तो अवश्य है; किन्तु उसके अनुगामिनी होने का रहस्य प्रत्येक

कवि को नहीं ज्ञात होता । यं ब्राह्मणमियां देवी वाग्वश्येवानुवर्तते' लिखनेवाले भवभूति की साधना भी असाधारण रही होगी । सरस्वती, भारती आदि भाषा के ही पर्य्यायवाची शब्द हैं । भाषा की साधना सरस्वती की ही आराधना है ।

निराला ने यदि केवल 'तुलसीदास' ही लिखा होता तो निस्सन्देह उनकी भाषा-दूषित समझी जाती, निश्चय किया जाता कि कवि ऊँचे से ऊँचे भावों को टूटे-टूटे वाक्यों में जैसे-तैसे ठूँस देता है, उसे भाषा-संस्कृति का सम्यक् ज्ञान नहीं है; किन्तु परिमल से अणिमा तक उसके प्रफुल्ल काव्य-वैभव को देखकर वैसा कहते किसी का भी निर्मल मन-म्लान हो जायेगा । तो, इस सम्बन्ध में अन्तिम अभिमत यही हो सकता है कि गद्य पद्य पर समान रूप से शासन करने वाले कवि की एक विशिष्ट शैली 'तुलसीदास' के रूप में प्रकट हुई है । इसमें असमर्थ पदों का विन्यास नहीं, विन्यस्त पदों की सामर्थ्य समर्थित हुई है । ऐसा करने में यदि उसे पुरानी मान्यताओं से आगे बढ़ना पड़ा है तो इसे काव्य कला के पीछे पड़ना समझना समुचित नहीं ।

क्लिष्ट शब्दों और विश्लिष्ट वाक्यों के द्वारा जटिलता का अनुसन्धान कर लेने के पश्चात् अब कवि के अनुसार भावों की कठिनता से अनुप्राणित भाषा की कठिनता पर एक दृष्टि डालना आवश्यक है । किसी सीमा तक कवि का यह तर्क वैज्ञानिक हो सकता है कि मनुष्य की गहराई उसके भाव या भाषा की गहराई का कारण है और साहित्य में भावों की उच्चता का ही विचार रखना चाहिए, क्योंकि भाषा भावों की अनुगामिनी है; किन्तु मुझे विश्वास नहीं होता कि प्रिय, प्राञ्जल भाषा लिखनेवाले कालिदास के भाव साधारण श्रेणी के हैं और व्याकरण-कोष को एक ही जिल्द में बाँध डालनेवाला माघ, मुरारि, भट्टि अपनी कठिनतम भाषा में कालिदास से ऊँचे भाव व्यक्त कर सके हैं, सूर और मीरा से केशव और पजनेस बीस पड़ते हैं ! इतना ही नहीं, स्वयं निराला ने जहाँ सरल से सरलतर भाषा का प्रयोग किया है वहाँ उनके भावों का प्रशान्त-महासागर उथला-छिछला नहीं हुआ, प्रत्युत उनके 'आदान-प्रदान' की–

'शिशु पाते हैं माताओं के वक्षःस्थल पर भूला गान,
माताएँ भी पातीं शिशु के अधरों पर अपनी मुसकान ।''

इन पंक्तियों का जोड़ विश्वकवि रवीन्द्रनाथ की जगत्प्रसिद्ध मृत्यु-सम्बन्धिनी पंक्तियों –

से ये मातृपाणि
स्तन हते स्तनान्तरे लइतेछे टानि
स्तन हते तुले मिले शिशु काँदे डरे
मुहूर्त्ते आश्वास पाय गिये स्तनान्तरे !''

से ही मिल सकता है । रवीन्द्रनाथ की पंक्तियां पहचानी गईं और उनका समुचित मूल्यांकन किया गया; किन्तु महाकवि निराला ने भी उतनी ही बड़ी और गहरी भावना दी है यहाँ, फिर भी जाने क्यों समीक्षकों की दृष्टि उधर नहीं गई । मृत्यु की करुणा और जीवन के आनन्द में जितना अन्तर होता है, इन दोनों कविताओं में केवल उतना ही अन्तर है ।

आज दिन भाषाशस्त्रियों ने जितनी निमर्मता से प्राचीन पुस्तकों की दो प्रकार की भाषा-शैलियों में से एक तो मूल-लेखक की और दूसरी को क्षेपक कहना शुरू किया है; इतना ही नहीं, एक दिन स्वर्गीय श्रद्धेय प्रसादजी से वार्त्तालाप करते-करते जिस तरह मुझे आश्चर्य्य-चकित रह जाना पड़ा था कि उनकी धारणा के अनुसार कवि (कुमारसम्भव, मेघदूत तथा रघुवंश प्रणेता) और नाटककार (मालविकाग्निमित्र, विक्रमोर्वशीय एवं अभिज्ञान-शाकुन्तल के निर्माता) कालिदास अलग-अलग हैं; एक ही कालिदास कवि तथा नाटककार नहीं; तो ताज्जुब नहीं कि भाषा विज्ञान के (और-और विज्ञानों की ही भाँति) अनुदित विकास होते रहने पर विभिन्न भाषा-शैलियों के निर्माता 'निराला' भी कई-कई सिद्ध कर दिए जायँ—जनक और वसिष्ठ की भाँति किसी कुल या गोत्र के नहीं, तो परम्परा के ही बोधक बन जायँ ! क्योंकि एक ही कलम से 'जुही की कली' 'राम की शक्ति-पूजा' और 'कुकुरमुत्ता' का निकलना साधारण अंचभे की बात नहीं ।

आज, कहाँ अब वह वंशीवट,
कहाँ गये नटनागर श्याम ?
चल चरणों का व्याकुल पनघट,
कहाँ आज वह वृन्दा धाम ?
कभी यहा देखे थे जिनके
श्याम-विरह से तप्त शरीर;
किस विनोद की तृषित गोद में
आज पोंछती वे दृग-नीर ?

—यमुना के प्रति

और

मोगल-दल बल के जलद-यान,
दर्पित-पद उन्मद-नद ठान
हैं बहा रहे दिग्देशज्ञान, शर खरतर;
छाया ऊपर घन अन्धकार—
टूटता वज्र दह दुर्निवार,
नीचे प्लावन की प्रलय-धार, ध्वनि; 'हर-हर' !

—तुलसीदास

में बाह्य सादृश्य कदाचित् ही दृष्टिगोचर हो ! निश्चय ही आन्तर सादृश्य की झलक इन सबमें मिलती है, इसलिए मैं संस्कृति की सूक्ष्मता का आग्रही हूँ । जो हो, निराला ने भावों की उच्चता पर ही जोर दिया है और भाषा को उनकी अनुवर्त्तिता करनी पड़ी है । दूसरे शब्दों में, मुक्त-छन्द के प्रवर्त्तक निराला ने भाषा-भाव, समाज-राजनीति, साहित्य-दर्शन-सबमें स्वतन्त्रता को—मुक्ति को ही प्रश्रय दिया है । उनका कहना है—साहित्य की स्वतन्त्रता कभी भी बाहरी उपकरण को बहुत ज्यादा साथ नहीं ले सकती । बाहरी वस्तु सापेक्षवाद की तरह

रहे लेकिन किसी भी अपेक्षा में वही रहता है जो सत्तावाला है या सत्ता स्वयं अपेक्षा में रहती है जब बहिर्मुख होती है–जब उसे देह की कैद में रहना होता है । हमारे यहाँ ज्ञान सापेक्ष नहीं, निरपेक्ष है और 'ऋते ज्ञानान्न मुक्तिः' यह सदा सत्य है ।

''मैंने भी वस्तु और विषय की स्वतन्त्रता की तरफ ध्यान रखा है, एक साहित्यिक की तरह, एक कवि की तरह एक दार्शनिक की तरह । मेरा उद्देश्य था और है, स्वतन्त्रता बहुमुखी है और साहित्य का मतलब है–वह सब को साथ लिये रहे । मैंने जो निरपेक्ष ज्ञान की बात कही है, उस निरपेक्षता में वस्तु और विषय जहाँ तक पहुँचते हैं, वहाँ भाषा भी बाह्य रूप छोड़ देती है, अर्थात् 'क' को चाहे 'क' लिखिये या 'के', कुछ नहीं आता जाता । यही निरपेक्षता है ।''

दार्शनिक कवि की ज्ञानमूलक निरपेक्षता से सम्पूर्ण सहयोग स्थापित करने के बाद भी यह निवेदन करना रह जाता है कि साहित्य स्वयं सत्य नहीं, सत्य की सुन्दर अभिव्यक्ति-मात्र है । 'ओऽम्' सर्वतोभावेन सत्य है; किन्तु काव्य में उसकी प्रतिष्ठा–

मुकुट शुभ्र हिम तुषार
प्राण प्रणव ओंकार
ध्वनित दिशाएँ उदार
शत-मुख-शत-रव-मुखरे ! –गीतिका

प्राण प्रणव–'ओंकार' कहकर ही की जा सकती है, केवल 'ओऽम्' काव्य नहीं कहा जा सकता । दर्शनशास्त्र में सत्य-तत्त्व-निरूपण सर्वाधिक होने पर भी उसे काव्य इसलिए नहीं कहा जाता कि उसमें सत्य की सुन्दर अभिव्यक्ति नहीं । अतः ज्ञान चर्चा में निरपेक्षता प्रयोजनीय होने पर भी काव्य-कला का उससे कुछ भी नहीं आता-जाता, यहाँ सापेक्ष हुए बिना काम नहीं चल सकता ।

'तुलसीदास' अन्तर्मुखी ही नहीं ज्ञान-प्रधान रचना है. किन्तु छन्द-बन्ध (तुक, लय) की प्रदीप्त ओजस्विता, आलंकारिक (रूप-रंग) विधान की प्रखरता आदि की अपेक्षा उसे ही करनी पड़ी है । उसी प्रकार उसकी भाषा-शैली भी उपेक्षणीय नहीं कही जा सकती । काव्य-कला ज्ञान को पचाकर रस रूप में परिवर्तित कर लेती है; काव्य की आत्मा रस ही है, ज्ञान नहीं । फलतः यह कहना व्यर्थ है कि 'तुलसीदास' के रस का सम्यक् आस्वादन करने के लिए निरपेक्षता से काम नही चल सकता, बल्कि बाल की खाल भी निकालनी पड़ेगी ।

वेदों में ऐसे बहुत-से मन्त्र हैं जिनका अर्थ यदि 'यास्काचार्य्य का निरुक्त न होता तो कैसे भी (सायणाचार्य्य-जैसे) विद्वान् समझ सकते या नहीं, इसमें सन्देह है । किन्तु वेद किसी भी स्थिति में वेद ही हैं, उनका अर्थ समझना एक धार्मिक एवं सांस्कृतिक कार्य्य था और वह सम्पन्न हुआ । मैं कहना चाहता हूँ कि ज्ञान-काण्ड के मन्त्रों की-सी महिमा 'तुलसीदास' 'कामायनी'–जैसी काव्य-पुस्तकों को प्राप्त है, इसलिए प्रसाद गुण पर्य्याप्त मात्रा में न रहने पर भी अपने काव्यशास्त्र की ऐसी आध्यात्मिक सम्पत्ति को खोजने (इतिहास) में

जुगो रखने की अपेक्षा लोक वेद्य बनाने का अनुष्ठान ही श्लाघ्य समझना चाहिए । 'कामायनी' अपेक्षाकृत सरल है; किन्तु 'तुलसीदास' अपनी दुर्भेद्यता में कम ऐश्वर्य छिपाए हुए नहीं है, इसलिए 'साँप' को मन्त्र से बहलाकर 'मणि' प्राप्त करना ही साहित्य के लिए श्रेयस्कर होगा ।

राजशेखर ने अभ्यासशील कवि के काव्य-वाक्य (शैली) को 'पाक' की संज्ञा देकर उसके जो नव भेद किए हैं, उसके अनुसार आपाततः 'तुलसीदास मृद्वीका (द्राक्षा) -पाक-जो प्रथम चर्वणा में अस्वादु और परिणाम में स्वादु जान पड़े--के अन्दर आ जाता है; किन्तु वस्तुतः है वह 'नारिकेल-पाक' का ही उदाहरण जो कि आदि और अन्त दोनों में सुस्वादु होता है, निश्चय ही श्रेणी-विशेष के पाठकों को लक्ष्य कर यह बात कही जा रही है ।

शब्दों की सांकेतिकता (गूढ़-ध्वनि-प्रवणता) एवं प्रयोगात्मकता के कारण असाधारण दुरूह 'तुलसीदास' की प्रारम्भिक पंक्तियों पर दृष्टिपात करें :

भारत के नभ का प्रभापूर्य्य
शीतलच्छाय सांस्कृतिक सूर्य्य
अस्तमित आज रे, तमस्तूर्य्य दिङ्मण्डल ।

इसका ठेठ अर्थ है कि आर्य्य-संस्कृति के सूर्य्य के अस्त हो जाने पर विदेशियों का शासन सान्ध्य अन्धकार की भाँति घनतर होने लगा ।

किन्तु कवि यहाँ इतना ही कहता नहीं जान पड़ता । उसके शब्द-शब्द जैसे किसी विशेष अभिप्राय को संकेतित करने के लिए प्रयुक्त हुए हैं । मैं इनकी ध्वनियों को ध्यान में रखकर अपनी अल्पमति के अनुसार छन्द का अर्थ यो समझता हूँ :-

(१) भारत के = भा (प्रभा) में रत (लीन) रहने वाले देश के; अर्थात् जो देश अपने स्वभाव से ही प्रकाश में डूबा रहनेवाला है उसके,

(२) प्रभा-पूर्य्य = प्रभा--प्रकृष्ट भा, अर्थात् नित्य-नित्य उदीयमान नव-नव प्रकाश, से पूर्य्य = पूर्ण करने के योग्य

(३) नभ का = 'नभ' – न चमकानेवाले, निष्प्रभ आकाश का; अर्थात् आकाश चाहे अपनी प्रकृति से नील, निष्प्रभ या शून्य ही क्यो न हो, 'भारत' के आकाश के लिए यह नियम लागू नहीं, उसे तो सांस्कृतिक सूर्य्य प्रतिक्षण वर्द्धमान अपने प्रकाश से विभासित ही करता रहा ।

(४) सांस्कृतिक सूर्य्य = आर्य्य संस्कृति का सूर्य्य । 'सूर्य्य' शब्द 'सरति आकाशे इति सूर्य्यः' – इस व्युत्पत्ति के अनुसार आकाश में सरणशील होकर भारत के नभ के वर्णन के अवसर पर दिनकर, दिवाकर से अधिक सार्थक हो गया है ।)

(५) शीतलच्छाय = शीतल छायावाला होता हुआ, अर्थात् ठंडा पड़ता-पड़ता ।

(६) आज अस्तमित = आज डूब गया ।

(७) रे = कवि का हार्दिक खेद ध्वनित होता है कि हाय रे,, वह वैसा सूर्य्य भी डूब गया !

(८) दिङ्मण्डल = दिशाएँ (सूर्य्यास्त के पश्चात्)

(९) तमस्तूर्य्य = अन्धकार की तुरहीवाली हो गई; अर्थात् सब ओर आतंककारी आक्रमण एवं यवन-साम्राज्य के अन्धकार का डंका-सा पिट गया।

काव्य के ऐसे सर्वातिशायी अर्थ-चमत्कार से हृदय एवं मस्तिष्क को अद्‌भुत तृप्ति मिलती है। शास्त्रीय दोष प्रकरण की आवृत्ति की अपेक्षा कवि की नई शैली से सहयोग करने पर काव्यानन्द की निश्चित सम्भावना है। 'तुलसीदास' परिपक्व बुद्धि को चुनौती भी देता है, रसोत्सुक हृदय को अद्‌भुत आनन्द भी। यों यह वज्रादपि कठोराणि मृदूनि कुसुमादपि' का निदर्शन भी माना जा सकता है; किन्तु वस्तुतः यह अणिमा और महिमा को हमेशा के लिए दो छोरों पर न छोड़ देनेवाला, दोनों के बीच का एक सुन्दर सम्बन्ध-सूत्र है। सच तो यह है कि इसकी भाषा-शैली सांस्कृतिकता से ओतप्रोत है और रस-सिद्ध कवि की वाग्विदग्धता मात्र नहीं प्रकट करती, प्रत्युत इसमें जीवन के तीव्र आवेग और कला के देदीप्यमान द्रव्य की अहमहमिका-सी—होड़-सी लगी दिखलाई पड़ती है।

सौष्ठव और संस्कृति

ऐसा कहते समय मैं भाषा-सौष्ठव एवं भाषा-संस्कृति का भेद नहीं भूल रहा। सदाचार तथा शिष्टाचार में जिस प्रकार की विभिन्नता अनुभूत होती है, सौष्ठव और संस्कृति में भी वह लगभग वैसी ही है। शिष्टाचारी व्यक्ति सदाचारी नहीं भी हो सकता है; किन्तु सदाचारी अशिष्ट नहीं हो सकता; सदाचारी का 'सत्' विशेषण इसी विशेषता को व्यक्त करता है। इसी प्रकार सौष्ठव-सम्पन्न होने पर असांस्कृतिकता का परिहार नहीं हो जाता। सच तो यह कि सौष्ठव का सम्बन्ध निर्माण से है और सांस्कृतिकता जैसे स्वर्ण की शुद्धि है। खोटे सोने पर भी अनोखी कारीगरी दिखलाई जा सकती है; किन्तु उससे सोने का खोटापन नहीं मिट सकता। अग्निदेव कारीगरी के चकमे में आनेवाले नहीं।

किन्तु साहित्य में सौष्ठव और संस्कृति को इतना अलग-अलग रखकर नहीं देखा जा सकता। आलोचक अग्नि का स्वांग धारण कर काव्य-कला को फूँक कर ताप ही जाएगा। संस्कृति का विशेष पक्षपात उसे रूढ़िवादी बना देगा और कला का आत्यन्तिक आग्रह अल्पप्राण। समन्वय साहित्य की सरणि है।

उरसि मुरारेरुपहितहारे
घन इव तरल-वलाके
तड़िदिव पीते रति विपरीते
राजसि सुकृत-विपाके

—जैसे पदों में भक्तकवि जयदेव की कला प्रबल हुई-सी दिखती है और संस्कृति उच्छ्‌वास छोड़ती-सी। किन्तु संस्कृति की 'आचार-संकुचित सीमा' पर मैं आगे संकेत करूँगा। यहाँ इतना ही निवेदन कर लूँ कि मेरे विचार के अनुसार साहित्य ऐसी संस्कृति का कायल नहीं रहा। वेद अश्लीलांशवर्जित नहीं है; यम-यमी-संवाद'—जैसे स्थल वैसी संस्कृति के वश में नहीं रहे। फिर आदिकवि, व्यास, भास, कालिदास आदि ने अपने साहित्य के भीतर से संस्कृति

की व्यापक सीमा भी भली भाँति दरसा दी है। तदनुसार अभिसार के लिए प्रस्तुत सखी के प्रति सखी की ऐसी उक्ति युक्ति-युक्त एवं चमत्कारकारी तो है ही, असांस्कृतिक भी नहीं है।

निश्चय ही इसमें सौष्ठव और संस्कृति का सहज सामंजस्य है। कालिदास में काव्य-कला का सर्वश्रेष्ठ सर्वांग-सुन्दर विकास हुआ है। उनमें अनुप्रासप्रियता का लेशमात्र भी नहीं, इसलिए यह स्वतः सिद्ध है कि संस्कृति सौष्ठव का दूसरा नाम नहीं है, यद्यपि मैं सौष्ठव को शब्द या अर्थ में रहनेवाले अलंकारों तक ही सीमित नहीं मानता और इस दृष्टि से कालिदास से अधिक भाषा-सौष्ठव का मर्मज्ञ कवि कोई हुआ ही नहीं। मेघदूत में जैसा गीतिकाव्योपययुक्त भाषा-सौष्ठव है, गीतगोविन्द के गीतों में उससे दूसरे प्रकार का-द्वितीय कोटि का, इसमें कोई सन्देह नहीं।

इस प्रकार भाषा-संस्कृति और भाषा-सौष्ठव का भेद मेरी आँख नहीं बचा रहा। शब्दालंकार भाषा-सौष्ठव में यथाकथञ्चित् अन्तर्भुक्त हो जाता है; किन्तु भाषा संस्कृति उसके आगे है।

अलंकार किसी भी स्थिति में अलंकार ही है; उससे शारीरिक साज-सज्जा की विशेषता बढ़ाई जा सकती है; किन्तु संस्कृति का सम्बन्ध केवल शरीर से ही नहीं है। रामकृष्ण परमहंस एवं भूत-शुद्धिवाले निदर्शन से मैंने यही दरसाने की चेष्टा की है कि भाषा को शरीर मानने पर भी उसकी विशुद्धि अवाञ्छनीय न होनी चाहिए, ऐसा नहीं कि मैंने उसे शरीर ही मान लिया और उसकी व्याकरण की दृष्टि से शुद्धि एवं अनुप्रासादि अलंकारों के समुचित सन्निवेश को संस्कृति का जामा पहना दिया। नहीं, मेरी दृष्टि में संस्कृति वेश-भूषा से कहीं अधिक बहुमूल्य है।

यद्यपि आज दिन समाज में डील-डौल और तड़क-भड़कवाली पोशाक देखकर ही व्यक्तित्व की मर्य्यादा समझने का प्रचलन है, किन्तु इसीलिए कोई विवेकशील व्यक्ति वैसे 'व्यक्तित्व' की महिमा सिर झुकाकर स्वीकार करने के लिए वाध्य नहीं हो सकता। उसी प्रकार सामान्यतया जन-समाज में भाषा की 'विशुद्धि' भाषा-संस्कृति के नाम से उद्घोषित की जा सकती है; किन्तु वैयाकरणों से प्रशंसा पत्र प्राप्त कर लेने मात्र से मैं उसे संस्कृति की महिमा से मण्डित नहीं मानता।

धर्म और संस्कृति

संस्कृति का एक अर्थ धार्मिकतामूलक है, जिससे प्रभावित होने पर बेगम सीता और मौलाना वसिष्ठ -जैसी भाषा लोगों को खूब ही चुभी थी और उसके विरोध में काफी हो हल्ला भी मचा था। किन्तु मैं राजनीति की ही भाँति धर्म को भी बलपूर्वक साहित्य पर लादने के पक्ष में नहीं हूँ। यों इन दोनों का आवश्यक समावेश सहज भाव से होता आया है, होता जाएगा। साहित्य की यहीं सब शास्त्रों से अधिक व्यापकता है।

'मदन-दुंदुभी' बजानेवाले गोस्वामी तुलसीदासजी महाकवि कालिदास की उपमाओं, उक्तियों से रामचरित-मानस को भली भाँति सजाकर, इतना ही नहीं, प्रारम्भ में ही सम्पूर्ण

'कुमार सम्भव' का सार-संक्षेप वर्णित कर लेने के पश्चात्

जगत मातु-पितु संभु भवानी
तेहिं सिंगारू न कहउँ बखानी

लिखकर धर्मान्ध जनता को कालिदास के काव्य से विमुख करने में सफलता लाभ कर सकते हैं; किन्तु

सुन्दरता मरजाद भवानी
जाइ न कोटिहु बदन बखानी

और-

सर्वोपमाद्रव्यसमुच्चयेन
यथाप्रदेशं विनिवेशितेन
सा निर्मिता विश्वसृजा प्रयत्ना
देकस्थसौन्दर्य्यदिदृक्षयेव

का अन्तर किसी सहृदय के समक्ष छिपाए नहीं छिप सकता। सच तो यह है कि कालिदास पर अमर्य्यादित शृंगार-वर्णन का आरोप सरासर असहृदयतामूलक है। कारण, जहाँ उन्होंने शिव-पार्वती का जगत्पिता एवं जगन्माता के रूप में स्मरण किया है, वहाँ उनका शृंगार-वर्णन नहीं किया, अपितु जिस काव्य में वह नायक-नायिका हैं वहीं उनका शृंगार-वर्णन हुआ है। इतना ही नहीं, उस काव्य में उन्हें कहीं जगत्पिता-जगन्माता भी नहीं कहा गया है, और न यही कहा गया है कि वे लीला कर रहे हैं।

आज 'कामायनी' पढ़ते समय शायद ही किसी को इस प्रकार की हिचकिचाहट हो! वहाँ तो 'विजयिनी मानवता हो जाय' का युग-मन्त्र सुनते हुए देव-विलास-वर्णन अथवा अपने पूर्व पुरुष मनु का विलास बड़ा ही रोमांचक जान पड़ता है।

जिन्हें उन दोनों के नायक-नायिका होने से आपत्ति हो, उन्हें हमारे आदिपुरुष के इस प्रकार के लीला-विलास से भी आपत्ति होनी चाहिए। वस्तुतः अश्लीलता की सीमा देश-काल के अनुसार बनती-मिटती रहती है। इसलिए वेद-पुराणों को अश्लील मानने से पहले "कुमार सम्भव" को अश्लील कहना भी किसी प्रकार दूरदर्शिता का परिणाम नहीं हो सकता।

मर्य्यादा की बात उठाएँ तो उसकी चतुरस्र रक्षा पर भी दृष्टिपात करना हमारा कर्त्तव्य है-

सूख हाड़ लै भाग सठ, स्वान निरखि मृगराज
छीनि लेइ जनि जान जड़, तिमि सुरपतिहि न लाज

-ऐसे पद्य में गोस्वामी जी ने मर्य्यादा का जो आदर्श उपस्थित किया है उसका प्रारम्भिक विनय-प्रदर्शन से कैसा सामंजस्य है! दूसरी ओर कालिदास का इन्द्र-रघु-संवाद देखना चाहिए कि किस शील एवं शालीनता का दिव्य चित्र अंकित किया है वहाँ।

अस्तु, मैं यहाँ संस्कृति का प्रयोग धार्मिकता-मूलक अभिप्राय से भी नहीं कर रहा। यह

सब विज्ञान,अलंकार,धर्म,राजनीति आदि मेरी अभिप्रेत 'संस्कृति' के अंगमात्र हो सकते हैं, वास्तविक संस्कृति इनसे परे है । भाषा की वह अपनी संस्कृति क्या है, अब मैं उसी पर प्रकाश डालूँगा ।

भाषा-संस्कृति

प्राच्य आचार्य्यो ने काव्य के दस गुण निर्धारित किए थे, जो काल-क्रम से कटते-छटते तीन संख्या पर आकर सर्वमान्य हो गए । माधुर्य्य, ओज और प्रसाद काव्य के जाने-माने गुण हैं, जिनका भाषा-संस्कृति से अटूट सम्बन्ध है । वस्तुतः रसात्मकता ही भाषा की निजी संस्कृति है, और गुणों का विधान रसाश्रित ।

'तुलसीदास' में ओज-गुण की प्रधानता है,यद्यपि इसमें रस वीर नहीं शान्त है । अन्यान्य रस यथा-प्रसंग शांत की ही पुष्टि के लिए आए हैं और संश्लिष्ट रचना होने के कारण यहाँ 'प्रबंध व्यंग्य' का ही उल्लेख विशेष रूप से अभीष्ट है ।

रीति स्कूल का अन्ध-समर्थक इसे दोष कहेगा । कारण, ओज की कल्पना ही वीर-रौद्र-ऐसे रसों को तीव्र और तेजस्वी बनाने के लिए है जैसे माधुर्य्य करुण-विप्रलम्भ एवं शान्त रस को अधिक प्रिय और पिघलानेवाला बना देता है । और तब माधुर्य्य के स्थान पर ओज का प्रयोग रस की दृष्टि से समुचित नहीं समझा जा सकता; किन्तु यहाँ और कुछ विशेषताओं पर भी ध्यान देना होगा ।

वैसे तो शान्त के साथ अद्‌भुत का सन्निवेश होने के कारण ओज के लिए गुंजाइश हो जाती है; किन्तु मैं कवि की प्रकृतिगत विशेषता को ही विशेष महत्वपूर्ण मानता हूँ । प्रसाद-गुण से 'वृहत्त्रयी' को प्रगाढ़ प्रेम नहीं रहा, फिर निराला तो खास तौर से ओज और माधुर्य्य के कवि हैं । इसका भी एक सूक्ष्म कारण है, जिसका उनकी प्रकृति से घना सम्बन्ध है । उनमें साहित्य की ही भाँति संगीत की भी प्रभविष्णुता है। संगीत-तत्त्व से ओतप्रोत होने के कारण ही कदाचित् वे बहु-संख्यक छन्दों का सफल प्रयोग कर सके हैं । तो मेरे कहने का तात्पर्य्य यह है कि संगीत के नादात्मक होने के कारण उसका स्पष्ट प्रभाव ओज और माधुर्य्य में ही परिलक्षित होता है; फलतः साहित्य के साथ दर्शन का योग होने से जहाँ उनके भावों में गरिमा आ गई है, वहाँ संगीत से आत्यन्तिक सहयोग के कारण उनकी भाषा भी नाद प्रधान अथवा झंकारमयी हो गई है, और यही झंकार ओज और माधुर्य्य का निदान है ।

यदि इसे उनका प्रकृति-गत दोष न कहकर गुण कहा जाय तो अधिक न्याय्य होगा । इतना ही नहीं, 'गुण' के ऐसे व्यत्यास की परम्परा भी पाई जाती है । आदि-कवि का एक पद्य देखिए–

चञ्चचन्द्र-कारस्पर्श-हर्षोन्मीलित-तारका
अहो रागवती सन्ध्या जहाति स्वयमम्बरम् ।

विशुद्ध सम्भोग श्रृंगार के इस पद्य में यह गाढ़-बन्ध ओज-गुण अनायास आ गया है । इसी भाँति महाकवि माघ ने भी ओज-गुण में श्रृंगार वर्णित किया है–

बिम्बौष्ठं बहु मनुते तुरङवक्त्र-
श्चुम्बन्तं मुखमिह किन्नरं प्रियाया:
श्लिष्यन्तं महुरितरोऽपितं निजस्त्री-
मुत्तुंगस्तनभरभंगभीरुमध्याम् ।

ऐसे-ऐसे स्थलों में ओज की जगह प्रसाद को ला बिठाने की अपेक्षा पण्डितराज की तरह गुणों को रसाश्रय न मानना ही ठीक होगा । वीर या रौद्र रस के सघन बन्ध को गौड़ी-पाञ्चाली रीतियों किंवा ओजगुण के अन्तर्गत मानकर उपर्य्युक्त स्थलों में प्रसाद की प्रतिष्ठा उसके प्रति अनावश्यक पक्षपात है । यह है कि पण्डितराज के स्वनिर्मित उदाहरणों में भी गड़बड़झाले की कमी नहीं । और, कोई कारण नहीं कि उनके विभाजन-निर्देशन पर अन्ध श्रद्धा दरसाई ही जाय ।

मेरे विचार से तो गुणों का वास्तविक विभाजन नाद के अनुसार ही हो सकता है । निश्चय ही मैं 'शब्द-गुणों के लिए यह कह रहा हूँ जिनका सम्बन्ध प्रकृत भाषा-संस्कृति से है । अर्थ-गुणों का विवेचन यहाँ अप्रासंगिक तथा अनावश्यक है ।

कहते हैं, जो विषय जितना जटिल होता है उतना ही सरल भी होता है । यह परमार्थ-दर्शन है । इसका निचोड़ यह है कि कभी-कभी अभिव्यक्तियों की ऋजुता एवं शब्दों की सरलता के कारण गूढ़ विषय भी आसान जान पड़ते हैं जैसे गीता, उपनिषद् आदि । निश्चय ही गूढ़-गहन विषयों को सरल-तरल भाषा में व्यक्त करना बुद्धि की विशदता किंवा हृदय की सरलता का सूचक है; किन्तु काव्य-कला केवल ज्ञान-दान नहीं है, इसमें आनन्द का उन्मेष ही प्रधान है, जो विचारों की चारुता से ही नहीं, भाषा की विशेषता से भी सम्भव है । इसीलिए यहाँ भावों की ही भाँति भाषा की भी अपनी सत्ता, अपनी महिमा है । जैसे गायत्री-मन्त्र का अनुवाद गायत्री नहीं है, उसी प्रकार 'काव्य की भाषा' को भी दूसरे-दूसरे शब्दों से सुस्पष्ट करना सम्भव नहीं है, क्योंकि वैसा करने से कवि का भाव भले हृदयंगम हो जाय, किन्तु कवि की भाषा-सुषमा का आनन्द नहीं प्राप्त हो सकता जो कि उसका एक प्रिय लक्ष्य होता है । यह बात ओज और माधुर्य्यवाले स्थल पर तो और भी मार्मिक हो जाती है जबकि कवि नाद विशेष से अपने भावों को प्रभावशाली बना देता है जिसे झंकारहीन शब्दों द्वारा किसी भी प्रकार प्रकाशित नहीं किया जा सकता ।

जय जय जगजननि देवि
सुर-नर-मुनि-असुर-सेवि

अथवा

वर्म चर्म कर कृपाण
शूल-शेल-धनुष-बाण-

ऐसी पदावली में कवि के भाव ही नहीं भाषा पर भी ध्यान देना होगा, अन्यथा काव्यगत सम्पूर्ण आनन्द का उपभोग सम्भव नहीं ।

कहने का प्रयोजन यह कि शास्त्रान्तर की भाँति काव्य में भावों का ही एकच्छत्र

साम्राज्य नहीं होता, प्रत्युत यहाँ भाषा भी बोलती है । वाल्मीकि और व्यास में भी शब्दप्रियता पाई जाती है, हाँ, वह अपेक्षाकृत कम अवश्य है । मैं पूरे विश्वास के साथ काव्य में कला को आवश्यक समझता हूँ । यदि वाल्मीकि और व्यास से शब्द और उक्ति के चमत्कारकारी स्थलों को निकाल डाला जाय तो उन्हें कवि की जगह पौराणिक कहना धृष्टता का परिणाम न होगा । वह कला ही है जो काव्य को इतर पद्य-बद्ध ग्रन्थों से पृथक् रक्खे हुए हैं अन्यथा-

दोनों ओर प्रेम पलता है !
सखि, पतंग भी जलता है
औ' दीपक भी जलता है !

तथा

समझ गयी मैं समझ गयी
कैकेयी की नीति नयी
मझली बहन राज्य लेवें —साकेत

ऐसे पद्यों में जो तारतम्य दीख पड़ता है, वह काव्य और पुराण का ही है । पहले में कला है, इसलिए वह काव्य है; शैली दूर से ही प्रणाम करने के योग्य होती है ।

ऐसे स्थलों में प्रबन्ध (व्यंग्य) रस से काव्यत्व का व्यवहार होता आया है । मुक्तक के लिए तो यह राधेश्यामी शैली दूर से ही प्रणाम करने के योग्य होती है ।

यह है, किन्तु मैं 'तुलसीदास' की-सी भाषा के सोलहो आने पक्ष में नहीं हूँ, इसका निर्देश भी पहले ही कर चुका हूँ । मैं तो 'स्थितस्य गतिश्चिन्तनीया' के अनुसार विविध प्रकार के भाषा-कौशल प्रदर्शित करनेवाले महाकवि निराला के 'तुलसीदास' पर यथामति विचार-विमर्श कर रहा हूँ ।

''निर्दय उस नायक ने
निपट निठुराई की कि झोंकों की झड़ियों से
सुन्दर सुकुमार देह सारी झकझोर डाली''

जैसी ठेठ खड़ी हिन्दी–सहज सुन्दर भाषा का आदर्श उपस्थित करनेवाले का वाग्वैदध्य–भाषा–शासन

कल्मषोत्सार कवि के दुर्दम
चेतनोर्म्मियों के प्राण प्रथम

में देख रहा हूँ । वेदों की ऋचाएँ कठिन हैं, इसलिए कठिन पद्यों वाले किसी भी ग्रन्थ को वेदों का आदर नहीं दिया जा सकता । उसी प्रकार 'तुलसीदास' की–सी भाषा का प्रयोग इतर जनों के द्वारा होने पर तो उसकी सहस्र–मुख से आलोचना भी असंगत नहीं कही जा सकती । इतना ही नहीं, तटस्थ दृष्टि से देखने पर निरालाजी के लिए भी वह एकान्त निर्दोष नहीं सिद्ध की जा सकती !

भाव–भाषा की गरिमा को मानदण्ड मानने पर पन्त और निराला की तुलना काव्य–शास्त्र–विनोद प्रतीत होती है; किन्तु व्यवहार–पक्ष में पन्तजी की लोकप्रियता प्रत्यक्ष है ।

स्वयं निराला का यह भ्रम रहा है कि पन्तजी का विरोध करने के कारण ही वह साधारण जनों के प्रिय न हो सके; किन्तु सचाई कहती है कि वह पन्तजी के समान प्रकृति से ही Communicative नहीं है । कालिदास, तुलसीदास, शेक्सपियर या रवीन्द्रनाथ की अलौकिक सफलता एक रहस्य उनका Communicative होना भी है । निश्चय ही Communication से मेरा अभिप्राय राधेश्याम, भिखारी नाई का पद और पदवी प्राप्त करना नहीं है । बातें चाहे जितनी ऊँची, जितनी बड़ी कही जायँ, किन्तु उनकी अभिव्यक्ति की शैली 'जन-मन में कर सकें वहन मेरे विचार' के अनुसार होनी चाहिए । निर्माण-विकास की मूल भावना ही-'एकोऽहं बहुस्याम्' है । निर्माता प्राणों के प्रसार के द्वारा ही अपना 'महाप्राणत्व' माप सकता है । इसके अतिरिक्त 'ज्ञान के विशिष्टीकरण' की जगह 'रस' का साधारणीकरण' कला-कृति का आदर्श रहा है । भाव-पक्ष को कला-पक्ष में घुलाना उसे निखारना ही कहा जायगा । मुझे दुःख है कि निराला 'तुलसीदास' में कला के अधिक आग्रही हो गए हैं, जब भी उनकी कला वैशिष्ट्य की ऊँचाई' के पास-पास मँडलाती रह गई है । ऐसा प्रतीत होता है, जैसे एक भाव का प्रभाव पड़ते-न-पड़ते दूसरा उसपर अपना असर डालने लगता है, जैसे एक रंग के अपनी छवि-छटा की तरंग दिखलाने के पहले ही दूसरी और-और गाढ़ा होकर आनेवाली रंगीनी की बाढ़ की सूचना देने लगता है; जैसे भावों का प्रभाव प्रकट करने के लिए भाषा का आवेग नही आता, प्रत्युत भाषा का प्रवाह प्रखरतर करने के लिए ही भावों की आँधी आती हो ।

दोष-निर्देश के लिए यहाँ फाँक की खोज न करनी पड़ेगी और सामाजिक प्रसार के अनुसार मैं वैसा कर भी चुका; किन्तु वैयक्तिक विकास को प्रश्रय दें तो कवि का यह व्यक्तित्व अलोक-सामान्य जान पड़ेगा । संसार का कोई भी कवि भाषा की महिमा पर ऐसी आस्था संस्थापित करता नहीं दीखता । संस्कृत में 'यत्परः शब्दः स शब्दार्थः' का एक सिद्धान्त आता अवश्य है; किन्तु व्यंजना की स्थापना करते समय उसका बड़ी ही तार्किक रीति से खण्डन कर दिया गया है । मैं समझता हूँ कि समाधान पक्ष में लक्षणा-व्यंजना आदि से आत्म-संतोष कर लेने पर भी निराला की ऐसी भाषा-सृष्टि सर्वथा मौलिक समझी जानी चाहिए । यद्यपि दोष कहकर पूरे एक प्रकरण की आवृत्ति की अपेक्षा उसके गुण-गण की गणना भी बुरी नहीं कही जा सकती; किन्तु इतनी सारी बिडम्बनाओं की उपेक्षा कर उसकी अपूर्व मौलिकता को निर्विकार भाव से स्वीकार कर लेने में ही लाघव है । सूत्रों पर भाष्य लिख-लिखकर ऋषियों की वाणी का रहस्य उद्घाटित किया जाता रहा है, एकाक्षर 'बीज'-मन्त्रों का प्रकाश मन-प्राणों को उद्भासित करनेवाला सिद्ध हो चुका है, फिर कोई कारण नहीं कि 'तुलसीदास' की भाषा को हम विभाषिका का कारण मानें जबकि कवि का सम्पूर्ण विकास उसके भीतर से भली-भाँति निरखा-परखा जा सकता है ।

रसात्मकता ही भाषा की संस्कृति है, यह पहले कहा जा चुका है । अवश्य 'रस' का अभिप्राय यहाँ शृंगार, वीर आदि नहीं, अपितु 'आनन्द' है । मैं कहना चाहता हूँ कि नादात्मकता और चित्रात्मकता के कारण ही 'तुलसीदास' की भाषा स-तेज और सप्राण जान

पड़ती है; यही उसकी रसात्मकता है; इसीलिए वह प्रौढ़ पाठकों को आनन्द-दान में अक्षम नहीं लगती। उसकी झंकार से कर्णेन्द्रिय को जिनकी तृप्ति होती है, उसके चित्रों से हृदय की आँखें भी उतनी ही रूप-पिपासा शान्त करती हैं।

'सुनते ही जो दिल में उतर आए', भाषा की अपेक्षा उक्ति को अधिक महत्त्व देता दीखता है, और यदि शायर ने जबान (भाषा) की तरफ भी इशारा किया हो तो मैं तुलसीदास की भाषा को उस चुनौती के लायक समझता हूँ। अर्थ-बोध के बिना भी वह हृदय पर अपना प्रभाव डाले बिना नहीं रह सकती। पण्डितराज ने कदाचित् तुलसीदास-ऐसे काव्य को ध्यान में रखकर ही 'काव्यं श्रुतम् अर्थो न ज्ञातः' का व्यवहार बतलाकर 'शब्द' को काव्य सिद्ध किया था, अर्थ को नहीं। व्यापक अर्थ में भी संस्कृति का जैसा समन्वय 'तुलसीदास' में हुआ है वैसा 'कामायनी' के अतिरिक्त नए हिन्दी-काव्य में अन्यत्र नहीं।

इस प्रकार भावों की उच्चता का पक्ष सविशेष समर्थित करने पर भी निराला ने भाषा की उच्चता को नीचा दिखाया, उल्टे उसकी स्वतन्त्र शक्ति का माहात्म्य ही बढ़ाया है। कहने के लिए भाषा अनुवर्तिनी है; किन्तु वस्तुतः भाव ही उनकी भाषा की अनुवर्तिता करते हैं। यही उनकी असाधारणता है; अलौकिकता है। महाकवि भवभूति की वाणी उनपर पूरी तरह घटित होती है–

लौकिकानां हि साधूनामर्थ वागनुवर्त्तते
ऋषीणां पुनराद्यानां वाचमर्थोऽनुधावति

लौकिक साधु-जनों की बोली (भाषा) अर्थ के पीछे चलती है; किन्तु बड़े-बड़े ऋषि-महर्षियों की वाणी के पीछे अर्थ को ही दौड़ा आना पड़ता है।

इसलिए आलोचकों का यह आरोप कि उन्होंने (निराला ने) शब्दों को कामधेनु समझ रखा है और उनका मनमाना प्रयोग किया है,–दूसरी तरह से निराला की विशेषता को ही स्फुट करता है, यह उनकी शैली की व्याज-स्तुति ही है।

तो, भाषा की स्वतन्त्र सत्ता और संस्कृति के सम्बन्ध में अब और उधेड़-बुन की जरूरत नहीं रही।

कहते हैं कि एक बार कवि और गायक में अपनी-अपनी श्रेष्ठता प्रमाणित करने के सिलसिले में वाद-विवाद हुआ। कवि ने कहा कि यदि मैं सुन्दर पद न बनाऊँ, तो तुम्हारी लय-तान, राग-ताल' मीड़ मूर्च्छनाएँ मुँह बायें रह जायँ, इसी अमर्ष में आकर गायक ने तराने का आविष्कार कर, कवि के पददम्भ को अपदस्थ कर दिखाया। यद्यपि वर्गीकरण करनेवाले का तर्क अन्तिम नहीं माना जा सकता और कवि और गायक अपनी-अपनी श्रेष्ठता के लिए आज भी शास्त्रार्थ कर सकते हैं, किन्तु अपना निश्चय है कि तराना गायक की विजय होकर भी कवि की हार नहीं है। और आज भी गायक सूर, मीरां के माध्यम से अपनी कला को अधिक प्रभावशाली बना लेता है, जैसे कवि संगीत को ध्यान में रखकर अधिक ललित पद निर्मित करता है। दोनों कलाएँ अपनी-अपनी ज़गह पर सर्वश्रेष्ठ हैं और दोनों का समन्वय ही विकास का कारण है।

इसलिए पन्तजी के समीक्षक जब आँख मूँद कर यह कहे जाते हैं कि खड़ी बोली की समस्त शक्तियों को विकसित एवं गूढ़ निधियों को प्रकाशित करने का श्रेय पन्तजी को ही है, तो वे निश्चित रूप से दूसरी समानान्तर रेखा के प्रति न्यायी नहीं रह जाते। 'स्वप्न' और 'वीचि-विलास' के साथ ही 'जुही की कली' और 'जागो फिर एक बार' की ओर भी आँखों की कोर फेरनी चाहिए। फिर प्रसाद-गुण के साथ ही साथ ओज और माधुर्य्य की भी चर्चा होनी चाहिए। यदि पन्तजी में प्रसाद के साथ माधुर्य्य का मेल-मिलाप है, तो निराला में ओज और माधुर्य्य का लोकोत्तर मिलन हुआ है। पन्तजी की कविता में नारीत्व की लुनाई, लोच और लचक है, तो निरालाजी के काव्य में पुंस्त्व का अजस्र स्रोत, अविरल प्रवाह है।

भारतमाता गाम-वासिनी।
खेतों में फैला है श्यामल
धूल भरा मैला-सा आँचल,
गंगा-यमुना में आँसू-जल,
मिट्टी की प्रतिमा उदासिनी।
दैन्य-जड़ित अपलक नत चितवन
अधरों में चिर नीरव रोदन,
युग युग के तम से विषण्ण मन,
वह अपने घर में प्रवासिनी।
स्वर्ण शस्य पर पद-तल लुण्ठित,
धरती-सा सहिष्णु मन कुण्ठित,
क्रंदन-कंपित अधर, मौन स्मित,
राहु-ग्रस्त शरदिन्दु-हासिनी। –पन्त

और

भारति जय विजय - करे!
कनक-शस्य-कमल-धरे!
लंका पदतल-शतदल,
गर्जितोर्मि सागर-जल
धोता शुचि चरण युगल,
स्तव कर बहु-अर्थ भरे!
x x x
तृण-तरु-वन-लता वसन,
अञ्चल में खचित सुमन,
गंगा ज्योतिर्जल-कण –
धवल धार हार गले!
x x x

मुकुट शुभ्र हिम तुषार
प्राण प्रणव ओंकार,
ध्वनित दिशाएँ उदार,
शत-मुख-शत-रव-मुखरे ! -निराला

—जैसे मधुर शब्दों में भी यह अंतर श्रवण के अनंतर ही स्पष्ट हो जाता है, फिर 'परिवर्त्तन' और 'तुलसीदास' की तुलना तो अतुलनीय ही होगी, इसमें संशय-संदेह की आवश्यकता नहीं। पन्तजी की वाणी में वीणा की झंकार सुनाई दे सकती है; किन्तु निराला के छन्दों में तो सिंधु का हाहाकार भी है, समाहित चित्त का अनहद-नाद भी। पारदर्शिता भाषा की बहुत बड़ी विशेषता है; किन्तु उसके साथ ही सुगम्भीर नादात्मकता भी उसकी बहुत बड़ी शक्ति है। सुमनों की सुन्दरता अरुण-किरणों से विच्छुरित बादल-दल की छवि-छटा का अभाव नहीं भर सकती।

भाषा-संस्कृति की दृष्टि से पंतजी सूर, मीरां, घनानंद के निकट हैं और निराला तुलसीदास के। कहना व्यर्थ है कि पहली पंक्ति पर प्राकृत और अपभ्रंश का (लोक-भाषा का) प्रभाव होने से सहजता अधिक है; किंतु तुलसीदास या निराला पर संस्कृत की ओजस्विता का गहरा असर है। जैसे संस्कृत से प्राकृत, वैसे ही ब्रजभाषा से अवधी पृथक् है; किन्तु कहाँ किसकी प्रभविष्णुता अधिक है और किसकी कम, इसे झटपट कह देने से कैसे काम चलेगा ?

अस्तु, नाद पर आधारित निराला के भाषा-वैचित्र्य का एक अतिरिक्त हेतु भी है। ब्रजभाषा या अवधी के बाद भी खड़ी बोली का जो काव्यात्मक रूप निराला ने उत्तराधिकार-स्वरूप प्राप्त किया था, उसमें वह किसी भी भाँति अपने को नहीं खपा सकते थे। 'जुही की कली' से प्रारम्भ करनेवाला कवि तुरत ही 'शेफाली' में अन्तर्मुखी सूक्ष्मता की सीमा पर पहुँचा हुआ दीखता है—

मूक आह्वान-भरे लालसी कपोलों के
व्याकुल विकास पर
झरते हैं शिशिर-से चुम्बन गगन के।

अथवा

जागती प्रिया के नक्षत्र-दीप-कक्ष में
वक्ष पर सन्तरण-आशी आकाश है।

इन पंक्तियों में भाषा चरम-सौंदर्य का निर्देश करती हुई अपने कवि की भावाकुल नव-नव शब्द-प्रणयन-कला एवं नई अभिव्यक्तियों की अद्भुत सक्षमता का भी सूक्ष्म संकेत करती है। मैं कहना चाहता हूँ कि कवि को अपनी अभिव्यक्ति के लिए भाषा गढ़नी पड़ी है और चूँकि पथ का निर्माण करना और उसे तय करते जाना—ये दोनों काम साथ ही साथ हुए हैं, कवि ने कभी-कभी अपने लिए एक रेखा खींचकर पतली-सी पगडंडी बना ली है और पीछे आने-वालों की असुविधा का ख्याल किए बिना ही वह बढ़ता चला गया है। वैसी भाषा के निर्माण में वाद-विशेष का अनुरोध किंवा बंगला की संगीतात्मकता और अंग्रेजी की

आचार्य जानकीवल्लभ शास्त्री

(जन्म : माघ, शुक्ल, द्वितीया, सम्वत् १९७३)

साहित्य-सर्जना

काव्य

१. रूप-अरूप २. तीर-तरंग ३. शिप्रा ४. मेघगीत ५. अवन्तिका ६. संगम ७. उत्पलदल ८. आधुनिक कवि (भाग-१४) ९. बाललता १०. धूपतरी ११. श्यामा संगीत १२. सुने कौन नग्मा १३. राधा (सात खण्ड : प्रणय पर्व, पुरुषार्थ पर्व, दर्शन पर्व, विनोद पर्व, निर्वेद पर्व, प्रभास पर्व एवं उत्सर्ग पर्व) १४ 'उत्तम पुरुष' (एक सौ एक कविताओं का चयन)

गीति नाट्य

१४. पाषाणी १५. तमसा १६. इरावती

उपन्यास

१७. एक किरण : सौ झाइयां १८. दो तिनकों का घोंसला १९. कालिदास

कहानी

२०. कानन २१. अपर्णा २२. लीला-कमल २३. बाँसों का झुरमुट

कथा-काव्य

२४. गाथा

नाटक

२५. अशोक वन २६. सत्यकाम २७. जिन्दगी २८. आदमी २९. प्रतिध्वनि ३०. देवी ३१. नील-झील

ललित निबन्ध

३२. मन की बात ३३. जो न बिक सकी

संस्मरण-आत्मकथा

३४. स्मृति के वातायन ३५. निराला के पत्र ३६. नाट्य सम्राट: पृथ्वीराज कपूर ३७. हंस बलाका ३८. कर्मक्षेत्रे: मरुक्षेत्रे ३९. एक असाहित्यिक की डायरी ४०. अष्टपदी

समीक्षा

४१. साहित्य-दर्शन ४२. चिन्ताधारा ४३. प्राच्य-साहित्य ४४. त्रयी
४५. महाकवि निराला (सम्पादित) ४६. मानस चिंतन (संपादित)

साहित्यिक पत्रिका, 'राका' का सम्पादन; वर्त्तमान में 'निराला निकेतन पत्रिका बेला' का सम्पादन।

सम्पर्क : 'निराला निकेतन', आचार्य जानकीवल्लभ शास्त्री पथ
मुजफ्फरपुर (बिहार) - ८४२००१